संवाद-परिसंवाद

संवाद-परिसंवाद

मैनेजर पाण्डेय

वाणी प्रकाशन

वाणी प्रकाशन
4695, 21-ए, दरियागंज, नयी दिल्ली 110 002

शाखा
अशोक राजपथ, पटना 800 004

फ़ोन: +91 11 23273167 फ़ैक्स: +91 11 23275710
www.vaniprakashan.in
vaniprakashan@gmail.com

SAMVAD-PARISAMVAD
by Manager Pandey

ISBN : 978-93-5072-560-3
Criticism

प्रथम संस्करण

मूल्य : ₹ 395

सोनम ऑफ़सेट, दिल्ली-110093 में मुद्रित

वाणी प्रकाशन का लोगो मक़बूल फ़िदा हुसेन की कूची से

भूमिका

अब तक मेरी बातचीत या संवाद की दो किताबें छप चुकी हैं। पहली पुस्तक का नाम है 'मेरे साक्षात्कार' और दूसरी है 'मैं भी मुँह में जबान रखता हूँ।' यह संवाद की तीसरी पुस्तक है। इसका नाम 'संवाद-परिसंवाद' इसलिए है क्योंकि इसमें संवाद के अन्तर्गत विभिन्न व्यक्तियों से मेरी सीधी बातचीत है, लेकिन परिसंवाद में अनेक अन्यों के साथ कुछ प्रश्नों के उत्तर हैं।

इस पुस्तक में 2003 से 2012 तक के संवाद और परिसंवाद हैं।

जब भी कोई मुझसे किसी पत्रिका के लिए बात करने आता है या जब मैं किसी बातचीत में शामिल होता हूँ तो मुझे नागार्जुन की कविता 'बातें' याद आती है। इसलिए पाठक उस कविता के एक अंश को इस किताब की भूमिका मानकर पढ़े :

बातें–
हँसी में धुली हुई
सौजन्य चन्दन में बसी हुई
बातें–
चितवन में घुली हुईं
व्यंग्य बन्धन में कसी हुईं
बातें–
उसाँस में झुलसीं
रोष की आँच में तली हुईं
बातें–
नेह-साँचे में ढली हुई
बातें–

मैनेजर पाण्डेय

बी-डी/8ए
डी.डी.ए. फ्लैट्स, मुनिरका
नयी दिल्ली-110067

अनुक्रम

संवाद

परिसंवाद

संवाद

पिछले पचास वर्षों में कविता की संस्कृति बदली है

(मैनेजर पाण्डेय से ब्रजनन्दन किशोर की बातचीत)

मैनेजर पाण्डेय अपने समय के सक्रिय आलोचकों में गिने जाते हैं। उनकी सक्रियता साहित्य में किसी स्वायत्त संसार की निर्मिति में रची जा रही कृतियों में नहीं है, बल्कि साहित्य और समाज के बीच पुरअसर संवाद कायम करने की दिशा में है। इसीलिए जब वह कहते हैं–''शब्द कर्म से बचाव का नहीं, लगाव का साधन है।'' तो वह सृजन की स्वायत्त दुनिया की प्रतिष्ठित नागरिकता छोड़कर मूल्यबद्ध दुनिया में जीना बेहतर समझ रहे होते हैं; और मूल्यबद्धता भी ऐसी कि मनुष्य को सामाजिकता के सृजन हेतु मुक्त कर सके। ऐसे शब्द ही उच्चतर मूल्यों का सृजन करते हैं, मनुष्यता की प्रतिष्ठा कर पाते हैं। ऐसे शब्द अनुभव से आगे और ऊपर, और बाहर भी ले चलते हैं, दूर तक। समाज के बाहर और परे मुक्ति की आकांक्षा उनकी दृष्टि में साहित्येतर आकांक्षा है। इसीलिए वह मानते हैं कि "भाषा कर्म और चिन्तन के बीच मध्यस्थता करके ही सार्थक होती है।" अब भाषा से आप चाहे जितने कार्य करा लें–अज्ञात अर्थों का अनुसन्धान, कि मात्र आभासिक होती अर्थ-सत्ता को ऐन्द्रिय बोध के चौखटे पर खड़ा करने की तकनीक, या जीवन के होने की चाह लेते प्रतीक-कार्य की रचना या एक ऐसी कल्पित दुनिया का सृजन जो यथार्थ को विलक्षणताओं के आवरण में प्रस्तुत करे–जो भी करा लें, वह सार्थक इस मध्यस्थता में ही होगी। रचनाकार व उसके चरित्र के कर्म और चिन्तन के बीच आवाजाही का मार्ग ब [illegible]कर या बनाकर ही भाषा सार्थक होगी। 'सार्थकता' और 'मध्यस्[illegible]ता' यहाँ अधिक महत्त्वपूर्ण है। भाषा हो सकती है अन्य कार्यों क[illegible] [illegible]पादन करके भी, उसकी सत्ता को चुनौती नहीं दी जा सकती है, [illegible]किन वह होना 'सार्थक' नहीं होगा। वह छल होगा–'माया' (यदि पुराने [illegible]ब्द को नया अर्थ देकर प्रयोग करना चाहें)

का निर्माण होगा जो निरन्तर हमें सत्य से परे ढकेलने और पुनः दण्डधारी सत्ता के रूप में 'सत्य-विमुख होने का दण्ड' देने में सक्रिय और तत्पर होती है। भाषा यदि साक्षात्कार कराती है सत्य से तो मध्यस्थ होकर ही और यह मध्यस्थता सकर्मक होती है—चिन्तन को कर्म में पहचानने में मदद करती भाषा, तथा कर्म को अनुप्रमाणित करने वाले 'चिन्तन' के कारकों, कार्य-प्रक्रियाओं एवं अन्य अनुषंगों के मानवीय, जागतिक व सामाजिक-सांस्कृतिक सन्दर्भों की थाह लेने में मददगार होती भाषा। और देखें तो इस तरह सृजनकर्मी के ऊपर बड़ी जिम्मेदारी आ जाती है; तथा सृजन एक मूल्यवादी कर्म सिद्ध होता है। सृजन-कर्म से जुड़ी इस गहन जिम्मेदारी के सन्दर्भ में पाण्डेय जी का मानना है कि "रचनाकार की विचारधारा उसके रचनाकर्म में व्यक्त होती है और उसी के आधार पर उसे समझा जा सकता है। केवल उसके कथनों के आधार पर नहीं।" अब जब 'कथन' की जगह उसके 'लिपि में अन्तरण' को निश्चय ही वह सृजन-कर्म नहीं कह रहे हैं, बल्कि वैयक्तिक जीवन के वे कर्म भी इसके भीतर आ सकते हैं जिनसे व्यक्ति के अनुभव, विश्वास व उसके अन्तर्जगत् का परिचय भी मिलता है। इसीलिए यहाँ लेखन व कर्म, कथन (वाचन) व शब्द (अनुभूति तथा विश्वासादि) की युगल समतुल्यता विचारणीय है। और इसीलिए उपर्युक्त उद्धरण को वाचन के बरक्स लेखन की प्रामाणिकता की बेलौस स्थापना माना जा सकता है। घटित होने के पश्चात् लेखन पहले से विद्यमान् सन्दर्भ में स्वयं एक नया और अमिट सन्दर्भ बन जाता है, तथा आगे वह सतत स्वयं लेखक के सामाजिक-सांस्कृतिक कर्मों का नियन्त्रणकारी कारक बन बैठता है। इस गहन उत्तरदायित्व से 'लेखन' को विरत करने का प्रयास कहीं-न-कहीं स्वयं लेखक को उत्तरदायित्वविहीन, और इसीलिए अविश्वसनीय, बना देता है—उसका समस्त लेखन-कर्म अमूल्य होकर भी मूल्यहीन होने को अभिशप्त हो जाता है। सृजन-क्षेत्र में वही रचनाकार सर्वाधिक सम्प्रेषित और साधारणीकृत होता रहा जो अपने लेखन और चारित्रिक गठन के बीच आदान-प्रदान का उत्तरदायित्वपूर्ण निर्वाह कर सका, जो यह समझ सका कि लेखन एक सामाजिक कर्म है—केवल यशसकांक्षी कर्म नहीं है। रचनाकार अपनी रचना से उतना ही स्वतन्त्र होता है कि भविष्य-निर्माण में उसकी स्वतन्त्रता अबाधित हो, इतना स्वतन्त्र यह नहीं होता कि रचनाकार और रचना पारस्परिक असम्बद्धता का

दृष्टान्त प्रस्तुत करे। इसीलिए भक्तिकालीन साहित्य लोगों को (लोक को भी) सब दिन अधिक पास लगता रहा है। 'प्रश्न खड़े करता' कबीर तो साधारण जन को और भी पास खड़ा लगा है, किन्तु जिस तीक्ष्णता को लेकर कबीर जन-साधारण के पास दिखता रहा है वही विशिष्टजनों की दृष्टि में कबीर को 'अनोखा' भर सिद्ध कर सकी है। मैनेजर पाण्डेय से रू-ब-रू होना कुछ-कुछ वैसी ही अनुभूति देता है जैसी कबीर को पढ़ते-सुनते मिलती है। एक खास प्रकार की निर्भीकता और थोड़ा अक्खड़पन सादगी और तीक्ष्णता भी—कुछ लोगों को ये सारे गुण पास खींचते और कुछ को 'चमत्कृत करते अनोखापन' लगते। भाषा, सृजन और सम्प्रेक्षणीयता के साथ-साथ सृजन और विचारधारा को लेकर पाण्डेय का चिन्तन भक्तिकालीन सन्तों के अधिक पास है। शायद इसीलिए इस छोटी-सी बातचीत के पूर्व इस विस्तार में जाना मुझे अनिवार्य प्रतीत हुआ।

इस प्रस्तुति को समकालीन चलन में 'साक्षात्कार' या 'भेंट-वार्त्ता' कहना मुझे नहीं जँचता; इस 'साक्षात्कार' में कोई तरतीब नहीं है, बल्कि उस दृष्टि से यह साक्षात्कार है ही नहीं—बस, बातों से निकलती बातें और उनसे ही समेटे जाते साहित्य के, जीवन के और समाज के कुछ सच। कहें तो अनौपचारिक बैठकों, भेंटों में टुकड़े-टुकड़े में संगृहीत बातों का यह सम्भव-संकलन भर है—कुछ है, बहुत कुछ विस्मृति का ग्रास बन चुके हैं। प्रश्न भी निमित्त भर हैं कि सब कुछ बातचीत की तरह लगे।

ब्रजनन्दन किशोर : सामान्यतः यह शिकायत सुनाई पड़ती है कि आज अच्छी कविताएँ नहीं लिखी जा रही हैं, या कि कविताएँ बयान होकर रह गयी हैं या फिर दुरूह।

मैनेजर पाण्डेय : ऐसा नहीं कहा जा सकता कि अच्छी कविताएँ लिखी ही नहीं जा रही हैं। मैं तो कहूँगा कि वे लिखी भी और पढ़ी भी जा रही हैं। हाँ, एक बात कहना चाहूँगा, अच्छी कविता लिखी जाये इसके पूर्व कविता की सीमा को जान लेना आवश्यक है। तभी अच्छी कविता लिखी जा सकती है।

कविता से कोई हथियार का कार्य ले, यह सम्भव नहीं। उससे सब कुछ करने की उम्मीद करना भी उपयुक्त नहीं। इस सन्दर्भ में 'वेपन्स ऑफ क्रिटिसिज्म' तथा 'क्रिटिसिज्म ऑफ वेपन्स' के अन्तर को ध्यान में रखना चाहिए।...रमेश रंजक ने एक कविता लिखी थी—'लिखेंगे इतिहास' जिसके जवाब में नचिकेता ने लिखा था—'लिखेंगे

इतिहास, खून से लिखेंगे'। वस्तुतः कविता में इतना खून-खराबा ठीक नहीं, जनवाद के नाम पर रोआ-रोहट भी कविता के स्वभाव और चरित्र के विरुद्ध है।

यह देखना भी प्रासंगिक होगा कि कविता एक सीमा तक ही पाठक की चेतना को प्रभावित करती है। 'अँधेरे में' कविता के पाठ के बाद पाठक की चेतना वही नहीं रहती जो पाठ के पूर्व थी। लेकिन कविता से ही सब कुछ बदल डालने की आशा करना, कविता की सीमा से अनभिज्ञता के अतिरिक्त दूसरा कुछ नहीं। इसीलिए मैं यह फिर कहना चाहूँगा कि कविता की सीमा पहचानकर ही कवि खुद को भी बदल सकता है और कविता को उसकी सीमा से मुक्त कर सकता है।

ब्रजनन्दन किशोर : क्या ऐसा नहीं है कि कविता के रूप और वस्तु को रचने वाली आज की खतरनाक व त्रासद चुनौतियों की गम्भीरता से हम रू-ब-रू होना नहीं चाहते। या फिर ऐसा है कि गद्य-विधाओं की तुलना में कविता असमर्थ हो रही है, अपनी सीमा से मुक्त नहीं हो पा रही है।

मैनेजर पाण्डेय : जब सीमा और इससे कविता की मुक्ति की बात होती है तो यह ध्यान में रखना अनिवार्य लगता है कि उन जातियों, सभ्यताओं तथा संस्कृतियों में तब भी कविता लिखे जाने के प्रमाण मिले हैं जब उनमें साहित्य की अन्य विधाएँ विकसित भी नहीं हो पायी थीं। मार्क्स ने इसीलिए कविता को '*मनुष्यता की मातृभाषा*' कहा है। मनुष्यता की संवेदना की सबसे प्राचीन और प्रामाणिक अभिव्यक्ति-पद्धति यही रही है, और आज भी यही सच है।

दूसरी ओर किसी कवि द्वारा सम्बोधित जो पाठक-वर्ग है उसकी तैयारी भी कविता की सीमा तय कर देती है। अपने देश और समय के विस्तार को जानने की दिशा में कवि और पाठक दोनों को चलना होता है। मुक्तिबोध की कविता में संरचना की कठिनाई, भाषा की कठिनाई की बात कुछ लोग उठाते हैं।....तो, अब जिस 'अँधेरे में' कविता की चर्चा मैंने ऊपर की है उसमें ये पंक्तियाँ भी हैं—

'कविता में कहने की आदत नहीं, पर कह दूँ
वर्तमान समाज चल नहीं सकता।
पूँजी से जुड़ा हृदय बदल नहीं सकता....'

तो, पाठक की तैयारी के अभाव मे 'सीमा के मुक्ति' के प्रश्न का कोई अर्थ नहीं रह जाता है। अच्छी प्रेम कविता का कोई उदाहरण लें, यह स्वतन्त्रता की दिशा में मनुष्य की गतिशीलता की अभिव्यक्ति है। लेकिन वह भी देखना होगा कि कविता अंपने सन्दर्भ से जीवन ग्रहण करती है, तो इस सन्दर्भ से अनभिज्ञता हमें कविता के जीवन से, मर्म से दूर कर देती है। इसीलिए अच्छी प्रेम कविता के मर्म को छूने के लिए भी पाठक की तैयारी अपेक्षित है।

ब्रजनन्दन किशोर : ऐसा महसूस किया जा रहा है कि आज कवि परिवेश-यथार्थ की जगह कल्पित-यथार्थ से अनुभूतिबद्ध होता जा रहा है। परिणामतः उसकी भाषा में भी, जो मैं हिन्दी के सन्दर्भ में कह रहा हूँ, अपने परिवेश से उपजी अभिव्यक्ति प्रणाली और शब्दों की कमी पड़ती जा रही है। कई बार तो अपनी परम्परा से निःसृत भाषा-प्रवाह से भी आज का कवि आत्मीय होता नहीं लगता। क्या आज का कवि अपने परिवेश से कट रहा है?

मैनेजर पाण्डेय : ऐसा है कि आज हिन्दी शहरी मध्यवर्ग की भाषा होकर रह गयी है। हिन्दी के ग्रामीण क्षेत्रों में लोगों की अपनी भाषा है, लोक भाषा है। और मनुष्य जिस परिवेश में जीता है, उसका सौन्दर्य-बोध उसी परिवेश से अपने प्राण और रूप ग्रहण करता है। इस ओर हिन्दी क्षेत्र में थोड़ी उदासीनता-सी आयी है। कभी-कभी तो ऐसा लगता है कि आने वाले दिनों में भक्तिकाल के कवियों को समझने वाला भी नहीं मिलेगा। हिन्दी लेखक और पाठक धीरे-धीरे उस परिवेश से कटते जा रहे हैं जिसमें हमारे लोक जीवन की स्मृतियाँ सुरक्षित व संचित हैं; हमारी प्राचीन स्मृतियों के चिह्न जीवित हैं। मनुष्य अपने मन में उठते भावों की अभिव्यक्ति के लिए जिन प्रतीकों, बिम्बों और उपमानों का प्रयोग करता है, बिना यह जाने कि वह इनका किस प्रयोजन से प्रयोग कर रहा है, उन्हें वह अपने परिवेश से ही लेता है। जैसे 'तीसरी कसम' का हीरामन हीराबाई के दाँतों के सौन्दर्य की अभिव्यक्ति के लिए उपमान के रूप मे 'चित्ती कौड़ी' को चुनता है। हीरा, मोती, दाड़िम आदि उसके अनुभव-क्षेत्र के बाहर थे। वैसे ही 'मघा नक्षत्र' की वर्षा से भीगे 'फूस के छप्पर' की 'ओरियानी' का कई दिनों तक चूते रहना और नागमती के विरह-वर्णन में जायसी द्वारा नागमती की सतत् रोती आँखों के लिए उपमान के रूप में चुना जाना, सौन्दर्य-बोध की इसी निर्माण-प्रक्रिया को सिद्ध करता है। त्रिलोचन व नागार्जुन जैसे कवियों का ध्यान इस ओर बराबर रहा है।

ब्रजनन्दन किशोर : अभिव्यक्ति के भाषायी माध्यम की वाचन से लेखन और फिर वहाँ से मुद्रण की ओर जो यात्रा रही है, और फिर रूप और वस्तु को लेकर प्रयोग भी खूब हुए हैं—क्या इन सबका रचना की सम्प्रेषणीयता के अतिरिक्त उसके चरित्र और स्वभाव पर भी प्रभाव पड़ा है?

मैनेजर पाण्डेय : इन सब चीजों का व्यापक प्रभाव पड़ा है। एक सीमा तक दुरूहता आदि को भी इनकी परिणति माना जा सकता है। अधिक विस्तार में जाना सम्भव नहीं है अभी। फिर भी यह देखें कि लेखन-कला मुद्रण-कला से काफी प्राचीन है। कविता का लिपिबद्ध होना भी काफी पुराना है, किन्तु बड़े पैमाने पर मुद्रित होना नयी बात है। इसने कविता के चरित्र में बहुत बड़ा परिवर्तन किया है। कौन क्या पढ़ेगा और क्या नहीं पढ़ेगा, जैसे विधि-निषेध अब महत्त्वपूर्ण नहीं रह गये। और,

कह सकते हैं, साहित्य में यहीं से लोकतन्त्र की पूर्ण स्थापना भी हुई। किन्तु इसके सामानान्तर और साथ-साथ एक बात और घटित हुई, कविता अब समूह से व्यक्ति के निजी पठन-क्षेत्र में आ गयी। इसमें अब तरह-तरह के प्रयोग भी बढ़ गये। वैसे तो 'प्रयोगवाद' का एक पूरा आन्दोलन ही रहा है, यहाँ भी और पश्चिमी साहित्य में भी।

यूँ आरम्भ में प्रयोग अनिवार्य-सा लगा। कविता स्वयं को बदल रही थी, दूसरी ओर कवि भी अपनी अभिव्यक्ति को बदल रहा था। लेकिन 'प्रयोग के लिए प्रयोग' भी खूब हुए—व्यक्ति-वैचित्र्य या पाण्डित्य-वैचित्र्य की धाक जमाने जैसी। यहीं से दुरूहता भी आती है एक प्रकार की। ...तो एक किस्म की दुरूहता 'काव्य-वस्तु' के भीतर, ...उसकी बुनावट-बनावट में होती है—एक-दो बार दुहराते हुए आप उसके भीतर धँस सकते हैं। दूसरे किस्म की दुरूहता अभिव्यक्ति की वाक्य-संरचना में होती है—कविता के शब्द व उनके अर्थ तो आपको ज्ञात होते हैं लेकिन कविता का अर्थ अज्ञात रह जाता है, वह स्पष्ट ही नहीं हो पाता, कविता में धँसना भी कठिन होता है।

इस समस्या का एक और पक्ष है। इस ओर यदि ध्यान दें तो इस समस्या को शायद अधिक सरलता से देखा जा सके। जब भी कोई लेखक या कवि कुछ लिख रहा होता है तो उसकी दृष्टि में उसका पाठक भी होता है जिसके लिए सम्भवतः वह लिख रहा होता है। किसी कवि के सम्मुख यदि यह स्पष्ट है कि वह किनके लिए लिख रहा है उसका पाठक कौन है तो दुरूहता नही रह जायेगी। एक वर्ग का पाठक दूसरे वर्ग के पाठक की संवेदनीयता से शायद अपरिचित होता है। इसीलिए एक वर्ग के कई महत्त्वपूर्ण मूल्य व सपने दूसरे पाठक-वर्ग के लिए अबूझ और सिर्फ फन्तासी सिद्ध होते हैं।

फिर दुरूहता का यह प्रश्न कहीं-न-कहीं इससे भी जुड़ा है, थोड़ा परोक्ष ही सही, कि कुछ खास किस्म की कविता को ही जनवादी कविता मान लिया गया है—सहज, सम्प्रेष्य, छूने वाली और अन्य किस्म की कविताओं को ख़ारिज कर दिया गया है, उनमें धँसने की चेष्टा ही नहीं की गयी। यह ठीक नहीं है। यह सच है कि कुछ कविताएँ अपने समय की हलचलों से जीवन ग्रहण करती हैं और काफी प्राणदायी हो उठती है। इन्हें आन्दोलनधर्मी कविताएँ कह सकते हैं। शैलेन्द्र का गीत "हर जोर जुल्म के टक्कर में हड़ताल हमारा नारा है" या फैज का "हम मिहनतकश इस दुनिया से जब अपना हिस्सा माँगेंगे..." जैसी रचनाएँ इसी श्रेणी की हैं। आज भी इनमें वैसी ही ताज़गी है। दूसरी ओर मुक्तिधर्मी कविताएँ भी हैं। इस श्रेणी की कविताएँ माँजती और मुक्त करती हैं। नागार्जुन की 'आओ रानी हम ढोयेंगे पालकी' तथा 'हरिजन गाथा' में दोनों श्रेणियों की विशेषता मिलती है। 'बादल को घिरते देखा है' दूसरे

प्रकार की रचना है, मुक्तिधर्मी है। तो कुछ लोग एक प्रकार की कविता को ही जनधर्मी मान लेते हैं, बल्कि कहिए कविता मानते हैं, तो कुछ लोग दूसरी को। कुछ इस दूसरे प्रकार की कविता को दुर्बोध मानते हैं। अब कविता के एक प्रकार को सहज-सम्प्रेष्य जनोन्मुख कविता मान लेना तो ठीक है, लेकिन दूसरे को खारिज कर देना ठीक नहीं है—कविता की दोनों प्रवृत्तियों को ध्यान में रखना आवश्यक है।

ब्रजनन्दन किशोर : आज की कविता की ऐसी विशिष्टता के सम्बन्ध में हम लोग जानना चाहेंगे जो पारम्परिक और शास्त्रीय विवेचन से परे किन्तु महत्त्वपूर्ण हो।

मैनेजर पाण्डेय : एक पक्ष आज की कविता का है जिसकी चर्चा मैं करना चाहूँगा—वह जनतन्त्र और इतिहास से मुठभेड़ का पहलू। कविता को लेकर हुई इधर की बहसों में इस पर बहुत कम ध्यान गया है कि पिछले पचास वर्षों में कविता की संस्कृति बदली है, वह अधिक जनतान्त्रिक और इतिहास से मुठभेड़ में सक्षम हुई है।

देश का विभाजन और उसी समय भीषण दंगों की शृंखला इतिहास की बहुत बड़ी त्रासदी सिद्ध हुईं। उस समय की अन्य विधाओं में इसकी प्रतिक्रिया दिखती है। छायावाद के उस समय के तीन अति महत्त्वपूर्ण कवि जीवित थे—निराला थे, पन्त और महादेवी भी। लेकिन विभाजन की त्रासदी पर इन्होंने कुछ नहीं लिखा। तो हम जिस सीमा की बात कर रहे थे, उसे जानने और उससे मुक्त होने की, तो वस्तुतः यह जो तीन महाकवियों को लेकर हम कह रहे थे कि उस त्रासदी पर कुछ नहीं लिखा, यह उस समय की कविता के स्वभाव की सीमा थी।

ब्रजनन्दन किशोर : उन तीन महाकवियों के अतिरिक्त कई और महत्त्वपूर्ण हस्ताक्षर उस समय सक्रिय थे। हाल तक वे प्रगतिशील परम्परा के आधार स्तम्भ रहे हैं, हैं भी। इन्होंने भी क्या इन त्रासदियों पर नहीं लिखा?

मैनेजर पाण्डेय : हाँ, उस समय नागार्जुन, केदारनाथ अग्रवाल, शमशेर और त्रिलोचन भी थे। विभाजन की त्रासदी को ठीक से उपस्थित करे, ऐसी रचना इनके यहाँ भी नहीं मिलती, जबकि इन कवियों में यह क्षमता थी।

विभाजन की त्रासदी, दंगे आदि को लेकर यह कहा जाता रहा है कि ये सब 'हिन्दी-पट्टी' के बाहर घटित हुए। इनका अधिक प्रभाव उधर ही पड़ा। लेकिन यह तर्कसंगत नहीं है। वियतनाम, अंगोला आदि की त्रासदी पर लिखा जाये और वहीं पंजाब, बंगाल और मसौढ़ी (बिहार) में घटित हो रही विभाजन और दंगे की त्रासदी पर कुछ नहीं हो, ऐसे तर्क स्वीकार्य नहीं होने चाहिए।

ब्रजनन्दन किशोर : तो क्या मान लिया जाये कि हमारे महत्त्वपूर्ण रचनाकार सायास इन त्रासदियों से मुठभेड़ से कतरा रहे थे?

मैनेजर पाण्डेय : नहीं, मैं उस समय के कवियों को दोष नहीं दे रहा। वस्तुतः

इतिहास से मुठभेड़ का स्वभाव उस समय की कविता में नहीं था। वहीं 'अज्ञेय' में, उनकी रचनाओं में, यह स्वभाव है, मनुष्य की हिंसक वृत्तियों को लेकर अधिक है।

समकालीन सन्दर्भ में 6 दिसम्बर, 1992 की घटना या गुजरात के दंगे या ईराक पर हमले को लें। इन पर दर्जनों महत्त्वपूर्ण कविताएँ लिखी गयी हैं। और यहीं क्यों अमेरिका में देखें। राष्ट्रपति बुश की पत्नी ने उन्हीं दिनों, जब ईराक पर अमेरिका का कहर जारी था, एक काव्य-गोष्ठी का आयोजन किया था, लेकिन बुश की युद्ध-नीतियों के विरुद्ध कवियों की कठोर प्रतिक्रिया को देखते हुए गोष्ठी स्थगित कर दी गयी। ऐसे और भी कितने उदाहरण अन्तरराष्ट्रीय व राष्ट्रीय स्तर पर आज मिलेंगे।

मैं, वस्तुतः यह जोर देकर कहना चाहता हूँ कि इतिहास की मनुष्य-विरोधी प्रक्रिया से मुठभेड़ की प्रवृत्ति और शक्ति कविता की संस्कृति में इधर शामिल हुई है। समकालीन कविता में तो यह प्रवृत्ति और शक्तिशाली हुई है।

ब्रजनन्दन किशोर : एक अन्तिम प्रश्न। क्या विचार व इतिहासविहीन मनुष्य और मनुष्यता की कल्पना की जा सकती है?

मैनेजर पाण्डेय : आपका संकेत शायद 'इतिहास का अन्त' या इसी प्रकार कई चीजों के अन्त की अमरीकी परस्त घोषणाओं की ओर है। इन चीजों को लेकर काफी-कुछ कहा जा चुका है। यह उपभोक्तावादियों का प्रोपगैण्डा से अधिक शायद ही कुछ है। दुनिया में 'पोस्ट मॉडर्निज्म' के शोर के बावजूद ईराक युद्ध में 'इतिहास का अन्त' का अन्त हो गया है। इतिहास की और इतिहास को लेकर मार्क्सवादी दृष्टि की प्रासंगिकता आज फिर मजबूत हो रही है। ऐसे विचार व इतिहासविहीन मनुष्य और मनुष्यता की कल्पना किसी भी राष्ट्र और समाज के लिए अत्यन्त भयानक और त्रासद कल्पना है, मैं इतना ही कहना चाहूँगा।

भूमण्डलीकरण भाषायी और सांस्कृतिक साम्राज्यवाद भी है

(प्रसिद्ध आलोचक मैनेजर पाण्डेय से रमेश उपाध्याय की बातचीत)

रमेश उपाध्याय : पाण्डेय जी, पिछले कुछ ही समय में हमारी भाषा काफी बदल गयी है। निजीकरण, उदारीकरण, भूमण्डलीकरण जैसे बहुत-से नये शब्द हमारी भाषा में आ गये हैं, जो कुछ नयी प्रक्रियाओं और अवधारणाओं के द्योतक हैं। लेकिन कई बार लगता है कि यह नयी शब्दावली चीजों को स्पष्ट कम करती है, उन पर परदे ज्यादा डालती है। उदाहरण के लिए, भूमण्डलीकरण शब्द को ही लें। इससे पता नहीं चलता कि भूमण्डलीकरण किस चीज का हो रहा है। इसकी तुलना में साम्राज्यवाद शब्द ज्यादा स्पष्ट अर्थ देता था। शायद इसीलिए कई लोग भूमण्डलीकरण को स्पष्ट करने के लिए इसे 'पूँजी का भूमण्डलीकरण' या 'पूँजीवादी भूमण्डलीकरण' कहते हैं या फिर 'एक नये ढंग का साम्राज्यवाद' कहकर इसकी व्याख्या करते हैं। मैं आपसे भूमण्डलीकरण और भाषा के बारे में कुछ बातचीत करना चाहता हूँ। क्या यह बेहतर नहीं होगा कि हम अपनी बातचीत भूमण्डलीकरण शब्द पर आपकी टिप्पणी से ही शुरू करें?

मैनेजर पाण्डेय : रमेशजी, भूमण्डलीकरण शब्द नया है, लेकिन यह जिस प्रक्रिया को व्यक्त करता है, वह पुरानी है। कार्ल मार्क्स ने पूँजीवाद की बुनियादी विशेषता यह बतायी थी कि वह सारी दुनिया में अपना विस्तार करता है। यह प्रक्रिया यूरोप में पूँजीवाद के जन्म के साथ ही शुरू हो गयी थी। लेकिन इस प्रक्रिया की दो अवस्थाएँ हैं। पहली अवस्था साम्राज्यवाद या उपनिवेशवाद की थी, जिसका सामना भारत ने ब्रिटिश साम्राज्य के रूप में किया था। इस अवस्था में यूरोप के पूँजीवादी देशों ने दुनिया के विभिन्न देशों में जाकर अपने उपनिवेश कायम किये—अफ्रीका में, एशिया में, लातीनी अमरीका में। ब्रिटेन, फ्रांस, जर्मनी, स्पेन, पुर्तगाल—यूरोपीय देशों में जहाँ-जहाँ पूँजीवाद का विकास हुआ, उन देशों ने अपने साम्राज्य का विस्तार किया। उन्होंने अन्य देशों को अपना उपनिवेश बनाया और वहाँ जाकर उन पर शासन किया। वैसे ही, जैसे ब्रिटिश लोगों ने यहाँ आकर हम पर शासन किया। दूसरी अवस्था उपनिवेशवाद समाप्त हो जाने के बाद की और विशेष रूप से सोवियत संघ

के विघटन के बाद की है, जब पूँजीवादी देशों के लिए यह सम्भव हो गया कि वे दूसरे देशों में जाकर अपने उपनिवेश कायम किये बिना ही अपने साम्राज्य का विस्तार कर सकें। इस दूसरी अवस्था का नाम ही भूमण्डलीकरण है। पहली अवस्था की विशेषता यह थी कि विभिन्न साम्राज्यवादी देश बाकी दुनिया को लूटने की होड़ में रहते थे और आपस में लड़ते भी थे। इसी कारण आपस में उनमें कई लड़ाइयाँ हुईं और दो विश्व युद्ध भी हुए। दूसरी अवस्था की विशेषता यह है कि आज अमरीका सारी दुनिया में बेरोक-टोक अपना एकछत्र साम्राज्य फैलाने के लिए स्वतन्त्र है। उससे प्रतिस्पर्द्धा करने वाला कोई नहीं है और दूसरे पूँजीवादी देश उससे प्रतिद्वन्द्विता करने के बजाय दुनिया की लूट में से कुछ हिस्सा पाने के लिए उसके सहयोगी बने हुए हैं। पहली अवस्था और दूसरी अवस्था में एक और महत्त्वपूर्ण अन्तर यह है कि नयी टेक्नोलॉजी का विकास करके अमरीका ने ऐसी जबर्दस्त सामरिक शक्ति प्राप्त कर ली है कि दूसरा कोई देश उससे प्रतिद्वन्द्विता करने या उसका विरोध करने की स्थिति में नहीं दिखाई देता। इसीलिए अमरीका स्वयं को अखिल भूमण्डल का नेता बता रहा है और बिना किसी शर्म-संकोच के एक साम्राज्यवादी देश के रूप में प्रस्तुत कर रहा है। इस प्रकार भूमण्डलीकरण पुराने साम्राज्यवाद से भिन्न एक नये ढंग का साम्राज्यवाद है। पुराने साम्राज्यवाद के मुकाबले इसमें गति अधिक है, यह दुनिया के लिए अधिक घातक है और इसमें लूट की प्रक्रिया भी पहले से अधिक खतरनाक है।

रमेश उपाध्याय : फिर भी पाण्डेय जी, साम्राज्यवाद चाहे जितना शक्तिशाली हो, उसकी एक कमजोरी हमेशा रही है। वह यह है कि लोग उसे पसन्द नहीं करते। लूटने वाले को भला लुटने वाले कैसे पसन्द करेंगे? इसलिए वह अपने राक्षसी चेहरे पर एक मानवतावादी मुखौटा लगाने को मजबूर होता है। अमरीका आज की दुनिया में परम शक्तिशाली देश है, लेकिन उसके पिट्ठुओं को छोड़कर कौन उसे अच्छा कहता है? अभी इराक पर उसने जिस तरह हमला और कब्जा किया, उसके कारण सारी दुनिया में उसकी थू-थू हुई। उसके सहयोगी देशों में ही नहीं, खुद अमरीका में भी हुई। गुण्डों से डरकर लोग उन्हें दादा या भाई कहकर पुकारते जरूर हैं, लेकिन उन्हें प्यार और स्वीकार कौन करता है? इसलिए साम्राज्यवाद आर्थिक, राजनीतिक और सामरिक दृष्टि से परम शक्तिशाली होते हुए भी लोगों से कहता है, तुम पिछड़े हुए हो, हम तुम्हारा विकास करना चाहते हैं। तुम बर्बर हो, हम तुम्हें सभ्य बनाना चाहते हैं। तुम तानाशाह हो, हम तुम्हें जनतान्त्रिक बनाना चाहते हैं। पुराने साम्राज्यवाद के समय भी यही सब कहा जाता था। इस तरह उपनिवेशों में रहने वाले लोगों का दिमाग बदलने की कोशिश ही सांस्कृतिक साम्राज्यवाद है। आप इस प्रक्रिया को कैसे देखते हैं?

मैनेजर पाण्डेय : रमेश जी, साम्राज्यवाद एक समग्र प्रक्रिया है। इसका मूल आधार आर्थिक होता है। उसके सहायक के रूप में राजनीति होती है। राजनीति के सहायक के रूप में सैन्य शक्ति होती है। और इन सब चीजों की सहायक होती है टेक्नोलॉजी, जो मोटे तौर पर संस्कृति का ही एक पक्ष है। और भूमण्डलीकरण के अथवा साम्राज्यवाद के पहले दौर से ही यह प्रयत्न होता रहा है कि जिन देशों पर कब्जा किया जाये, उनके भूगोल पर ही नहीं, दिमाग पर भी कब्जा किया जाये। मैंने अभी-अभी एक पुस्तक सम्पादित करके प्रकाशित करायी है 'देश की बात'। यह पुस्तक सखाराम गणेश देउस्कर ने ब्रिटिश शासनकाल में लिखी थी। उसमें एक अध्याय है 'सम्मोहन : चित्त-विजय'। उसमें लेखक ने इस बात का विश्लेषण किया है कि अंग्रेज किस तरह भारतीयों के मन-मस्तिष्क पर दो तरह से कब्जा कर रहे हैं। एक तो भारतीय लोगों को वे यह कहकर लुभाते हैं कि हम तुम्हारी भलाई के लिए तुम्हें सभ्य बना रहे हैं, दूसरे, वे भारतीय लोगों के मन में यह बात भरते हैं कि अंग्रेज हमसे हर बात में बेहतर हैं और वे हम पर शासन कर रहे हैं, तो ठीक ही कर रहे हैं। यह प्रक्रिया दूसरे देशों में भी इसी तरह चली है। मिसाल के तौर पर फ्रांज फेनन ने 'दि रेचेड ऑफ दि अर्थ' में इसके बारे में लिखा है।

रमेश उपाध्याय : इसके बारे में एरिक फ्रॉम ने 'दि फियर ऑफ फ्रीडम' में भी लिखा है। पाउलो फ्रेरे की जिस किताब का अनुवाद मैंने किया है—'उत्पीड़ितों का शिक्षाशास्त्र'—उसमें भी यह बात कही गयी है।

मैनेजर पांण्डेय : हाँ, और इस बात के बड़े गहरे सांस्कृतिक पक्ष हैं। साम्राज्यवाद अपने उपनिवेशों के लोगों के मन-मस्तिष्क पर कब्जा जमाने का एक व्यापक अभियान चलाता है। जाहिर है, इसके साथ-साथ दमन और उत्पीड़न की प्रक्रियाएँ भी चलती हैं, लेकिन सम्मोहन और चित्त-विजय का अभियान साम्राज्यवाद के लिए जरूरी होता है। वर्तमान दौर में अमरीकी नेतृत्व में जो भूमण्डलीय हो रहा है, उसमें भी आर्थिक, राजनीतिक और सैनिक प्रयासों के साथ-साथ सम्मोहन और चित्त-विजय का अभियान चल रहा है। इसको कई लेखकों ने दिमागों का उपनिवेशीकरण भी कहा है। यह अमरीका की वर्तमान नीति का भी हिस्सा है। अमरीका के कई लेखकों ने, जो अमरीकी सत्ता के सेवक हैं, यह घोषणा कर रखी है कि इक्कीसवीं सदी में अमरीका आर्थिक और सैनिक दृष्टि से अधिक शक्तिशाली होगा। लेकिन वह सांस्कृतिक दृष्टि से अधिक घातक भी होगा। यह भारत जैसे अविकसित या अर्द्ध-विकसित देशों पर अपना आर्थिक और सैनिक आधिपत्य जमाने के लिए उन पर सांस्कृतिक आधिपत्य जमाना चाहता है। इसकी दो प्रक्रियाएँ हैं। एक प्रक्रिया तो सीधे सैनिक आक्रमण और कब्जे की है, जो अभी ईराक युद्ध में दिखाई पड़ी और पहले भी चलती रही है। दूसरी प्रक्रिया शिक्षा, साहित्य, कला, मीडिया आदि के जरिये

लोगों के दिमागों पर कब्जा करने की है। यही सांस्कृतिक साम्राज्यवाद स्थापित करने की प्रक्रिया है, जो पहले के साम्राज्यवाद के साथ भी चलती थी और आज के साम्राज्यवाद के साथ भी चल रही है। इस प्रक्रिया में दूसरे देशों पर सांस्कृतिक आक्रमण भी किया जाता है और उन देशों में एक सांस्कृतिक अभियान भी चलाया जाता है।

रमेश उपाध्याय : और उस अभियान में उन देशों के लेखक, बुद्धिजीवी आदि भी सहयोग करते हैं।

मैनेजर पाण्डेय : बिल्कुल ठीक कहा आपने। दरअसल, साम्राज्यवाद चाहे पुराना हो, चाहे नया, दूसरे देशों में अपने दलालों की खोज करता है और उनसे अपने पक्ष में प्रचार कराता है। हमारे यहाँ ब्रिटिश काल में भी ऐसा हुआ और आज भी हो रहा है। बल्कि दलाल संस्कृति इस बीच बहुत बढ़ी और विकसित हुई है। लेकिन साम्राज्यवाद के पहले वाले और आज के दौर में एक बहुत महत्त्वपूर्ण फर्क है। वह यह कि इस बीच लगभग आधी सदी तक दुनिया में समाजवाद रहा। आज वह बिखर गया है, लेकिन उसका आना दुनिया की जनता के लिए व्यर्थ नहीं गया। इसीलिए साम्राज्यवाद के विरुद्ध जैसी घृणा आज दिखाई देती है, जैसा प्रतिरोध आज दिखाई देता है, पहले दौर के साम्राज्यवाद के विरुद्ध नहीं दिखाई दिया था। यह दुनिया में समाजवादी समाजों के बनने और पचास बरस कायम रहने का ही प्रभाव है। अतः यह कहना ठीक नहीं है कि समाजवाद आया और गया। वह आया और गया नहीं, बल्कि दुनिया की जनता की मानसिकता को स्वतन्त्रता की दिशा में प्रेरित करने में उसने एक बड़ी भूमिका निभायी है। आज भी साम्राज्यवाद के विरुद्ध जो प्रतिरोध हो रहे हैं, उनके पीछे उसी की प्रेरणा है।

रमेश उपाध्याय : लेकिन, पाण्डेय जी, मुझे लगता है कि हमारे देश में साम्राज्यवाद के प्रति वैसी उत्कट घृणा, जैसी ब्रिटिश शासनकाल में थी या स्वाधीनता आन्दोलन के दौरान और भी उत्कट रूप में दिखाई पड़ी थी, आज नहीं दिखाई देती। हमारा उच्च-मध्यवर्ग तो मानो पूरा अमरीकापरस्त हो गया है। अमरीका को परम शक्तिशाली ही नहीं, सर्वश्रेष्ठ समझना, अमरीकी जीवन-शैली की नकल करना, अंग्रेजी को और उसमें भी अमरीकी उच्चारण वाली अंग्रेजी को सबसे अच्छी भाषा समझना, अपने बच्चों को अंग्रेजी माध्यम से पढ़ाकर अमरीका भेज देने के लिए लालायित रहना—ये सब प्रवृत्तियाँ आज के उच्च-मध्यवर्ग में दिखाई देती हैं। मुझे लगता है कि इसमें अंग्रेजी भाषा के माध्यम से दी जाने वाली शिक्षा, सूचना और मनोरंजन की चीजों पर अंग्रेजी भाषा के प्रभुत्व, विज्ञान और टेक्नोलॉजी की एकमात्र भाषा अंग्रेजी होना इत्यादि कई चीजों का हाथ है। आप इसके बारे में क्या सोचते हैं?

मैनेजर पाण्डेय : देखिए, समाज के सन्दर्भ में भाषा के तीन मुख्य पक्ष हैं। एक तो यह कि भाषा सम्प्रेषण का माध्यम है और भाषा के माध्यम से ही मनुष्य अपने समाज का निर्माण करता है। भाषा के बिना किसी समाज का निर्माण नहीं हो सकता, क्योंकि भाषा के बिना लोग आपस में बात ही नहीं कर सकते। लोग आपस में बात ही नहीं कर सकेंगे, तो समाज कैसे बनेगा? दूसरा यह कि भाषा का बुनियादी काम मनुष्य को सजग और सचेत बनाना है। मनुष्य दूसरे मनुष्यों से ही नहीं, प्रकृति से भी अपना सम्बन्ध भाषा के माध्यम से ही जोड़ता है। प्रकृति की तमाम चीजों को हम शब्दों के माध्यम से ही आत्मसात् करते हैं और अपना बनाते हैं। इस प्रकार आत्म-बोध और जगत्-बोध दोनों का माध्यम भाषा ही है। इसीलिए कहा जाता है कि हम भाषा में जीते हैं। भाषा का तीसरा महत्त्वपूर्ण पक्ष यह है कि उसमें मनुष्य अपनी सृजनशीलता व्यक्त करता है, चाहे वह कवि की कविता के रूप में व्यक्त हो या बढ़ई की बनायी कुर्सी के रूप में या कुम्हार के बनाये बर्तन के रूप में। मनुष्य जो कुछ रचता है, उसी से संस्कृतियों का निर्माण होता है। भाषा के बिना संस्कृति की कल्पना नहीं की जा सकती। विभिन्न संस्कृतियों के नाम उनकी भाषाओं से जुड़े हुए हैं, जैसे बांग्ला संस्कृति, मराठी संस्कृति या तमिल संस्कृति। या विदेशों में देखें, तो जर्मन संस्कृति, रूसी संस्कृति, चीनी संस्कृति इत्यादि। भाषा और संस्कृति लगभग पर्याय की तरह हैं। संस्कृति का सबसे बड़ा स्रोत, प्रमाण और लक्षण भाषा ही है। यही कारण है कि पुराने दौर का साम्राज्यवाद हो या आज के दौर का भूमण्डलीकरण, इसमें दूसरे देशों के लोगों की मानसिकता पर कब्जा जमाने की शुरुआत उनकी भाषा पर कब्जा करने से होती है। पुराने दौर के साम्राज्यवाद ने—जैसे स्पेनी और पुर्तगाली साम्राज्यवाद ने—दक्षिणी अमरीका के देशों की मूल भाषाओं को समाप्त ही कर दिया। अब वहाँ के देशों की भाषा ज्यादातर स्पेनिश या पुर्तगाली है।

रमेश उपाध्याय : लेकिन एशियाई देशों में तो ऐसा नहीं हुआ।

मैनेजर पाण्डेय : हाँ, एशियाई देशों में साम्राज्यवाद यह काम नहीं कर पाया, क्योंकि यहाँ की भाषाएँ—भारत, चीन और अरब देशों की भाषाएँ—यूरोपीय भाषाओं से काफी पुरानी थीं। यहाँ की संस्कृतियाँ भी यूरोपीय देशों की संस्कृतियों से बहुत पुरानी थीं। यही कारण था कि यूरोपीय साम्राज्यवादी उन्हें मिटा नहीं पाये। लेकिन उन्हें अपने ढंग से बदलने और अपने अनुरूप ढालने की कोशिश उन्होंने जरूर की। एक तरफ उन्होंने भारतीय भाषाओं में अपने धर्म की किताबें छापकर बेचीं तो दूसरी तरफ भारतीय भाषाओं का इतिहास लिखने और व्याकरण बनाने का काम किया। यह काम वे किसी उदारता के कारण या हमारी सहायता के लिए नहीं, बल्कि हमारी भाषाओं पर कब्जा जमाने के लिए कर रहे थे।

रमेश उपाध्याय : इस सन्दर्भ में साम्राज्यवाद या भूमण्डलीकरण का बाजार से

और बाजार का भाषा से जो सम्बन्ध है, उस पर भी विचार करना चाहिए।

मैनेजर पाण्डेय : देखिए, बाजार भाषाओं की बहुलता को स्वीकार नहीं करता। वह व्यापार की एक भाषा चाहता है। इसीलिए यूरोप में एक भाषा और एक राष्ट्र का सिद्धान्त विकसित हुआ। 'नेशनल लैंग्वेज' या राष्ट्रभाषा की अवधारणा पूँजीवाद की देन है। अंग्रेजों को भारत में आकर बहुत समय तक कुछ समझ में नहीं आता था, क्योंकि यहाँ भाषाओं की बहुलता थी। एक प्रमुख भाषा के साथ पच्चीस दूसरी भाषाएँ थीं, जैसे हिन्दी के साथ भोजपुरी, अवधी, ब्रज, बुन्देलखण्डी, छत्तीसगढ़ी वगैरह। इसलिए वे एक राष्ट्र एक भाषा का जो सिद्धान्त लेकर आये थे, उसको उन्होंने यहाँ चलाने की कोशिश की। इसका बहुत खराब असर हमारे राष्ट्रवाद पर पड़ा। अंग्रेज अंग्रेजी को समूचे भारत की भाषा बनाना चाहते थे। उसी तर्ज पर बाद में किसी एक भाषा को राष्ट्रभाषा बनाने की बात उठी और भाषा-विवाद पैदा हुआ, जिसे अंग्रेजों ने खूब हवा दी, ताकि कोई भारतीय भाषा नहीं, बल्कि अंग्रेजी ही भारत की राष्ट्रभाषा बने। आजकल अमरीका उसी सिद्धान्त पर चलते हुए अंग्रेजी को समूचे विश्व की भाषा बनाने की कोशिश कर रहा है। उसकी भाषा भी अंग्रेजी है, इसलिए अमरीकी भूमण्डलीकरण की भाषा भी अंग्रेजी है। दुनिया की दूसरी भाषाओं को वह उतनी ही दूर तक बर्दाश्त करता है, जितनी दूर तक वे उसके व्यापार में बाधक नहीं होतीं, बल्कि सहायक होती हैं। अन्यथा उन भाषाओं को हटाकर वह बाजार की भाषा के रूप में अपनी अंग्रेजी को ही स्थापित करने और मजबूत बनाने की कोशिश करता हैं। इसीलिए भूमण्डलीकरण के इस दौर में अंग्रेजी के प्रभुत्व विस्तार के साथ अमरीकीकरण की भी एक व्यापक प्रक्रिया चल रही है। यह प्रक्रिया जितनी आर्थिक है, उतनी ही राजनीतिक है, उतनी ही सांस्कृतिक है। इसी प्रक्रिया के एक हिस्से के रूप में अंग्रेजी भारत में चारों ओर फैलायी जा रही है।

रमेश उपाध्याय : आपने अभी कुछ देर पहले भाषा का सम्बन्ध मनुष्य की सृजनशीलता से होने की बात कही है, जिसका सम्बन्ध संस्कृति से होता है। लेकिन आप देखें कि सृजनशीलता में एक प्रकार का प्रतिरोध भी होता है। या यों कहें कि प्रतिरोध की गुंजाइश उसमें हमेशा होती ही है। इसीलिए भाषाएँ और संस्कृतियाँ आसानी से नष्ट नहीं होतीं। यह सही है कि साम्राज्यवाद ने कई भाषाओं को नष्ट किया है, लेकिन वे आसानी से हार नहीं मानतीं और प्रतिरोध करती हैं। इसीलिए हम देखते हैं कि आज का भूमण्डलीकरण उस प्रतिरोध को सिर उठाने से पहले ही शान्त कर देने के लिए हमारी सृजनशीलता को ही नष्ट करने का प्रयास कर रहा है।

मैनेजर पाण्डेय : हाँ, और इसी प्रयास का एक रूप है भाषायी साम्राज्यवाद। इसीलिए भूमण्डलीकरण के साथ-साथ अंग्रेजी को सारी दुनिया में फैलाने के प्रयास किये जा रहे हैं। भारत पर भी अंग्रेजी थोपने के प्रयास किये जा रहे हैं। इसके मैं

दो उदाहरण देता हूँ। एक तो सलमान रुश्दी से सम्बन्धित है, जो अंग्रेजी के बड़े भारी लेखक माने जाते हैं और दूसरा अमरीकी लेखिका सूसन सेंटॉग से सम्बन्धित। सलमान रुश्दी ने आज से पाँच साल पहले उत्तर-औपनिवेशिक लेखन की एक किताब सम्पादित की थी। उसकी भूमिका अमरीका से निकलने वाली 'न्यूयॉर्कर' नाम की प्रसिद्ध पत्रिका में भी छपी थी। यह आदमी मूलतः भारत का है, पर भारत के बारे में अज्ञान का ऐसा प्रदर्शन मैंने पहली बार देखा। उसने कहा कि भारत में–यानी पुराने भारत में, जिसमें पाकिस्तान और बांग्लादेश शामिल थे–बराबर विदेशी भाषाओं का प्रभुत्व रहा है। पहले फारसी का था, फिर अंग्रेजी का रहा, फिर उर्दू का। अब, फारसी और अंग्रेजी के बारे में उसने जो कहा, उसमें सहमति-असहमति की गुंजाइश के बावजूद कुछ सच्चाई है। लेकिन हिन्दुस्तान में पैदा हुआ कोई आदमी उर्दू को विदेशी भाषा कहे...

रमेश उपाध्याय : यह तो नितान्त मूर्खतापूर्ण वक्तव्य है।

मैनेजर पाण्डेय : इसी तरह अमरीकी लेखिका सूसन सेंटॉग ने 2003 में 'टाइम्स लिटरेरी सप्लीमेंट' में एक लेख लिखा, जिसमें उन्होंने दो स्थापनाएँ दीं। एक तो यह कि भारत की राष्ट्रभाषा हिन्दी नहीं हो सकती, क्योंकि भारत के सारे मुसलमान उसका विरोध करते हैं। दूसरी यह कि भारत की राष्ट्रभाषा कोई विदेशी भाषा ही हो सकती है। अब, पहली स्थापना तो तथ्यात्मक रूप से ही गलत, भ्रामक और मूर्खतापूर्ण है, क्योंकि इसमें भाषा को धर्म से जोड़कर देखा गया है। भाषा को धर्म से जोड़ने की परम्परा पुराने साम्राज्यवाद से लेकर आज के भूमण्डलीकरण तक चली आ रही है। पहले अंग्रेज विद्वान् यह काम किया करते थे, अब अमरीकी विद्वान् करते हैं। लेकिन कोई भाषाविज्ञानी यह नहीं मानता कि भाषा का सम्बन्ध किसी धर्म से होता है। भारत इसका सबसे बड़ा उदाहरण है कि भाषाएँ धर्म के हिसाब से नहीं चलतीं। किसी भी धर्म का व्यक्ति हो, वह जिस क्षेत्र में रहता है, वहीं की भाषा बोलता है। बंगाल का मुसलमान बांग्ला बोलता है, आन्ध्र का मुसलमान तेलुगु बोलता है, केरल का मुसलमान मलयालम बोलता है। हिन्दी क्षेत्र में हिन्दू-मुसलमान दोनों हिन्दी-उर्दू बोलते हैं, या फिर दोनों अपने क्षेत्र की ब्रज, अवधी, भोजपुरी, राजस्थानी इत्यादि।

रमेश उपाध्याय : धर्म के आधार पर भारत-पाकिस्तान का बँटवारा हो गया, लेकिन भाषा धर्म के आधार पर नहीं बँटती, इसका सबसे बड़ा उदाहरण बांग्लादेश है। जब वह पूर्वी पाकिस्तान कहलाता था, तब भी वहाँ के मुसलमान बांग्ला ही लिखते-बोलते थे और आज जब वह बांग्लादेश कहलाता है, तब भी बांग्ला ही लिखते-बोलते हैं। फिर, पाकिस्तान में पश्चिमी पंजाब का जो हिस्सा चला गया, वहाँ के मुसलमानों की भाषा आज भी पंजाबी ही है।

मैनेजर पाण्डेय : अब सूसन सेंटॉग की दूसरी स्थापना को देखें कि कोई विदेशी भाषा ही भारत की राष्ट्रभाषा हो सकती है। इशारा स्पष्ट है कि वह अंग्रेजी ही हो सकती है। मैं सूसन सेंटॉग का बड़ा सम्मान करता हूँ, क्योंकि उन्होंने अमरीकी साम्राज्यवाद की ज्यादतियों के बारे में लिखा है। लेकिन उनकी यह स्थापना अंग्रेजी के प्रभाव-विस्तार की उन कोशिशों का ही हिस्सा है, जो आज अमरीकी भूमण्डलीकरण के जरिये की जा रही हैं। मुझे बड़ी प्रसन्नता हुई, जब हरीश त्रिवेदी ने 'टाइम्स लिटरेरी स्पलीमेंट' में ही एक लेख लिखकर उनकी इस स्थापना का विरोध किया। लेकिन हरीश त्रिवेदी के लेख के विरोध में भी यहाँ के कुछ लोगों ने पत्र लिखे। ये वही लोग हैं, जो भारतीय होकर भी अमरीकी भूमण्डलीकरण के साथ अंग्रेजी के भाषायी साम्राज्यवाद को फैलाने के अभियान के हिस्से बने हुए हैं और भारतीय भाषाओं के ऊपर अंग्रेजी को स्थापित करने की कोशिश में लगे हुए हैं।

रमेश उपाध्याय : भाषायी साम्राज्यवाद का सीधा सम्बन्ध सांस्कृतिक साम्राज्यवाद से है और...

मैनेजर पाण्डेय : बराबर है। इसके उदाहरण हैं भारत के तमाम बड़े शहरों में अमरीका की ओर से बड़ी संख्या में बनाये गये कॉल सेंटर्स। दिल्ली के पास उनका सबसे बड़ा केन्द्र गुड़गाँव है। इन कॉल सेंटर्स में जिन भारतीय लड़के-लड़कियों को नौकरी पर रखा जाता है, उन्हें केवल अंग्रेजी बोलने की नहीं, बल्कि अमरीकी बनने की ट्रेनिंग भी दी जाती है। उन्हें अमरीकी उच्चारण में अंग्रेजी बोलना ही नहीं सिखाया जाता, उनके नाम भी अमरीकी रख दिये जाते हैं। इस तरह उनकी भारतीय पहचान समाप्त करके उन्हें एक अमरीकी पहचान दे दी जाती है। इस तरह भारतीय लोगों के अमरीकीकरण का अभियान बहुत बड़े पैमाने पर चल रहा है, जो भारतीय भाषाओं, भारतीय समाज और भारतीय संस्कृति के लिए बहुत खतरनाक है और यह खतरा केवल भारत पर नहीं, दुनिया के उन तमाम देशों पर मँडरा रहा है, जो आर्थिक, राजनीतिक और सैनिक दृष्टि से कमजोर हैं। इस समय दुनिया में लगभग छह हजार भाषाएँ हैं, जो बोली जाती हैं, जिनकी लिपि है और जिनका साहित्य भी है। लेकिन भाषाविज्ञानियों का कहना है कि भूमण्डलीकरण का अभियान और उसके साथ अंग्रेजी के प्रभुत्व का विस्तार इसी तरह चलता रहा, तो इक्कीसवीं सदी का अन्त होते-होते उनमें से आधी भाषाएँ मर जायेंगी। यह अपने-आप में मानव सभ्यता के लिए बहुत बड़ा खतरा है, क्योंकि एक भाषा का मरना केवल एक भाषा का मरना नहीं, बल्कि एक सभ्यता और संस्कृति का मरना भी है, जिसे पुनर्जीवित नहीं किया जा सकता। इसलिए भूमण्डलीकरण के साथ-साथ जो भाषायी और सांस्कृतिक साम्राज्यवाद फैलाने का अभियान चल रहा है, वह बहुत ही खतरनाक और चिन्ताजनक है। उसके विरुद्ध प्रतिरोध की प्रक्रिया जितनी तेज हो, उतना ही अच्छा है।

रमेश उपाध्याय : आप बिल्कुल सही कह रहे हैं। लेकिन यह बताइए कि उसके विरुद्ध प्रतिरोध की प्रक्रिया आपको कहाँ दिखाई देती है? मसलन, हमारे देश में कौन कर रहा है ऐसा प्रतिरोध?

मैनेजर पाण्डेय : देखिए, आम जनता में हमेशा प्रतिरोध की क्षमता होती है और रही है। समाज में आर्थिक और सामाजिक रूप से अनेक स्तर होते हैं। भारतीय समाज के सन्दर्भ में बात करें, तो आप देखेंगे कि भूमण्डलीकरण और अंग्रेजी के प्रभुत्व-विस्तार के अभियान में मध्यवर्ग और उच्चवर्ग के लोग तो बहुत आसानी से शामिल हो रहे हैं, लेकिन साधारण लोग—जैसे किसान, मजदूर, दूसरे गरीब मेहनतकश लोग, जिनमें स्त्रियाँ भी शामिल हैं—इस अभियान का हिस्सा नहीं बने हैं। वे अपनी भाषा और संस्कृति पर पड़ रहे बाहरी प्रभाव और दबाव का प्रतिरोध कर रहे हैं। मैं आपका ध्यान विशेष रूप से इस तथ्य की तरफ आकृष्ट करूँगा कि सारी दुनिया में भाषाओं के निर्माण, विकास और संरक्षण का काम सबसे ज्यादा स्त्रियों ने किया है। रमेश जी, यह अकारण नहीं है कि दुनिया में भाषाओं को केवल मातृभाषा कहा जाता है, कहीं पितृभाषा नहीं कहा जाता। फिर, स्त्रियों के अलावा जिन वर्गों और तबकों का नाम मैंने लिया, वे अपनी आर्थिक, सामाजिक और सांस्कृतिक स्थितियों के कारण भी अपनी भाषा और संस्कृति क्री रक्षा का प्रयत्न बराबर करते रहते हैं, जिसके लिए आर्थिक, राजनीतिक, सांस्कृतिक और भाषायी साम्राज्यवाद का प्रतिरोध करना आवश्यक है। इन लोगों में ज्यादातर ग्रामीण और अशिक्षित लोग होते हैं, लेकिन वे कितने सृजनशील होते हैं, यह बात हम लोकगीतों को सुनकर समझ सकते हैं...

रमेश उपाध्याय : लोककथाओं को सुनकर भी। राजा-रानी या परियों वाली लोककथाएँ ही नहीं, अपने समय के नायकों के बारे में जो किंवदन्तियाँ लोक में प्रचलित होती हैं, वे भी एक प्रकार की लोककथाएँ ही होती हैं। मैं तो यहाँ तक कहता हूँ कि जो चुटकुले हम सुनते-सुनाते रहते हैं, वे भी एक प्रकार की हास्य-व्यंग्यात्मक लोककथाएँ ही हैं। आप देखते हैं कि हर चुटकुले में एक छोटी-सी कहानी होती है और कई बार वह छोटी-सी कहानी, जो केवल हँसने-हँसाने के लिए सुनायी जाती है, बहुत बड़ा राजनीतिक व्यंग्य होती है। ये चुटकुले कौन बनाता है, कोई नहीं जानता। इसका मतलब है, उन्हें लोक ही बनाता है, आम लोग ही बनाते हैं। आपको याद होगा कि इमर्जेंसी के दौरान उसके खिलाफ ऐसे ढेरों चुटकुले लोगों ने गढ़े थे। अभी तक किसी ने ध्यान नहीं दिया है, लेकिन मेरे विचार से ऐसे चुटकुलों पर गम्भीर शोधकार्य होना चाहिए। खैर, आप कह रहे थे कि लोकगीतों में प्रतिरोध होता है...

मैनेजर पाण्डेय : मैं कह रहा था कि प्रतिरोध की प्रक्रिया लोकभाषाओं में ज्यादा

रहती है। उदाहरण के लिए, 1857 के प्रथम स्वाधीनता संग्राम के बारे में उस समय के शिष्ट साहित्य में प्रतिरोध मुश्किल से मिलेगा, लेकिन उस समय के लोकसाहित्य में वह खूब मिलेगा। अवधी, भोजपुरी, बुन्देलखंडी आदि में ढेर सारा लोकसाहित्य मौजूद है, जो ब्रिटिश शासन का विरोधी है। इस प्रकार हम देखते हैं कि प्रतिरोध की प्रक्रिया लोकभाषाओं में ज्यादा रहती है। इसलिए भी कि उनका दमन आसानी से नहीं किया जा सकता, क्योंकि उनमें जो कहा जाता है, ज्यादातर मौखिक ही होता। जैसे आपने इमरजेंसी के दौरान उसके खिलाफ बनाकर चलाये गये चुटकुलों की बात की। उनका दमन कौन कर सकता है? उन पर सेंसर कौन लगा सकता है? भाषा की दृष्टि से देखें, तो भाषाओं का स्वाभाविक रूप मौखिक ही होता है। लिखित रूप में तो भाषाएँ हमेशा कृत्रिमता की ओर बढ़ती हैं और उन्हें दबाना या मिटाना आसान होता है।

रमेश उपाध्याय : क्योंकि एक कृत्रिम चीज दूसरी और उनसे बड़ी कृत्रिम चीज से दबायी जा सकती है।

मैनेजर पाण्डेय : फिर, जिन देशों में एक-दो भाषाएँ ही हों, वहाँ तो उन भाषाओं को दबा या मिटाकर भाषायी साम्राज्य कायम किया जा सकता है, जैसा लातीनी अमरीकी देशों में हुआ, लेकिन भारत जैसे देश में, जहाँ असंख्य भाषाएँ हों, उनकी अलग-अलग प्रक्रियाएँ हों, उनका जिन्दगी से जुड़ाव हो, वहाँ कोई एक भाषा उन सबको दबा या मिटा नहीं सकती। भूमण्डलीकरण का वर्तमान दौर भी हमारी भाषाओं को नहीं मिटा पायेगा। मुझे विश्वास है कि जनता जैसे अपनी जिन्दगी की रक्षा करेगी, वैसे ही अपनी भाषाओं की रक्षा करेगी। ब्रिटिश शासनकाल में भी उसने यह काम किया था और स्वाधीनता आन्दोलन के दौरान तो 'अपनी भाषा' एक बहुत बड़ा राजनीतिक मुद्दा था। भारतेन्दु हरिश्चन्द्र की हिन्दी भाषा पर लिखी गयी लम्बी कविता की एक पंक्ति तो अभी तक दोहरायी जाती है—"निज भाषा उन्नति अहै सब उन्नति को मूल।" जहाँ तक हमारे उस मध्यवर्ग का सवाल है, जो अमरीकापरस्त और अंग्रेजी का भक्त है, वह तो अवसरवादी लोगों का वर्ग है। लेकिन हमें भूलना नहीं चाहिए कि इसी मध्यवर्ग में मुक्तिबोध हुए, जो मध्यवर्गीय अवसरवाद के सबसे बड़े आलोचक थे। यह वर्ग आज बड़े पैमाने पर भूमण्डलीकरण से जुड़ने में लगा हुआ है। इसलिए मैं सोचता हूँ कि आप जैसे लेखकों और 'कथन' जैसी पत्रिकाओं को, जो भूमण्डलीकरण की प्रक्रियाओं को देखते हुए लगातार अपने देश और अपनी जनता के भविष्य के लिए चिन्तित हैं, इस मध्यवर्गीय अवसरवाद को खूब एक्सपोज करना चाहिए। मुझे लगता है कि आज भाषायी और सांस्कृतिक गुलामी का जो एक दौर शुरू हो रहा है, उसके विरुद्ध जागरण अभियान और प्रतिरोध बहुत जरूरी है।

रमेश उपाध्याय : भारतीय मध्यवर्ग बड़ी अजीब चीज है, पाण्डेय जी! खासकर

इसमें जो अंग्रेजी वाला तबका है, उसे तो शायद अहसास ही नहीं है कि वह क्या है और क्या कर रहा है। उसे अंग्रेजी तो आती है, लेकिन दूसरी भाषाओं के बारे में वह शायद उतना भी नहीं जानता, जितना दूसरी भाषाओं वाले अंग्रेजी के बारे में जानते हैं। मैं आपको एक व्यक्तिगत उदाहरण देता हूँ। पिछले दिनों अंग्रेजी की पत्रकार एक लड़की मेरा इंटरव्यू लेने आयी, जो कल ही (21 अगस्त, 2005) के 'इण्डियन एक्सप्रेस' में छपा है। वह किसी से यह सुनकर आयी थी कि 'कथन' को निकलते पच्चीस साल हो गये हैं। लेकिन उसने न तो 'कथन' का कभी कोई अंक देखा था, न मेरा लिखा हुआ कुछ पढ़ा था। दिल्ली में रहने वाली और यहीं पली-पढ़ी होने के बावजूद हिन्दी के बारे में वह कितना जानती थी और क्या सोचती थी, इसका पता मुझे उसके पहले प्रश्न से ही चल गया। उसने पूछा—"आप हिन्दी में लिखते हैं और हिन्दी में पत्रिका निकालते हैं, पर हिन्दी तो अब खत्म हो रही है न?" मुझे उसके अज्ञान पर तरस आया। मैंने हँसते हुए कहा—"तुम कोका कोला पीती हो? उसे एक मल्टीनेशनल कम्पनी बनाती है और उसका विज्ञापन वह कैसे करती है? ठण्डा मतलब कोका कोला! क्या तुम इसे हिन्दी का खत्म होना कह सकती हो?" खैर, उसके जाने के बाद मैं भाषा और भूमण्डलीकरण के सम्बन्ध के बारे में सोचता रहा। मुझे लगा, भूमण्डलीकरण अंग्रेजी का साम्राज्य तो फैला रहा है, लेकिन बाजार की जरूरतों के कारण वह हमारी भाषाओं का इस्तेमाल करने के लिए भी मजबूर है। इसलिए हमारी भाषाओं को नष्ट करना उसके लिए आसान नहीं है। आप क्या सोचते हैं?

मैनेजर पाण्डेय : आपने यह ठीक ध्यान दिलाया कि बाजार और भाषा का सम्बन्ध एकपक्षीय नहीं होता। वह दुतरफा और जटिल होता है। लेकिन आपने अभी विज्ञापन की भाषा का जो उदाहरण दिया, मैं उसके बारे में कुछ अलग ढंग से सोचता हूँ। यह सही है कि विज्ञापन की भाषा अब केवल विक्रेता की भाषा या केवल ग्राहक की भाषा नहीं रही, बल्कि दोनों की मिली-जुली खिचड़ी भाषा बन गयी है। इससे देशी भाषाएँ बाजार की भाषाएँ बनती हैं और उनका थोड़ा विस्तार होता है। लेकिन उनको इस्तेमाल करने से बाजार का विस्तार कई गुना ज्यादा बढ़ता है। दूसरे, जब दो भाषाओं का मिश्रण होता है, तब अन्ततः उस भाषा की विजय होती है, जिसके पीछे आर्थिक ताकत अधिक होती है। इसलिए मुझे लगता है कि विज्ञापनों में हमारी भाषाओं के साथ जो अंग्रेजी आ रही है, उससे हमारी भाषाओं का कम और अंग्रेजी भाषा का प्रभाव-विस्तार अधिक होता है।

रमेश उपाध्याय : अच्छा, इधर मीडिया में भी यह प्रवृत्ति दिखाई पड़ रही है कि हिन्दी में अंग्रेजी मिलाओ। इलेक्ट्रॉनिक मीडिया में तो यह प्रवृत्ति काफी समय से थी, अब प्रिंट और फिल्मों में भी बढ़ती दिखाई पड़ रही है।

मैनेजर पाण्डेय : मेरे विचार से यह एक तरफ तो हीनता ग्रन्थि से पीड़ित भारतीय मानसिकता का प्रमाण है और दूसरी तरफ बढ़ते हुए बाजारवाद का लक्षण। कई लोग खुद को अंग्रेजीदाँ दिखाने के लिए हिन्दी के बीच अंग्रेजी शब्दों की भरमार करते चलते हैं। बोलने और लिखने दोनों में। प्रिंट मीडिया में इसके एक बड़े उदाहरण सुधीश पचौरी है। मैंने एक लेख में लिखा है कि वे हिन्दी के नहीं, नागरी लिपि के लेखक हैं, जो अंग्रेजी के शब्द नागरी लिपि में लिखते हैं। यह हीनता ग्रन्थि और अपने को विशिष्ट दिखाने की मानसिकता हैं। दूसरी तरफ बाजारवाद के असर से भी हिन्दी-अंग्रेजी की खिचड़ी बनती है। इलेक्ट्रॉनिक मीडिया ऐसा करके हिन्दी वाले श्रोताओं के साथ-साथ अंग्रेजी वाले श्रोताओं को भी पकड़ना चाहता है। और फिल्में विदेशी बाजार को ध्यान में रखकर ऐसी बनायी जा रही हैं। हाल के वर्षों में यह हुआ है कि भारतीय फिल्मों को विदेशी बाजार मिलने लगा है और हमारे ये फिल्म वाले उस चिन्ता में फिल्म की टेक्नीक से लेकर भाषा तक में विदेश की नकल करते हैं। यह चिन्ता कभी सत्यजीत राय, ऋत्विक घटक या मृणाल सेन को नहीं रही। सबने बांग्ला में फिल्में बनायीं और वे विदेशों में भी सराही गयीं। हिन्दी के पुराने फिल्मकारों में भी भाषा के प्रति ऐसा रवैया कभी नहीं रहा। उन्होंने भाषा की खिचड़ी पकाने की कभी कोशिश नहीं की और एक से एक अच्छी फिल्में बनायीं। खिचड़ी भाषा वाली प्रवृत्ति भूमण्डलीकरण और कॉल सेंटर वाली संस्कृति के असर से पैदा हुई है।

रमेश उपाध्याय : इधर हिन्दी के लेखकों में भी एक आकांक्षा दिखाई पड़ रही है कि उनकी रचनाओं के अनुवाद अंग्रेजी में हों और वे वैश्विक बाजार में पहुँचें।

मैनेजर पाण्डेय : वैसे इसमें कोई बुराई नहीं है कि हिन्दी के या दूसरी भारतीय भाषाओं के लेखकों की कृतियों के अनुवाद दुनिया की दूसरी भाषाओं में हों। आप जैसे कई लेखकों की रचनाओं के अनुवाद होते भी रहे हैं। लेकिन यह जो अंग्रेजी-मोह बढ़ा है, उसके दो कारण हैं। एक तो यह कि अंग्रेजी में लिखने वाले भारतीय लेखकों को इधर खूब उछाला गया है। उनकी साधारण रचनाओं पर भी बड़े-बड़े पुरस्कार दिये गये हैं और उन्हें बेस्ट सेलर बनाकर रॉयल्टी की बड़ी-बड़ी रकमें दी गयी हैं। उन रकमों का प्रचार भी किया गया है...

रमेश उपाध्याय : जैसे 'अ सूटेबल बॉय' के लेखक विक्रम सेठ को दी गयी रॉयल्टी का प्रचार...

मैनेजर पाण्डेय : इसलिए लोग सोचते हैं कि हम भी अंग्रेजी में लिखकर या अपनी रचनाओं के अनुवाद अंग्रेजी में छपवाकर अपनी आर्थिक स्थिति बेहतर कर सकते हैं और हिन्दी के दूसरे लेखकों के बीच विशिष्ट बन सकते हैं। लेकिन इसका असर उनकी रचनाशीलता पर भी पड़ता है। वे अपने देश, अपनी जनता और अपनी

भाषा की चिन्ता करते हुए लिखने के बजाय अंग्रेजी के बाजार के लिए लिखते हैं। हिन्दी में इसके एक उदाहरण उदय प्रकाश हैं, जिनकी एक कहानी का अंग्रेजी में अनुवाद हुआ और उस पर उन्हें एक पुरस्कार भी मिला है। लेकिन रमेश जी, आप इसी के सामानान्तर चल रही एक और प्रक्रिया पर विचार करें। हिन्दी के प्रकाशक अंग्रेजी की किताबों के अनुवाद बड़ी भारी संख्या में छाप रहे हैं और उनमें भारतीय अंग्रेजी लेखकों की ऐसी किताबें भी होती हैं, जो अगर सीधे हिन्दी में लिखी गयी होतीं, तो शायद कोई अच्छा प्रकाशक उन्हें छापना पसन्द न करता। मेरा इशारा शोभा डे की तरफ है।

रमेश उपाध्याय : आप ठीक कह रहे हैं। अंग्रेजी की किताबों के हिन्दी अनुवाद खूब छप रहे हैं। पहले भारतीय भाषाओं की रचनाओं के अनुवाद हिन्दी में खूब होते थे। अब वे बहुत कम हो गये हैं। यह भी अंग्रेजी के भाषायी साम्राज्यवाद के फैलने का नतीजा लगता है। लेकिन यह बताइए, क्या इस भूमण्डलीकरण साम्राज्यवाद का कोई कारगर प्रतिरोध भूमण्डलीय स्तर पर सम्भव है?

मैनेजर पाण्डेय : देखिए, यह बहुत बड़ा सवाल है। यह समूची पूँजीवादी व्यवस्था को बदलकर उसकी जगह समाजवादी व्यवस्था कायम करने का सवाल है। और इसका जवाब देने के लिए मैं सार्त्र का एक कथन दोहराऊँगा। सार्त्र ने कहा था कि दुनिया में समाजवाद की जरूरत और मार्क्सवाद का महत्त्व कम से कम तब तक तो रहेगा ही, जब तक पूँजीवादी शोषण और लूट की व्यवस्था कायम रहेगी। इसका मतलब है कि जब तक पूँजीवाद रहेगा, तब तक उसका प्रतिरोध भी होता रहेगा। दुनिया के ऊपर वाले बीस प्रतिशत लोग भले ही भूमण्डलीकरण के समर्थक और सहयोगी बन जायें, शेष अस्सी प्रतिशत लोग तो उसके विरुद्ध संघर्ष ही करेंगे। यह संघर्ष आर्थिक-राजनीतिक स्तर पर भी होगा और साहित्यिक-सांस्कृतिक स्तर पर भी होगा। अगर ऊपर वाले बीस प्रतिशत लोग भाषायी साम्राज्यवाद फैलायेंगे, तो नीचे के अस्सी प्रतिशत लोग उसका प्रतिरोध भी करेंगे। मार्क्स ने कहा है कि मानव समाज कोई ऐसी समस्या पैदा नहीं करता, जिसका समाधान वह न कर सके। तो अगर समस्या सामने आयी है, तो उसका समाधान भी सामने आयेगा। कब और किस तरह आयेगा, यह कहना मुश्किल है। लेकिन आप इतिहास को याद करें, 1857 की पराजय के बाद हमारे देश में 1900 तक ऐसा सोचने वाले दो प्रतिशत लोग भी नहीं थे कि यह देश कभी आजाद होगा। लेकिन हुआ। इसलिए मुझे लगता है कि सारे संकटों और खतरों के बावजूद दुनिया अपनी समस्याओं को हल करने के लिए संघर्ष करेगी और इसी प्रक्रिया में वह अपनी रक्षा के साथ-साथ अपनी संस्कृतियों की भी रक्षा करेगी, अपनी भाषाओं की भी रक्षा करेगी।

रमेश उपाध्याय : आपने मार्क्स और मार्क्सवाद की बात की। मार्क्सवाद में

सबसे बड़ी चीज है वर्ग-संघर्ष और पूँजीवाद के विरुद्ध संघर्ष करती जनता में वर्ग-चेतना का होना। लेकिन अब हम देख रहे हैं कि वर्ग-चेतना की जगह पर अस्मिताओं की चेतना आ गयी है, जैसे स्त्री-चेतना, दलित-चेतना अथवा दुनिया में जहाँ रंग-भेद या नस्ल-भेद है, वहाँ काले लोगों की चेतना। इसीलिए अस्मिताओं के विभिन्न आन्दोलन चल रहे हैं। इन सबमें स्वतन्त्रता की आकांक्षा अन्तर्निहित है और स्वतन्त्रता की आकांक्षा कहीं न कहीं पूँजीवाद और साम्राज्यवाद के विरुद्ध होती है। लेकिन भाषा को लेकर कोई आन्दोलन क्यों चलता दिखाई नहीं देता, जबकि अस्मिता का सवाल राजनीति से बाद में, पहले संस्कृति से जुड़ता है और संस्कृति का सवाल भाषा से?

मैनेजर पाण्डेय : आपका यह कहना सही है कि अस्मिता का सवाल भाषा और संस्कृति से जुड़ा हुआ सवाल है। मनुष्य की अस्मिता के निर्माण में भाषा की बहुत बड़ी भूमिका होती है और भाषा की भूमिका होगी, तो जाहिर है, साहित्य और संस्कृति की भूमिका भी होगी। मैं केवल दो आन्दोलनों की बात करूँगा—दलित आन्दोलन और स्त्री आन्दोलन। ये दोनों आन्दोलन सामाजिक, सांस्कृतिक और राजनीतिक आन्दोलन होने के साथ-साथ साहित्यिक आन्दोलन भी हैं। भाषा से इनका कैसा सम्बन्ध है, यह हम दलित आन्दोलन में इस प्रकार देख सकते हैं कि मराठी के दलित आन्दोलन ने मराठी भाषा को हिन्दी के दलित आन्दोलन ने हिन्दी भाषा को और काफी बदल दिया है। उदाहरण के लिए, बहुत-सी भदेस या अश्लील मानी जाने वाली अभिव्यक्तियाँ, जो साहित्य में अछूत मानी जाती थीं, जैसे गालियाँ, वे भी साहित्य की भाषा में शामिल हो गयी हैं। स्त्री आन्दोलन का ऐसा कोई प्रभाव भाषा पर तो नहीं दिखाई पड़ता, लेकिन साहित्य और संस्कृति पर दिखाई पड़ता है।

रमेश उपाध्याय : हिन्दी भाषा पर स्त्री आन्दोलन के प्रभाव का कोई अच्छा अध्ययन अभी तक मेरे देखने में नहीं आया। लेकिन अंग्रेजी भाषा पर उसके प्रभाव के कुछ अध्ययन किये गये हैं। स्त्री आन्दोलन ने अंग्रेजी में एक महत्त्वपूर्ण परिवर्तन यह किया है कि जहाँ पहले मनुष्य या व्यक्ति का सर्वनाम केवल 'he' होता था, अब 'she' भी होता है। महिलाएँ तो अपने लेखन में 'he' की जगह 'she' का प्रयोग करती ही हैं, कई पुरुष भी करते हैं। या फिर वे दोनों का प्रयोग करते हुए 'he/she' या 'she/he' लिखते हैं। हिन्दी में पुल्लिंग और स्त्रीलिंग दोनों में मनुष्य या व्यक्ति का सर्वनाम 'वह' ही होता है, इसलिए ऐसे प्रयोगों के अनुवाद में बड़ी दिक्कत होती है। एक बार मैंने महिला लेखन पर हुई एक गोष्ठी में हिन्दी की लेखिकाओं से कहा था कि वे इस समस्या का कोई समाधान करें।

मैनेजर पाण्डेय : करना चाहिए। लेकिन मैं स्त्री आन्दोलन के सन्दर्भ में आपकी इस बात पर कुछ कहना चाहता था कि उसमें स्वतन्त्रता की आकांक्षा अन्तर्निहित

है और स्वतन्त्रता की आकांक्षा पूँजीवाद और साम्राज्यवाद के विरुद्ध जाती है। देखिए, बीसवीं सदी के स्वतन्त्रता के विचार से प्रेरित आन्दोलनों में सबसे बड़ा आन्दोलन स्त्रियों की स्वतन्त्रता का आन्दोलन है। यह किसी एक देश की स्त्रियों का नहीं, बल्कि पूरी दुनिया की स्त्रियों का आन्दोलन है। यह इतना व्यापक आन्दोलन केवल समाजवाद को ध्यान में रखकर उठा था, चाहे अब वह किसी भी रूप में हो। चाहे जितनी समस्याएँ हों, चाहे जितने मतभेद, भ्रम, भटकाव और अलगाव हों, उसका अन्तिम लक्ष्य समाजवाद ही है, क्योंकि स्त्री-पुरुष की बराबरी पूँजीवाद में तो कभी सम्भव ही नहीं है। स्त्री-पुरुष की बराबरी का लक्ष्य कैसे हासिल किया जाये, किस रास्ते से उस तक पहुँचा जाये, इस पर स्त्री आन्दोलन में गहरे मतभेद हैं, जिसके कारण दुनिया में स्त्रीवाद के अलग-अलग रूप हैं और उनके बीच आपसी संघर्ष भी हैं। लेकिन उनमें जो एक बात समान है, वह स्वतन्त्रता की आकांक्षा ही है।

रमेश उपाध्याय : पाण्डेय जी, यहाँ हम भूमण्डलीकरण के दूसरे पक्ष को भी देख सकते हैं। हम यह मानते हैं कि आज का भूमण्डलीकरण केवल पूँजी का ही भूमण्डलीकरण नहीं है। वह श्रम का भूमण्डलीकरण भी है। हमने 'श्रम का भूमण्डलीकरण' पर 'कथन' का एक अंक निकाला था और एक पुस्तक भी सम्पादित की है। हमें लगता है कि श्रम का भूमण्डलीकरण एक देश के श्रमिकों के दूसरे देशों में जाकर काम करने के रूप में चाहे ज्यादा न हो पा रहा हो, पर श्रमिक चेतना के भूमण्डलीकरण के रूप में खूब हो रहा है और यह चीज दुनिया को समाजवाद की दिशा में ले जा रही है। इसी तरह जब आप कह रहे हैं और हम देख भी रहे हैं कि स्त्री आन्दोलन विश्वव्यापी आन्दोलन है, तो कहा जा सकता है कि यह स्त्री चेतना का भूमण्डलीकरण है और यह बड़ी सकारात्मक बात है।

मैनेजर पाण्डेय : निश्चय ही यहाँ हम भूमण्डलीकरण के सकारात्मक पक्ष को देख सकते हैं। पहले जिन आन्दोलनों को स्थानीय स्तर तक उठते ही कुचल दिया जाता था, आज वे दुनिया भर में फैल जाते हैं। एक देश में उठने वाले आन्दोलन के समर्थन में दूसरे देशों में भी आवाजें उठने लगती हैं।

रमेश उपाध्याय : और उसमें नयी टेक्नोलॉजी भी सहायक हो रही है। विशेष रूप से इंटरनेट।

मैनेजर पाण्डेय : हाँ, एकदम। आज की दुनिया के देश और समाज एक-दूसरे के बहुत करीब आ गये हैं और यह नयी टेक्नोलॉजी भले ही पूँजीवादी ने अपने लिए विकसित की हो, युद्ध और व्यापार के लिए, लेकिन अब लगता है कि जैसे यह मनुष्य ने अपनी मुक्ति के लिए ही विकसित की है। इसने मनुष्य की मुक्ति चेतना और संघर्ष चेतना के विकास में बहुत मदद की है। इसलिए मुझे लगता है कि यह चेतना पूँजीवादी भूमण्डलीकरण के आतंक से मुक्त होने और उसके विरुद्ध संघर्ष

करने में काम आयेगी।

रमेश उपाध्याय : अच्छा, भूमण्डलीकरण के सन्दर्भ में भाषा के एक और पक्ष पर विचार करें। पूँजीवाद की एक प्रमुख विशेषता यह रही है कि वह प्रकृति को और मनुष्यों को भी अपनी शोषण की प्रक्रिया के जरिये विरूपित करता है और अपनी बनायी जिन चीजों को सुन्दर समझता है, उन्हें सर्वत्र समरूप बनाने की चेष्टा करता है। जैसे, सारी दुनिया में एक ही जैसे खाद्य, एक जैसे पेय, एक ही जैसे कपड़े, एक ही जैसे जूते। मसलन, कोक-पेप्सी सारी दुनिया में एक जैसे मिलेंगे। इसी तरह वह चाहता है कि भाषा की दृष्टि से भी सारी दुनिया समरूप हो। मसलन, सारी दुनिया अंग्रेजी बोले और अमरीकी उच्चारण में ही बोले, जबकि हर भाषा की तरह अंग्रेजी में भी तमाम तरह की विविधताएँ हैं। इसीलिए कई भाषाविज्ञानी 'अंग्रेजी' की नहीं, बल्कि 'अंग्रेजियों' की बात करते हैं। हिन्दी में भी यह विविधता देखी जा सकती है। हमारे देश में सब जगह कोई एक हिन्दी नहीं बोली जाती, बल्कि स्थान-भेद के साथ तरह-तरह की 'हिन्दियाँ' बोली जाती हैं। यह भिन्नता हर देश में मानक भाषा की समस्या पैदा करती है, जो साहित्य के सन्दर्भ में पहले तो विभिन्न शैलियों में से किसे बेहतर माना जाये, इस समस्या के रूप में सामने आती है और फिर समग्र रूप से सौन्दर्यशास्त्र की समस्या बन जाती है। भूमण्डलीकरण के सन्दर्भ में यह समस्या विविधता और समरूपता के द्वन्द्व के रूप में सामने आती है। मैं इसे भूमण्डलीकरण और उसके प्रतिरोध की समस्या के रूप में देखता हूँ। लेकिन पूँजीवादी भूमण्डलीकरण के प्रतिरोध के अनेक रूप हैं और हो सकते हैं। इसीलिए हम प्रतिरोध की भाषा और प्रतिरोध के साहित्य के बारे में विचार करते समय काफी उलझन महसूस करते हैं। मसलन, अपने दलित साहित्य और स्त्रीवादी साहित्य के सन्दर्भ में ही। इस विषय में आप क्या सोचते हैं?

मैनेजर पाण्डेय : देखिए रमेश जी, प्रतिरोध के साहित्य का सौन्दर्यशास्त्र अपने समय की सत्ता और व्यवस्था के कारण मान्य सौन्दर्यशास्त्र से भिन्न होता है। उसके प्रेरणा-स्रोत प्रतिरोध के आन्दोलन होते हैं, इसलिए प्रतिरोध का सौन्दर्यशास्त्र उतनी ही दूर तक और उतनी ही दिशाओं में विकसित होगा, जितनी दूर तक और जितनी दिशाओं में ये आन्दोलन विकसित होंगे। लेकिन वह अपने-आप विकसित नहीं होता। उसे विकसित करना पड़ेगा। साहित्य के सन्दर्भ में देखें, तो यह काम और यह दायित्व रचनाकारों का है कि वे उसको अपनी रचनाशीलता के माध्यम से सामने ले आयें। उदाहरण के लिए, यदि आप स्त्रियों की स्वाधीनता के आन्दोलन से जुड़कर एक कहानी या एक उपन्यास या एक नाटक लिखेंगे, तो उसके केन्द्र में स्त्रियों का संघर्ष होगा और यह सौन्दर्यशास्त्र की दिशा बदलने वाला मामला होगा। इसी तरह यदि आप दलितों के संघर्ष को ध्यान में रखकर कोई रचना करेंगे, तो उसमें दलितों

का संघर्ष केन्द्रीय विषय होगा और यह फिर, एक और ही ढंग से, सौन्दर्यशास्त्र की दिशा बदलने वाला मामला होगा। अब इसमें जो सबसे बड़ा विवाद उठता है, वह साहित्य की भाषा को लेकर उठता है। उदाहरण के लिए, कलावादी साहित्य एक खास तरह की भाषा में लिखा जाता है और जाहिर है कि प्रगतिशील, जनवादी, स्त्रीवादी या दलितवादी साहित्य उस भाषा में नहीं लिखा जा सकता। उसकी भाषा कलावादी साहित्य की भाषा से भिन्न होगी। गालिब का एक शेर है—"फरियाद की कोई लै नहीं है। नालः पाबन्द-ए-नै नहीं है।" अर्थात् फरियाद किसी खास लय में नहीं की जाती और आर्त्तनाद को सुनाने के लिए बाँसुरी जरूरी नहीं है। यह एक तरह से कलावादियों के विरुद्ध लिखा गया शेर है। आपको बहुत-से ऐसे लोग मिल जायेंगे, जो स्त्रियों और दलितों की रचनाओं के बारे में यह शिकायत करते हैं कि इसमें भाषा अच्छी नहीं, इसलिए यह रचना कलात्मक नहीं है।

रमेश उपाध्याय : यह आरोप कलावादी लोग प्रगतिशील और जनवादी लेखकों पर भी लगाते रहे हैं।

मैनेजर पाण्डेय : हाँ, लगाते रहे हैं, क्योंकि वे प्रभुत्वशाली वर्गों के लिए और उन्हीं वर्गों के दृष्टिकोण से जो साहित्य लिखा जाता है, उसी को कलात्मक मानते हैं। आम जनता के लिए और आम जनता के दृष्टिकोण से लिखे गये साहित्य को वे कलात्मक तो क्या, साहित्य ही नहीं मानते। लेकिन प्रगतिशील, जनवादी, स्त्रीवादी और दलितवादी लेखकों ने सौन्दर्य की चेतना, परिभाषा और भाषा को बदल दिया है, क्योंकि मूल सवाल असल में पराधीनता की स्थिति को समझने और स्वाधीनता की चेतना को व्यक्त करने का है। सवाल इसका भी है कि इस चेतना को व्यक्त करना है, तो किसके लिए। प्रभुत्वशाली वर्गों के लिए, जनता के लिए या आम जनता के लिए? अभी जो बातचीत चल रही है, उसके सन्दर्भ में कहें, तो पूँजीवादी भूमण्डलीकरण का समर्थन करने के लिए है या उसका प्रतिरोध करने के लिए?

रमेश उपाध्याय : लेकिन, पाण्डेय जी, प्रतिरोध केवल साहित्य में नहीं होता और सौन्दर्य भी केवल साहित्य में नहीं होता। प्रतिरोध के जो आन्दोलन होते हैं, उनकी भी अपनी एक भाषा होती है और उसमें भी एक सौन्दर्य होता है या फिर वह उसमें नहीं होता है। और यहाँ प्रश्न नैतिकता का भी उठता है। आपको रूसी आलोचक बेलिंस्की का यह कथन याद होगा कि सुन्दरता और नैतिकता सगी बहनें हैं। कलावादी साहित्य के सौन्दर्यशास्त्र को तो हम इसी आधार पर खारिज कर सकते हैं कि वह एक अनैतिक वर्ग का पक्षधर है, जो शोषण, दमन और उत्पीड़न के बल पर शासक वर्ग बना हुआ है। लेकिन यह भी तो देखना पड़ेगा कि प्रगतिशील, जनवादी, स्त्रीवादी या दलितवादी आन्दोलनों में कितनी और किस तरह की नैतिकता है। अगर उनमें झूठ है, पाखण्ड है या अज्ञान के कारण ही सत्य, न्याय और नैतिकता

से विचलन है, तो उनकी भाषा में सौन्दर्य कहाँ रहेगा?

मैनेजर पाण्डेय : मैं आपके इशारे समझ रहा हूँ। सारे आन्दोलनों पर बात करूँगा, तो बात बहुत लम्बी हो जायेगी। इसलिए मैं केवल दलित आन्दोलन की बात करूँगा। मैं यह मानता हूँ और कहता भी रहा हूँ कि दलित आन्दोलन केवल साहित्यिक आन्दोलन नहीं है। वह बुनियादी तौर पर सामाजिक-सांस्कृतिक आन्दोलन है, जिसकी साहित्य में भी अभिव्यक्ति होती है। अब, अगर उसमें अतिवाद और भटकाव हैं, तो हैं। लेकिन अच्छी बात यह है कि उन अतिवादों और भटकावों को समझने वाले और उनके खिलाफ आवाज उठाने वाले लोग भी हैं। प्रतिरोध के हर आन्दोलन में कुछ कमजोरियाँ होती हैं, कुछ अतिवाद और भटकाव होते हैं, लेकिन उनका महत्त्व इस बात में होता है कि वे दूसरों को भी प्रतिरोध के लिए प्रेरित करते हैं। स्त्रीवादी आन्दोलन हो या दलितवादी आन्दोलन या पर्यावरणवादी आन्दोलन, ये तमाम आन्दोलन प्रतिरोध की चेतना जगाते हैं और संघर्ष की चेतना को मजबूत बनाते हैं। यही इनका नैतिक आधार है और यही इनकी सुन्दरता है। प्रतिरोध का सौन्दर्यशास्त्र ऐसे ही आन्दोलनों से निर्मित हुआ है और आगे भी निर्मित होगा। अतः हमें इनके सकारात्मक पक्षों को उभारना चाहिए।

असामाजिक साहित्य भी समाज से ही निकलता है!

(प्रो. मैनेजर पाण्डेय से संजीव ठाकुर की बातचीत)

संजीव ठाकुर : दो कहावतें हैं—'पूत के पाँव पालने में दिखने लगते हैं' और 'होनहार बिरवान के...।' तो आपके बचपन में ऐसा कुछ था? लोगों ने देखा था कि बड़े होकर आप बिरवान बनेंगे?

मैनेजर पाण्डेय : देखिए, मैं जहाँ से आया हूँ, जहाँ मेरा जन्म हुआ—वह एक गाँव है बिहार का। बिहार के भी पिछड़े गोपालगंज का। स्वयं मेरे गाँव में पढ़े-लिखे लोग थे नहीं। इसलिए ऐसी स्थिति की याद नहीं है कि लोग कहें—भविष्य में कुछ बन सकता है। हाँ, इतना जरूर है कि हाई स्कूल की परीक्षा में प्रथम श्रेणी पाने के बाद देहात में उम्मीद जगी थी। पत्र-पत्रिकाओं से मेरा सम्बन्ध मिडिल स्कूल से ही था। अध्यापक साहित्यिक रुचि के थे, उन्हें शायद सम्भावना दिखाई पड़ती थी, प्रेरित करते थे, प्रोत्साहित करते थे। पर मेरे दो अध्यापक—एक मिडिल स्कूल के शेख वाजिद—हिन्दी के अध्यापक, कुछ तो उन्होंने प्रेरित, प्रोत्साहित किया और दूसरे हाई स्कूल के अध्यापक—हिन्दी और भोजपुरी के कवि थे, विख्यात भी थे—लक्ष्मण पाठक 'प्रदीप!' उन्होंने भी मुझे साहित्य की ओर मोड़ने या साहित्य से जोड़ने का काम किया। ये दोनों—शेख वाजिद और प्रदीप जी मुझमें कुछ सम्भावना देखते होंगे, इसलिए प्रोत्साहित करते होंगे, यह अब सोच पाता हूँ। उनके प्रभाव से ही हिन्दी और भोजपुरी में कविता लिखा करता था। अभी भी गाँव में कुछ लोग उन कवि सम्मेलनों को याद करते हैं। अभी भी गाँव के लोग मुझे कवि के रूप में याद करते हैं!

संजीव ठाकुर : आगे मैं आपसे पूछने ही वाला था कि आलोचक बनने से पहले प्रायः लोग कविता जैसी कोई चीज करते रहे हैं। क्या आपके साथ भी यह दुर्घटना घटी थी?...लेकिन आपने तो पहले ही इसका जवाब दे दिया!

मैनेजर पाण्डेय : 'हाँ, इसका जवाब तो हो ही गया' पाण्डेय जी मुस्कराते हुए कहते हैं और पिछली बात को ही जारी रखते हैं—दूसरे एक सज्जन थे—शिव गोविन्द पाण्डेय। भक्ति साहित्य के बहुत प्रेमी और जानकार। उन्होंने भक्ति साहित्य पढ़ने की ओर प्रेरित किया। ज्ञान से उनका अद्भुत किस्म का लगाव था। बहुत

बाद—रिसर्च के समय और अध्यापक होने के बाद जब गाँव जाता था, पास में अंग्रेजी की कोई किताब होती थी तो वे पूछते थे कि 'क्या पढ़ रहे हैं?' वो किताब का कोई पैराग्राफ पढ़वाते थे, उसका अर्थ करवाते थे। ज्ञान के प्रति जो ललक थी, इसी प्रकृति के तहत वे पूछते थे। उन्हें यह भी लगता था कि ये जो पढ़ रहे हैं तो कुछ अच्छा ही पढ़ रहे हैं।...साहित्य से जुड़ाव की प्रक्रिया और प्रेरणा यही रही है।

संजीव ठाकुर : जिस गाँव में मिडिल ही सर्वोपरि डिग्री रही हो, उस गाँव का एक बालक आगे चलकर पीएच.डी. ही नहीं करता बल्कि कइयों को पीएच.डी. करवाता भी है। आखिर इसका राज क्या है?

मैनेजर पाण्डेय : मैंने पहले भी कहा, ज्ञान के प्रति लगाव और ज्ञानियों के प्रति श्रद्धा का भाव मेरे मन में था इसलिए उस दिशा में प्रयत्न करना मैंने शुरू किया। मेरे घर-परिवार की स्थितियाँ ऐसी नहीं थीं कि पढ़ने में मददगार हों फिर भी उन परिस्थितियों से जूझते हुए मैं पढ़ता था। घर से दस किलोमीटर चलकर हाई स्कूल जाता था कोई सवारी-साइकिल तक चलाना नहीं आता था। गाँव के लोगों के मन में जो सहानुभूति पैदा हुई, उसका शायद यह भी कारण रहा हो।

नौवीं क्लास में मेरी पढ़ाई छूट गयी। फिर दुबारा नौवीं पढ़े बिना दसवीं से पढ़ाई शुरू की। बहुत-सी परेशानियाँ थीं, सबका हवाला ठीक नहीं—इनसे निकलकर बनारस आया तो महत्त्वपूर्ण अध्यापकों, लेखकों से सम्पर्क हुआ। ज्ञान की ऊँची सीढ़ियों पर चढ़ने की आकांक्षा पैदा हुई, मैंने कोशिश की। इसी प्रक्रिया का परिणाम है, जो आप कह रहे थे कि आप पहुँचे...!

संजीव ठाकुर : आपसे पहले भी कई आलोचक हुए—शुक्ल जी, द्विवेदी जी, रामविलास जी, नामवर जी...! इनमें आपको कौन अधिक पसन्द है?

मैनेजर पाण्डेय : देखिए, मैं सीखने की कोशिश तो इन सबसे करता रहा हूँ लेकिन मैं आज भी सबसे महत्त्वपूर्ण आलोचक रामचन्द्र शुक्ल को मानता हूँ। इन पर कई लेख भी मैंने लिखे हैं। वे हिन्दी आलोचना के मार्गदर्शक हैं। मेरे हों तो कोई आश्चर्य की बात नहीं। आपने जितने नाम लिए, सबके मार्गदर्शक वही हैं। कुछ ने उनकी कड़ी आलोचना भी की है लेकिन फिर भी सबके मन में इनके प्रति आदर का भाव है।

संजीव ठाकुर : आप इनके समक्ष खुद का मूल्यांकन किस तरह करते हैं? क्या आपको कभी-कभी लगता है कि आप इस दौर के सबसे बड़े आलोचक हैं?

मैनेजर पाण्डेय : देखिए, यह भ्रम तो मुझे नहीं है। हाँ, दूसरों को लगता हो कि मेरा भी कुछ योगदान है, तो होगा। मैं तो बस कोशिश करता हूँ कि इनकी आलोचना में जो नहीं है, उसके विकास का प्रयास मैं करूँ। और इस दिशा में अपनी समझ के अनुसार मैंने कोशिश की है। लोगों को अगर मेरा लेखन पसन्द आता है तो मुझे भी लगता है कि उसमें कुछ होगा, तभी तो लोग उसे पसन्द करते हैं।

संजीव ठाकुर : प्रायः यह देखा जाता है कि कोई आलोचक जिस कवि या लेखक पर लिखता है उसको पढ़ते हुए लगने लगता है कि यही कवि या लेखक सबसे बड़ा है। जैसे शुक्ल जी तुलसी पर, द्विवेदी जी कबीर पर या आप सूर पर...। तुलसी, कबीर या सूर सभी अपनी-अपनी जगह सबसे बड़े लगते हैं। इससे पाठक दिग्भ्रमित नहीं होता?

मैनेजर पाण्डेय : एक स्तर पर आपकी बात सही है। कोई आलोचक किसी पर लिखता है तो उसके महत्त्व को रेखांकित करता है। लेकिन भक्ति आन्दोलन और सूरदास का काव्य के लेटेस्ट संस्करण में मैंने अलग-अलग कवियों पर लिखा है। तुलसी, सूर, मीरा, जायसी...। इन सबके महत्त्व को रेखांकित किया है। सूर को महत्त्वपूर्ण मानते हुए भी मैं मानता हूँ कि तुलसी, मीरा, जायसी ने जो किया है वह 'सूर' ने नहीं किया। और इसके उलट सूर ने जो किया वह इन लोगों ने नही किया।

अपनी बात कुछ जोर देकर कहने की जरूरत होती है इसलिए कभी-कभी उपेक्षा जैसी बात लगती है।

संजीव ठाकुर : आपने साहित्य के समाज शास्त्र की भूमिका जैसी किताब लिखी है। इससे यह एकदम साफ हो जाता है कि आप साहित्य और समाज के सन्तुलन के पक्षधर हैं। इस समय क्या यह सन्तुलन आपको नजर आता है?

मैनेजर पाण्डेय : साहित्य और समाज का सम्बन्ध क्रमशः अधिक गहरा हुआ है और जटिल भी। बल्कि पहले के ऐसे लेखक मिल जाएँगे जो समाज की चिन्ता न करने की बात करते रहे हैं। आज का साहित्यकार, कवि, कहानीकार, उपन्यासकार-समकालीन सन्दर्भों की उपेक्षा करके समकालीन साहित्य नहीं लिख सकता।

देखिए, साहित्य और समाज के सम्बन्ध तीन तरह के होते हैं—एक, रचनाकार समाज की कुछ प्रवृत्तियों के साथ खड़ा होता है, प्रशंसा करता है। कुछ ऐसे रचनाकार भी होते हैं जो किसी सामाजिक प्रवृत्ति के समर्थन में दूसरी सामाजिक प्रवृत्तियों का विरोध भी करते हैं। तीसरा, सामाजिक सन्दर्भ की अभिव्यक्ति सीधे न होकर प्रतीकात्मक हो। ऐसी स्थिति में समाज की पहचान मुश्किल होने लगती है।

साहित्य में समाज की पहचान प्रातिनिधिक रूप में हो अनिवार्य नहीं, प्रतीकात्मक हो तब भी ठीक है। असामाजिक साहित्य जिसे कहा जा रहा है, वह भी समाज से ही निकलता है। समाज को व्यक्त करने की पद्धति और दृष्टि जितनी कलात्मक, बारीक हो—कोई भी साहित्य समकालीन सन्दर्भों से अछूता नहीं रह सकता। यहाँ तक कि रचनाकारों की भाषिक चेतना में भी सामाजिक चेतना व्यक्त होती है क्योंकि रचना के शब्द रचनाकार के दिमाग से निकलते हैं, टोपी से नहीं। रचनाकार का मन और मस्तिष्क प्रभावित होता है। उदाहरण के लिए प्रेमचन्द जिस भाषा में गोदान लिखते हैं उसमें 'शेखर' की रचना नहीं हो सकती। इसका उल्टा भी

कहा जा सकता है।

संजीव ठाकुर : लेकिन ऐसी रचना देखने को बराबर मिलती है जिसमें फूल, पत्ती, बरसात वगैरह ही छाये रहते हैं?...

मैनेजर पाण्डेय : कुछ ऐसे साहित्यकार हैं जो मनुष्य के संकटों, वास्तविकताओं और आकांक्षाओं पर ज्यादा ध्यान नहीं देते और वे पेड़, प्रकृति को रचना का विषय बनाते हैं। मुझे लगता है कि समाज से भागना भी समाज से एक सम्बन्ध बनाना है। जो समाज पर रचना नहीं करते, वे भी समाज के प्रति अपना रुख व्यक्त करते हैं। कुछ रचनाकार दूसरे सामाजिक रचनाकारों के अतिरेक में भी असामाजिक होने लगते हैं।

कई बार होता यह है कि प्रकृति को बिल्कुल भुला दिया जाता है। समग्रता में देखें तो मनुष्य को प्रकृति के साथ जोड़कर देखने की जरूरत है। पूँजीवाद के दौर ने समाज में सामाजिक चेतना को ही नष्ट नहीं किया है, उसने मनुष्य को प्रकृति से भी काटकर अलग कर दिया है। ऐसी रचनाएँ प्रकृति से मनुष्य के सम्बन्ध की रक्षा की दृष्टि से महत्त्वपूर्ण हैं। कठिनाई तब होती है जब उसी को मुख्य मान लेते हैं।

संजीव ठाकुर : मतलब केवल फूल-पत्ती पर ही नहीं लिखें?...

मैनेजर पाण्डेय : 'हाँ, जो समग्र जीवन के रचनाकार होते हैं वे बड़े होते हैं, जैसे निराला, नागार्जुन! कुछ जीवन के टुकड़ों के अंशों के रचनाकार होते हैं। जाहिर है वे अपनी क्षमता के अनुरूप लिखते हैं।

प्रकृति और संस्कृति का बहुत गहरा रिश्ता होता है। किसी देश या समाज की संस्कृति को समझना हो तो प्रकृति को समझे बिना संस्कृति की पूरी समझ सम्भव नहीं है। और साहित्य की संस्कृति को समझना सम्भव ही नहीं है। दुनिया के काव्य में हिन्दी जैसा 'बारहमासा—वर्णन' नहीं है क्योंकि यहाँ स्पष्ट रूप से छह ऋतुएँ हैं। 'दो-दो महीने की ऋतु।' इन दो महीनों में भी फर्क है। अन्य भागों में दो या अधिक से अधिक तीन ऋतुएँ हैं इसलिए वहाँ, 'बारहमासा' या 'षट् ऋतु' वर्णन नहीं है।

कथा साहित्य में भी आप देखिए, रेणु के कथा साहित्य में—जिस अंचल की कथा वे कहते हैं, उसकी प्रकृति को समझे बिना रेणु के सहित्य को समझना मुश्किल है। लेकिन केवल फूल-पत्ती से तो काम नहीं ही चलेगा।

संजीव ठाकुर : अब समाज से व्यक्ति पर आते हैं। पिछले दिनों हंस के जुलाई अंक के सम्पादकीय में राजेन्द्र यादव ने लिखा है—मैनेजर पाण्डेय अपने सारे अध्ययन और विद्वत्ता के बावजूद समकालीन साहित्य के बारे में लिखित हस्तक्षेप से बचते हैं। उनके अन्तिम शरण्य भी कबीर, मुक्तिबोध, निराला, महादेवी ही हैं।...आखिर आप समकालीन साहित्य पर क्यों नहीं लिखते?

मैनेजर पाण्डेय : राजेन्द्र यादव का दृष्टिकोण परम्परा द्रोही दृष्टिकोण है। एक तो वे सम्पूर्ण समकालीनता को नहीं समझते और दूसरे दलित तथा स्त्री विमर्श को केवल अपने तक सीमित रखते हैं। वे यह स्वीकार नहीं करते कि इस क्षेत्र में किसी और का कुछ योगदान है।

राजेन्द्र यादव समकालीन को अपने मित्रों और सखियों तक सीमित मानते हैं। वे चाहते हैं कि सभी उनके मित्रों और सखियों पर ही लिखें। मेरे लिए साहित्यकार से अधिक रचना समकालीन होती है। समकालीनता की उनकी समझ बहुत सीमित है। उदाहरण के लिए भारत में जाति व्यवस्था के विरुद्ध पहली किताब है–अश्वघोष की वज्र सूची! ऐसी किताब आज तक नहीं लिखी गयी। मेरे हिसाब से अश्वघोष राजेन्द्र यादव से ज्यादा समकालीन हैं। मैं किस पर लिखूँ? अश्वघोष पर या राजेन्द्र यादव पर?...राजेन्द्र यादव को परम्परा और स्मृति के नाम से ही उबकाई आती है। वे समझते हैं कि कबीर से भी ज्यादा वे दलित चेतना के समर्थक हैं इसलिए कबीर के बारे में नहीं, राजेन्द्र यादव पर बात करनी चाहिए। ऐसे लोग जिस आन्दोलन के समर्थक हों, उनका विनाश शुरू में ही होने लगता है। ऐसे लोगों के बारे में गालिब का एक शेर उद्धृत किया जा सकता है–

हुए तुम दोस्त जिसके उसका दुश्मन आसमाँ क्यों हो?

मैंने कबीर, सूर, मीरा पर लिखा। इसके अलावा रघुवीर सहाय, त्रिलोचन, नागार्जुन, रेणु, महादेवी पर लिखा। दो-तीन साल पहले मैंने 'इण्डिया टुडे' के साहित्य-वार्षिकी में युवा लेखन पर लिखा–नब्बे के बाद के करीब तीस कवियों, कहानीकारों, उपन्यासकारों, नाटककारों, आलोचकों पर उसमें टिप्पणी की थी।...

लेकिन राजेन्द्र यादव जबसे साहित्य में आये हैं उसके पहले के सभी को वे अस्वीकार करते हैं। बाद में जो आये या आएँगे, उनको भी करेंगे। सखियों-सहेलियों को छोड़कर!...इनकी सखी-सहेलियाँ भी बदलती रहती हैं इसलिए वे भी समकालीनता में रहेंगी या नहीं, पता नहीं। इनके लिए तो वही फिल्मी गाना सही है–"तू नहीं और सही, और नहीं और सही!"...जो आलोचक उन्हीं की तरह समझ और व्यवहार रखें, उन्हें ही वे स्वीकार करेंगे। यह लगभग वैसी ही बात है–कुएँ में पड़ा आदमी चीख-चीखकर कहे कि इसमें रहो तो हम मानेंगे वरना हम नहीं मानेंगे कि बाहर कोई इस दुनिया में है!

संजीव ठाकुर : आजकल आप छपे हुए शब्दों में कम, गोष्ठियों में बोलते हुए, पुस्तकों का विमोचन करते हुए या इंटरव्यू देते अधिक नज़र आते हैं। क्या आप भी नामवर जी की तरह आलोचना की वाचिक-परम्परा का निर्वाह करने लग गये हैं?

मैनेजर पाण्डेय : देखिए नामवर जी तो काफी बड़े आदमी हैं, मैं उनसे अपनी तुलना नहीं करूँगा। मैं आपसे यह कहूँगा कि गोष्ठियों में बोलना, लोकार्पण करना साहित्य में रहते हुए साहित्य का एक काम है–सिर्फ 'एक' काम। इस बीच लिखने

का भी काम किया है। *पहल–77* में एक लम्बा लेख आया है। और भी जगह लिखा है। मैं केवल मौखिक आलोचना तक सीमित नहीं रहता। हाँ, मैं यह कह सकता हूँ कि एक सीमा तक उसमें भी कभी-कभी लगता हूँ।

संजीव ठाकुर : पाण्डेय जी सोवियत संघ के पतन के बाद अनेक घोषित मार्क्सवादी कूदकर दूसरे पाले में चले गये। क्या वजह थी कि आप इसी मार्क्सवाद से चिपके रहे?

मैनेजर पाण्डेय : ऐसा है कि मार्क्सवाद की दुर्गति के अनेक कारणों में से एक मार्क्सवादियों का अवसरवाद भी है। दो वर्ष पहले 'वसुधा' में मैंने एक लेख लिखा था–'आज का समय और मार्क्सवाद'। उसमें प्रसिद्ध जर्मन कवि आइजन वर्गर की मार्क्स पर लिखी कविता की चार पंक्तियाँ उद्धृत की थीं। मैं उसे सुनाता हूँ–

तुम्हारे शिष्यों ने तुम्हें धोखा दिया
और तुम्हारे दुश्मन?
वे जैसे पहले थे
वैसे आज भी हैं।

मैं उन लोगों की जमात में शामिल नहीं होना चाहता जिन्होंने मार्क्सवाद को धोखा दिया। असल में मार्क्सवाद को, जीवन-जगत् को देखने, समझने और बदलने की दृष्टि की सार्थकता में मेरा विश्वास है इसीलिए मैं अपनी समझ के मुताबिक उससे जुड़ा हुआ हूँ। जो लोग लाभ की उम्मीद में मार्क्सवाद की ओर गये थे वे लाभ की सम्भावनाओं के अन्त के साथ ही मार्क्सवाद से अलग हो गये। मैं तो 'सार्त्र' की उस बात पर विश्वास करता हूँ कि 'जब तक पूँजीवाद की शोषण और दमन की व्यवस्था रहेगी, तब तक मार्क्सवाद की सार्थकता बनी रहेगी।'

संजीव ठाकुर : राजनीतिक स्तर पर मार्क्सवादी पार्टियों की क्या भूमिका है? इनका तो कोई स्वतन्त्र अस्तित्व नहीं बन पा रहा है?

मैनेजर पाण्डेय : मैं इनकी सीमित भूमिका मानता हूँ। जब साम्प्रदायिक उन्माद, अमरीकी साम्राज्यवाद का विजय अभियान चल रहा हो तब उन वामपन्थी पार्टियों का भी सीमित महत्त्व है। यह महत्त्व तब तक है जब तक वे इन दोनों प्रवृत्तियों का विरोध करती हैं।

संजीव ठाकुर : क्या आपको लगता है कि कभी वामपन्थ मुख्य भूमिका में आयेगा और स्थितियाँ बदलेंगी?

मैनेजर पाण्डेय : देखिए, जनता अधिक दिनों तक इस स्थिति को स्वीकार नहीं करेगी।

संजीव ठाकुर : मुझे याद है, एक बार दिल्ली विश्वविद्यालय में बोलते हुए–उन दिनों हर्षद मेहता का शेयर घोटाला काण्ड हुआ था–आपने कहा था कि साहित्य में

भी घोटाले होते हैं। और अभी हाल में रामदरश मिश्र वाले कार्यक्रम में आपने साहित्य में आतंकवाद की, बात की है। आखिर साहित्य में आतंकवाद क्या है?

मैनेजर पाण्डेय : साहित्य में घोटाले या आतंकवाद की चर्चा करता हूँ तो समाज के व्यापक सन्दर्भ के रूप में साहित्य की चर्चा करता हूँ। राजनीति में जैसी उठा-पटक, षड्यन्त्र वगैरह होते हैं, वैसे साहित्य में भी होते हैं।

संजीव ठाकुर : अपने साहित्य में कौन-कौन आतंकवादी हैं? कुछ नाम लेना चाहेंगें? सरगना कौन है?

मैनेजर पाण्डेय : देखिए, नाम लेने की जरूरत नहीं है। मैं तो एक प्रवृत्ति की ओर इशारा कर रहा हूँ जहाँ यह प्रवृत्ति देखिए, समझ लीजिए।

संजीव ठाकुर : आपने भक्तिकाल पर काफी काम किया है। भक्तिकाल और आधुनिककाल में समानता, तारतम्यता की बात की जाती रही है और ऐसा है भी। लेकिन क्या भक्तिकाल की लोकप्रियता उसकी 'भक्ति' के कारण ही अधिक नहीं है? और यहीं जीवन के तमाम रंगों के होने के बावजूद आधुनिककाल पिछड़ नहीं जाता?

मैनेजर पाण्डेय : आपके सवाल में दो बातें हैं। यह ठीक है कि आधुनिककाल के हिन्दी के जो महत्त्वपूर्ण कवि हैं, वे किसी न किसी स्तर पर भक्तिकाल से जुड़े हुए हैं। नागार्जुन बार-बार कबीर को याद करते हैं। निराला तुलसी को याद करते हैं। इन्होंने भारतीय जनजीवन के अनुभवों को रचना में लाने की दृष्टि भक्तिकाल से सीखी है। लोकजीवन से जुड़ाव वहाँ से सीखते हैं। मनुष्य की मनुष्यता को महत्त्व देना वहाँ से सीखते हैं।

जहाँ तक लोकप्रियता की बात है, लोकप्रियता के अनेक कारणों में से एक कारण भक्ति है, जो आप कह रहे हैं। हिन्दुस्तान की आम जनता अगर धार्मिक है तो इसका भारतीय समाज में ठीक से विकास का न होना है। इस देश में बड़े हिस्से में बाढ़ आती है तो काफी बड़े हिस्से में सूखा। व्यवस्था न तो सूखे से बचा सकती है, न बाढ़ से। आदमी घनघोर निराशा की दशा में ईश्वर को याद करता है।

संजीव ठाकुर : यानी 'हारे को हरिनाम?'

मैनेजर पाण्डेय : हाँ!...मार्क्स ने धर्म के विषय में कहा है...।

संजीव ठाकुर : अफीम?

मैनेजर पाण्डेय : अफीम तो बाद में कहा है। एक लम्बा उद्धरण है जिसके अन्त में अफीम वाली बात है। और देखिए, जिन्होंने मार्क्स के इस कथन का मजाक उड़ाया उन्होंने ही अपने व्यवहार से यह सिद्ध कर दिया कि धर्म अफीम की तरह होता है....! मैं दूसरी बात कह रहा था। मार्क्स ने लिखा है कि 'धर्म मनुष्य के दुःख की अभिव्यक्ति भी है और उसके विरुद्ध प्रतिरोध भी।'

आम जनता तक आधुनिक कविता के पहुँचने में जो कठिनाई है वह दूसरी है। भक्तिकाल के सारे कवि—देश भर के कवि अपनी मातृभाषा के कवि हैं। मातृभाषा

में कविता लिखने के कारण आम जनता तक पहुँचने की सम्भावना अधिक है। दिक्कत खड़ी बोली के साथ है। खड़ी बोली उन बोलियों की तरह जनता की भाषा आज तक नहीं बन पायी। आज भी आप गाँव जाकर लगातार पाँच मिनट तक हिन्दी बोलिए तो लोग कहेंगे, 'अंग्रेजी बोलता है!' ...तो जनता की अपनी जिन्दगी की भाषा नहीं बन पाने के कारण खड़ी बोली से जनता आत्मीयता महसूस नहीं करती। खड़ी बोली शहरों से पैदा हुई, शहरों तक रह गयी।

जिन लोगों ने खड़ी बोली को ग्रामीण रंग में रंगा, उनका साहित्य लोकप्रिय हुआ जैसे कि प्रेमचन्द। आज भी प्रेमचन्द को लोग सबसे अधिक पढ़ना चाहते हैं। प्रेमचन्द के साहित्य में देखिए कि कहावतें कितनी हैं। मुहावरे कितने हैं। सभी कहावतें जनता के बीच से आयी हैं। अज्ञेय के पूरे साहित्य को देख जाइए—दो-तीन मुहावरे ही मिलेंगे और वो भी अंग्रेजी के किसी मुहावरे का अनुवाद होगा।

संजीव ठाकुर : बात प्रेमचन्द की चल रही है तो एक और बात...पिछले दिनों प्रेमचन्द की कृति रंगभूम की प्रतियाँ जलायी गयीं। आप शुरू से ही दलित साहित्य के, दलित आन्दोलन के समर्थक रहे हैं, आपको कैसा लगता है? क्या अपने आपको 'महान्' सिद्ध करने के लिए प्रेमचन्द को छोटा कहना जरूरी है?

मैनेजर पाण्डेय : *रंगभूमि* में एक जातिसूचक शब्द के कारण इसकी प्रतियाँ जलाना एक राजनीतिक गतिविधि है, साहित्यिक नहीं। यह अच्छी बात है कि अधिकांश दलित लेखकों ने भी इसका विरोध किया। इन लोगों ने समझा कि किताब को जलाकर आप समस्या का समाधान नहीं कर सकते।

प्रेमचन्द को दलित साहित्यकार मानने में लोगों को जो दिक्कत हो रही है वह इसलिए कि उनका मानना है—प्रेमचन्द दलित जाति में पैदा नहीं हुए, दलित जाति में पैदा हुआ व्यक्ति ही दलित साहित्य लिख सकता है।

प्रेमचन्द के यहाँ दलित चेतना की जैसी कहानियाँ हैं—'सद्‌गति' या 'ठाकुर का कुआँ', ऐसी एक भी कहानी इनके यहाँ नहीं है।

संजीव ठाकुर : आत्मकथाएँ तो हैं?

मैनेजर पाण्डेय : मैं कहानियों की बात कर रहा हूँ।...दलितों को प्रेमचन्द से असहमत होने का अधिकार तो है लेकिन उनको खारिज करना एक तरह से अपने ही आधार को नष्ट करने जैसा है।

मैं तो कहता हूँ कि प्रेमचन्द कहानी के स्तर पर ही नहीं, विचार के स्तर पर भी अम्बेडकर का समर्थन करने लगे थे। मैंने लिखा भी है कि 1927-28 के बाद प्रेमचन्द ने अनेक कहानियाँ दलित जीवन पर लिखी हैं। दलितों द्वारा प्रेमचन्द का विरोध एक संकीर्ण दृष्टि का परिचायक है।

फरियाद की कोई लय नहीं और आर्तनाद के लिए बाँसुरी की जरूरत नहीं

(बिहार पर मैनेजर पाण्डेय और गजेन्द्र पाठक के बीच बातचीत)

गजेन्द्र पाठक : सर, आज मैं आपसे कुछ अलग विषय पर बात करना चाहूँगा और वह अलग विषय वस्तुतः वह प्रदेश है जहाँ से आप और मैं, मतलब हम दोनों सरोकार रखते हैं। मेरा आशय बिहार से है--वह प्रदेश जो सदियों से समय-समय पर विचार और क्रान्ति के लिए बेहतरीन प्रयोगशाला सिद्ध हुआ है। आज बिहार जहाँ खड़ा है उसे देखकर उसके गौरवशाली अतीत पर आश्चर्य होता है। लम्बे समय तक दुनिया और देश के सर्वश्रेष्ठ लोग अपनी सार्थकता की तलाश में बिहार आते थे। आज खचाखच भरी हुई रेलगाड़ियों से बाहर भागने वाले मजदूरों और छात्रों को देखकर आप क्या सोचते हैं? बिहार शब्द बिहार से बाहर एक अपमानजनक शब्द बन गया है। इसकी जिम्मेदारी कौन लेगा?

मैनेजर पाण्डेय : बिहार की सांस्कृतिक विरासत अत्यन्त लम्बी है और समृद्ध भी। मैं केवल उसे सांस्कृतिक विरासत के बदले सम्पूर्ण रूप से सामाजिक, राजनीतिक और सांस्कृतिक विरासत के रूप में देखना चाहूँगा। अगर इस विरासत के पूर्ण स्वरूप को आप देखें तो लम्बे काल से बिहार अनेक सामाजिक, राजनीतिक और सांस्कृतिक क्षेत्रों में पहल करता आ रहा है। मैं बहुत पुराने समय को याद कर रहा हूँ। वैदिक कर्मकाण्ड, पुरोहितवाद, रूढ़िवाद और जातिवाद के विरुद्ध विद्रोह व्रात्यों ने किया था, जो मुख्यतः बिहार में केन्द्रित थे। इसके बाद इस परम्परा में जैन धर्म और बौद्ध धर्म का विकास हुआ है। यह अलग से बताने की जरूरत नहीं है कि गौतम बुद्ध और महावीर दोनों की साधना-स्थली और कर्मभूमि बिहार ही रहा है। यह परम्परा और आगे चलती है और आप देखेंगे कि मध्य काल में नाथों और सिद्धों के साहित्य में वैदिक और पौराणिक परम्परा के विरुद्ध विद्रोह की प्रवृत्ति दिखाई देती है और उसमें आप याद कर सकते हैं, सरहपा को और फिर दूसरों को जो सिद्ध कवि हैं, उसमें से अधिकांश बिहार के रहने वाले हैं। बहुत प्राचीन काल से मगध, वैदिक और पौराणिक परम्परा के प्रति विरोध का केन्द्र रहा है। इसलिए

मगध को महाभारत काल से, बल्कि उससे पहले से भी निम्न कोटि का प्रदेश माना गया है। एक तरह से कहिए तो इस क्षेत्र को हेय दृष्टि से देखने की पुरानी प्रवृत्ति रही है।

अगर राजनीतिक विकास की प्रक्रिया को देखा जाये तो आपको मालूम होगा कि इस देश में जनपदों का सबसे लम्बा इतिहास बिहार का है क्योंकि भारत के इतिहास में जो आखिरी महत्त्वपूर्ण गणतन्त्र मिलता है वह लिच्छवी का गणतन्त्र है और इस लिच्छवी गणतन्त्र के विनाश के बाद जो पहला संगठित राज्य हिन्दुस्तान में बना वह भी बिहार में ही बना। मेरा मतलब उस राज्य से है जिसकी स्थापना मौर्य समाज के रूप में हुई। इसी क्रम में आप मौर्य साम्राज्य को याद करें तो ध्यान रखिए कि उस मौर्य साम्राज्य का संस्थापक, मतलब उसका बौद्धिक रूप से निर्माता कौटिल्य भी वहीं का था। सबसे खास बात यह है कि उसने अर्थशास्त्र नाम की जो किताब लिखी वह मेरे खयाल से दुनिया में अपने तरह की अनोखी और अकेली किताब है। अरस्तू के 'पॉलिटिक्स' से अगर इसकी तुलना करें तो मालूम होगा कि उससे भी अधिक व्यापक पुस्तक है। व्यापक इस अर्थ में कि सही मायने में वह केवल अर्थशास्त्र की ही पुस्तक नहीं है। जितना उसमें अर्थशास्त्र है उतना ही उसमें राजनीति और समाज-शास्त्र भी है। इसलिए ऐसी कोई किताब जो राजनीति के आर्थिक आधार को स्वीकार करती हो और उसकी व्याख्या करती हो, बाद में मार्क्स के आने के बाद ही लिखी गयी।

आश्चर्य होता है कि लगभग बीस-पच्चीस शताब्दियों तक कौटिल्य की इस किताब का कोई नाम लेवा भी नहीं था। संस्कृत साहित्य में थोड़ा-बहुत जो उसका उल्लेख मिलता है वह निन्दा के रूप में ही है। कौटिल्य द्वारा लिखित होने के कारण अर्थशास्त्र को 'कुटिलता का शास्त्र' कहा गया है। कुटिलता का शास्त्र कहने का एक सूत्र कौटिल्य के नाम से ही जुड़ता है। कौटिल्य की इस किताब की उपेक्षा का परिणाम यह भी हुआ कि सदियों तक हिन्दुस्तान में आर्थिक चिन्तन का ठीक से विकास ही नहीं हुआ। और, यह उपेक्षा इतनी दूर तक थी कि महावीरप्रसाद द्विवेदी जैसे आदमी ने जब 'सम्पत्ति शास्त्र' नाम की किताब लिखी तो उनको बिल्कुल नहीं मालूम था कि उनके पहले संस्कृत में 'अर्थशास्त्र' की कोई पुस्तक भी लिखी गयी है।

इन सभी दृष्टियों से बिहार में विद्रोह, क्रान्तिकारिता और सृजनशीलता की गौरवशाली परम्परा रही है। लेकिन बाद के दिनों में इस गौरवमय अतीत की चिन्ता न दूसरों को रही और न स्वयं बिहारवालों को ही। इसीलिए इस विरासत के प्रति अत्यन्त उपेक्षा का भाव दिखाई देता है। इसका एक और प्रमाण देना चाहूँगा। अगर उस विरासत के प्रसंग को याद करें तो जहाँ हिन्दुस्तान के दो प्राचीनतम महान्

विश्वविद्यालय रहे हों (मेरा मतलब नालन्दा और विक्रमशिला विश्वविद्यालयों से है) वहाँ आज विश्वविद्यालय के नाम पर जो संस्थाएँ हैं वे विश्वविद्यालय के नाम पर मजाक हैं। इसलिए शिक्षा की जो दुर्गति बिहार में हो रही है, कौन कह सकता है कि इस बिहार में नालन्दा और विक्रमशिला जैसे विश्वविद्यालय रहे होंगे। अपनी परम्परा और अपनी विरासत के प्रति उपेक्षा का एक प्रमाण अभी हाल ही में मिला। आपको मालूम है या बहुत लोगों को मालूम है—राहुल सांकृत्यायन तिब्बत से अपार प्राचीन पाण्डुलिपियाँ, पुराने चित्र और बहुत सारी सामग्री लाये थे और वे अधिकांश सामग्रियाँ बिहार के काशी प्रसाद जायसवाल संस्थान एवं बिहार रिसर्च सोसायटी में मौजूद हैं। वे देखभाल, सुरक्षा और प्रकाशन के अभाव में नष्ट हो रही हैं। इन सारी सामग्रियों के पीछे निर्मम उदासीनता का जो माहौल बना हुआ है उसके बारे में एक खबर कुछ साल पहले अखबारों में छपी थी। कुछ तिब्बती चित्र जिनको सुरक्षित रखने के लिए लखनऊ भेजा गया था, खबर थी कि बिहार सरकार के पास इतने पैसे भी नहीं हैं कि जिससे किसी आदमी को पटना से उन चित्रों को वापस लाने के लिए लखनऊ भेजा जा सके।

सारी परिस्थितियों को देखते हुए मैं यह कह सकता हूँ कि बिहार की वर्तमान दुर्गति का एक बड़ा कारण अपनी परम्परा के प्रति भयानक लगभग अपराध की स्थिति तक उपेक्षा का भाव है। लेकिन मैं इसी क्रम में यह भी जोड़ूँगा कि विकास की प्रक्रिया में परम्पराएँ केवल प्रेरणा दे सकती हैं, प्रयत्न तो खुद करना पड़ता है। केवल परम्परा की स्मृति से भविष्य का विकास नहीं होगा। इसलिए कई बार हो सकता है कि यह महान् क्रान्तिकारी और विद्रोह की परम्परा है उसकी याद भी विकास में सहायक होने के बदले अतीत मोह और परम्परा की पूजा में बदल सकती है। लेकिन अगर उसको ठीक से देखा जाये और विरासत से प्रेरणा ली जाये तो विकास की सम्भावनाएँ बन सकती हैं।

यह जो स्थिति है उसके दोनों रूपों को या कहिए उसके दोनों पक्षों को देखना होगा। एक तो मैं आपसे कह चुका हूँ कि पुराने जमाने से बिहार के प्रति एक तरह से विरोध और उपेक्षा का भाव रहा है। दूसरी तरफ यह भी कह सकते हैं कि बिहार में पहले से स्थिर और स्थापित परम्पराओं की जो प्रवृत्ति रही है उसके विरोध का भी प्रयत्न रहा है, लेकिन यह बात पुरानी हो गयी है। आज जो दशा हुई है और जिस प्रसंग में आपने यह सवाल पूछा है कि बिहार को और बिहारियों को एक हेय दृष्टि से क्यों देखा जाता है, उसका सीधा कारण अब मेरी समझ में आ रहा है। असल में जैसे किसी देश या समाज में किसी व्यक्ति का महत्त्व, उसका सम्मान या अपमान उस समाज के विकास और ह्रास से जुड़ा हुआ होता है उसी तरह एक समाज जो बहुत विकसित है, ज्ञान और शक्ति दोनों दृष्टियों से सम्पन्न है तो उसमें रहने वाले

हर व्यक्ति का महत्त्व स्वीकार किया जाता है। अगर कोई समाज या कोई प्रान्त या कोई देश आर्थिक, राजनीतिक और सामाजिक दृष्टि से बिखरा हुआ, पिछड़ा हुआ हो तो वहाँ के निवासियों के बारे में वैसा ही भाव बनता है या वैसा ही दृष्टिकोण बनता है।

बिहार को जितना परम्परा ने दिया है उससे ज्यादा प्रकृति ने। परम्परा और प्रकृति की दृष्टि से बिहार बहुत समृद्ध है लेकिन जैसे परम्परा का कोई उपयोग नहीं हो रहा है उसी तरह प्रकृति की देन का कोई उपयोग नहीं हो रहा है। आर्थिक विकास के लिए जो कुछ जरूरी है, बिहार में मौजूद है। लेकिन, बिहार का शासक समुदाय अपनी अक्षमता या अयोग्यता के कारण और बेईमानी और नासमझी के कारण बिहार को बर्बादी के कगार पर खड़ा कर चुका है।

अभी हाल में अरविन्द नारायण दास की किताब आयी है–'रिपब्लिक ऑफ बिहार'। उसको पढ़कर ऐसा लगता है कि बिहार में एक राज्यहीन समाज है। शासन और व्यवस्था नाम की कोई चीज नहीं है। इन सब चीजों का आर्थिक विकास और ह्रास पर असर पड़ता है। इन सबका दूसरा परिणाम होता है वह यह है कि बिहार से बड़े पैमाने पर बुद्धि और श्रम का पलायन होता है। यह पलायन अनेक तरह का है। बुनियादी स्तर पर आप देखेंगे कि बहुत बड़ी संख्या में मजदूर बिहार से बाहर जाते हैं। पंजाब में, बंगाल में, बम्बई में और गुजरात में। सबसे खराब दशा में और सबसे गयी गुजरी किस्म की नौकरियाँ करने वाले लोग बिहार के हैं। यह स्थिति अपने विकराल रूप में अब दिल्ली में दिखाई दे रही है। मजदूरों के पलायन की बात जब कह रहा हूँ तो यह श्रम शक्ति का पलायन है। और एक जिस प्रान्त से इतनी बड़ी श्रम शक्ति का पलायन होगा वहाँ तो उत्पादन की दुर्गति होगी ही। इसके साथ एक दूसरी बात भीं है। एक ओर जिस श्रम शक्ति के पलायन से बिहार की दुर्गति होती है उसी श्रम शक्ति के आधार पर दूसरे प्रान्तों का विकास हो रहा है। एक तीसरी बात यह भी है कि मजदूर जहाँ जाता है उससे काम चाहे जितना करा लिया जाये उसे सम्मान की दृष्टि से नहीं देखा जाता। इसका एक कारण यह है कि उनमें से अधिकांश मजदूर भी शामिल हैं, जो खास मौसम में जाते हैं और फिर लौट आते हैं। इसीलिए स्थायी श्रमिकों के साथ जो गरिमा और सुरक्षा की स्थिति होती है इन्हें नहीं मिल पाती। इसीलिए आप यह भी देखेंगे कि जब भी इस देश में दंगे होते हैं, अराजकता की स्थिति होती है, तो इसके शिकार सबसे अधिक बिहार के मजदूर होते हैं। बम्बई में दंगे हुए, सूरत में दंगे हुए उसमें सबसे अधिक तबाह और शिकार बिहार के मजदूर हुए। पंजाब में भी आतंकवादियों के सस्ते शिकार बिहारी मजदूर ही हुए। मुझे आश्चर्य होता है कि बिहार के शासकों का इस पर कोई ध्यान नहीं है।

और, दूसरी बात देखिए। बौद्धिक शक्ति का पलायन भी उसी तरह से हो रहा है जैसे श्रम शक्ति का पलायन। बिहार में चूँकि शिक्षा की कोई समुचित व्यवस्था नहीं है इसलिए वहाँ के अधिकांश प्रतिभाशाली और सम्पन्न छात्र भागकर देश के दूसरे हिस्सों में जाते हैं। जाहिर है, उसमें से सबसे अधिक दिल्ली आते हैं। दिल्ली विश्वविद्यालय और जवाहरलाल नेहरू विश्वविद्यालय में बिहार के छात्रों की स्थिति अगर आप देखें तो दो बातें साफ हैं : एक तो वह प्रतिभाशाली हैं लेकिन बाहर से आने के कारण कई बार जो अपमान उनके मत्थे मढ़ा रहता है उससे भी संघर्ष करना पड़ता है। इसलिए एक ओर तो श्रम शक्ति और दूसरी ओर बौद्धिक शक्ति का पलायन है—किसी समाज के विकास के लिए यही दोनों चीजें जरूरी हैं और किसी समाज के विनाश का कारण भी इन्हीं दोनों में निहित है। इसलिए बिहार की अगर दुर्गति दिखाई देती है और बाहर उनका अपमान होता है तो इसका कारण बहुत स्वाभाविक है। यह जो पलायन की प्रवृत्ति है उसका एक रूप यह भी है कि जो श्रमिक या छात्र जहाँ भी जाते हैं वहाँ हमेशा हाशिये पर रहते हैं। मुख्य धारा उन्हें कभी भी नसीब नहीं होती और हाशिये पर रहने के सारे दुष्परिणाम उन्हें भुगतने पड़ते हैं। इसलिए बिहार वालों के बारे में जो राय आपको दिल्ली में, बम्बई में या कलकत्ता में देखने-सुनने को मिलती है वह असल में हाशिये पर रहने वाले लोगों के बारे में राय होती है। और यही मुझे बराबर लगता है कि बिहार वालों के बारे में जो एक अपमानजनक राय बनायी गयी है वह इन सारी जटिल परिस्थितियों का परिणाम है।

गजेन्द्र पाठक : भारतीय नवजागरण और हिन्दी नवजागरण में बिहारी की भूमिका को आप किस रूप में देखते हैं?

मैनेजर पाण्डेय : यह सवाल दो हिस्सों में देखेंगे। और यह दो सवाल है भी। एक तो यह कि भारतीय नवजागरण और पुनर्जागरण के प्रसंग में बिहार की प्रासंगिकता। अगर भारतीय नवजागरण का सबसे महत्त्वपूर्ण पक्ष साम्राज्यवाद विरोधी चेतना का विकास है तो इस प्रसंग में बिहार की भूमिका को देखना चाहिए और मैं कहूँगा, अंग्रेजी राज्य के विरुद्ध संघर्ष की परम्परा में बिहार किसी भी प्रान्त से कम नहीं है। बल्कि, बहुतों से आगे रहा है। मैं इस प्रसंग में पहले दो संघर्षों को याद करना चाहूँगा। अंग्रेजी राज्य के विरुद्ध सिराजुद्दौला के संघर्ष के बाद जो एक बड़ा संघर्ष हुआ 1768 ई. के आसपास, वह बिहार के उस हिस्से में हुआ था जहाँ का संयोगवश मैं हूँ। मेरा मतलब बिहार के सारण जिले से है। उस इलाके के राजा फतेहबहादुर शाही जिन्होंने अन्त तक अंग्रेजी सरकार के सामने घुटने नहीं टेके और जीते जी वहाँ की मालगुजारी अंग्रेजी कोष में जमा नहीं हो पायी। अंग्रेजी राज्य के विरुद्ध फतेहबहादुर शाही की गौरवशाली संघर्ष-कथाएँ उस क्षेत्र के लोग अब भी कहते-सुनते पाये जाते हैं। मेरे पास सारण के तत्कालीन अंग्रेज अधिकारियों का

वारेन हेस्टिंग्स के नाम लिखा हुआ पत्र है जिसमें उन्होंने लिखा है कि फतेहबहादुर शाही हमें यहाँ चैन से नहीं रहने देता और न ही हमें मालगुजारी वसूल करने देता है। 1890-95 के आसपास ऐसा कहा जाता है कि फतेहबहादुर शाही की किन्हीं रहस्यमयी परिस्थितियों में मृत्यु हो गयी और उसके बाद अंग्रेजों का सारे क्षेत्र पर कब्जा हो गया। अंग्रेजी राज के विरुद्ध अठारहवीं शताब्दी के अन्तिम दशकों में फतेहबहादुर शाही के गौरवशाली संघर्ष और उसके बाद जिसको रामविलास जी हिन्दी नवजागरण का मुख्य स्रोत मानते हैं 1857 का प्रथम स्वाधीनता संग्राम उसमें भी बिहार की भूमिका जगजाहिर है। बिहार की भूमिका जब मैं कह रहा हूँ तो उस क्रम में 1857 के संघर्ष के तीन-चार बड़े नामों में से बाबू कुँवर सिंह को मैं याद कर रहा हूँ। 1857 के संघर्ष में बाबू कुँवर सिंह के बारे में अलग से कुछ कहने की जरूरत नहीं है। उसके बाद से आप स्वाधीनता आन्दोलन के सारे दौर को गौर से देखें तो मालूम होगा कि इस देश में जन आन्दोलन का पहला प्रयोग गाँधी जी के माध्यम से बिहार के ही चम्पारण से हुआ।

जिस रूप में हिन्दी भाषा और साहित्य के विकास को जोड़कर देखा जाता है उस प्रसंग में अगर आप बिहार की भूमिका को देखें तो यह भी महत्त्वपूर्ण है कि उन्नीसवीं सदी में खड़ी बोली हिन्दी के साहित्य के प्रकाशन के लिए जिस पत्रकारिता की जरूरत थी उस पत्रकारिता के लिए जरूरी प्रेस और प्रकाशन के विकास के सन्दर्भ में बिहार का महत्त्वपूर्ण योगदान है। हिन्दी नवजागरण के पहले बड़े लेखक भारतेन्दु की अस्सी प्रतिशत से अधिक रचनाओं का प्रकाशन पटना के खड्ग विलास प्रेस से हुआ। खड्ग विलास प्रेस ने भारतेन्दु की रचनाओं को पहली बार अपने यहाँ से छापकर एक ऐतिहासिक कार्य किया था। प्रतापनारायण मिश्र का 'ब्राह्मण' कानपुर के बाद काफी दिनों तक पटना के इसी खड्ग विलास प्रेस से निकलता रहा। 1880 के आसपास स्थापित इस प्रेस से प्रतापनारायण मिश्र की पुस्तकें भी प्रकाशित हुईं। बहुत कम लोग जानते हैं कि बंगला नवजागरण के अग्रदूत बंकिम की रचनाओं का अनुवाद प्रतापनारायण मिश्र ने किया था जो इसी खड्ग विलास प्रेस से प्रकाशित हुईं।

इसी प्रसंग में आप यह भी देखें कि खड़ी बोली आन्दोलन का केन्द्र भी बिहार था। इलाहाबाद, कानपुर, आगरा और बनारस खड़ी बोली के बदले ब्रजभाषा को अधिक महत्त्व देते थे। कविता के प्रसंग में खड़ी बोली बनाम ब्रजभाषा का जो विवाद खड़ा हुआ उसमें खड़ी बोली का पक्ष लेने वाले सबसे महत्त्वपूर्ण व्यक्ति अयोध्या प्रसाद खत्री मुजफ्फरपुर के थे। भारतेन्दु को उनके द्वारा लिखित पत्र 'खत्री की चिट्ठी अगरवाले के नाम' आप देख सकते हैं। अयोध्या प्रसाद खत्री ने खड़ी बोली के लिए अपना सर्वस्व होम कर दिया। खड़ी बोली का पद्य (भाग एक) 1887 ई.

में लन्दन से प्रकाशित हुई थी। फ्रेडरिक पिन्कॉट इसके सम्पादक थे, लेकिन सारी योजना खत्री जी की थी। इसके दो साल बाद पुनः इसका दूसरा खण्ड भी निकला। भारत से बाहर हिन्दी की किसी किताब का यह मेरी जानकारी में पहला प्रकाशन था।

1875 से 1923 ई. तक 'बिहार बन्धु' का एक साप्ताहिक के रूप में प्रकाशन भी बिहार का एक ऐतिहासिक योगदान था। इस पत्र की भूमिका और महत्त्व के बारे में बिल्कुल विचार नहीं हुआ है या जो विचार हुआ भी है वह पर्याप्त नहीं है। 'बिहार बन्धु' के ऐतिहासिक महत्त्व पर आप विचार करें तो उस पत्र ने 'सरस्वती' जैसी पत्रिका का आधार निर्मित किया।

इस प्रसंग में आपका ध्यान एक महत्त्वपूर्ण बात की ओर आकृष्ट करूँगा। बिहार में जिस खड़ी बोली का विकास हुआ वह उर्दू के साथ विकसित हो रही थी। इसलिए खड़ी बोली से उर्दू के अलगाव का काम इलाहाबाद और बनारस जैसी जगहों में हुआ। आप अगर अयोध्या प्रसाद खत्री के प्रयत्नों को देखें तो उनके द्वारा लिखित व्याकरण की विशेषताएँ यह थीं कि वे प्रत्येक भाषा को तीन स्तर पर लिखते थे। जैसे कि मान लीजिए कि किसी संज्ञा के बारे में लिखना है तो उस संज्ञा को पहले उर्दू नाम देते थे, फिर हिन्दी और फिर अंग्रेजी। इन तीनों का वह एक तरह से विश्लेषण करते थे। इसमें से अंग्रेजी को यदि छोड़ दें तो यह बिल्कुल साफ है कि वे हिन्दी और उर्दू को साथ-साथ विकसित कर रहे थे।

अयोध्या प्रसाद खत्री और खड्ग विलास प्रेस को मिलाकर एक और बात की ओर मैं आपका ध्यान दिलाना चाहूँगा। वह यह है कि मुजफ्फरपुर में 1868 ई. के आसपास 'बिहार साइंटिफिक सोसायटी' नामक संस्था बनी थी। इस संस्था ने विज्ञान की किताबें उर्दू में लिखकर प्रचारित और प्रसारित कीं। बनारस में राजा शिवप्रसाद सितारे हिन्द जब इतिहास और भूगोल की किताबें लिख रहे थे उस समय के ही आसपास मुजफ्फरपुर की इस संस्था द्वारा उर्दू में विज्ञान की पुस्तकों का प्रकाशन एक महत्त्वपूर्ण घटना है। हिन्दी नवजागरण के इतिहास में जो खाली जगहें हैं उनको न सिर्फ भरने के लिए बल्कि कई महत्त्वपूर्ण प्रयत्नों की परम्परा को समझने में भी इन प्रसंगों से मदद मिल सकती है।

जिस समय बिहार को बंगाल से अलग करने का आन्दोलन चल रहा था उस समय बंकिम की रचनाओं का अनुवाद भी बिहार में हो रहा था। यह कितने आश्चर्य की बात है कि ये सभी अनुवाद बंकिम के लेखन के समानान्तर चल रहे थे। स्वयं बांग्ला के कई लेखक बिहार में मौजूद थे। रवीन्द्रनाथ ठाकुर का एक घर भागलपुर में भी था। हिन्दी के आन्दोलन को आगे बढ़ाने में स्वयं भूदेव मुखर्जी की बड़ी भूमिका थी जो बांग्ला में भी एक बड़ा नाम था।

गजेन्द्र पाठक : देश की आजादी से बिहार में उम्मीद की जो किरण आयी थी उसको जातिवादी राजनीति ने नष्ट कर दिया। जो आन्दोलन भी हुए उनकी अपनी सीमा थी। क्या कारण थे?

मैनेजर पाण्डेय : आजादी के बाद बिहार में जिस तरह का शासक समुदाय विकसित हुआ उस शासक समुदाय ने बिहार के सांस्कृतिक और साहित्यिक विकास पर ध्यान नहीं दिया। इसलिए बिहार सांस्कृतिक स्तर पर धीरे-धीरे पीछे चला गया। स्वाधीनता आन्दोलन के क्रम में बिहार अपने समवर्ती बंगाल और उड़ीसा से पिछड़ा हुआ दिखाई नहीं देता था। प्रसंग चाहे साहित्य हो या व्यापक रूप से सांस्कृतिक चेतना का या फिर राजनीतिक चेतना की ही बात हो। लेकिन स्वाधीनता के बाद बिहार में जो शासक समुदाय आया उसे आप चाहे वर्ग के रूप में देखें या राजनीतिक दलों के रूप में। असल में कांग्रेस पार्टी का शासन बिहार में मूल रूप में सामन्तों और दबंग सवर्ण जातियों का शासन था। इसलिए सांस्कृतिक दृष्टि से सारे सामन्ती मूल्यों और रूढ़ियों को उन्होंने बिहार पर आरोपित किया। इस कारण बिहार का धीरे-धीरे पतन शुरू हुआ।

आप जिन आन्दोलनों की बात कर रहे हैं उनके बारे में बात करते समय दो तरह के आन्दोलनों को ध्यान में रखना चाहिए। एक तो स्वाधीनता आन्दोलन के दौरान जो आन्दोलन चले और दूसरे वे जो सामाजिक आन्दोलन के रूप में देखे जा सकते हैं। जिनमें मुख्य तौर पर किसान आन्दोलन की महत्त्वपूर्ण भूमिका थी। इसमें समाजवादी और साम्यवादी दो तरह के आन्दोलन विकसित हुए। किसान आन्दोलन के क्रम में मुख्य रूप से सहजानन्द सरस्वती के योगदान को याद किया जा सकता है। दूसरी तरफ राहुल सांस्कृत्यायन जैसे लोगों की स्मृति को ध्यान में रखने की जरूरत है।

हाँ, इन सारे आन्दोलनों के बावजूद जाति व्यवस्था बिहार में विकराल रूप से बनी रही। ऊँच-नीच के भेदभाव से सनी हुई उत्पीड़न की वह आदिकालीन व्यवस्था जिसकी बुनियाद में 'श्रेष्ठता' की ग्रन्थि कुण्डली मारकर बैठी है। ऊपर से लेकर नीचे तक देखें तो आप देख सकते हैं कि इस जाति व्यवस्था के अन्तर्गत कितने 'लेयर्स' हैं। ब्राह्मण अपने को केवल शूद्र से ही श्रेयस्कर नहीं समझता बल्कि क्षत्रिय और वैश्य से भी वह बराबर दूरी बनाकर चलता है। 'डिग्री' में अन्तर हो सकता है, भावनाओं में कोई अन्तर नहीं है। स्वयं शूद्रों में जो अनेक जातियाँ हैं उनमें भी एक दूसरे से अपने को श्रेष्ठ प्रमाणित करने की एक लम्बी परम्परा है।

प्रश्न यह है कि इस जाति व्यवस्था को तोड़ने में जनवादी आन्दोलनों की क्या भूमिका है, तो मैं यह कह सकता हूँ कि मुख्य रूप से बिहार में नक्सलवादी आन्दोलन से प्रभावित जो जन आन्दोलन हैं वे एक स्तर पर जाति व्यवस्था को तोड़ने

का काम कर रहे हैं। दूसरी तरफ चुनावी राजनीति की विवशताएँ हैं। तमाम दूसरी वामपन्थी पार्टियाँ चुनावी राजनीति को जाति व्यवस्था के ढाँचे में ढालकर चलती हैं। इसलिए चुनाव की राजनीति करने वाली वामपन्थी पार्टियाँ जाति व्यवस्था को तोड़ने में समर्थ नहीं हुई हैं बल्कि मैं तो यह कहूँगा कि वे जाति व्यवस्था को तोड़ने में सहायक भी नहीं हुई हैं। अपने को क्रान्तिकारी कहने वाली पार्टियाँ भी जाति समीकरण के आधार पर उम्मीदवार खड़ा करती हैं और वोट की व्यवस्था करती हैं। मुझे तो यह लगता है कि यह जो चुनाव प्रक्रिया है वह न सिर्फ बिहार बल्कि पूरे देश में जाति व्यवस्था को क्रमशः मजबूत कर रही है।

गजेन्द्र पाठक : बिहार के बारे में आपका निजी अनुभव क्या है?

मैनेजर पाण्डेय : पिछले पचास-पचपन वर्षों का बिहार मेरे सामने है। स्वाधीनता के कुछ ही पहले मैं पैदा हुआ था। अपने अतीत पर जब ध्यान देता हूँ तो मुझे लगता है कि पहले बिहार ऐसी जगह थी जहाँ जाने और जाकर रहने का मन करता था। अब बिहार ऐसी जगह है, जहाँ मजबूरी में जाना पड़ता है। स्वयं बिहार के लोग बिहार में मजबूरी में रहते दिखाई पड़ते हैं। बिहार में जो व्यवस्था है, जिसके चलते कोई आदमी बिहार में रहकर अपना काम भी ठीक से नहीं कर पाता और इसीलिए लोग बिहार से बाहर जाते हैं या बाहर जाना चाहते हैं। मैं आपसे कह चुका हूँ कि बिहार से मजबूरी में मजदूर बाहर जाते हैं, विद्यार्थी बाहर जाते हैं और देखिए जब बिहार से विद्यार्थी बाहर जाएँगे तो पढ़-लिखकर आगे भी बिहार से बाहर ही रहना पसन्द करेंगे, बिहार में लौटना पसन्द नहीं करेंगे। इसलिए बिहार से जो श्रमशक्ति और प्रतिभा का पलायन है वह मुझे बार-बार दुःखी करता है लेकिन इस दुःख का निवारण सम्भव नहीं लगता। मैं कुछ करने की स्थिति में नहीं हूँ, हाँ, कुछ कहने की स्थिति में जरूर हूँ।

इस बीच बहुत सारे परिवर्तन हुए हैं। मैं इन परिवर्तनों को किसी खास निगाह से नहीं देखना चाहता किन्तु मैं यह कहूँगा कि मैं निराश नहीं होता। निराश इसलिए नहीं होता कि पहले से बनी हुई जनता की शक्ति में मुझे रोमैंटिक विश्वास है बल्कि इसलिए कि बिहार में कुछ प्रवृत्तियाँ ऐसी पैदा हुई हैं जो सामाजिक, सांस्कृतिक विकास में बाधक हैं और फिर उनके विरुद्ध संघर्ष की आवाज भी उठ रही है। अनेक जातियों में जागरण आया है, कुछ बचाव की मुद्रा में हैं तो कुछ आक्रामक।

गजेन्द्र पाठक : बिहार का एक बहुत बड़ा हिस्सा नदियों के आतंक का शिकार रहा है। बरसात के दिनों में नेपाल से आने वाली नदियों की धार लाखों जिन्दगियों को तहस-नहस कर देती हैं। क्या बिहार से पलायन का सिर्फ यही कारण है? इस पलायन को आप किस रूप में देखते हैं?

मैनेजर पाण्डेय : देखिए यह तो सही है कि बिहार के लोग या आप कह सकते

हैं कि बिहार के पढ़े-लिखे, उद्यमी और प्रतिभाशाली लोग बिहार से बाहर जा रहे हैं, लेकिन जाने के कारण बिहार में हैं। बिहार में अगर वे स्वतन्त्र और ठीक ढंग से अपना काम करना सम्भव नहीं समझते तभी वे बिहार से बाहर जाते हैं। इसलिए केवल जाने वालों को दोष देना ठीक नहीं है बल्कि जो लोग जाने पर विवश करते हैं उनको दोष देना चाहिए या उन पर ध्यान देना चाहिए। इस प्रसंग में मैं फिर यही कहूँगा कि बिहार से किस तरह श्रमिक और छात्र बाहर भागते हैं। जो मज़बूर न हों वे बाहर नहीं जाते। यही स्थिति दूसरे लोगों की भी है। अब आप देखिए कि जो छात्र हैं, वही न डॉक्टर बनेंगे, इंजीनियर बनेंगे, पत्रकार बनेंगे, बुद्धिजीवी बनेंगे। इसलिए उनकी तो बिहार से बाहर जाने की शुरुआत पढ़ाई के दौर से ही शुरू हो जाती है। इसलिए इस पर अफसोस करना लगभग उसी पुरानी कहावत को दोहराना है कि कौआ कान लेकर जा रहा है तो अपने कान को न देखकर उस कौए के पीछे दौड़ा जाये। मैं कहूँगा कि ये जो प्रतिभा के पलायन की वृत्ति है, इस पर उन लोगों को ध्यान देना चाहिए जो बिहार पर शासन कर रहे हैं। कुल मिलाकर एक व्यापक सामाजिक चिन्ता और सांस्कृतिक चेतना के अभाव के कारण बिहार के बुद्धिजीवी बिहार से बाहर जा रहे हैं।

हाँ, मैं यह भी कहूँगा कि ऐसे भी बहुत सारे लोग हैं जो हर जगह अवसरों की तलाश में रहते हैं, मैं ऐसे अवसरवादियों को तो बिहार के बारे में विचार करने का आधार नहीं ही बना सकता। फिर मैं यह भी कहूँ कि जैसे नागार्जुन हैं जो सिर्फ दिल्ली में बैठकर ही तरौनी को नहीं याद कर सकते हैं। बाबा दरभंगा तरौनी, पटना और पूरे बिहार में भी आते-जाते रहते थे। वहाँ की स्थिति देखकर उनको भी बेचैनी महसूस होती थी और वह बेचैनी उनकी कविताओं में जगह-जगह प्रकट होती है। यही नहीं अगर थोड़ी भी उम्मीद की कोई किरण उनको दिखाई देती है बिहार में तो वह उनकी कविताओं में जगह पाती है। पिछले चालीस वर्षों में बाबा नागार्जुन ने जितनी कविताएँ लिखी हैं उनमें से अधिकांश कविताओं का सीधा सम्बन्ध बिहार से है। बिहार के हर आन्दोलन पर और बिहार की अधिकांश बड़ी घटनाओं पर उन्होंने कविता लिखी। इसलिए यह कहना यहाँ जरूरी है कि जो लोग जिस कारण से भी बिहार से बाहर हैं वे भी बिहार के बारे मे सोचते हैं। यह जरूर है, कई बार जब यह महसूस होता है कि उस चिन्ता से कुछ बनना बिगड़ना नहीं है तो उन्हें निराशा भी होती है।

गजेन्द्र पाठक : बिहार की दशा और दुर्दशा के बीच उम्मीद की कोई किरण?

मैनेजर पाण्डेय : अब देखिए बिहार की जो दशा है उसके सुधार के लिए किसी सांस्कृतिक जागरण की जरूरत तो मैं महसूस करता हूँ लेकिन अभी उम्मीद नहीं करता क्योंकि उम्मीद के लिए आधार का होना जरूरी है और मुझे ऐसी स्थिति नहीं

दिखाई पड़ती कि निकट भविष्य के बिहार में कोई नया सांस्कृतिक नवजागरण आयेगा। हाँ, यह जरूर है कि वर्त्तमान सामाजिक जीवन से असन्तोष का भाव जब विस्फोट की स्थिति पर पहुँचेगा तब शायद जागरण की प्रक्रिया भी शुरू होगी। लेकिन मुझे यह जरूर लगता है कि अगर बिहार में कोई सांस्कृतिक-सामाजिक जागरण व्यवस्थित रूप से विकसित नहीं हुआ तो बिहार का नुकसान तो होगा ही, हिन्दुस्तान का भी नुकसान होगा। क्योंकि आप एक इतने बड़े राज्य की, इतनी बड़ी जनसंख्या की दुर्गति को बढ़ाकर हिन्दुस्तान का विकास नहीं कर सकते।

गजेन्द्र पाठक : बिहार के रचनाकारों का अपने प्रति उपेक्षा के आरोप को आप किस तरह महसूस करते हैं?

मैनेजर पाण्डेय : वैसे तो रचनाकार अपनी उपेक्षा के आरोप हर जगह पर लगाते हैं, यहाँ यह भी कह सकते हैं कि हर जगह के रचनाकार अपनी उपेक्षा का आरोप लगाते हैं। बिहार के रचनाकारों के प्रसंग में मैं यह कहूँगा कि अनेक रचनाकारों को अखिल भारतीय स्तर पर स्वीकार किया गया है। हिन्दी कविता पर विचार की प्रक्रिया में विद्यापति से लेकर नागार्जुन पर काफी लिखा गया है, विचार हुआ है। अखिल भारतीय स्तर पर हम कह सकते हैं कि नागार्जुन केवल बिहार के कवि नहीं हैं, केवल हिन्दी के कवि नहीं हैं। नागार्जुन की सबसे अधिक निन्दा यदि कहीं हुई थी तो वह बिहार में ही हुई थी। दूसरे जो हिन्दी के बड़े रचनाकार हैं साहित्य में, वे हैं फणीश्वर नाथ रेणु। हिन्दी उपन्यास या भारतीय उपन्यास पर कोई भी चर्चा रेणु के बिना पूरी नहीं होती। और इसी प्रसंग में मैं यह भी कहूँगा कि रेणु की सबसे गर्हित किस्म की आलोचना बिहार में हुई। रेणु को जाली और नकलची साबित करने का कुत्सित प्रयास भी हुआ। बाद के दिनों में इस तरह के सारे प्रयत्न निरर्थक साबित हुए। इसी तरह से आप बिहार के कुछ और कवियों, लेखकों को देख सकते हैं। पर मैं यह जरूर कहूँगा कि बिहार में साहित्यिक पत्रकारिता इस दौर में कमजोर हुई है। इसलिए बिहार के रचनाकारों पर चर्चा की कोई व्यवस्थित पहल नहीं हो पाती। यह कारण भी है जिससे बिहार के समकालीन रचनाकार अपने को उपेक्षित महसूस करते हैं।

पिछले सौ वर्षों के हिन्दी साहित्य का इतिहास देखें तो हिन्दी साहित्य के केन्द्र बदलते रहे हैं। मैं कह चुका हूँ कि 19वीं शताब्दी के बिहार में बिहार से बाहर के लोग छपने के लिए आते रहे हैं। बाद के दिनों में हिन्दी साहित्य का केन्द्र बनारस बना तो जाहिर है काशी वालों का महत्त्व बढ़ गया। इसके बाद हिन्दी साहित्य का केन्द्र इलाहाबाद बना तो इलाहाबाद वालों का महत्त्व बढ़ा। स्वाधीनता के बाद और उसमें भी खासकर पिछले 20-25 वर्षों में साहित्य और संस्कृति का केन्द्र बन गयी

है दिल्ली। इसलिए आजकल मुख्य धारा के नाम पर उन्हीं की चर्चा होती है जो दिल्ली में रहते हैं। बिहार वालों या अन्य दिल्ली से दूर बसे प्रदेशों की उपेक्षा होती है तो इसे आप सामाजिक, राजनीतिक और सांस्कृतिक प्रक्रिया की विडम्बना के रूप में देख सकते हैं, जहाँ साहित्य, संस्कृति महानगरों में केन्द्रित होती है और हाशिये पर अवस्थित रचनाकारों की उपेक्षा करती है।

इस उपेक्षा के शिकार केवल बिहार के ही लेखक होते हैं, ऐसा नहीं है जिनके लिए दिल्ली दूर है और जो दिल्ली से दूर हैं, उन सबकी उपेक्षा होती है।

गजेन्द्र पाठक : सर, आधुनिक हिन्दी साहित्य का इतिहास पढ़ाते हुए आपने महेश नारायण और हीरा डोम के ऐतिहासिक महत्त्व को रेखांकित किया था। इनकी विशिष्टता के बारे में बताइए।

मैनेजर पाण्डेय : इन दोनों लोगों की चर्चा मैंने एक तरह से व्यापक रूप से हिन्दी नवजागरण के प्रसंग में की है। आप पहले महेश नारायण के बारे में विचार कीजिए। महेश नारायण ने 'स्वप्न' नाम की एक कविता लिखी थी, जो 13 अक्टूबर, 1881 ई. के 'बिहार बन्धु' में प्रकाशित हुई। मुझे कई कारणों से यह कविता अत्यन्त महत्त्वपूर्ण लगती है और मैं इसे आधुनिक हिन्दी की पहली कविता कहता हूँ। इसे आधुनिक हिन्दी की पहली कविता कहने के तीन-चार कारण हैं। पहली बात तो यह कि यह कविता खड़ी बोली की है। 1881 ई. तक खड़ी बोली में हिन्दी कविता का जितना विकास हुआ था उससे बहुत आगे बढ़ी हुई कविता है यह। दूसरी बात यह कि भाषा के स्तर पर यह हिन्दी और उर्दू की एकता का प्रमाण देने वाली कविता है। इसकी एक और बड़ी विशेषता यह है कि इसमें साफ तौर पर स्वाधीनता की चेतना व्यक्त है जो उस समय की कविताओं में दुर्लभ है। इस कविता की एक और विशेषता यह है कि यह एक लम्बी कविता है। लगभग 33-34 पदों की कविता। एक 'फैन्टेसी' के रूप में लिखी गयी यह हिन्दी की पहली लम्बी कविता भी है। इस कविता की सबसे अधिक चकित करने वाली बात यह है कि इसमें छन्द के स्तर पर कई तरह के प्रयोग हैं। मुझे लगता है कि अनेक कारणों से इस अत्यन्त महत्त्वपूर्ण कविता पर हिन्दी साहित्य के इतिहासकारों और आलोचकों को जरूर ध्यान देना चाहिए। हिन्दी नवजागरण को अभिव्यक्त करने वाली यह एक प्रतिनिधि कविता है और इसलिए इस कविता को मैं बार-बार याद करता हूँ।

जहाँ तक हीरा डोम की कविता का प्रश्न है तो वह 1914 ई. की कविता है। 1914 की 'सरस्वती' में प्रकाशित हुई थी। यह कविता भोजपुरी में लिखी गयी कविता है और मुझे लगता है कि भक्ति काव्य को छोड़कर आधुनिक काल में किसी भी भारतीय भाषा में दलित चेतना की वैसी कविता शायद ही कोई दूसरी मिले। मैं जब उसे दलित चेतना की कविता कहता हूँ तो उस कविता में असल में भारतीय

समाज व्यवस्था की, जाति प्रथा की संरचना और उसमें शामिल शोषण की प्रक्रिया और उसके जाल और उस जाल में फँसे शूद्र समुदाय की यातना की अभिव्यक्ति देखता हूँ। सबसे महत्त्वपूर्ण बात यह है कि यद्यपि उस कविता का शीर्षक 'अछूत की शिकायत' है लेकिन वह सिर्फ शिकायत की कविता नहीं है बल्कि उसमें शिकायत से अधिक सवाल करने की प्रवृत्ति है। ईश्वर के बारे में प्रश्न हैं, भारतीय समाज व्यवस्था की संरचना के बारे में प्रश्न हैं, शोषण की पूरी प्रक्रिया के बारे में प्रश्न हैं और भारतीय समाज के मानवीय चेहरे पर प्रश्नचिह्न हैं। उस कविता में कुछ ऐसे बिन्दु हैं जिनका विकास आगे चलकर प्रेमचन्द की दलित जीवन से जुड़ी हुई कहानियों में दिखाई देता है। मुझे उस कविता को पढ़ते हुए गालिब का एक शेर बार-बार याद आता है—'फरियाद की कोई लै नहीं है...' मतलब फरियाद की कोई एक निश्चित लय नहीं होती है और आर्तनाद के लिए बाँसुरी की जरूरत नहीं होती। हीरा डोम की कविता एक बौद्धिक कवि की रचना नहीं है, बल्कि एक पुनीत आत्मा की चीख है, इसलिए मुझे यह कविता बार-बार याद आती है और महत्त्वपूर्ण लगती है।

गजेन्द्र पाठक : समकालीन राजनीतिक परिदृश्य में बिहार के 'लालू फैक्टर' को आप किस रूप में देखते हैं?

मैनेजर पाण्डेय : समकालीन राजनीतिक परिदृश्य में लालू फैक्टर लगभग उत्तर आधुनिकतावाद की तरह है, जो आकर्षित तो करता है पर कई बार समझ में नहीं आता और जिससे बचना भी सम्भव नहीं है। लेकिन मैं यह भी कहूँगा कि उत्तर आधुनिकतावाद की कुछ विशेषताएँ भी लालू यादव की शैली में दिखाई पड़ती है। देशज राजनीति जो सम्भ्रान्त लोगों को भड़काती है, सामान्य लोगों को आकर्षित करती है पर कई बार वह धोखे में भी डालती है। मैं यह भी कहूँगा कि 'लालू तत्त्व' ने राजनीति की भाषा बदल दी है। जैसी राजनीति है, वैसी ही भाषा। लालू की भाषा उनकी राजनीति का दर्पण भी है। मैं बिहार में लालू तत्त्व को दोनों रूप में पाता हूँ। उसका रचनात्मक रूप यह है कि उसके कारण पिछड़ी जातियों में आत्मगौरव का बोध जगा है। लेकिन इस आत्मगौरव के साथ जो अधीरता जुड़ी हुई है उससे वह आत्मगौरव ऊटपटाँग रूप में व्यक्त होता है। इसके साथ ही मुझे यह भी लगता है कि पुरानी व्यवस्था को तोड़ने का दावा करने वाले लोगों को भी यह ध्यान में रखना चाहिए कि समाज बिना व्यवस्था के नहीं चल सकता। इसलिए पुरानी व्यवस्था को तोड़ने के साथ नयी व्यवस्था का विकास करना जरूरी होता है। लालू तत्त्व के साथ समस्या यह है कि वह पुरानी व्यवस्था की खिल्ली उड़ाने के अतिरिक्त कुछ नहीं करता। नये विकल्प का कोई प्रारूप वहाँ नहीं है और वस्तुतः बिहार में अव्यवस्था का जो माहौल निर्मित हुआ है, वह इन्हीं कारणों से है।

लालू तत्त्व के कारण बिहार की राजनीति के साथ यह जरूर हुआ है कि अब सवर्ण समुदाय पिछड़ी जातियों का केवल राजनीतिक उपयोग नहीं कर सकता। पिछड़ी जातियों की अपनी राजनीतिक आकांक्षाएँ विकसित हुई हैं और उन आकांक्षाओं की अभिव्यक्ति से कुछ लोग परेशान भी हैं। लेकिन आप इन आकांक्षाओं की अन्तर्वस्तु को देखें तो उसमे भविष्य की कुछ सम्भावनाएँ भी छिपी हुई हैं। इस बीच बिहार में पिछड़ी जातियों से अनेक अच्छे रचनाकार सामने आयें हैं। यह स्थिति आज के कुछ वर्ष पहले सम्भव नहीं थी।

गजेन्द्र पाठक : बिहार की समकालीन रचनाशीलता आपको कितना आश्वस्त करती है?

मैनेजर पाण्डेय : देखिए, बिहार में रचनाशीलता मुख्य रूप से दो क्षेत्रों में अधिक सक्रिय दिखाई पड़ती है—एक तो कविता और दूसरे कहानी के क्षेत्र में। और इन दोनों का विकास बिहार की समकालीन राजनीतिक, सामाजिक और आर्थिक परिस्थितियों से जुड़ा हुआ है। बिहार जो गहरे स्तर पर सामाजिक उथल पुथल की प्रक्रिया से गुजर रहा है, उससे जुड़ी हुई रचनाशीलता कविता और कहानी के रूप में सामने आ रही हैं। मैं उन कवियों, रचनाकारों का नाम नहीं लूँगा जो बिहार के होते हुए भी बिहार से बाहर है। मैं केवल उन्हीं की बात कर रहा हूँ जो बिहार के हैं और बिहार में रहकर ही रचनाकर्म कर रहे हैं। और ऐसे लोगों में अगर आप कवियों को देखें तो आपको अनेक महत्त्वपूर्ण नये कवि दिखाई पड़ेंगे। मैं पुरानी पीढ़ी की बात नहीं कर रहा हूँ। समकालीन कवियों में खास तौर से आलोक धन्वा, अरुण कमल, मदन कश्यप और निलय उपाध्याय आदि ऐसे कवि हैं, जिनसे आगे मैं महत्त्वपूर्ण रचनाशीलता की उम्मीद करता हूँ। मैं आपसे पहले भी कह चुका हूँ कि मैं इसमें उन कवियों को शामिल नहीं कर रहा हूँ जो बिहार के हैं लेकिन किन्हीं कारणों से बिहार के बाहर हैं। जैसे ब्रदीनारायण, विमल कुमार या कृष्णमोहन झा आदि। मुझे अभी अन्य कई कवियों के नाम ध्यान में आ रहे हैं जो महत्त्वपूर्ण कविताएँ लिख रहे हैं। लेकिन उनके भविष्य के बारे में अभी कुछ कहना जल्दबाजी होगी।

दूसरी तरफ अगर आप कहानियों को देखें तो अनेक ऐसे कहानीकार हैं जो खासतौर पर समकालीन इतिहास की वास्तविकताओं से गहरे स्तर पर जुड़े हुए हैं। इनमें प्रेम कुमार मणि, चन्द्रकिशोर जायसवाल आदि या इनसे थोड़ी पुरानी पीढ़ी के सृंजय एवं संजीव जैसे लोग शामिल हैं। कहानी विधा के लिए बिहार की भूमि उर्वर है। रेणु के बाद इस विधा में अपनी पहचान बनाना कठिन जरूर है लेकिन असम्भव नहीं है।

जिस समाज में स्त्री की अस्मिता नहीं, वहाँ प्रेम कैसे होगा?

(आशुतोष कुमार और मैनेजर पाण्डेय के बीच बातचीत)

आशुतोष कुमार : सर, विषमता, वर्चस्व और बर्बरता से विदग्ध हमारे समय में प्रेम जैसे विषय की चर्चा आपको कितनी प्रासंगिक लगती है?

मैनेजर पाण्डेय : यह ठीक है कि दुनिया आज इतिहास के कुछ सबसे गम्भीर संकटों से जूझ रही है। ये आर्थिक और राजनीतिक संकट हैं। इस भूमण्डल को एक उपनिवेश में बदल देने की कोशिशें जारी हैं। लेकिन आर्थिक-राजनीतिक संकटों से जुड़े हुए कुछ सामाजिक और मानवीय संकट भी हैं, जिनकी उपेक्षा नहीं की जा सकती। जैसे व्यक्ति की स्वतन्त्रता के नष्ट हो जाने अथवा उसके दमन का वास्तविक खतरा। स्वतन्त्रता की पहली कसौटी है प्रेम की स्वतन्त्रता। सामन्ती सामाजिक व्यवस्थाओं में सबसे अधिक दमन प्रेम की भावना का किया जाता है। सामन्ती जकड़बन्दियों से आजाद होने की आकांक्षा सबसे पहले प्रेम के जरिये प्रकट होती है। पश्चिमी उत्तर प्रदेश के गाँवों-पंचायतों से प्रेम के अपराध के लिए युवा जोड़ों की बर्बर हत्याओं के समाचार आये दिन मिलते रहते हैं। इन हत्याओं और प्रतिबन्धों के बावजूद उन गाँवों में प्रेम की घटनाएँ कभी रुकती नहीं। तो प्रेम वहाँ क्या है? केवल आकर्षण है, निरी भावुकता है? एक अवरुद्ध समाज के भीतर से फूटती हुई बगावत नहीं है?

दूसरी ओर आप देखें कि पूँजीवादी समाजों में प्रेम का क्या होता है। उनका दावा है कि वे प्रेम की स्वतन्त्रता को मानते हैं। वे सबसे अधिक स्वतन्त्रता की चिन्ता करते हैं। लेकिन असल में उन्हें केवल बाजार की स्वतन्त्रता की फिक्र होती है। यह बेचने और खरीदने की स्वतन्त्रता है। प्रेम भी बेचा जा सकता है। जिसके पास पैसा है, वह खरीद सकता है। असल में इस बाजार में प्रेम के नाम पर हिंसा और बलात्कार बेचा जाता है। यह प्रेम का विकृतीकरण है। पूँजीवाद वैयक्तिक सम्पत्ति के आधार पर चलता है। यह वस्तुओं की दुनिया है। यहाँ प्रेम भी एक सहज मानवीय भावना नहीं, वस्तु-मात्र है। अधिक से अधिक वह एक व्यक्ति के ऊपर दूसरे व्यक्ति के,

अक्सर स्त्री के ऊपर पुरुष के अधिकार का ही एक नया नाम है। व्यक्तिगत स्वामित्व के इस व्यापार को ही उन समाजों में बहुत-से लोग प्रेम समझते हैं। प्रेम का ऐसा विकृतीकरण उसके दमन से अधिक खतरनाक है। असल में प्रेम का जो संघर्ष है, वह इन सामन्ती-पूँजीवादी सामाजिक व्यवस्थाओं के विरुद्ध स्वतन्त्र चेतना का संघर्ष है। मनुष्य पर मनुष्य के स्वामित्व और वैयक्तिक सम्पत्ति जैसी धारणाओं के विरुद्ध संघर्ष है। प्रेम की चिन्ता स्वतन्त्र चेतना को बचाने और उसे बढ़ाने की चिन्ता है। यह विश्व के आर्थिक-राजनीतिक संकटों की तुलना में कम महत्त्वपूर्ण नहीं है। ये दो तरह की चिन्ताएँ एक-दूसरे से अलग-थलग नहीं हैं।

आशुतोष कुमार : इसका मतलब क्या यह है कि प्रेम एक परिवर्तनकारी शक्ति या प्रक्रिया के रूप में भी देखा जा सकता है? क्या सामाजिक-राजनीतिक परिवर्तनों के लिए चलाये जाने वाले अभियानों में प्रेम की भी कुछ भूमिका हो सकती है?

मैनेजर पाण्डेय : दुनिया भर के क्रान्तिकारी आन्दोलनों में हमेशा प्रेम को स्वतन्त्र करने और वैयक्तिक प्रेम सम्बन्धों को प्रोत्साहित करने की प्रवृत्ति देखी जाती है। अपने ही देश में, स्वाधीनता आन्दोलन के दौरान ऐसा देखा गया। हिन्दुस्तान के कम्युनिस्ट आन्दोलन में भी ऐसे उदाहरण मिलेंगे। क्रान्तिकारी स्त्री-पुरुषों के बीच प्रेम-सम्बन्धों का विकास, फिर उन सम्बन्धों की रक्षा के लिए उनका संघर्ष, यह सब हमारे क्रान्तिकारी आन्दोलनों की महागाथा का अटूट हिस्सा है। न्यायपूर्ण सामाजिक-आर्थिक व्यवस्था के लिए चलाये जाने वाले संघर्षों के दौरान न्यायपूर्ण अन्तर्वैयक्तिक सम्बन्धों का सवाल और स्त्री-पुरुष सम्बन्धों के मामले में अधिक मानवीय और लोकतान्त्रिक नजरिया विकसित करने का सवाल उठता ही है। किसी सामाजिक-राजनीतिक आन्दोलन की विवेकपरकता और प्रगतिशीलता को परखने का सबसे अच्छा तरीका यह देखना है कि मानवीय प्रश्नों—खासकर स्त्री-पुरुष सम्बन्धों से जुड़े प्रश्नों पर उसका नजरिया कितना विवेकपरक और प्रगतिशील है। जो जितना छँटा हुआ फासीवादी संगठन होगा, स्त्री-पुरुषों के सम्बन्धों के सन्दर्भ में वह उतना ही रुढ़िवादी, पाखण्डी, और पुरुषसत्तावादी होगा। हर साल वैलेंटाइन-डे ऐसे संगठनों की शिनाख्त का बहाना बनता ही है।

हमारे सामने कम्युनिस्ट आन्दोलन में पी सी जोशी और क्रान्तिकारी आन्दोलन में यशपाल के उदाहरण ऐसे हैं, जिन्होंने स्त्री-पुरुष प्रेम की स्वतन्त्रता के सवाल को क्रान्तिकारी संघर्ष के एजेण्डे पर सम्मानपूर्ण जगह दिलाने के लिए संघर्ष किया।

आशुतोष कुमार : लेकिन इतनी लम्बी क्रान्तिकारी-कम्युनिस्ट परम्परा में ऐसे दो-एक उदाहरण अपवाद सरीखे नहीं लगते? और इन कुछ लोगों को भी इन मुद्दों पर आखिर कितनी सफलता मिली? क्या उन्हें अपने ही साथियों की कटु आलोचना का सामना नहीं करना पड़ा? हमारे राष्ट्रीय आन्दोलन के महानायक महात्मा गाँधी

तो जीवन भर ब्रह्मचर्य का ही प्रचार करते रहे।

मैनेजर पाण्डेय : स्त्री-पुरुष सम्बन्धों के मामले में रूढ़िवाद के शिकार गाँधी जी भी थे और पुराने क्रान्तिकारी भी। चन्द्रशेखर आजाद भी प्रेम को क्रान्तिकारी जीवन की बाधा ही समझते थे। ठीक उसी तरह, जिस तरह कबीर और तुलसी जैसे भक्त कवियों ने स्त्री को भक्ति के मार्ग की बाधा समझा, उसकी निन्दा की।

गाँधी जी एक विचित्र प्रयोगवादी थे। वे दूसरों के लिए नियम बनाते थे और स्वयं तोड़ते थे। ब्रह्मचर्य के विषय में गाँधी जी की मान्यताएँ सुसंगत नहीं थीं। वे ब्रह्मचर्य के विषय में अपनी मान्यताएँ स्थिर करने के लिए जीवन भर प्रयोग करते रहे। अन्ततः वे किन नतीजों पर पहुँचे इसका अनुमान लगाना आसान नहीं है।

लेकिन गाँधी जी के निकटतम सहयोगियों में और क्रान्तिकारी आन्दोलन में भी ऐसे अनेक लोग थे—और वे इन दोनों धाराओं में नेतृत्व की सबसे ऊपरी पाँत में थे—जो प्रेम की इस रूढ़िवादी समझ से असहमत थे, जिन्होंने इसके खिलाफ संघर्ष किया। सिद्धान्त के स्तर पर और जीवन-व्यवहार के स्तर पर भी।

तो हम इस बात से इनकार नहीं कर सकते कि सामाजिक-राजनीतिक आन्दोलन ने मानवीय संघर्षों के सन्दर्भ में भी कुछ नयी बहसों को जन्म दिया, विचार की एक नयी प्रक्रिया शुरू की। अब यह देखना होगा कि उसमें से हमारे लिए क्या महत्त्वपूर्ण है और क्या नहीं।

आशुतोष कुमार : बाद में वामपन्थी आन्दोलनों ने इस सवाल को क्यों छोड़ दिया?

मैनेजर पाण्डेय : एक हद तक आप इसे स्तालिनवाद का दुष्प्रभाव कह सकते हैं। प्रेम को महत्त्वपूर्ण नहीं समझा गया। प्रेम के माध्यम से सामाजिक परिवर्तन को समझने की कोशिश नहीं की गयी। हिन्दी में स्तालिनवाद के प्रभाव में लिखने वालों में रामविलास शर्मा का नाम लिया जा सकता है। उन्होंने लगभग आर्यसमाजी जोश के साथ यशपाल की उन रचनाओं को खारिज किया, जिनमें प्रेम के सम्बन्ध में एक नये नजरिये से कुछ बातें कही गयी थीं।

समाजवादी आन्दोलनों को एक साथ तीन स्तरों पर सक्रिय होना चाहिए। राजनीतिक स्तर पर, सामाजिक स्तर पर और मानवीय सम्बन्धों के स्तर पर। हिन्दुस्तान के समाजवादी आन्दोलन में राजनीतिक चिन्ता केन्द्र में रही। दूसरे सवालों को गैरजरूरी मान लिया गया अथवा उन्हें राजनीतिक आन्दोलन के रास्ते की बाधाओं के रूप में देखा गया। रामविलास जी की समझ यह थी कि एंगेल्स भी साहित्य में ऐन्द्रिकता की उपस्थिति के विरुद्ध थे। मार्क्सवाद साहित्यकारों का संसार लगभग वैरागियों का बगीचा लगता है।

जब से भारत में कम्युनिस्ट पार्टी है, तभी से राष्ट्रीय स्वयंसेवक संघ भी है। संघ

के भीतर प्रेम की कोई धारणा नहीं है। स्वयंसेवक प्रेम से तो क्या विवाह से भी विरत रहना चाहते हैं। इस रवैये से लड़ने के बजाय कहीं न कहीं वामपन्थी आन्दोलन ने स्वयं भी इसे स्वीकृति प्रदान की।

आशुतोष कुमार : यानी भारत में दक्षिण और वाम दोनों ने ही प्रेम के विषय में एक पाखण्डपूर्ण रवैया अख्तियार किया?

मैनेजर पाण्डेय : भारतीय वामपन्थी पाखण्ड की आलोचना तो करते रहे, लेकिन प्रेम और नैतिकता के सवाल पर स्तालिनवादी नजरिये के असर से खुद को बचा नहीं पाये। मार्क्सवाद के सिद्धान्तकारों की स्थिति इससे अलग थी। कार्लमार्क्स और एंगेल्स प्रेम के विरोधी न थे। उन्होंने स्वयं अपने जीवन में प्रेम को महत्त्वपूर्ण स्थान दिया था। वे प्रेम को मानवीय सृजनात्मकता का अनिवार्य तत्त्व समझते थे। ठीक यही बात लेनिन और माओ-त्से-तुंग के बारे में भी कही जा सकती है।

आशुतोष कुमार : लेकिन रामविलास जी ने तो यशपाल की आलोचना के प्रसंग में लेनिन को उद्धृत करते हुए यह दिखलाने का प्रयास किया है कि यशपाल ने प्रेम के सम्बन्ध में जिस उदार दृष्टिकोण की वकालत की है, वह लेनिन के विचारों के मेल में नहीं है, बल्कि उसका विकृतीकरण है।

मैनेजर पाण्डेय : लेनिन ने क्रुप्सकाया से प्रेम किया था और वे इसे अपने जीवन की अनमोल निधि समझते थे। क्लारा जेटकिन के सवालों का जवाब देते हुए उन्होंने प्रेम में स्वतन्त्रता के महत्त्व को स्वीकार किया था। निश्चय ही स्वतन्त्रता का अर्थ अराजकता नहीं है। लेकिन यह क्या बात हुई है कि स्वतन्त्रता की निन्दा करनी हो तो उसे स्वच्छन्दता कह दीजिए। और ऐसा वे लोग करें जो स्वच्छन्दतावादी साहित्य के बड़े समर्थक हों। यानी साहित्य में तो स्वच्छन्दता हो, पर मानवीय सम्बन्धों में न हो।

आशुतोष कुमार : हो सकता है, कुछ लोग ऐसा सोचते हों कि यूरोपीय देशों में स्वतन्त्रता का जो अर्थ लोकस्वीकृत है, वह भारतीय संस्कृति के अनुरूप नहीं है?

मैनेजर पाण्डेय : भारतीय संस्कृति में पाखण्ड का एक रूप यह है कि ईश्वर चाहे तो सोलह हजार से प्रेम करें, लेकिन मनुष्य के लिए वह वर्जित विषय बना रहे। कोई कृष्ण को स्वच्छन्द कहने की हिम्मत क्यों नहीं करता? भारतीय जीवन की एक विडम्बना यह है कि हम जिनकी पूजा करते हैं, उनके ही आचरण से अपने जीवन में मीलों लम्बी दूरी बनाये रखते हैं। हम राधा को जपते हैं, लेकिन राधा की तरह आचरण करने वाली स्त्रियों का जीना मुश्किल कर देते हैं। भारतीय संस्कृति में यह द्वैत लगातार बना रहा है।

भारतीय समाज में पाखण्ड बड़े पैमाने पर है। साहित्य और आलोचना पर भी इसका असर है। इसीलिए वह भारतीय जीवन के अन्तर्विरोधों की सटीक पहचान

नहीं कर पाता और भारतीय जीवन में निरन्तर चलने वाले संघर्ष का अटूट हिस्सा नहीं बन पाता। आप देखिए कि जो समाज सीता-सावित्री और राधा की एक साथ पूजा करता है, उसकी पूजा में भी कितना पाखण्ड है। लोहिया ने यह सवाल उठाया था कि भारतीय नारी के आदर्श के रूप में सीता की बात ही क्यों हो, द्रौपदी की क्यों न हो! लोहिया प्रेम के विषय में गम्भीरता से सोचते थे। उसे व्यापक मानवीय आन्दोलन का हिस्सा बनाने की चिन्ता करते थे। उन्होंने व्यक्ति से लेकर समाज तक के पाखण्ड की आलोचना की।

आशुतोष कुमार : आपने आलोचना पर पाखण्ड के असर का जिक्र किया। हिन्दी आलोचना के शिखर-पुरुषों—रामचन्द्र शुक्ल और हजारी प्रसाद द्विवेदी—के प्रेम विषयक दृष्टिकोण का मूल्यांकन आप किस रूप में करना चाहेंगे?

मैनेजर पाण्डेय : मैं रामचन्द्र शुक्ल के योगदान को महत्त्वपूर्ण मानता हूँ। उन्होंने प्रेम की विशिष्टता को पहचानने की कोशिश की। जायसी ग्रन्थावली की भूमिका में, भ्रमरगीत सार की भूमिका में तथा 'लोभ और प्रीति' शीर्षक अपने निबन्ध में। एक तो उन्होंने प्रेम और रूपलोभ में अन्तर स्पष्ट किया। प्रेमी किसी एक की कामना करता है, जबकि लोभी हर एक पर लुब्ध हो जाता है। दूसरे, प्रेम में अनन्यता और एकनिष्ठता को वे मूल्यवान मानते हैं। तीसरे, वे सहचर्य जनित प्रेम को महत्त्व देते हैं। चौथी, सबसे महत्त्वपूर्ण बात यह कि वे प्रेम को नितान्त व्यक्तिगत स्तर पर रखकर ही नहीं देखते। उनका एक वाक्य देखिए—"दो हृदयों की यह अभिन्नता अखिल जीवन की एकता के अनुभव पथ का द्वार है।" वे प्रेम को आत्मबद्धता की जगह आत्मविस्तार का माध्यम समझते थे।

जहाँ तक द्विवेदी जी का प्रश्न है, उनका प्रेम सम्बन्धी दृष्टिकोण उनकी आलोचना से अधिक उनके उपन्यासों में प्रतिफलित हुआ है। इस सन्दर्भ में नामवर जी ने पुरुषार्थ का जो जिक्र किया है, वह पितृसत्तात्मक चिन्तन का उदाहरण है। इसमें स्त्री का विशिष्ट और मौलिक अर्थ कहीं नहीं है। द्विवेदी जी के यहाँ अत्यन्त तेजस्वी स्त्रियाँ मौजूद हैं। पुरुषार्थ के सिद्धान्त के अनुसार द्विवेदी जी की स्त्रियों को नहीं समझा जा सकता।

आशुतोष कुमार : सर, रामचन्द्र शुक्ल ने अनन्यता और एकनिष्ठता को मूल्यवान माना है। जब कि आपने अभी-अभी प्रेम में स्वतन्त्रता के महत्त्व पर काफी कुछ कहा है। क्या एकनिष्ठता और स्वतन्त्रता में कोई विरोध नहीं है।

मैनेजर पाण्डेय : निष्ठा और स्वतन्त्रता में कोई बैर नहीं है। दोनों एक दूसरे के लिए जरूरी हैं। कठिनाई तब होती है जब एकनिष्ठता का आग्रह स्वतन्त्रता के दमन का बहाना बन जाये।

देरिदा ने एक जगह प्रेम की तुलना में मित्रता की विशिष्टता बताते हुए कहा

है कि मित्रता में प्रेम के साथ दूसरे के सम्मान का भाव भी रहता है। इस अर्थ में मित्रता प्रेम का बेहतर ढंग है। सम्मान में दूसरे की स्वतन्त्रता का स्वीकार निहित है। मनुष्य की दो बुनियादी प्रवृत्तियाँ हैं—राग और द्वेष। राग अनुभव के स्तर पर आकर अनुराग बनता है। अनुराग मे जब सान्द्रता और सघनता आती है, एक 'इंटेसिटी' पैदा होती है, तब वह प्रेम बनता है।

मेरा अनुभव है कि भारत में मित्रता केवल विवाह के पहले तक रहती है। विवाह के बाद मित्रता गायब हो जाती है। परस्पर सम्मान का भाव गायब हो जाता है। पुरुष केवल पुरुष हो जाता है। एक दूसरे की स्वतन्त्रता का सम्मान किया जाये, एक दूसरे की भावनाओं का खयाल रखा जाये, तो मित्रता बनी रह सकती है। तभी एक दूसरे के प्रति निष्ठा भी बची रह सकती है।

आशुतोष कुमार : भारत में अगर विवाह के पहले मित्रता हो सकती है, तो विवाह के बाद भी क्यों नहीं बनी रह सकती?

मैनेजर पाण्डेय : शायद इसका कारण यह हो कि स्त्री हमारे आकर्षण का केन्द्र तो है, लेकिन हमारे सम्मान की पात्र नहीं। भारतीय समाज स्त्री का सम्मान करना नहीं सीख पाया है। इसलिए प्रेम पुरुष का विशेषाधिकार है, जबकि स्त्री के लिए अपराध। जिस समाज में स्त्री की अस्मिता नहीं, वहाँ प्रेम कैसे हो सकता है?

—

दोन किखोते : प्रौढ़ मनुष्यता की रचना

(महेश दर्पण और मैनेजर पाण्डेय के बीच बातचीत)

महेश दर्पण : मैनेजर पाण्डेय जी, सरवान्तीस का क्लासिक नॉवल दोन किखोते का पहला खण्ड सन् 1605 में प्रकाशित हुआ था। इस उपन्यास के प्रकाशन ने ऐसी हलचल पैदा कर दी कि छह महीने के भीतर यह आसपास के तमाम देशों में अपना डंका बजा चुका था। यहाँ तक कि पाठकों ने यह कहना शुरू किया कि इस उपन्यास का नाम बदलकर 'दोन किखोते और सेंको' रख देना चाहिए। यानी चरित्र के साथ न्याय होना चाहिए, शीर्षक में भी। जब एक उपन्यास से इस क़िस्म की माँग की ज़ाने लगती है तो जाहिर है वह उपन्यास अपने समय, समाज और साहित्य की प्रतिनिधि रचना के रूप में स्थान पाने का अधिकारी हो जाता है। आप इस उपन्यास के प्रकाशन को किस रूप में लेते हैं?

मैनेजर पाण्डेय : महेश जी, आपने ठीक ही कहा कि यह उपन्यास जब स्पैनिश में छपा तो एक तरह से साहित्य की दुनिया में हलचल पैदा हो गयी। केवल स्पैनिश में ही नहीं बल्कि यूरोप के विभिन्न देशों के साहित्यिक हलकों में एक तरह से हलचल पैदा हो गयी। उपन्यास, जैसा कि आपने कहा, उसका पहला खण्ड सन् 1605 में छपा।

इसकी लोकप्रियता का हाल यह था कि 1611-12 में ही इसका अंग्रेजी में अनुवाद छप गया और उसी क्रम में धीरे-धीरे यूरोप की विभिन्न भाषाओं में इसका अनुवाद छपा। आगे चलकर एक और इसके प्रकाशन से जुड़ी हुई महत्त्वपूर्ण घटना घटी। हुआ यह कि यह उपन्यास इतना लोकप्रिय हुआ कि बीच में उपन्यास और उपन्यासकार दोनों से ईर्ष्या करने वाले लोग निकल पड़े।

महेश दर्पण : जी हाँ!

मैनेजर पाण्डेय : तो, एक आदमी ने छद्म-नाम से 1614 में इस उपन्यास का दूसरा खण्ड अपने नाम से छपवाया। बहुत हंगामा मचा। इस प्रकाशन का जो असर सरवान्तीस पर पड़ा उसका ब्योरा उपन्यास के दूसरे खण्ड में, शुरु में ही भूमिका के तौर पर, सरवान्तीस ने दिया है। वह दूसरा खण्ड 1615 में छपा था। स्पेन में पहले

से आख्यात्मक उपन्यास लिखे जाते थे।

अगर आप हिन्दी-उर्दू की परम्परा को याद करें तो यहाँ अरबी, फ़ारसी से होते हुए दास्तानों की परम्परा थी, उसी तरह से स्पेन में परम्परा थी। इस उपन्यास की एक बड़ी विशेषता और उपलब्धि यह मानी जाती है कि इस उपन्यास के छपने के बाद, एक तरह से दास्तानों की परम्परा लगभग समाप्त हो गयी। क्योंकि उपन्यास के भीतर स्वयं दास्तानों पर या कह सकते हैं कि वह जो वीर-गाथात्मक रोमांस थे, उन पर गहरा व्यंग्य किया गया है। एक दूसरी बात इस क्रम में यह जरूर कहूँगा कि इस उपन्यास का पूरा नाम ध्यान में रखना ज़रूरी है। उपन्यास का पूरा नाम है *'प्रसिद्ध दोन किखोते का इतिहास और उनकी साहसी कथाएँ।'* इससे यह भी मालूम होता है कि वे वीर-गाथात्मक परम्परा को याद भी करते हैं पर उससे अलगाने के लिए इतिहास को भी सामने रखते हैं। असल मे स्पैनिश में इसका *उच्चारण दूसरी तरह होता है। हम लोग अंग्रेजी से परिचित होने के कारण उसको डॉन क्विग्ज़ोट कहते हैं लेकिन स्पैनिश में इसको दोन किखोते* कहा जाता है। बल्कि यह भी समझिए कि सारे यूरोप में बल्कि सारी दुनिया में भी इस उपन्यास की लोकप्रियता का एक असर यह है कि इसके पात्र मुहावरे की तरह सारी दुनिया में प्रचलित हैं।

महेश दर्पण : बिल्कुल सही बात है।

मैनेजर पाण्डेय : मतलब यह कि कोई आदमी अगर झूठ को सच समझता हो तो उसको कहा जाता है कि यह क्विगजॉटिक हैं। माने दोन किखोते की तरह का और उसी तरह से कोई आदमी अपने से किसी बड़े आदमी की हर अच्छी बुरी बात का समर्थन करता हो तो उसको कहा जाता है कि यह सेंकोपांजा है। यह इस उपन्यास का ऐतिहासिक महत्त्व है।

महेश दर्पण : डॉ. साहब, आपने बिल्कुल ठीक कहा। यह बात तो सही है कि दूसरा खण्ड प्रकाशित होने से पहले ही एक छद्म-नाम से इस उपन्यास का अगला खण्ड किसी ने प्रकाशित करा लिया था और उसको लेकर काफ़ी बवाल भी मचा लेकिन पहले खण्ड की जबरदस्त कामयाबी के बावजूद पूरे दस वर्ष बाद इसका दूसरा खण्ड लिखा गया। सरवान्तीस ने उसे लिखते समय अपने उन अनुभवों को भी सामने रखा जो एक छद्म संस्करण के आ जाने से उनके सामने आये। लेकिन यह बात देखनी होगी कि इस उपन्यास के प्रकाशन ने पूरे यूरोपीय उपन्यास साहित्य के इतिहास में एक ऐसी हलचल और ऐसे जरूरी संकेत देने शुरू कर दिये जिनसे उपन्यास लेखन में नये तरह के विकास की सम्भावनाओं ने जन्म लिया।

मैनेजर पाण्डेय : जी!

महेश दर्पण : यह कौन-सी सम्भावनाएँ थीं?

मैनेजर पाण्डेय : महेश जी, देखिए, पहली बात तो यह है कि इस उपन्यास ने

कथा को पुरानी रूढ़ियों से आजाद किया। आख्यान की परम्परा तो बहुत पुरानी है, दुनिया के हर हिस्से में। यूरोप मे भी थी। लेकिन पहली बार कथा को आजादी देने का काम और आजादी भी पुरानी रूढ़ियों, देवी-देवताओं, जादू-टोनों से मुक्त करने का काम इस उपन्यास ने किया। इसलिए इस उपन्यास ने एक तो कथा को एक नयी आजादी दी। इसके कारण उपन्यास के स्वरूप के विकास में बहुत फर्क आया। दूसरी बात अब यह हुई कि पहली बार उपन्यास के रूप में इतिहास कथा में प्रवेश करता है। इतिहास के साथ समाज प्रवेश करता है और समाज के साथ जन-जीवन प्रवेश करता है। इस उपन्यास की एक बड़ी विशेषता यह भी है कि इसमें यद्यपि कहा गया है कि प्रसिद्ध *दोन किखोते* की कथा कही जा रही है लेकिन स्पेन के जन-जीवन, विशेष रूप से किसानों के जीवन की कथा विस्तार से कही गयी है। सरवान्तीस स्वयं जीवन में गरीबी झेल चुके थे। इसलिए गरीबों के प्रति इस लेखक के मन में गहरी सहानुभूति है और एक लोकतान्त्रिक भावना भी है। आप यह भी समझिए कि यह विचित्र लगेगा कि यह जो दोन किखोते हैं वह एक तरह के बिगड़े हुए सामन्त हैं। लेकिन वह जिस स्त्री से प्रेम करता है वह एक किसान की बेटी है। इसलिए यह सभी प्रवृत्तियाँ उस उपन्यास से शुरू हुईं। इसलिए, यूरोप के जॉर्ज लुकाच जैसे बड़े आलोचकों ने ही नहीं बल्कि मिलान कुन्देरा जैसे रचनाकारों ने यह माना है कि इस उपन्यास से यूरोप के साहित्य में आधुनिकता का जन्म होता है। यही नहीं, बल्कि एक कदम आगे बढ़कर जॉर्ज लुकाच ने तो 'उपन्यास का सिद्धान्त' नाम के अपने ग्रन्थ में यह लिखा है कि यह उपन्यास प्रौढ़ मनुष्यता की रचना है। एक तरह से कह सकते हैं कि यूरोपीय सभ्यता के इतिहास में इस उपन्यास का गहरा हस्तक्षेप है। इससे यह भी देखें कि यूरोप के उपन्यास का इसके बाद रूप बदल गया। तीन तरह के उपन्यास इस उपन्यास के प्रभाव में लिखे जाने लगे। एक तो स्वयं, यथार्थ-परक उपन्यास, जिसमें जन-जीवन का चित्रण होता था। दूसरे, रोमांसपरक उपन्यास जिनमें भ्रम और यथार्थ का द्वन्द्व दिखाई देता हो।

महेश दर्पण : इल्यूज़न एण्ड रीयलिटी।

मैनेजर पाण्डेय : ऐसे उपन्यास लिखे जाने लगे तो इसलिए एक और बात उपन्यास के माध्यम से हुई। वह यह कि, असल में, एक आर्किटाइप या आद्यचरित्र के रूप में दोन किखोते आ गये। मतलब, जिसका अर्थ यह हो गया कि एक भोला लेकिन भला आदमी। इसका असर आपको दिखाई देगा कि दास्तोवस्की का प्रसिद्ध उपन्यास *ईडियट,* एक तरह से, इस उपन्यास से प्रेरणा लेकर लिखा गया था। इसलिए इस उपन्यास का यूरोप के साहित्य, विशेष रूप से उपन्यास-साहित्य के विकास पर बहुत गहरा असर है।

महेश दर्पण : डॉक्टर साहब, आपने इस बातचीत को *ईडियट* तक पहुँचाया और

यह स्वाभाविक भी था। लेकिन जिस तरह से *ईडियट* के अनुवाद सारी दुनिया में ख़ूब पढ़े गये, इस उपन्यास के अनुवाद भी पूरी दुनिया में हर भाषा में खूब पढ़े गये। हिन्दी में भी इसके कई अनुवाद हुए लेकिन अनुवादों के बारे में हर पाठक का अपना-अपना एक मन्तव्य होगा। आपने चूँकि इसे अंग्रेजी, हिन्दी और दूसरी भाषाओं में भी देखा होगा, मैं यह जानना चाहता हूँ कि अनुवादों के बारे में आप क्या कहते हैं?

मैनेजर पाण्डेय : देखिए, अनुवादों के बारे में कुछ ज्यादा कहने के बदले मैं इसी उपन्याास के अनुवादों के बारे में कहूँगा।

महेश दर्पण : जी हाँ, इसी उपन्यास के बारे में।

मैनेजर पाण्डेय : तो, मैंने जैसे पहले भी आपसे कहा था कि यूरोपीय भाषाओं में तो इसके एक से एक अच्छे अनुवाद हुए हैं लेकिन भारतीय भाषाओं में इस उपन्यास को अच्छे अनुवाद बहुत कम मिलते हैं। मुझसे बात हो रही थी तो स्वयं बंगाल के एक सज्जन ने, जो स्पैनिश के प्रोफेसर हैं, उन्होंने स्वीकार किया कि बांग्ला में इसके जो दो अनुवाद हुए हैं, वे खराब हैं। मैं हिन्दी अनुवादों की बात अगर आपसे कहूँ तो यह भी कहूँगा कि हिन्दी से पहले इस उपन्यास का अनुवाद उर्दू में हुआ था। उर्दू में 1870 के आसपास रतननाथ सरशार नाम के उर्दू के मशहूर उपन्यासकार ने इसका अनुवाद किया था। उन्होंने अपनी ओर से एक इसका नया नाम भी दिया था। उन्होंने *ख़ुदाई फ़ौजदार* नाम से इस उपन्यास का अनुवाद किया।

महेश दर्पण : तो कुछ ख़ुदाई खिदमतगार के अन्दाज से।

मैनेजर पाण्डेय : उसका स्वयं असर उनके अपने उपन्यास लेखन पर पड़ा, बल्कि उनका जो बहुत प्रसिद्ध उपन्यास है *फ़साना-ए-आज़ाद* जिसका प्रेमचन्द जी ने अनुवाद किया है, *आज़ाद-कथा* नाम से उस उपन्यास का सारा ढाँचा दोन किखोते से बना हुआ है। उसी से लिया गया है। दो चीजें तो आप उसमें देख ही सकते हैं। जैसे, दोन किखोते में दो प्रमुख पात्र हैं—एक तो दोन किखोते और दूसरा सांको, उसी तरह से आज़ाद-कथा के दो मुख्य पात्र हैं। एक तो स्वयं आज़ाद और दूसरे खोजी। जैसे दोन किखोते और सांको के माध्यम से सरवान्तीस का उपन्यास चलता है उसी तरह से आज़ाद और खोजी के माध्यम से रतननाथ सरशार का उपन्यास *फ़साना-ए-आज़ाद* चलता है। हिन्दी में इस उपन्यास के अब तक मेरी जानकारी में तीन-चार अनुवाद हुए हैं। उसमें सबसे पहला अनुवाद 1926 में हुआ था, लखनऊ से; गंगा पुस्तक माला के अन्तर्गत। उस किताब का नाम था *विचित्र वीर।* उसके बाद, मेरी जानकारी में दूसरा अनुवाद हुआ 1958 में, जो दिल्ली से ही कहीं से छपा है। उसका नाम है *तीसमार खाँ।* तीसरा अनुवाद एक और हुआ 1959 में। उसका नाम है *दोन किखोते की विचित्र कथाएँ।* एक और महत्त्वपूर्ण अनुवाद 1964 में साहित्य अकादेमी से छपा छविनाथ पाण्डेय का, *दोन*

किखोते नाम से। इन सारे अनुवादों के बारे में एक बात मैं यह कहूँगा कि ये सारे आधे-अधूरे अनुवाद हैं। असल में मूल उपन्यास, अगर हम देखें तो, वह दो खण्डों में है। जैसा कि पहले हम लोग बात कर चुके हैं कि पहला खण्ड 1605 में छपा और दूसरा 1615 में।

महेश दर्पण : जी!

मैनेजर पाण्डेय : हिन्दी में जितने अनुवाद हुए हैं वह पहले खण्ड के ही अनुवाद हैं। दूसरी बात यह भी ध्यान में रखने की है कि पहले खण्ड का भी सम्पूर्ण अनुवाद कोई नहीं है। क्योंकि यह उपन्यास अंग्रेजी अनुवाद में लगभग दोनों खण्ड मिलाकर 1100 पृष्ठों का है। हिन्दी में कोई 150 पेज, कोई 300 पेज जो सबसे अधिक है, वह 400-500 पेज के आसपास है। इसीलिए मैंने कहा कि हिन्दी में जो इस उपन्यास, *दोन किखोते* के अनुवाद हुए हैं वो उपन्यास की गम्भीरता, उसकी महानता और उसकी कला के साथ न्याय नहीं करते।

महेश दर्पण : यह सही है डॉक्टर साहब। इस उपन्यास के अनुवादों के बारे में तो हम जितनी भी आलोचना करें, वह सही होगी लेकिन इस उपन्यास की खूबी यह है कि यह जीवन की हर अवस्था से आदमी को परिचित कराता है।

मैनेजर पाण्डेय : हाँ।

महेश दर्पण : कहानी में क़िस्सागोई ऐसी रवानगी से बराबर बनी रहती है कि हम हैरान होकर उसे पढ़ते चले जाते हैं। यह बात अलग है कि पढ़ लेने के बाद हम हैरान हो जाते हैं कि इतने सारे पात्र, इतने सारे किस्से लिए हुए कहानियाँ कैसे साधी गयी होंगी! जिसे पढ़कर पाठक खुद बावला हो जाता है। यह जीवन की स्थितियों से सामना करने की कला सिखाने वाले इस रचनाकार की जीवन-दृष्टि ही रही होगी, उसके बारे में आप क्या सोचते हैं?

मैनेजर पाण्डेय : देखिए, एक तो आपने इस उपन्यास की भीतरी बनावट की जो चर्चा की है, वह बहुत अच्छी है। मैं व्यक्तिगत रूप से इस उपन्यास की तुलना के लिए केवल भारतीय प्रसंग में एक ही रचना *याद कर सकता हूँ और वह है महाभारत।*

महेश दर्पण : जी।

मैनेजर पाण्डेय : *महाभारत* की तरह इस उपन्यास में विषय, संरचना और कथाओं की विविधता है। यहाँ से वहाँ तक जिन्दगी की समस्याओं का जो द्वन्द्व है, वह जैसे महाभारत में अनेक मोड़ लेता दिखाई देता है। *महाभारत* का कोई पात्र ऐसा नहीं है जिसकी खबर न ली हो व्यास ने। सबकी आलोचना कहीं-न-कहीं है। उसी तरह से *दोन किखोते में* दोन किखोते के साथ सहानुभूति होते हुए भी उसकी कमजोरियों का भी और उसी के साथ सांको की कमजोरियों का भी गहरा, एक तरह

से मार्मिक रूप सामने रखा है सरवान्तीस ने। एक और बात आप देखेंगे कि यह तय करना मुश्किल हो जाता है कि यह कॉमिक कथा है या ट्रेजिक कथा है।

महेश दर्पण : या कॉमी-ट्रेजिक है?

मैनेजर पाण्डेय : हाँ, क्योंकि असल में एक ही प्रसंग में गहरा व्यंग्य, गहरा विनोद और साथ ही सुख-दुःख के मिले-जुले भाव का बोध यह उपन्यास कराता है। असल में एक और बात आपसे कहूँ कि सरवान्तीस शेक्सपीयर के समकालीन थे। ऐसा माना जाता है कि लगभग एक ही समय दोनों की मृत्यु हुई थी।

महेश दर्पण : हाँ, 23 अप्रैल को मरे थे।

मैनेजर पाण्डेय : मैं यह कहूँगा कि जैसे शेक्सपीयर के बारे में यह माना जाता है कि उनकी रचनाओं में उनका कौन-सा जीवन-दर्शन है, यह बताना मुश्किल काम है। उसी तरह से सरवान्तीस के *दोन किखोते* में सरवान्तीस की जीवन-दृष्टि क्या है, यह बताना मुश्किल है। असल में, उसका एक कारण है। शेक्सपीयर या सरवान्तीस की तरह के रचनाकार, जीवन जैसा जिया जाता है, उसको उसी रूप में व्यक्त कर देते हैं। उसकी एक विशेषता यह है कि किसी दर्शन के सहारे नहीं जिया जाता, बल्कि जिये गये जीवन में से दर्शन निकलता हो तो समझ में आता है। लेकिन जीवन दर्शन का अनुगमन नहीं करता।

महेश दर्पण : बहुत सही कहा डॉक्टर साहब आपने। मुझे तो यह लगता है कि जिस तरह से व्यक्ति एक खुला जीवन जीता है उस तरह से यह खुली रचनाधर्मिता के रचनाकार हैं।

मैनेजर पाण्डेय : एकदम।

महेश दर्पण : और विनोदप्रियता की बात आपने की, कि कॉमिक है कि ट्रेजिक है। मुझे तो यह लगा कि *दोन किखोते* में ज्यादा आत्म-करुणा, आत्म-दया है या सेंको में, यह बताना मुश्किल है। बल्कि सेंको तो रह-रहकर बीच में अपने स्वामी की गलतियाँ, कमजोरियाँ दिखाता है। मुझे लगता है कि इस उपन्यास के पाठ को पढ़ने की सही दिशा तो सेंको निर्धारित करता है। वही हमारे बारे में, हमारे जीवन के बारे में, हमारे समाज के बारे में, रचना से मिलने वाली शिक्षा के बारे में जो निर्देश करता चलता है, उनके सहारे पाठक एक सही अन्त तक पहुँच सकता है।

मैनेजर पाण्डेय : हाँ।

महेश दर्पण : इस उपन्यास को पढ़ते हुए आपने तो रतननाथ सरशार साहब का जिक्र ही किया और सचमुच सही बात है, ऐतिहासिक सच है कि पहला अनुवाद उन्होंने किया। उसके बाद के अनुवादों का आपने जिक्र किया। लेकिन जिस तरह से आपने हिन्दी और उर्दू उपन्यासों में किस्सागोई की परम्परा, पुरानी दास्तानों की परम्परा की बात की है, उसमें क्या इस उपन्यास का, अगर हम इसे उपन्यास कहें

तो यह भी अपने आप में एक विवाद का विषय है कि यह सचमुच यूरोपीय उपन्यास की परिभाषाओं में बँधने वाली रचना है कि नहीं और अगर इसका असर भारतीय रचना पर पड़ा है, खासकर हिन्दी और उर्दू पर, इस बारे में आप कुछ प्रकाश डालें!

मैनेजर पाण्डेय : देखिए, जो रचनाएँ नयी विधाओं को जन्म देती हैं उनके रूप के बारे में हमेशा विवाद और सन्देह बना रहता है। इसीलिए इसके बारे में भी यह बहस होती रही है कि इसको उपन्यास कहा जाये कि नहीं। लेकिन यह मैं जरूर कहूँगा कि बिना किसी दुविधा के यूरोप के और पूरे दक्षिण अमेरिका के अधिकांश बड़े रचनाकार और आलोचक इसको अपना, अपने साहित्य के प्रसंग में, पहला उपन्यास मानते हैं। जिन्दगी को जिस तरह से इस उपन्यास में उपस्थित किया गया है, वह अद्भुत है। आपने ठीक कहा कि, उपन्यास पढ़ने की राह बताता है सेंको। यही नहीं बल्कि सेंको तो स्वयं दोन किखोते को भी राह बताता है।

महेश दर्पण : जी हाँ।

मैनेजर पाण्डेय : और इसीलिए वह हमारे लिए मार्गदर्शक की तरह है जैसे कि दोन किखोते के लिए। इस उपन्यास का असल में दो स्तरों पर, बिना जाने भी सारी दुनिया पर असर पड़ता है। एक तो, साहित्य की जिन्दगी से नज़दीकी और दूसरे समाज में जो विडम्बनापूर्ण स्थितियाँ हैं उनको कथा में डालने की कला। इन दो को, आप देखेंगे इस उपन्यास ने साधा है। असल में दुनिया में कुछ ही रचनाएँ होती हैं जो साहित्य की संस्कृति का निर्माण करती हैं। वह सीधे किसी रचना को भले ही प्रभावित न करती हों पर रचना को बनाने वाली जो सांस्कृतिक स्थितियाँ हैं उनका निर्माण करती हैं। इसीलिए हिन्दी में ऐसे अनेक लेखक मिल जाएँगे जिन पर इसका असर है। सरशार के उपन्यास का प्रेमचन्द ने स्वयं अनुवाद किया। वह अनुवाद अद्भुत है। उन्होंने उसका नाम रखा है *आज़ाद-कथा*।

महेश दर्पण : जी।

मैनेजर पाण्डेय : तो आप देखेंगे कि प्रेमचन्द की स्वयं तथा कहने की कला में जो रवानी है और स्थितियों के वर्णन में जो एक तरह की आकर्षण-शक्ति है वह *आज़ाद-कथा* से बहुत कुछ प्रभावित लगती है। उसी तरह से कोई यह कल्पना कर सकता है कि ज्ञानरंजन की कहानी 'घण्टा' किस तरह से सेंको को अपने में समेटती दिखाई देती है।

महेश दर्पण : क्या बात है!

मैनेजर पाण्डेय : तो इसलिए, जैसा मैंने आपसे कहा था कि साहित्य की एक आधुनिक संस्कृति, नयी संस्कृति का निर्माण करने वाली यह रचना *दोन किखोते* दुनिया भर के साहित्य की रचनाशीलता को प्रभावित करने वाली है। मैं तो यही कहूँगा।

महेश दर्पण : बहुत सही कहा डॉक्टर साहब आपने। मुझे तो यह लगता है कि स्पैनिश के पहले उपन्यास पर बात करते हुए आज हमने इतनी लम्बी रचना-यात्रा के बारे में बात की। अपने साहित्य पर उसके प्रभावों को देखा और इस पर तो कितने ही घण्टों हम लोग बात कर सकते हैं।

मैनेजर पाण्डेय : एकदम।

महेश दर्पण : क्योंकि इस उपन्यास में देखिए पात्रों की विविधता, उनके ज़रिये आने वाले जीवन की विविधता इतनी गहराई से मौजूद है कि उसके बारे में तो कई-कई दिनों तक बातचीत की जा सकती है। लेकिन, आज जिस परिणाम पर हम पहुँचे कि इसने भारतीय साहित्य को भी प्रभावित किया, यूरोप के उपन्यास-साहित्य को प्रभावित किया और बल्कि नये तरह के रचनाकर्म की शुरुआत करायी, आधुनिक उपन्यासों के इससे बीजसूत्र बँधे।

रामचरितमानस इतना लोकप्रिय क्यों

(रमण सिन्हा और मैनेजर पाण्डेय के बीच बातचीत)

रमण सिन्हा : भारत में रामायण-लेखन की एक लम्बी परम्परा रही है; यहाँ शायद ही ऐसा कोई समुदाय हो जिसके पास अपना रामायण न हो लेकिन अवधी के रामचरितमानस को जो लोकप्रियता मिली वह किसी अन्य रामकथा को नसीब न हुई। आप इसका क्या कारण मानते हैं?

मैनेजर पाण्डेय : यह सही है कि भारत में राम-कथा अनेक रूपों में मौजूद रही है तुलसी के पहले, लेकिन किसी को वह लोकप्रियता नहीं मिली जो रामचरितमानस को मिली। तो एक कारण जो मेरी समझ में आ रहा है वह यह कि उत्तर-भारत में तुलसी-पूर्व की अधिकांश रामकथाएँ संस्कृत में लिखी गयी थीं और संस्कृत अनेक लोगों के दावों के बावजूद कभी लोकभाषा नहीं रही। संस्कृत और लोक के बीच हमेशा पण्डितों की मध्यस्थता रही और इस मध्यस्थता का लाभ भी पण्डितों ने उठाया। संस्कृत में मौजूद ज्ञान हो या सहित्य हो, उसको दुर्लभ बनाए रखना पंडितों की अपनी मनोवृत्ति का हिस्सा.था और जनता चूँकि उसे सीधे न पढ़ सकती थी न पहचान सकती थी इसलिए उसके लोकप्रिय होने का सवाल ही नहीं था। संस्कृत में मौजूद जो रामकथाएँ हैं उनकी अलोकप्रियता का बुनियादी कारण तो उसकी भाषा है। दूसरी बात कि तुलसीदास ने एक लोकभाषा में कविता लिखी और उस लोकभाषा में कविता करते हुए उन्होंने लोक और शास्त्र को जिस प्रकार जोड़ा उसी तरह संस्कृत और लोकभाषा को भी आपस में जोड़ा। देखिए आप भी महसूस करते होंगे और मैं भी करता हूँ कि बोलियों में जो एक स्वभाव की बोलियाँ हैं उनके भीतर सम्प्रेषणीयता की अपार क्षमता है। इसका एक प्रमाण यह है कि ब्रजभाषा को ठीक से न जाननेवाला भोज़पुरी भाषी भी सूरदास को समझता है, राजस्थानी न जानने के बावजूद मीराबाई की कविता को समझता है। उसी प्रकार एक ब्रजभाषी सामान्य आदमी भी, जब मैं सामान्य आदमी कहता हूँ तो इसका मतलब पढ़े-लिखे ज्ञानी से नहीं है बल्कि सामान्य अनपढ़ भी कबीर को समझता है। क्या कारण है इसका? ये सभी कवि सूरदास, तुलसीदास, कबीरदास, विद्यापति, मीराबाई अपनी-अपनी मातृभाषा में

कविता करते रहे हैं। इन बोलियों के बीच एक तरह की अद्भुत संवादधर्मिता है—अभी इसका अलग से विवेचन होना बाकी है। क्या कारण है कि गाँव का एक अनपढ़ आदमी खड़ी बोली से तो दूरी महसूस करता है; अगर आप गाँव में खड़ी बोली धारा-प्रवाह बोलें तो वे कहेंगे कि ये अंग्रेजी बोल रहे हैं, लेकिन अगर आप ब्रजभाषा बोलें तो वे नही बोलेंगे कि ये अंग्रेजी बोल रहे हैं। मेरा मतलब यह है कि लोक-बोलियों के बीच जो सहज संवादधर्मिता और सम्प्रेषणीयता है उसके कारण रामचरितमानस अधिक लोकप्रिय हुआ। तीसरे स्तर पर मानस की जो रचनाशीलता है, उसकी जो कला है उसमें स्वयं संवादधर्मिता का गुण बहुत है। आप देखेंगे कि सम्पूर्ण रामचरितमानस संवाद के रूप में लिखा काव्य है—शिव का पार्वती के साथ, याज्ञवल्क्य का भारद्वाज के साथ, काकभुशुंडि का गरुण के साथ संवाद। यह जो रचना के स्तर पर संवादधर्मिता है उसने रचना को लोकप्रिय बनाने में एक अहम् भूमिका निभायी। एक स्तर पर रामचरितमानस धीरे-धीरे एक धार्मिक काव्य बन गया और धार्मिक काव्य बनने के कारण धर्म में आस्था रखने वाले लोगों के लिए आकर्षण का विषय बना जिस कारण उसकी लोकप्रियता बढ़ी। उससे भी आगे काव्य के स्तर पर ही अगर ध्यान दें तो मालूम होगा कि रामचरितमानस एक संयुक्त परिवार की कथा है और यह जो उत्तर-भारत का समाज है वह संयुक्त परिवारों का समाज रहा है। संयुक्त परिवार के संकट, उसकी समस्याएँ, उसके द्वन्द्व, उसकी दुविधाएँ—उन सबकी अभिव्यक्ति किसी न किसी रूप में लोग रामचरित मानस में देखते हैं। इसलिए आम आदमी जीवन के विभिन्न प्रसंगों में मानस की चौपाइयों एवं दोहों को जितना याद करता है, विशेषकर संकट की घड़ी में, उतना शायद ही किसी रचना को कोई याद करता हो। यही नहीं बल्कि मानस को लोग पढ़ते नहीं, बहुत दूर तक जीते हैं। मुझे लगता है कि दुनिया में महत्त्वपूर्ण काव्य वही होता है जो जीवन में संकट के समय याद आये और काम आये। इस कसौटी पर रामचरितमानस अत्यन्त उपयोगी साबित होता है। दूसरी बात दुनिया में कम काव्य ऐसे होंगे जो अपने पाठकों/श्रोताओं को कवि बनायें। रामचरितमानस उन रचनाओं में है जो अपने पाठकों/श्रोताओं को कवि बनाता है। आप गाँव के लोगों को देखें तो होगा यह कि अनपढ़ आदमी को आधी चौपाई याद है और वह आधी चौपाई अपनी ओर से गढ़कर पूरा कर रहा है। इसी अर्थ में मैं कह रहा हूँ कि इस प्रकार की काव्य क्षमता हिन्दी में और सम्पूर्ण भारतीय कविता में, मैं विश्व-कविता की बात नहीं कर सकता, सिर्फ दो कवियों के पास है—एक तुलसीदास के पास और दूसरे कबीरदास के पास। इस प्रकार कई कारण हैं रामचरितमानस की लोकप्रियता के।

रमण सिन्हा : हमारे यहाँ मौखिक परम्परा रही है; तथाकथित 'साक्षरता' का प्रतिशत तो अब भी बहुत कम है, जाहिर है तब और भी कम रहा होगा। इस स्थिति

ने मानस की लोकप्रियता को किस रूप में प्रभावित किया?

मैनेजर पाण्डेय : यह महत्त्वपूर्ण प्रश्न है और महत्त्वपूर्ण प्रसंग भी। देखिए हमारे यहाँ बहुत पहले से मौखिक परम्परा चली आ रही है। राम-काव्य और कृष्ण-काव्य के साथ कवियों को एक सुविधा रही है कि वे जिस कथा को अपनी कविता में रच रहे हैं उस कथा के बारे में उनको मालूम है कि जनता पहले से जानती है। इसलिए तुलसीदास और सूरदास को राम या कृष्ण की पूरी कथा कहने की कभी जरूरत नहीं हुई। आप स्वयं देखेंगे कि राम-कथा की जो परम्परा वाल्मीकि वाली है उसमें से बहुत सारी चीजें तुलसीदास ने छोड़ दी। छोड़ने की और कई वजहें हैं जिस पर बाद में बातें होंगी लेकिन तुलसीदास को यह नहीं लगा कि हम इन प्रसंगों को छोड़ देंगे तो पाठ को समझने में कहीं से भी कोई परेशानी होगी। वह मानकर चलते हैं कि पाठक को रामकथा मालूम है। ऐसे में रचनाकार को कथा अपने ढंग से रचने की सुविधा प्राप्त हुई। अब चूँकि लोक में वह प्रचलित है और तुलसीदास उसको विशेष रूप से ग्राह्य बनाते हैं, तो इसलिए वह जनता की चेतना में फिर से घोषित होती है, दुबारा उसकी पुष्टि होती है जो पहले से ही पाठक की चेतना में मौजूद है। आप देखेंगे कि लोगों ने अपने स्तर पर रामचरितमानस को मौखिक परम्परा में ढाल लिया है। मानस उस तरह का काव्य नहीं है जैसा कि कबीर का काव्य है। कबीर का काव्य मौखिक परम्परा से पैदा होकर लिखित परम्परा में आया है जबकि तुलसी का काव्य लिखित परम्परा में जन्म लेकर मौखिक परम्परा का हिस्सा बन गया। यह बहुत अद्भुत बात है। यह सही है कि हमारे यहाँ की मौखिक परम्परा ने रामचरितमानस को लोकप्रिय बनाने में बड़ी मदद की और यह इसी का नतीजा है कि लोक-जीवन में, अलग-अलग बोलियों में, जो अवधी के अलावा अन्य बोलियाँ हैं—ब्रजभाषा, भोजपुरी आदि में 'मानस' के आधार पर या उससे प्रेरणा लेकर लोगों ने अपने ढंग से सामान्य जीवन के व्यावहारिक उत्सवों, तीज-त्यौहारों मे राम-कथा के गीत लिखे हैं। विन्ध्यवासिनी देवी ने लोक-रामायण का संग्रह किया है। विशेषकर भोजपुरी क्षेत्र में प्रचलित लोक-गीतों में राम कथा जिस रूप में है, उसे संगृहीत किया है। इसको देखकर पता चलता है कि लोक-गीतों की यह परम्परा रामचरित मानस से प्रभावित एवं विकसित हुई है। इसलिए यह तो तय है कि 'मानस' को लोकप्रिय बनाने में मौखिक परम्परा का भी एक निश्चित योगदान है।

रमण सिन्हा : मौखिक परम्परा में मौलिकता की एक अलग अवधारणा है : यहाँ मौलिकता का अर्थ सर्वथा नवीन सृजन नहीं है बल्कि परम्परासिद्ध तत्त्वों का पुनर्संयोजन है—मालकौंस में वही सात स्वर होंगे जिसका आरोह-अवरोह निश्चित है लेकिन बड़े गुलाम अली खाँ राग मालकौंस गाते समय इसका जो पुनर्संयोजन करेंगे वह राशिद खाँ के पुनर्संयोजन से अलग होगा। इसी प्रकार राम-कथा के कुछ

मुख्य सूत्र हैं जो सभी आख्यानों में समान हैं लेकिन वाल्मीकि इन सूत्रों का पुनर्संयोजन अलग ढंग से करते हैं तो तुलसी, केशव, कम्ब, रंगनाथ अलग ढंग से।

मैनेजर पाण्डेय : आपका यह कहना सही है लेकिन मैं इसमें सिर्फ इतना और जोड़ना चाहूँगा कि यह सिर्फ हमारे यहाँ नहीं बल्कि हर कहीं होता है। अभी मैं 'नैरेटिव' पर एक संग्रह देख रहा था। नैरेटिव की सारी थ्योरी इधर पचासेक साल में ही विकसित हुई है लेकिन वे इसका आरम्भ प्लेटो से करेंगे। इसी प्रकार देरिदा चाहे बात आज की ही क्यों न कर रहे हों वे उसकी शुरुआत प्लेटो से करेंगे। इसलिए दुनिया भर के ज्ञान की विकास परम्परा है उसमें नितान्त मौलिक होना लगभग असम्भव है। टी.एस. इलियट ने कहीं लिखा है कि "absolute originality is absurdity". और साहित्य के प्रसंग में तो निश्चय ही सभी परम्परा से उसी तरह ग्रहण करते हैं उसमें कुछ जोड़ते हैं, कुछ छोड़ते हैं और फिर नया बनाते हैं। राम-कथा और कृष्ण-कथा यानी रामायण और महाभारत निश्चय ही उत्तर-आधुनिक पद का प्रयोग करें तो foundation text एक आधारभूत पाठ है। भक्तिकाल के दौरान अनेक बड़े कवि एक स्तर पर अनुवादक लगेंगे चाहे वह कम्बन हों या सरलादास हों या हमारे सूरदास, तुलसीदास हों। सोलहवीं सदी में तो अधिकांश भारतीय भाषाओं में 'श्रीमद्भागवत' के अनुवाद हुए। लेकिन वे उसी प्रकार के अनुवाद नहीं हैं जिसे सीमित अर्थ में अनुवाद कहा जाता है बल्कि वे मौलिक रचनाएँ हैं, आधार सिर्फ उनका पुराना है। इसका एक और कारण रहा होगा शायद। भारतीय परम्परा में लिखित की परम्परा बहुत पुरानी नहीं है। दुनिया के सांस्कृतिक इतिहास की पृष्ठभूमि में देखें? भारत में साहित्य की तो पुरानी परम्परा मिलती है लेकिन लिखित साहित्य की परम्परा ज्यादा पुरानी नहीं मिलती। जो लिखित मिला है वह आज तक पढ़ा नहीं गया, सारे दावों के बावजूद, लेकिन उसके बाद एक लम्बी अवधि तक लिखित कुछ नहीं मिलता...

रमण सिन्हा : वैदिक साहित्य तो मौखिक परम्परा का ही हिस्सा है?

मैनेजर पाण्डेय : इसीलिए उसका प्रसिद्ध नाम श्रुति है। भारत में कविता की या साहित्य की परम्परा ही श्रुति और स्मृति के परस्पर सम्बन्ध से विकसित परम्परा है। जाहिर है कि वह परम्परा बाद के दिनों में दो स्तर पर बनी। मसलन मान लीजिए संस्कृति के विकास के इतिहास को इस प्रसंग में देखें तो मुझे तीन क्रान्तिकारी महत्त्व की स्थितियाँ दिखाई पड़ती हैं : एक, वह जब श्रुति और स्मृति की अवस्था थी, दूसरी, वह जब साहित्य लिखा जाने लगा। तब सीमित अर्थ में लेखक और पाठक पैदा हुए और तीसरी स्थिति मुद्रण और प्रकाशन की है। अब आप देखेंगे कि आगे की अवस्था जब आती है तो पीछे की अवस्था पूरी तरह गायब नहीं हो जाती बल्कि वह भी साथ-साथ चलती है। यह सम्भव है कि वह मुख्यधारा बनकर न चले, वह हाशिये

पर जीवित रहे। लेकिन जीवित वह रहती है और वह आमतौर पर लोक-जीवन में जीवित रहती है क्योंकि लोक इतनी जल्दी मुख्यधारा का हिस्सा नहीं बनता। आज हम तीसरी अवस्था को भी पार कर रहे हैं यानी मुद्रण-प्रकाशन की अवस्था से आगे जा रहे हैं, लेकिन अगर आप गाँव में जाएँ तो वहाँ पहली अवस्था में लोग मिल जाएँगे, क्योंकि लोक-साहित्य आज भी श्रुति-स्मृति के बीच ही जीवित है। इसलिए भारत में श्रुति-स्मृति की ज्ञान की जो परम्परा रही है, रामचरितमानस को लोकप्रिय बनाने में उसका महत्त्व है। तुलसीदास एक तरह से इसका बोध भी रखते थे इसीलिए वह बार-बार दुहराते हैं कि मैं जो राम-कथा कह रहा हूँ वह एकमात्र राम-कथा नहीं है, यह आखिरी राम-कथा भी नहीं है। इसीलिए वह बार-बार कहते हैं–"हरि अनन्त हरि-कथा अनन्ता"; फिर वह कहते हैं कि मैं जो राम-कथा कह रहा हूँ उसे इतने लोग पहले कह चुके हैं। इससे यह अर्थ भी निकलता होगा या निकलना चाहिए कि मेरे बाद भी यह कथा लोग कहते रहेंगे।

रमण सिन्हा : हम लोग जब किसी ग्रन्थ की लोकप्रियता का समाजशास्त्रीय कारण जानना चाहते हैं तो अमूमन पश्चिम में विकसित साहित्य के समाजशास्त्र की शरण में जाते हैं जो स्पष्टतः मुद्रित और प्रकाशित साहित्य का समाजशास्त्र है। क्या भारत जैसे मौखिक परम्परा वाले देश में रामचरितमानस जैसी कृति, जो कालान्तर में एक धार्मिक ग्रन्थ का दर्जा हासिल कर लेती है, के सहारे रचना की लोकप्रियता का एक भिन्न, अपश्चिमी समाजशास्त्र विकसित किया जा सकता है?

मैनेजर पाण्डेय : हमें अनेक बातों पर ध्यान देना होगा। एक तो जैसा आपने कहा कि एक साहित्यिक कृति धार्मिक रचना बन गयी। यह अलग से विचारणीय विषय है। मैं यह कहूँगा कि साहित्यिक कृति बाद में बनी, पहले वह एक धार्मिक रचना ही थी।

रमण सिन्हा : साहित्यिक ग्रन्थ तो रामचन्द्र शुक्ल ने बनाया?

मैनेजर पाण्डेय : हाँ, इसका श्रेय आचार्य शुक्ल को है कि उन्होंने इसे एक साहित्यिक कृति के रूप में देखा और उसकी विस्तार से व्याख्या की और उसके आधार पर एक साहित्य-शास्त्र निर्मित करने की कोशिश की। मैं नहीं जानता कि इसके पहले रामचरितमानस के पठन-पाठन की क्या प्रक्रिया थी लेकिन शुक्ल जी के प्रयत्न के बाद ही रामचरितमानस पाठ्यक्रमों में भी शामिल होने लगा अन्यथा वह कथावाचकों, व्यासों, टीकाकारों और लोकजीवन में विभिन्न रूपों में मौजूद था।

रमण सिन्हा : पाठ्यक्रम में रामचरितमानस को तो अंग्रेजों ने भी शामिल किया था?

मैनेजर पाण्डेय : हाँ, उन्होंने भी किया लेकिन उनके अपने कारण थे। अंग्रेजों के पास उनकी एक अपनी लम्बी परम्परा थी बाइबिल को साहित्यिक कृति के रूप

में देखने की; इसलिए यह जानते हुए भी कि रामचरितमानस का एक धार्मिक ग्रन्थ के रूप में उपयोग होता है, उसके साहित्यिक मूल्य को ग्रियर्सन जैसे लोगों ने समझने की कोशिश की। लेकिन हम लोग जो बात कर रहे थे रामचरितमानस की लोकप्रियता की; स्वयं आपने इस पर अनेक दृष्टियों से काम किया है...असल में लोकप्रियता रचनाएँ अर्जित करती हैं पर साथ ही लोकप्रियता गढ़ी और बनायी भी जाती है। 'मानस' के प्रसंग में दोनों बातें हुईं। रामचरितमानस ने लोकप्रियता अर्जित की, लेकिन धार्मिक ग्रन्थ बनने के बाद उसको लोकप्रिय बनाने के प्रयत्न भी हुए। रामचरितमानस की लोकप्रियता के समाजशास्त्र पर विचार करते समय इसको लोकप्रिय बनाने के जो प्रयत्न हुए, उन पर ध्यान दिया जाना चाहिए और आपने अपने लेख में ऐसी बहुत चीजों का उल्लेख किया है। उदाहरण के लिए हमेशा से लोकप्रियता का एक स्रोत संरक्षण रहा है और आपने स्वयं उदाहरण दिया है कि किस तरह धीरे-धीरे हिन्दू राजघरानों ने रामचरितमानस को संरक्षण प्रदान किया और उस प्रक्रिया में भी उसकी लोकप्रियता बनी। दूसरे स्तर पर आपने स्वयं इसका अध्ययन किया है और यह सही है कि व्यासों और कथा वाचकों ने भी इसे लोकप्रिय बनाने का काम किया। तीसरे स्तर पर आपने बहुत विस्तार से इसका उल्लेख किया है और यह बहुत महत्त्वपूर्ण प्रसंग है जिस पर और काम होना चाहिए कि गीता प्रेस, गोरखपुर ने किस प्रकार प्रकाशन के माध्यम से उसे लोकप्रिय बनाने का काम किया। गीता प्रेस ने अनेक तरह के सस्ते और महँगे संस्करण छापकर और दूर-दूर तक पहुँचाकर रामचरितमानस को लोकप्रिय बनाने का काम किया। तो इसलिए मानस की लोकप्रियता को बढ़ाने के अनेक प्रयत्न एवं पक्ष हैं जिन पर विचार किया जाना चाहिए। रही बात रामचरितमानस की लोकप्रियता के सहारे लोकप्रियता के समाजशास्त्र की सामान्य दिशाएँ खोजने की तो मुझे लगता है कि मानस असल में एक स्तर पर धार्मिक ग्रन्थ माना जाता है और दूसरे स्तर पर एक साहित्यिक कृति भी मानी जाती है इसलिए इसकी स्थिति थोड़ी अलग-सी है। इसकी लोकप्रियता पर विचार करते समय साहित्यिक कृति की लोकप्रियता और धार्मिक ग्रन्थ की लोकप्रियता इन दोनों क्षेत्रों/स्थितियों पर ध्यान रखना बहुत जरूरी है। केवल एक के बारे में बात करके रामचरितमानस की लोकप्रियता को समग्रता में समझना सम्भव नहीं है। इस प्रक्रिया में यह भी याद रखना होगा, जिस पर हम लोग पहले बात कर चुके हैं कि जो चीजें पहले से लोक-परम्परा में मौजूद हैं वह कैसे इसे लोकप्रिय बनने में मददगार साबित हुईं। यह संयोग की बात है कि ऐसी सारी स्थितियाँ जो किसी एक रचना के साथ मुश्किल से घटित होती हैं वह मानस प्रसंग में सम्मिलित रूप से दिखाई देती हैं। हम बाइबिल का उदाहरण दे सकते हैं। लेकिन अनेक अर्थों में रामचरितमानस बाइबिल से भिन्न भी है; बाइबिल की सारी साहित्यिक व्याख्या के

बावजूद यह उस तरह की साहित्यिक रचना नहीं है जैसी कि रामचरितमानस है। इसलिए जाहिर है कि साहित्य के समाजशास्त्र के सामने या आप कह सकते हैं कि लोकप्रियता के समाजशास्त्र के निर्माण के सामने रामचरितमानस की लोकप्रियता कई तरह के सवाल खड़ा करती है। अभी हम एक प्रसंग को तो भूल ही गये थे, मुझे याद पड़ रहा है कि आपने अपने लेख में उसकी भी विस्तार से चर्चा की है कि जन-जीवन में रामलीला के माध्यम से रामचरितमानस की प्रस्तुति की जो लम्बी परम्परा है उसने 'मानस' को लोकप्रिय बनाने में कितनी महत्त्वपूर्ण भूमिका निभायी। अब यह बात बाइबिल या विश्व के किसी ग्रन्थ के साथ नहीं है। यह केवल रामचरितमानस के साथ है। आप यह कह सकते हैं कि रास-लीला केवल सूरदास के पदों पर टिकी हुई नहीं है; उस रास-लीला में जयदेव के गीत-गोविन्द से लेकर श्रीमद्भागवत से होते हुए ब्रजभाषा के कई कवियों की रचनाओं का उपयोग होता है। यद्यपि इस बीच सूर के पदों का ज्यादा उपयोग होने लगा है। लेकिन रामलीला तो केवल रामचरितमानस पर आधारित है। इसलिए मैं कह रहा हूँ कि भारत में साहित्य के समाजशास्त्र के दायरे में इसे बाँधना सम्भव नहीं है। बल्कि मैं कहूँगा कि रामचरितमानस की लोकप्रियता के समाजशास्त्र पर विचार करते समय संस्कृति के समाजशास्त्र का निर्माण करना होगा और तब उसमें संस्कृति के समाजशास्त्र का निर्माण करते समय जो पण्डितों के पढ़े-लिखे लोगों के बीच जो साहित्य है उसके साथ-साथ जो लोकप्रिय साहित्य व संस्कृति है उसके समाजशास्त्र को भी ध्यान में रखना होगा। इस प्रकार शिष्ट संस्कृति या अभिजन संस्कृति और जन संस्कृति, दोनों के समाजशास्त्र का अगर Integrated विकास हो तो रामचरितमानस की लोकप्रियता के समाजशास्त्र को ठीक से समझा जा सकता है।

रमण सिन्हा : तो क्या रामचरितमानस की लोकप्रियता को हिन्दी फिल्म या फिल्म संगीत या गुलशन नन्दा के उपन्यास जैसे पापुलर टेक्स्ट के समाजशास्त्र द्वारा समझा जा सकता है क्योंकि लोकप्रिय कला अभिजन एवं जन संस्कृति में समान रूप से अपना प्रभुत्व स्थापित कर लेती है।

मैनेजर पाण्डेय : एकदम, बिल्कुल। समाजशास्त्रीय दृष्टि से जाहिर है रामचिरतमानस एक लोकप्रिय टेक्स्ट है इसलिए वह सिर्फ एक साहित्यिक पाठ ही नहीं है बल्कि उसे एक सांस्कृतिक पाठ के रूप में देखना चाहिए।

रमण सिन्हा : लोकप्रिय पाठ सामान्यतः अपनी प्रकृति में कंफर्मिस्ट स्वीकारवादी हुआ करता है। गुरुग्रन्थसाहिब में तुलसीदास नहीं हैं और तुलसी यह कहीं छुपाते भी नहीं कि वे 'वर्णाश्रम' एवं 'ब्राह्मणवाद' के पक्षधर हैं और उसे स्थापित करना चाहते हैं। क्या मानस की लोकप्रियता को हमारे समाज में ब्राह्मणवाद की पुनर्प्रतिष्ठा का द्योतक माना जा सकता है?

मैनेजर पाण्डेय : आपकी लगभग अधिकांश बातें ठीक हैं। यह सही है। मैं इसमें एक दूसरी बात जोड़ना चाहूँगा कि लोकप्रिय पाठ की एक विशेषता या कमजोरी भी यह होती है कि उसका अप्रोप्रिएशॅन बहुत आसानी से सम्भव होता है। अपने लायक उसे बनाने की या एक तरह से आप कह सकते हैं अपनी विचारधारा, सांस्कृतिक चेतना या सामाजिक दृष्टि के अनुरूप उसको ढालने और आत्मसात् करने की कोशिशें भी बहुत होती हैं और लोकप्रिय पाठ में इसकी सम्भावनाएँ भी बहुत होती हैं। इसे ही मैं कह रहा था कि यह उसकी सीमा भी है, कमजोरी भी है और एक स्तर पर उसकी ताकत भी है। यह सही है कि रामचरितमानस ने कुल मिलाकर वर्णाश्रम व्यवस्था और ब्राह्मणवाद को मजबूत बनाने का काम किया है लेकिन आपके इस लेख से और अन्य अध्ययन से यह लगता है कि उसको आत्मसात् करने में वर्चस्ववादी शक्तियाँ सबसे आगे रही हैं लेकिन दूसरी शक्तियाँ भी बहुत पीछे नहीं थीं। आपने स्वयं उदाहरण दिया है बाबा रामचन्द्र का और रामनामी सम्प्रदाय का। मैं इससे भी आगे बढ़कर कहूँगा कि अनेक बार वर्चस्ववादी शक्तियों से टकराकर गाँव का एक आम आदमी भी रामचरितमानस से ताकत प्राप्त करता है और वह लड़ने की कोशिश करता है। मुझे एक पुरानी घटना याद पड़ती है। हम लोगों के एक पुराने मित्र थे सी.पी.आई. के; उन्होंने हमें तुलसीदास के अद्भुत प्रयोग के बारे में बताया था...कहीं हड़ताल चल रही थी, एक मजदूर नेता जनसभा में 'हारियो न हिम्मत बिसारियो न राम को' को उद्धृत कर कहता था कि आप हिम्मत न हारिए, आप कई दिनों से हड़ताल पर हैं, बाल बच्चे परेशान हैं लेकिन बिसारिए न राम को यानी लक्ष्य को मत भूलिए, लड़ते रहिए। अब एक दिन मजदूरों को तोड़ने के लिए मिल-मालिकों का एक प्रतिनिधि वहाँ आया। उसने इस मजदूर नेता का भाषण सुना। उसने मजदूरों को सम्बोधित करते हुए कहा कि देखिए आपको तनख़्वाह कम मिलती है, समस्याएँ बहुत हैं, धीरे-धीरे जब फैक्ट्री में लाभ होगा तो आपकी तनख़्वाह भी बढ़ेंगी, आपकी सुविधाएँ भी बढ़ेंगी इसलिए 'हारिए न हिम्मत और बिसारिए न राम को' माने काम को। इसलिए तोड़िए हड़ताल और लग जाइए काम में। इस तरह लोकप्रिय पाठ का लगभग दुधारी तलवार की तरह उपयोग होता है। यह ठीक है कि वर्चस्ववादी शक्तियों ने रामचरितमानस को आत्मसात् करने, अपने अनुकूल बनाने और उसके माध्यम से एक खास तरह की विचारधारा को शक्तिशाली बनाने का काम किया है लेकिन उसके विरुद्ध भी उसका उपयोग होता रहा है और अब भी सम्भव है।

रमण सिन्हा : रामचरितमानस की लोकप्रियता रामचरितमानस की विचारधारा की लोकप्रियता है, उसकी अन्तर्वस्तु की लोकप्रियता है या रामचरितमानस के 'रूप' की लोकप्रियता है?

मैनेजर पाण्डेय : इस प्रसंग में मैं कहूँगा कि कलात्मक दृष्टि से रामचरितमानस एक अत्यन्त महत्त्वपूर्ण रचना है इसलिए उसकी लोकप्रियता का एक बड़ा कारण उसका कलात्मक रूप भी है और वह भी कलात्मक रूप ऐसा जो अपने होने का आभास नहीं कराता। प्रायः रचनाओं में जहाँ कला अपने होने का आभास कराने लगे तो वहाँ लोकप्रियता में वह बाधक बन जाती है। लेकिन जहाँ वह अपने होने का आभास न कराये वहीं कला प्रभावशाली बनकर रचना को लोकप्रिय बनाती है। रामचरितमानस की कला पाठक को अलग से महसूस नहीं होती बल्कि आप कह सकते हैं कि 'मानस' की संवेदना और विचारधारा दोनों को सहज रूप में पाठक तक पहुँचा देती है। दूसरी बात विचारधारा को बहुत सीमित अर्थ में समझने के कारण रामचरितमानस को खारिज करने की जल्दबाजी बहुत है। विचारधारा की जटिलता को देखिए तो लगेगा कि रामचरितमानस में अनेक तरह के द्वन्द्व हैं; उन सारे द्वन्द्वों को तुलसीदास की चेतना के द्वन्द्व मानकर तो नहीं देखा जा सकता। हाँ, यही बात विनय-पत्रिका के साथ नहीं है, कवितावली के साथ नहीं है जबकि तुलसी ने कथा तो वही कही है। लेकिन ये रचनाएँ उतनी लोकप्रिय नहीं हैं। बहुत सारे लोगों का खयाल भी है कि कला की दृष्टि से प्रगति के स्तर पर, आत्माभिव्यक्ति के स्तर पर विनयपत्रिका एक अत्यन्त महत्त्वपूर्ण रचना है। फिर भी वह उतनी लोकप्रिय इसलिए नहीं है क्योंकि उसमे कला दिखाई देती है। रामच्ररितमानस के साथ यह बात नहीं है। मुझे एक पुरानी बात याद पड़ रही है—माओ-त्से तुंग ने कहीं लिखा है कि अगर किसी रचना की विचारधारा गलत हो और कला बहुत ऊँची हो तो वह रचना बहुत खतरनाक होती है और ऐसी रचनाएँ दुनिया में आपको मिल जाएँगी। मैं यह नहीं कह रहा हूँ कि रामचरितमानस की विचारधारा बहुत गलत है; फिर भी मैं कहूँगा कि रामचरितमानस की विचारधारा में जो एक तरह से पुरानेपन के तत्त्व हैं या कहिए कि जो स्त्रियों के प्रसंग में, दलितों के प्रसंग में या दूसरे प्रसंग में या सामाजिक विकास की प्रक्रिया के प्रसंग में जो अतीतोन्मुखी तत्त्व हैं उनको इस रूप में व्यक्त करना कि अपनी अतीतता का वो प्रभाव खोकर नवीनता का बोध कराये; यह रामचरितमानस की कला का गुण है। इसलिए रचना की कलात्मक श्रेष्ठता को ध्यान में रखकर ही विचारधारा की बात की जानी चाहिए।

रमण सिन्हा : इस्लाम के सांस्कृतिक आतंक से हिन्दू मानस को मुक्त कराने वाले ग्रन्थ के रूप में भी कुछ लोगों ने रामचरितमानस को देखा है। क्रान्तिकारी कवि निराला भी तुलसीदास की ऐसी ही मूर्ति गढ़ते हैं। आप इस दृष्टि को कितना उचित मानते हैं?

मैनेजर पाण्डेय : मैं रामचरितमानस को इस रूप में नहीं देखता। आपने सही कहा कि कुछ लोग ऐसा मानते हैं और ऐसे लोगों में निराला भी हैं। लेकिन इसके

बावजूद और निराला के बावजूद मुझे ऐसा लगता है कि रामचरितमानस लिखते समय तुलसीदास अपने समय और समाज को देख रहे थे इसलिए वह समय और समाज उन पर दबाव डाल रहा होगा लेकिन सम्पूर्ण रामचरितमानस में कहीं संकेत के रूप में भी मुस्लिम राजसत्ता की आलोचना नहीं दिखाई देती; जिसको लोग कलि-वर्णन में देखने की कोशिश करते हैं वह कलि-वर्णन अधिकांश पुराने ग्रन्थों से लिया हुआ है—श्रीमद्भागवत का व अन्य ग्रन्थों से लिया हुआ है और दूसरे स्वयं तुलसीदास को लोक-जीवन में से यह दिखाई देता है। तुलसीदास ने रामचरितमानस में जिनकी सबसे ज्यादा आलोचना की है उनमें एक वैदिक देवताओं में सर्वश्रेष्ठ इन्द्र हैं। इन्द्र की जितनी कड़ी आलोचना रामचरितमानस में की गयी है उतनी रावण की भी नहीं। वेदों का नाम बार-बार लेने के बावजूद तुलसीदास इन्द्र की घोर आलोचना करते हैं। दूसरी बात यह है कि मुस्लिम शासन की वे चर्चा नहीं करते बल्कि आलोचना जहाँ वे प्रकारान्तर से करते भी हैं वहाँ भी वे जनता की बदहाली की चर्चा करते हैं जैसे कवितावली के उत्तर-काण्ड में अकाल का वर्णन है, महामारी का जिक्र है। आप महामारी या अकाल के लिए राजसत्ता को जिम्मेवार मान सकते हैं लेकिन यह किसी भी समय की राजसत्ता के अपराध का हिस्सा हो सकता है; उन छन्दों का उपयोग आज के प्रसंग में भी उतना ही हो सकता है जितना कि मुगल राजसत्ता के सन्दर्भ में। यह भी एक विडम्बना ही कही जाएगी कि ब्राह्मणवाद से स्वयं प्रताड़ित होने के बावजूद वे संरचना के रूप में ब्राह्मणवाद को महत्त्व देते प्रतीत होते है वर्णाश्रम के रूप में। लेकिन जाहिर है कि वर्णाश्रम की उनकी जो कल्पना है वह कल्पना ही है क्योंकि तुलसी के रामचरितमानस और कवितावली दोनों को मिलाकर देखें तो मालूम होगा कि तुलसी की रामराज्य और वर्णाश्रम की जो कल्पना है उसमें और जो वास्तविकता है उसमें अन्तर्विरोध दिखाई देता है; वास्तविकता का वे स्वयं फल भोग रहे थे और कल्पना में उसको वे आदर्श बनाने की कोशिश कर रहे थे। अब आप यह कह सकते हैं कि प्रायः यह कवियों की प्रकृति होती है कि वे भोग यथार्थ का करते हैं और सपना आदर्श का देखते हैं। यह तुलसीदास के यहाँ भी दिखाई देता है। एक स्तर पर आप देखें कि वे कभी मुस्लिम शासन की किसी भी स्तर पर आलोचना नहीं करते हैं और उसी तरह मेरा अपना खयाल है कि पूरे तुलसी-साहित्य में हिन्दू शब्द का प्रयोग उन्होंने नहीं किया है। जो लोग उन्हें हिन्दू-व्यवस्था का कवि घोषित करते हैं या हिन्दू-नवजागरण का कवि बताते हैं, चाहे वह कवि निराला ही क्यों न हों, वह मेरी समझ में नहीं आता। मैं इसे मानने को तैयार नहीं हूँ।

रमण सिन्हा : तुलसीदास में यह सच है कि हिन्दू शब्द का प्रयोग नहीं है लेकिन 'मानस' जिसको सम्बोधित है, जिन परम्पराओं, रूढ़ियों, रूपकों, प्रतीकों,

कवि-समयों, मिथकों की अपेक्षित जानकारी कवि अपने सम्भावित पाठक में मानकर चलता है, उसे 'ग़ैर-हिन्दू' कहना मुश्किल होगा। यही नहीं बल्कि व्यक्ति, परिवार, धर्म और जाति के स्तर पर जो तत्कालीन हिन्दू समाज में बिखराव था उसे हटाकर एक सुगठित जाति-निर्माण का हौसला भी 'मानस' में दिखाई देता है।

मैनेजर पाण्डेय : इसकी सम्भावना है कि रामचरितमानस की ऐसी व्याख्या निकाली जाये लेकिन देखने वाली बात यह है कि तुलसीदास और रामचरितमानस को हिन्दूवादियों ने इतना अपना बनाया कि इसकी सम्भावना ही खत्म हो गयी कि दूसरे उसके पास आयें; नहीं तो उस जमाने के अनेक मुसलमान कवि आपको मिल जाएँगे जो रामचरितमानस और तुलसीदास को बहुत महत्त्व देते थे। रहीम ने लिखा है कि ''रामचरितमानस विमल सन्तन जीवन प्राण/हिन्दुआन को वेद सम मुस्लिम प्रकट कुरान।'' यह तो नहीं कह सकते कि रहीम सच्चे मुसलमान नहीं थे बल्कि वह सच्चे मुसलमान होने के बावजूद रामचरितमानस को महत्त्व देते थे। लेकिन बाद के दिनों में हिन्दूवादियों ने तुलसीदास को केवल अपना बनाकर दूसरों से अलग कर देने का प्रयत्न किया। उसका परिणाम यह हुआ कि तुलसीदास को हिन्दू चेतना का प्रतीक मानकर दूसरे लोग उनसे अलग होने लगे।

रमण सिन्हा : इन दिनों, दलित एवं स्त्रीवादी चेतना के उभार के साथ कहा यह जा रहा है कि तुलसीदास धीरे-धीरे अलोकप्रिय होते जाएँगे। प्रमाण के तौर पर बताया यह जाता है कि आज विश्वविद्यालय में तुलसीदास को पढ़ने वाले गिनती के हैं, आप क्या सोचते हैं?

मैनेजर पाण्डेय : मुझे यह लगता है कि अगर तुलसी को विश्वविद्यालय में छात्र पढ़ना नहीं चाहते तो लोग प्रेमचन्द और निराला को भी पढ़ना नहीं चाहते। दलित और स्त्रीवादी दृष्टि से प्रेमचन्द एवं निराला की भी इस प्रकार व्याख्या की जा रही है कि लोग इन्हें न पढ़ें। इसलिए मुझे यह तर्क सही नहीं लगता। दूसरी बात जहाँ तक विद्यार्थियों के पढ़ने की है तो वे तो असल में मजबूरी में पढ़ते हैं। जो पाठ्यक्रम में निर्धारित कर दिया जाता है, विद्यार्थी उसे ही पढ़ता है, वे स्वतन्त्र रूप से कुछ भी पढ़ने का काम नहीं करते इसलिए मुझे इस तर्क में कोई दम नहीं लगता। रही बात व्यापक सामाजिक सन्दर्भ की तो मैं कहूँ कि तुलसीदास में जाहिर है मीराबाई की खोज नहीं की जा सकती; वैसे ही तुलसीदास में रैदास की खोज नहीं की जा सकती, पर तुलसीदास के यहाँ दो चीजें ऐसी हैं कि अगर आप खुले मन से विचार करें तो उसकी उपेक्षा नहीं कर सकते। एक तो यह कि स्वयं रामचरितमानस में लोकजीवन के इतने अनुभव हैं कि उन अनुभवों से सम्बन्ध बनाने की जरूरत महसूस होती है और इसलिए कोई भी व्यक्ति उसकी उपेक्षा नहीं कर सकता, इसके लिए धार्मिक होना या हिन्दू होना, हिन्दूवादी होना तो और भी जरूरी नहीं है। दूसरे

स्तर पर, साहित्य और कला की दुनिया की एक विशेषता यह है कि इसमें परम्पराएँ बनती हैं उसमें परिवर्तन होता है लेकिन उनके बनने, परिवर्तन होने में बहुत कुछ नष्ट होने के बावजूद जो विकास की प्रक्रिया है उसमें पीछे की रचनाएँ महत्त्वपूर्ण भूमिका निभाती हैं। बहुत पुराना एक कथन है कि साहित्य के लोकतन्त्र में हजार वर्ष पुरानी रचनाएँ भी उतनी ही जीवित नागरिक होती हैं जितनी कि तत्कालीन रचनाएँ। इसलिए तुलसी के 'मानस' में जो भावनाओं का द्वन्द्व है, लोक-जीवन के अनुभव हैं, जो अपने समय और समाज को प्रतिबिम्बित करने की कोशिश है, वह आज के समय से जहाँ जुड़ता है, लोग उसे पढ़कर कुछ प्राप्त करना चाहेंगे। इसलिए तुलसी धीरे-धीरे अलोकप्रिय होते जाएँगे, यह मैं मानने को तैयार नहीं हूँ।

रमण सिन्हा : रामचरितमानस का जो नैरेटिव है, कथात्मकता का गुण है, वह राम-कथा की लम्बी परम्परा में अद्वितीय है। क्या इस अद्वितीय कथात्मकता के बल पर भी यह रचना लोकप्रिय बनी रह सकती है?

मैनेजर पाण्डेय : आपने सही कहा कि कथा कहने की जितनी उन्नत, सूक्ष्म और प्रभावशाली कला तुलसी की है, राम-कथा की पूरी परम्परा में शायद ही कहीं दिखाई दे। जो आख्यान है वह तो जीवन का ही दूसरा नाम है। रोलां बार्थ ने कहीं लिखा है कि जैसा जीवन है वैसा ही आख्यान है और जहाँ आख्यान इतना सहज हो जाये कि वह जीवन से ही एकाकार हो जाये वहाँ उसका प्रभाव बहुत गहरा होता है इसलिए तुलसीदास के इस आख्यान से रामचरितमानस को अद्भुत लोकप्रियता मिली। आख्यान की लोकप्रियता का एक प्रमाण तो मैं यह भी दे सकता हूँ कि बहुत सारे टी.वी. सीरियल हैं जिसके प्रत्येक एपिसोड को देखकर आप खीझें लेकिन आगे क्या होगा यह जानने के लिए अगला एपिसोड देखें भी। तो यह आख्यान में जो बाँधने की क्षमता होती है, इसी ने रामचरितमानस को तुलसी की अन्य रचनाओं की तुलना में अधिक लोकप्रिय बनाया है। आप स्वयं देखिए कि जीवन के अनुभवों को अभिव्यक्त करने का एक महत्त्वपूर्ण माध्यम आख्यान है इसलिए आज के दौर में भी जो थोड़े लोकप्रिय कवि हैं नागार्जुन, रघुबीर सहाय इनकी बुनियादी विशेषता यह है कि पाँच लाइन की भी ये कविता लिखेंगे तो उसमें छोटी-सी ही सही, कथा होगी, उसमें आख्यान जरूर होगा और वही आख्यान लोगों को बाँधता है। इसलिए इसमें तो दो राय ही नहीं कि रामचरितमानस की लोकप्रियता के अनेक कारणों में से एक बड़ा कारण उसका आख्यान भी है।

रमण सिन्हा : आख्यान के अलावा, रामचरितमानस की लोकप्रियता में उसके दोहा-चौपाई-छन्द का कितना योग है?

मैनेजर पाण्डेय : चौपाई में सहज रूप से याद हो जाने की क्षमता, स्मृति में बस जाने की क्षमता बहुत है बल्कि स्मृति मे बस जाने का ही एक परिणाम यह होता

है कि श्रोताओं को वह कवि बनाने लगती है। यह छन्द श्रोता और पाठक की स्मृति पर इतना हावी हो जाता है कि वह स्वयं अपनी ओर से भी कुछ ज़ोड़ने लगते हैं। हिन्दी में ये दोनों छन्द—दोहा-चौपाई बहुत पहले से चले आ रहे थे, लेकिन तुलसी ने इसे इतना सहज बना दिया कि 'मानस' में प्रयुक्त अन्य छन्दों को लोग याद तक नहीं करते। लोक-मानस में यही दोनों छन्द इतने बसे हुए हैं कि भिखारी ठाकुर ने, जो भोजुपरी के महान् नाटककार हैं, तुलसी से सीखकर अपनी कविता का दोहा-चौपाई में विकास किया। तो इसलिए रामचरितमानस में दोहा-चौपाई को सहज रूप से जो कलात्मकता प्रदान की गयी है वह भी उसकी लोकप्रियता का एक बड़ा कारण है।

रमण सिन्हा : रामचरितमानस के छन्द में जो संगीतात्मकता है, गेयता है उसने भी इस रचना को लोकप्रिय बनाने में योग दिया है। मैंने सुना है कि आप स्वयं स्कूल के दिनों में मानस गाया करते थे...?

मैनेजर पाण्डेय : गाँव में मिडिल स्कूल से हाई स्कूल तक नियमित मैंने मानस को गाया है। हमारे गाँव में रामायण गाने की परम्परा है, पहले से भी थी। मैं उसमें शामिल होता था। धीरे-धीरे उसमें कुछ कुशलता हासिल हुई तो दूसरे गाँवों के मठों में, मन्दिरों में भी जाकर गाने लगा। देखिए चौपाई, छन्द और दोहा में गेयता बहुत अधिक है। वैसे पूरे भक्ति-काव्य में कविता और संगीत की अद्‌भुत एकता है; वह कबीर के यहाँ भी है, मीरा के यहाँ भी है, सूर के यहाँ भी है। यह अकारण नहीं है कि जितने शास्त्रीय संगीत के गायक हैं वे अधिकांशतः भक्त कवियों के ही गायक हैं। तुलसीदास की विशेषता यह है कि विनय-पत्रिका के पदों के साथ-साथ 'मानस' की चौपाई में भी वह संगीतमयता विकसित की कि बड़े गायकों को तो छोड़ दीजिए, उन्होंने तो गाया ही है; सहज रूप से आम लोग न सिर्फ इसे गाते हैं बल्कि तरह-तरह के रागों में इसे बाँधने का प्रयत्न करते हैं। यह मैंने अपने व्यक्तिगत जीवन के अनुभव में देखा है।

रमण सिन्हा : आप उन दिनों किस राग में गाते थे, क्या वह किसी लोक-धुन पर आधारित होता था?

मैनेजर पाण्डेय : अधिकांशतः लोक-धुनों पर आधारित होता था। मैं एक मनोरंजक बात बताऊँ कि बहुत बार गाँव में जो गायक हैं वे अंशतः ही प्रशिक्षित होते हैं। कुछ बड़े गायक अगर कभी गाँव में आये तो उनको सुनकर थोड़ा बहुत सीखा। एक जमाने में हमारे यहाँ बड़े प्रसिद्ध गायक-वादक आया करते थे। वादन में चलता था ढोलक। जो प्रसिद्ध ढोलक बजाने वाले थे वो हमारे यहाँ आते-जाते थे। कभी-कभी उनके सत्संग से शास्त्रीय संगीत का एक समान्य ज्ञान मुझे भी हुआ। एक तरह से हम लोग जो रामायण गाते थे उसे उप-शास्त्रीय संगीत कहा जा सकता

है। वह पूरा शास्त्रीय नहीं था। इसका कारण यह भी था कि वह गायन सामूहिक होता था। एक आदमी को पूरी छूट नहीं होती थी कि वह अपनी कला का विशेष प्रदर्शन करे या उपयोग करे। इसलिए होता यह था कि अगर दस लोग बैठे हैं तो पाँच-पाँच का दो समूह बन गया और बीच में ग्यारहवाँ आदमी ढोलक बजाने वाला बैठ गया। अब एक राग में एक चौपाई का टुकड़ा पाँच आदमियों ने गाया और उसके बाद तत्काल उसी नैरन्तर्य में जो दूसरे पाँच आदमियों का समूह है वह शुरू करेगा। इसमें एक प्रकार की प्रतिद्वन्द्विता का भी भाव होता था और इसी कारण वह कला उन्नत और विकसित भी होती है। इसमें समूह का नेतृत्व तो एक व्यक्ति ही करता है लेकिन उसे बाकी के चार लोगों को भी साथ लेकर चलना है और उसे इतनी कलाकारी भी नहीं करनी है कि बाकी के लोग चुप हो जायें या आपके साथ न चल सकें। वह गायन एकल नहीं होता बल्कि एक प्रकार की सामूहिकता का भाव उसमें होता है।

इस पर भी ध्यान दिया जाना चाहिए कि गाँवों में जो लोग गाते हैं वह किन प्रसंगों को ज्यादा गाते हैं। आप देखेंगे कि उत्तरकांड प्रायः लोग नहीं गाते हैं।

रमण सिन्हा : फुलवारी प्रसंग अधिक गाया जाता है।

मैनेजर पाण्डेय : आप देखें कि इस फुलवारी प्रसंग को गाने का एक बड़ा कारण यही है कि जो स्त्री-पुरुष का सम्बन्ध है, प्रेम का भाव है, आत्मीयता है ये सारी चीजें इस प्रसंग में हैं। प्रेम और आत्मीयता का सबसे अच्छा प्रसंग है यह, इसलिए गाँव के लोग घूम-फिरकर यही गाते हैं; उनके लिए दुहराव भी कोई मायने नहीं रखता। हर रोज गाना हो तब भी उसी को गायेंगे। बालकांड में कभी-कभी कुछ गा लें, नहीं तो मुख्यतया पुष्पवाटिका प्रसंग या फुलवारी प्रसंग ही गायेंगे। तुलसीदास का अधिकांशतः जो विचारधारात्मक है वह उत्तर-कांड में है पर गायकों को उससे कुछ लेना-देना नहीं है।

रमण सिन्हा : क्या उसमें हारमोनियम भी शामिल रहता था?

मैनेजर पाण्डेय : उपलब्ध रहने पर हारमोनियम भी रहता था लेकिन उसे बजाने के लिए थोड़ा सीखना पड़ता है। हमारे यहाँ हम लोगों के एक सम्बन्धी थे वे नाटक-रंगमंच से जुड़े हुए थे, वे दो भाई थे और दोनों हारमोनियम बहुत अच्छा बजाते थे। तब जब कभी वे हमारे गाँव आते थे तब ढोलक-हारमोनियम के साथ गाना-बजाना होता था। ढोलक -हारमोनियम के अलावा बाकी लोग झाल बजाते थे। मैं कह रहा था कि श्रोताओं में तो मुसलमान हमेशा मौजूद रहते थे। हमारे गाँव में बीस-पच्चीस घर मुसलमान हैं, सारे लोग सामान्य हैं, बहुत सम्पन्न तो कोई नहीं है और श्रोताओं के रूप में तो मैंने उन्हें हजारों अवसरों पर देखा है और गायक और वादक के रूप में भी अनेक बार मैंने उन्हें देखा है। ढोलक बजाने वाले को तो मैं

व्यक्तिगत रूप से जानता हूँ। मेरे घर पर गाने-बजाने का यह आयोजन बरसों होता रहा है। मेरे बचपन के सात-आठ सालों में चार साल तो ऐसे जरूर होंगे जिनमें दो-चार रोज के अन्तर पर ऐसा आयोजन लगातार होता रहता था। इन आयोजनों में मुसलमान श्रोता बराबर मौज़ूद रहते थे। वे लोग सुन लेंगे कि आज वहाँ रामायण होने वाला है तो चले आये खा-पीकर, आके बैठ गये और जब तक हो रहा है तब तक सुन रहे हैं और जब हो गया तो जैसे सब लोग जाएँगे, वो भी चल देंगे। वैसे तो हर कला की यह बुनियादी विशेषता है लेकिन संगीत में तो यह और भी स्पष्ट है कि कलाएँ कोई भी सरहद नहीं मानतीं। और संगीत की दृष्टि से रामचरितमानस की लोकप्रियता हर सरहद को तोड़ने वाली लोकप्रियता रही है। इसमें जाति धर्म की सभी सरहदें टूटती दिखाई देती हैं क्योंकि 'मानस' ने तो एक अपने ढंग का समुदाय निर्मित किया है जिसे आज तोड़ने का काम इक्सक्लूसिव हिन्दूवादी कर रहे हैं। आप देखें कि मानस में जो संस्कृत के हिस्से हैं, ये लोग उसको ज्यादा महत्त्व देने लगे हैं, व्याख्या भी अब उसकी ही होने लगी है। यह तुलसीदास को लगभग उलटने जैसी प्रक्रिया है। तुलसीदास ने सम्भ्रान्त समाज में अपनी स्थिति बनाये रखने के लिए संस्कृत का उपयोग किया था पर मूल रचना वे लोक-भाषा में कर रहे थे; इसके ठीक विपरीत अब वह लोक-भाषा कम महत्त्वपूर्ण मानी जा रही है और जिस संस्कृत का उन्होंने सिर्फ छौंक लगाया था वह केन्द्रीय होती जा रही है।

रमण सिन्हा : इसी प्रकार रामशलाका प्रश्न रामचरितमानस का एक अविभाज्य अंग बन गया है; स्पष्ट ही यह तुलसीदास की रचना नहीं है। यह पाठकों को कर्मकांड से जोड़ने की एक सचेत कार्यवाही लगती है।

मैनेजर पाण्डेय : एकदम-एकदम। रामशलाका और कई चीजें। गीता प्रेस और व्यासों ने रामचरितमानस को लगभग पुराण बनाने की कोशिश की है। इसको पढ़ने से यह फल मिलेगा, उसको पढ़ने से वह मिलेगा; तो यह जो सारा फलवाद है वह जितना लौकिक है उससे ज्यादा पारलौकिक हो जाता है। यह सब बाद का गढ़ा हुआ है।

रमण सिन्हा : आप अपने बचपन के जिन दिनों की बात कर रहे थे, तब क्या स्थिति थी? क्या रामचरितमानस कर्मकांड या अनुष्ठान का हिस्सा बन चुका था?

मैनेजर पाण्डेय : नहीं-नहीं, उन दिनों, मैं कोई बहुत पुरानी बात तो नहीं कह रहा हूँ बल्कि यही चालीस-पैंतालीस साल पहले, यह अनुष्ठान या कर्मकांड का हिस्सा नहीं बना था, गाँवों में।

रमण सिन्हा : नवाह पारायण, मास पारायण का चलन था या नहीं?

मैनेजर पाण्डेय : उतना नहीं था उन दिनों; देखिए यह भी प्रवृत्ति नहीं थी कि रामचरितमानस-पाठ के लिए नहा के बैठे हैं कि नहीं। हमें याद है कि घर के बड़े-बूढ़े

लोग कभी-कभी कहते थे कि मानस की चार चौपाई पढ़कर जरा सुना दो; अब न वो नहाये रहते थे न हम नहाये हुए रहते थे। ले आये मानस उठाकर, चार चौपाई पढ़ी, फिर बोले—'अच्छा अब जायके बा खेत पर, अब धरअ ओकरा के 'रख दिये मानस और चलते बने। धीरे-धीरे उसको अधिक धार्मिक बनाया गया है और धार्मिक से भी अधिक कर्मकांड का हिस्सा बनाया गया है, वह बाद के दिनों की बात है। पुराने और नये व्यासों के बीच एक बड़ा फर्क आप देखेंगे कि पुराने व्यास जो कथा कहते थे वह कम या ज्यादा मानस की लिखित व्याख्या पर ज्यादा जोर देते थे लेकिन आज के अस्सी प्रतिशत कथा-वाचकों में वैसा नहीं है। आजकल तम्बू, शामियाना लगाकर हर शहर में अनन्त कथा चल रही है, वैसा कुछ भी नहीं था उन दिनों। मैं बनारस शहर में रहा हूँ और मेरी पढ़ाई इंटरमीडिएट से लेकर पीएच.डी. तक वहीं हुई। यह काशी स्वयं तुलसी के लिए रचना की नगरी भी रही है और संकट की नगरी भी रही है। मुझे याद नहीं कि रामलीला के समय के दौर को छोड़कर बड़े पैमाने पर बनारस शहर में रामचरितमानस को कर्मकांड का हिस्सा बनाया गया हो। सन् 59 से 69 तक मैं बनारस में रहा। कभी-कभी चैत के महीने में रामनवमी के आस-पास एकाध व्यास आते थे, कथा कहते थे। कुछ ऐसे मारवाड़ी थे जो कथा का आयोजन करवाते थे। जिनको सुनना होता था वे वहाँ जाते थे। लेकिन ऐसा नहीं था कि हर गली, मुहल्ले में कथा हो रही है, पूजा-पाठ हो रहा है। उस समय 'कथा' में पूजा-पाठ बहुत कम होता था। कुछ चढ़ावा नहीं होता था। मुझे मालूम है कि जब बिन्दु जी महाराज कथा कहने आये थे, मैं भी गया था और मैंने वहाँ कोई चढ़ावा चढ़ते नहीं देखा था।

उत्तर-आधुनिकतावाद की बुनियादी बहस मार्क्सवाद से है

(देवेन्द्र कुमार चौबे और मैनेजर पाण्डेय के बीच बातचीत)

देवेन्द्र कुमार चौबे : डॉ. साहब हम लोग चाहते हैं कि बातचीत जॉक देरिदा से ही शुरू की जाये। वे कहते हैं कि इतिहास एक पाठ है। उसका कोई निश्चित अर्थ नहीं होता है। देरिदा की इस धारणा के आलोचक उत्तर आधुनिकतावाद के बारे में क्या सोचते हैं?

मैनेजर पाण्डेय : देखिए, देरिदा खुद को उत्तर आधुनिक नहीं मानते और वैसे भी उत्तर आधुनिकतावाद का कोई सुनिश्चित अर्थ नहीं है। उत्तर आधुनिकता के बहुत सारे विचारक या कहिए कि जिनको उत्तर आधुनिकतावाद का विचारक माना जाता है, उनमें से अनेक लोगों ने यह स्वीकार किया है कि हम उत्तर आधुनिकतावादी नहीं हैं। इसलिए देरिदा के इस कथन को उत्तर आधुनिकतावादी कथन नहीं माना जा सकता। इस कथन की अलग से व्याख्या और उस पर बात की जाये यह समझ में आता है।

आपके सवाल से एक बात यह भी जुड़ी हुई है कि जैसे देरिदा के इस कथन में सबसे अधिक महत्त्व अनिश्चितता को दिया गया है कि पाठ का कोई निश्चित अर्थ नहीं होता, उसी तरह उत्तर आधुनिकतावाद की अधिकांश स्थापनाओं के बारे में यह कहा जा सकता है कि उनका भी कोई निश्चित अर्थ नहीं है। इसलिए उत्तर आधुनिकतावाद की तरह-तरह की व्याख्याएँ प्रचलित हुई हैं बल्कि मैं अतिरंजना का खतरा उठाते हुए कह सकता हूँ कि उत्तर आधुनिकता के बारे में जितने मुँह उतनी बातें सुनाई पड़ती हैं। अब रही बात जॉक देरिदा के उस कथन की तो उस कथन को दो-तीन सन्दर्भों में समझने की जरूरत है।

पाठ के रूप में अब तक हम लोग लिखित पाठ जानते हैं और दर्शन के प्रसंग में यह परम्परा लम्बे काल से बनी हुई है कि पुराने पाठों की नयी व्याख्या करते हुए नयी दार्शनिक दृष्टि का विकास होता रहा है, और मेरा खयाल है कि जॉक देरिदा की मान्यता के मूल में दर्शन की यह परम्परा मौजूद है। पाठ का दूसरा रूप साहित्यिक कृतियों में दिखाई देता है।

उत्तर आधुनिकतावादी लेखक को महत्त्व नहीं देते। स्वयं दो विचारकों–रोलाबार्थ

और फूको ने लेखक के बदले पाठ को महत्त्व दिया है। रोलाबार्थ का तो यह कथन ही है कि "लेखक की मृत्यु की कीमत पर ही पाठ और पाठक का महत्त्व स्थापित हो सकता है।" तब पाठ से पाठक का सम्बन्ध ही आलोचना का केन्द्रीय तत्त्व होगा, पाठ से लेखक का नहीं। ऐसी स्थिति में पाठक बदलते रहते हैं। हर युग के नये पाठक पुरानी रचनाओं का, पुराने पाठों का नया अर्थ करते हैं। इसलिए जॉक देरिदा के इस कथन का एक अभिप्राय साहित्यिक पाठों के अर्थ की अनेकता भी है। आगे एक और स्तर पर इस बात को देखा जा सकता है।

सबसे अधिक परेशानी यह है कि जॉक देरिदा सब कुछ को पाठ मानते हैं। जब वे कहते हैं कि 'नथिंग इज आउटसाइड टेक्सट ऑर बियांड टेक्सट' तो इसका मतलब है कि संसार की घटनाएँ, स्थितियाँ ये सब पाठ हैं। अब यहीं से खतरनाक अर्थ की शुरुआत होती है। उनके अनुसार हम मान लें कि इराक पर अमरीकी हमले की घटना एक पाठ है तो इतनी दूर तक तो सही होगा कि उसका एक अर्थ जॉर्ज बुश अपना लगाते हैं और दूसरा अर्थ ईराक की जनता लगाती है, और दोनों अर्थों की टकराहट हो रही है इतिहास की प्रक्रिया में। पर सवाल यह है कि उन दोनों से बाहर बैठे एक व्यक्ति के लिए यह जरूरी है कि वह दोनों में से किसी एक अर्थ को स्वीकार करे, क्योंकि यह कहना काफी नहीं होगा कि इस घटना रूपी पाठ के दो अर्थ हैं, बल्कि दो अर्थ कहने का कोई अर्थ नहीं है। इसलिए बाहर बैठे आदमी को बताना ही पड़ेगा कि वह किस अर्थ को सही समझता है। इसलिए जॉक देरिदा के इस कथन में अर्थ की अनिश्चितता के साथ-साथ विचारक की नैतिक स्थिति की भी अनिश्चितता है और ऐसी स्थिति में अर्थ का अनर्थ होने लगता है।

मान लीजिए कि हम बाबरी मस्जिद के ध्वंस को भी एक घटना और पाठ के रूप में देखें तो उसका एक अर्थ हिन्दूवादी लोग करते हैं, दूसरा अर्थ मुसलमान करते हैं और तीसरा अर्थ इस देश में लोकतंत्र चाहने वाले लोग करते हैं और यह कहना कि तीनो अर्थ बराबर सही हैं, कुछ भी कहना नहीं है, बल्कि अपनी नैतिक जिम्मेदारी से बचना है। इसलिए जॉक देरिदा के पाठ में फिसलन की सम्भावना बहुत अधिक है और इस तरह के मुहावरेदार वाक्यों के ऐसे ही खतरे हुआ करते हैं।

देवेन्द्र कुमार चौबे : आज भारत में विचारधाराओं को लेकर जो सारी बहसें हो रही हैं उनमें उत्तर आधुनिकतावाद से सम्बन्धित बहस को आप किस रूप में देखते हैं?

मैनेजर पाण्डेय : जहाँ तक मुझे मालूम है कि हिन्दुस्तान की बहुत सारी भाषाओं में उत्तर आधुनिकता के बारे में बातें हो रही हैं, बहसें हो रही हैं, हम उनको नहीं जानते, आप भी नहीं जानते। दो भाषाएँ ऐसी हैं जिनमें होने वाली बहसों से हम परिचित हैं, एक हिन्दी, दूसरी भाषा है अंग्रेजी। अंग्रेजी में उत्तर आधुनिकतावाद से सम्बन्धित जो बहसें हैं वह पश्चिम में होने वाली बहसों का विस्तार हैं। मुझे हिन्दुस्तान के किसी अंग्रेजी लेखक की ऐसी किताब या ऐसा लेख पढ़ने को नहीं

मिला है जो उत्तर आधुनिकतावाद के बारे में कोई नयी बात कहता हो। हिन्दी में उत्तर आधुनिकतावाद पर जो बहस है वह और भी खराब स्तर की है।

हिन्दी में उत्तर आधुनिकता पर कोई गम्भीर बहस ही नहीं हुई है, बल्कि मैं तो अभी यही कह सकता हूँ कि हिन्दी में उत्तर आधुनिकतावाद के बारे में जो कुछ लिखा गया है वह बहुत कुछ पश्चिम में और वह भी अंग्रेजी के माध्यम से उत्तर आधुनिकतावाद के बारे में जो बातें कही गयी हैं उनकी पुनर्प्रस्तुति ही हिन्दी में हुई है। मतलब हिन्दी में जो उत्तर आधुनिकतावाद पर लिखने वाले हैं उनमें सबसे अधिक तो सुधीश पचौरी ही लिखते रहे हैं और जाहिर है कि वे काफी उत्तर आधुनिकतावादी भाषा में उत्तर आधुनिकतावाद पर लिखते हैं। इसलिए उनके लेखन से भी उत्तर आधुनिकतावाद का कोई स्वरूप लोगों के सामने स्पष्ट हुआ हो, ऐसा नहीं है। हाँ, इस बहस के प्रसंग में मैं जरूर कहूँगा कि उत्तर आधुनिकतावाद की बुनियादी बहस मार्क्सवाद से है।

अपने यहाँ मार्क्सवादियों ने उत्तर आधुनिकतावाद से पैदा हुए सवालों का कोई बहुत अच्छा उत्तर दिया हो, ऐसा मुझे नहीं लगता। मेरी अपनी जानकारी में दो लोग हैं—एक तो प्रो. रणधीर सिंह और दूसरे एजाज अहमद, जिन्होंने उत्तर आधुनिकतावाद पर गम्भीरता से बहस करने की कोशिश की है। मार्क्सवाद की ओर से बहस करने की कोशिश की है। इसलिए मैं कहूँगा कि अभी उत्तर आधुनिकतावाद को ठीक से समझने-समझाने की जरूरत हिन्दी में बनी हुई है। मैं विचार और आलोचना के प्रसंग में इस धारणा को महत्त्व देता हूँ कि किसी भी विचारधारा को अस्वीकार करने से बेहतर है उसको गलत साबित करना, अगर आपको वह गलत लगता है तो क्योंकि अस्वीकार करने में कुछ बौद्धिक प्रयास नहीं लगता, गलत साबित करने में बौद्धिक प्रयास की जरूरत होती है। इसलिए हिन्दी में उत्साही मार्क्सवादियों ने उत्तर आधुनिकतावाद को अस्वीकार करने का काम बहुत अधिक किया है और उसे गलत साबित करने का काम बहुत कम।

देवेन्द्र कुमार चौबे : उत्तर आधुनिकतावाद के समर्थन में यह तर्क दिया जाता है कि इससे स्थानीय स्वायत्तता और विकेन्द्रीकरण की जमीन मजबूत हुई है और उत्तर उपनिवेशवादी साहित्य, तीसरी दुनिया का साहित्य, नारी एवं अश्वेत लेखन, दलित साहित्य आदि केन्द्र में आये हैं। आप इस तर्क से कहाँ तक सहमत हैं?

मैनेजर पाण्डेय : एक बात तो यह है कि हिन्दी में या सारी दुनिया में आपने जिन तीन समस्याओं की चर्चा की है, उन तीन समस्याओं पर गम्भीर बहसें उत्तर आधुनिकतावाद के आने के बहुत पहले से चल रही हैं। मतलब स्त्री की स्वाधीनता और पराधीनता के प्रश्न पर बहस, भारतीय समाज के प्रसंग में दलितों की पराधीनता और स्वाधीनता पर बहस या फिर उसी से जुड़ा हुआ दलित साहित्य का प्रश्न और इसके साथ ही केन्द्र बनाम हाशिये का द्वन्द्व, इन सब पर बहसें उत्तर आधुनिकतावाद

के आने के बहुत पहले से चल रही हैं।

बात यह है कि उत्तर आधुनिकतावाद केवल शब्द नहीं, बल्कि एक विचार प्रक्रिया के रूप में इतिहास पर आप ध्यान दें तो मालूम होगा कि कुल मिलाकर 1980 के आस-पास इसकी शुरुआत होती है। थोड़ा पहले आप इसमें फूको को जोड़कर देखें तो थोड़ा और पीछे जाएँगे 70 के दशक में, अन्यथा सब लोग जानते हैं कि उत्तर आधुनिकता को एक विचारधारा के रूप में स्थापित करने की कोशिश फ्रांस के प्रसिद्ध विचारक लियोतार ने अपनी प्रसिद्ध पुस्तक Post modern condition (उत्तर आधुनिक स्थितियाँ) के माध्यम से की थी। लेकिन स्त्रियों की स्वाधीनता के प्रश्न पर हम सारी दुनिया को छोड़ भी दें तो हिन्दी में 40 के दशक से बहस चल रही है, कम या ज्यादा।

महादेवी वर्मा की प्रसिद्ध पुस्तक *'शृंखला की कड़ियाँ'* सन् पैंतीस के आस-पास उनके लिखे निबन्धों का ऐसा संकलन है जो पुस्तकाकार सन् बयालिस में छपा। मतलब हिन्दी में और हिन्दुस्तान में स्त्रियों की स्वाधीनता का सवाल देश की स्वाधीनता के सवाल से जुड़ा हुआ दिखाई देता है और उसके बाद आप देख सकते हैं हिन्दी में स्त्रियों की स्वाधीनता का एक बड़ा प्रभाव उनकी स्वतन्त्र रचनाशीलता में दिखाई पड़ता है। हिन्दी साहित्य में स्त्रियों की रचनाशीलता का इतिहास भी छिट-पुट ही सही, बहुत पुराना है। लेकिन व्यवस्थित रूप से उसकी शुरुआत नयी कविता, नयी कहानी के दौर से दिखाई देती है।

अब रही बात दलित सहित्य की, तो देखिए हिन्दी में दलित साहित्य बाद में आया पर मराठी में दलित साहित्य उत्तर आधुनिकतावाद के बहुत पहले से स्थिर और स्थापित धारा के रूप में मौजूद है और हिन्दी के दलित लेखक उत्तर आधुनिकतावाद से जितना परिचित, प्रेरित और प्रभावित हैं, उससे बहुत अधिक वह मराठी के दलित लेखन से परिचित, प्रेरित और प्रभावित है। रही बात केन्द्र और हाशिये के द्वन्द्व की, तो बहुत पहले बीसवीं सदी के दूसरे या तीसरे दशक की बात होगी, डब्ल्यू. बी. यीट्स की बहुत ही प्रसिद्ध कविता है, जिसमें यह वाक्य आता है कि 'Centre cann't hold' मतलब 'अब केन्द्र चीजों को सँभाल नहीं सकता।'

केन्द्र और हाशिये की बहस स्वयं आधुनिकतावादी विचार और रचनाशीलता में मौजूद रही है, इसलिए यह कहना कि उत्तर आधुनिकतावाद के कारण स्त्रियों की स्वाधीनता, दलित लेखन या केन्द्र और हाशिये पर बहस की शुरुआत हुई, उससे कोई दिशा मिली है मुझे एकदम ठीक नहीं लगता। हाँ, यह जरूर कहूँगा कि उत्तर आधुनिकतावादी चिन्तन ने इन तीनों प्रसंगों में थोड़ी मदद की है, क्योंकि पहले के दिनों में ये सब विवाद के विषय थे। उत्तर आधुनिकतावाद ने इन सबके महत्त्व को नये रूप में स्थापित करने में मदद की है। इसलिए व्यक्ति की स्वायत्तता, समुदायों की स्वतन्त्रता और समाज में हाशिये पर रहने वाले लोगों की ताकत का अहसास,

यह उत्तर आधुनिकतावाद की मदद से बेहतर रूप में समझा गया है। इसलिए मैं यह जरूर कहूँगा कि ये सारी बहसें पुरानी हैं, पर उत्तर आधुनिकतावाद ने इन बहसों को नयी धार देने में मदद की है।

देवेन्द्र कुमार चौबे : मार्क्सवादी चिन्तन का आधार आर्थिक विश्लेषण था। उत्तर आधुनिकतावाद आर्थिक पक्ष के प्रति उदासीन है। क्या यह सही नहीं है कि आर्थिक पक्ष के प्रति उदासीनता के कारण ही मार्क्सवादी विचारक उत्तर आधुनिकतावाद की आलोचना करते हैं?

मैनेजर पाण्डेय : हाँ, यह बात सही है। देखिए उत्तर आधुनिकतावाद असल में सामाजिक संरचना को महत्त्व नहीं देता और इसीलिए वह वर्ग को भी महत्त्व नहीं देता। मुझे तो लगता है कि यह उत्तर आधुनिकतावाद का एक अन्तर्विरोध है कि आप सुबह से शाम तक हाशिये के लोगों की बात तो करें, पर सर्वहारा की बात आते ही नाक-भौं सिकोड़ने लगें। स्वयं पूँजीवादी व्यवस्था के हाशिये पर रहता है सर्वहारा वर्ग। लेकिन मार्क्सवादियों ने जब उत्तर आधुनिकतावाद की आलोचना की है तो इसलिए भी की है कि उत्तर आधुनिकतावादी सामाजिक, राजनीतिक द्वन्द्व, संघर्ष और किसी भी तरह के मुक्ति के प्रयास को महत्त्व नहीं देते। वे बल्कि अधिक से अधिक द्वन्द्व को विचार के स्तर पर स्वीकार करते हैं; बहस के स्तर पर उसको मानते हैं, लेकिन सामाजिक व्यवहार में भी उसको लागू करना जरूरी है, यह वे स्वीकार नहीं करते। और तब मुझे वाल्टर वेंजामिन का यह कथन याद पड़ता है कि "पूँजीवाद और सर्वहारा के बीच लड़ाई विचारकों के दिमाग में नहीं, समाज में होती है।"

पर समाज में जो लड़ाई होती है वह लड़ाई किसी भी तरह से उत्तर आधुनिकतावादियों को स्वीकार नहीं। मुझे फूको का एक साक्षात्कार याद पड़ रहा है जिसमें उन्होंने कहा था कि "एक स्तर पर हम सब लोग आन्तरिक द्वन्द्व से गुजरते हैं।" अब दिमाग के भीतर द्वन्द्व हो यह वे मानते हैं, लेकिन समाज में वह द्वन्द्व हो या निर्णायक दौड़ तक पहुँचे, यह उनके महत्त्व की बात नहीं है। वे यह बात पहली बार नहीं कह रहे हैं। बहुत पहले जयशंकर प्रसाद *कामायनी में यह कह चुके हैं कि* –

देवों की विजय दानवों की
हारों का होता युद्ध रहा
संघर्ष सदा उर अन्तर में
जीवित यह नित्य विरुद्ध रहा।

मतलब यह कि मनुष्य की चेतना के भीतर अच्छी-बुरी प्रवृत्तियों, जिसको वे दैवी और आसुरी प्रवृत्तियाँ कहते हैं, उनके बीच द्वन्द्व चलता ही रहता है।

जयशंकर प्रसाद के इस कथन के लगभग 50-60 साल बाद बहुत नयी बात की तरह जो फूको ने कहा वह वही है जो जयशंकर प्रसाद कह चुके हैं। इसलिए मार्क्सवादी

जब उत्तर आधुनिकतावाद का विरोध करते हैं तो इसलिए भी कि उत्तर आधुनिकतावाद मुक्ति की किसी धारणा और कोशिश को महत्त्व नहीं देता।

उत्तर आधुनिकतावादी दिमागी गुलामी की बात करते हैं पर सामाजिक और राजनीतिक गुलामी की बात नहीं करते और उस तरह की गुलामी से छुटकारा पाने के लिए जो संघर्ष है उसको भी महत्त्व नहीं देते। इसलिए बहुत लोगों का खयाल है कि उत्तर आधुनिकतावाद ने एक तरह से संघर्षशील चेतना को लकवाग्रस्त करने का प्रयास किया है कि हर चीज केवल बौद्धिक बहस तक सीमित रह जाये। समाज में जो संघर्ष और द्वन्द्व है, वह केवल बौद्धिक बहसों से हल नहीं होंगे।

देवेन्द्र कुमार चौबे : उत्तर आधुनिकतावादी मजदूरी को सेवा का नाम देते हैं, इस पर आपकी कोई टिप्पणी...।

मैनेजर पाण्डेय : फ्रांस के एक प्रसिद्ध समाजशास्त्री थे। अभी उनकी मृत्यु हुई है। उन्होंने कहा है कि पंडिताऊ शास्त्रार्थ की प्रवृत्ति उत्तर आधुनिकतावाद में दिखाई देती है। मतलब यह कि मजदूरी को सेवा कहना, उनमें से शोषण के बोध को गायब करना। शोषण का बोध नहीं होगा तो संघर्ष की सम्भावना भी नहीं होगी। इसलिए मैं बार-बार कहा करता हूँ कि उत्तर आधुनिकतावाद असल में पूँजीवाद के वर्तमान दौर की रक्षा करने वाली विचारधारा है।

देवेन्द्र कुमार चौबे : उत्तर आधुकिनतावादी कहते हैं कि सर्वहारा वर्ग खत्म हो गया, वे सब मध्य वर्ग में शामिल हो गये हैं। उनकी इस मान्यता पर आपका क्या सोचना है?

मैनेजर पाण्डेय : मतलब सपने में ऐसा हो गया होगा। सपनों पर तो मेरा नियन्त्रण नहीं है...। जाकर पूछना चाहिए कि भारत जैसे देश में जहाँ लाखों मजदूर बेकार हैं और दस हजार से अधिक किसानों ने आत्महत्या कर ली है, ये जीवन से मुक्त होकर मध्यवर्ग में शामिल हुए हैं क्या? इस मूर्खतापूर्ण मान्यता पर मैं क्या कह सकता हूँ। आप उन किसानों से जाकर...अब तो खैर कैसे पूछेंगे आप, जिन्होंने आत्महत्या कर ली। उनके घर-परिवार के लोग बता सकते हैं कि वे मध्यवर्ग में शामिल हुए हैं या प्रेतों में शामिल हो गये हैं। यह बहुत ही भ्रामक, मैं कह सकता हूँ कि छल-छद्म से भरी हुई बातें हैं।

देवेन्द्र कुमार चौबे : हिन्दी आलोचना में एक दौर ऐसा था जब आधुनिकता और आधुनिकतावाद की चर्चा थी। आज उत्तर आधुनिकतावाद की यह यात्रा साहित्य और समाज की वास्तविकताओं से कितनी जुड़ी है?

मैनेजर पाण्डेय : यह तो मैं मान सकता हूँ कि आजकल हिन्दी आलोचना में उत्तर आधुनिकतावाद की चर्चा बहुत है लेकिन मेरी जानकारी में हिन्दी में कोई उत्तर आधुनिकतावादी आलोचक नहीं है, मैं सुधीश पचौरी को याद करते हुए यह बात कहना चाहता हूँ। उसका एक कारण है कि उत्तर आधुनिकतावादी रचनाशीलता भी

हिन्दी में अभी उस तरह से विकसित नहीं हुई है जिसकी उत्तर आधुनिकतावादी औजारों से ही व्याख्या करने की जरूरत बनती हो। इसलिए यह पूरी बहस ठोस आलोचना होने के बदले केवल विचार के स्तर पर मौजूद है। लेकिन आधुनिकता और आधुनिकतावाद से सम्बन्धित जो बहस थी वह गहरे स्तर पर आलोचनात्मक बहस थी क्योंकि आधुनिक रचनाशीलता और आधुनिकतावादी रचनाशीलता के विकास के साथ-साथ आधुनिक और आधुनिकतावादी आलोचना का भी विकास हुआ है। हिन्दी में उसका क्षेत्र बहुत लम्बा है। आप उसको आचार्य रामचन्द्र शुक्ल से लेकर नामवर सिंह तक में देख सकते हैं।

और देखिए जब आधुनिक कहा जाता है तो मैं मार्क्सवाद को आधुनिकता का ही एक रूप समझता हूँ। यद्यपि मार्क्सवादियों ने आधुनिकतावाद का विरोध किया लेकिन आधुनिक और आधुनिकतावाद में फर्क करने की जरूरत है। मैं आधुनिक विचारधाराओं के अन्तर्गत मार्क्सवाद को रखता हूँ, आधुनिकतावाद को इससे अलग रखता हूँ। जैसी रचनाशीलता आधुनिकता और आधुनिकतावाद के साथ हिन्दी में विकसित थी, वैसी रचनाशीलता और आलोचना अभी उत्तर आधुनिकतावाद से प्रेरित, प्रभावित होकर हिन्दी में विकसित नहीं हुई है।

देवेन्द्र कुमार चौबे : आपने एक साक्षात्कार में कहा है कि 'आलोचक को कोई वाद वहीं तक मदद कर सकता है, जहाँ तक वह रचना की अर्थवत्ता और सार्थकता समझने में सहायक हो।' उत्तर आधुनिकतावाद के सन्दर्भ में यह बात कहाँ तक सच है?

मैनेजर पाण्डेय : देखिए, उत्तर आधुनिकतावाद के सन्दर्भ में यह कहा जा सकता है कि यह हवा में तैरते विचारों को पकड़कर अपना व्यवसाय चलाने की कोशिश है। यह ठीक है कि मार्क्सवाद से या मार्क्सवादी आलोचना की दृष्टि से आप पुराने साहित्य की भी व्याख्या कर सकते हैं। लोगों ने कालिदास से लेकर भक्तिकाल होते हुए छायावाद तक की व्याख्या मार्क्सवादी दृष्टि से की है। मार्क्सवादी दृष्टि से गैर मार्क्सवादी रचनाओं की व्याख्या करना जिस तरह सम्भव है उसी तरह उत्तरआधुनिक दृष्टि से गैर उत्तर आधुनिकतावादी और पुरानी रचनाओं की व्याख्या करना भी सम्भव है। लेकिन यह तभी सम्भव होगा जब पहले उत्तरआधुनिकतावादी की व्यवस्थित समझ विकसित हो। मेरी चिन्ता और शिकायत यह है कि अभी हिन्दी में उत्तर आधुनिकतावाद की व्यवस्थित समझ ही पैदा नहीं हुई है।

उत्तर आधुनिकतावाद की एक स्थापना यह है कि (साहित्य के प्रसंग में) शास्त्रीय और लौकिक के बीच कोई फर्क नहीं है। मतलब क्लासिकल और फोक के बीच कोई अन्तर नहीं है। अगर आप इसको रचना के स्तर (शास्त्र) पर देखना चाहें तो नागार्जुन की 'मन्त्र' कविता में इसको देखा जा सकता है। बाबा ने लौकिक और शास्त्रीय दोनों को मिलाने की कोशिश की है और बहुत सफल कोशिश की है। इस कोशिश के माध्यम से उन्होंने धारदार राजनीतिक समझ की कविता लिखी है

'मन्त्र'। अब कोई चाहे और उत्तर आधुनिकतावाद के भीतर लौकिक और शास्त्रीय का द्वन्द्व और दोनों की एकता की जटिलता को समझता हो तो वह नागार्जुन की इस कविता की ठीक से व्याख्या कर सकता है। लेकिन केवल अध्ययन की सुविधा के लिए उत्तर आधुनिकतावाद को एक मुहावरे के रूप में अपनाते जाने से हिन्दी आलोचना का कोई ज्यादा भला होने वाला नहीं है।

देवेन्द्र कुमार चौबे : एक समय में मार्क्सवादी विचारधारा ने हिन्दी साहित्य की दिशा और दशा बदलने में महत्त्वपूर्ण भूमिका निभायी थी। क्या आपको लगाता है कि उत्तर आधुनिकतावाद वही भूमिका निभा पायेगा?

मैनेजर पाण्डेय : ऐसा है कि मार्क्सवादी आलोचना ने हिन्दी आलोचना और हिन्दी साहित्य की दिशा बदलने में जो महत्त्वपूर्ण भूमिका निभायी थी उसका एक कारण यह भी था कि मार्क्सवादी आलोचना केवल साहित्यिक दृष्टिकोण नहीं है। वह एक साथ साहित्यिक, सामाजिक, सांस्कृतिक और राजनीतिक दृष्टिकोण है। और इस व्यापक दृष्टि के तहत मार्क्सवादी आलोचना ने हिन्दी साहित्य में हस्तक्षेप किया और उसकी दिशा बदलने में एक भूमिका निभायी। उत्तर आधुनिकतावाद इस तरह की समग्रता को स्वीकार नहीं करता। दूसरी बात यह भी है कि मार्क्सवादी आलोचना दृष्टि का विकास अपने देश में जनसंघर्षों की लम्बी परम्परा से जुड़कर हुआ था और उसी प्रकार की रचनाशीलता भी विकसित हुई थी। हिन्दी में अभी उत्तर आधुनिकतावादी रचनाशीलता का ठीक से विकास नहीं है। मैंने नागार्जुन की एक कविता का उल्लेख किया है। यद्यपि यह कविता लिखते समय नागार्जुन ने किसी उत्तर आधुनिकतावाद को ध्यान में नहीं रखा था और वे जानते भी नहीं थे कि उत्तर आधुनिकतावाद क्या है।

सजग रूप से उत्तर आधुनिकतावादी लेखक हिन्दी में मेरी जानकारी में एक ही हैं। वे हैं मनोहर श्याम जोशी, जो घोषित रूप से अपने उपन्यासों को उत्तर आधुनिकतावादी मानते हैं और स्वीकार भी करते हैं। असल में जब तक हिन्दी में उत्तर आधुनिकतावादी रचनाशीलता का विकास नहीं होगा तब तक उत्तर आधुनिकतावादी आलोचना भी ठीक से विकसित नहीं होगी। इसलिए मैं सारांश के रूप में कहूँ तो उत्तर आधुनिकतावादी आलोचना दृष्टि महत्त्वपूर्ण भूमिका निभा सकती है। यद्यपि वह मार्क्सवादी आलोचना दृष्टि का स्थानापन्न कभी नहीं बनेगी। लेकिन उसकी एक भूमिका हो सकती है, बशर्ते कि एक तो स्वयं उत्तर आधुनिकतावाद की शक्ति और सीमाओं का स्पष्ट बोध हो और दूसरी उत्तर आधुनिकतावादी रचनाशीलता का भी विकास हो और तीसरे, इन दोनों के बीच एक द्वन्द्वात्मक सम्बन्ध का निर्माण हो।

साहित्य मनुष्य की स्वतन्त्रता की अभिव्यक्ति है

(स्त्रीकाल और मैनेजर पाण्डेय के बीच बातचीत)

स्त्रीकाल : स्त्री, दलित, ब्लैक आदिवासी अस्मिताओं की आवाज को एक वर्ग पूँजीवादी शह से उत्पन्न आवाज मानता है या फिर पोस्ट माडर्न समय का उत्पाद तो क्या यह समझ अस्मिताओं की आवाज के नकार की साजिश नहीं है।

मैनेजर पाण्डेय : मैं समझता हूँ कि साहित्य मूलतः मनुष्य की स्वतन्त्रता की अभिव्यक्ति है और उसका लक्ष्य भी है मनुष्य की स्वतन्त्रता की रक्षा करना। हाल के वर्षों में जिस क्रम में पूँजीवाद के प्रसार के कारण मनुष्य की परतन्त्रताएँ बढ़ी हैं, उसी क्रम में, उसी अनुपात में स्वतन्त्रताओं की चिन्ता बढ़ी है। इसलिए आजकल साहित्य में स्वतन्त्रताओं की हर चिन्ता को उत्तर-आधुनिकतावाद से जोड़कर देखना साहित्य के मूल स्वभाव को न समझना है। यह ठीक है कि उत्तर-आधुनिकतावाद ने अनेक स्तरों पर स्वाधीनता की चिन्ताओं को, आन्दोलन को दिग्भ्रमित किया है, लेकिन स्वाधीनता की चिन्ताओं और कोशिश को जिस ओर से गति मिले उस ओर से उसे प्राप्त करना चाहिए। इसलिए केवल स्त्रियों की स्वाधीनता को उत्तर-आधुनिकता से जोड़कर देखना और खारिज करना अपने पैरों पर ही कुल्हाड़ी मारने जैसा है। मैं इससे कतई सहमत नहीं हूँ कि स्त्री, दलित की स्वाधीनता के प्रश्न उत्तर-आधुनिकता की देन हैं। उत्तर-आधुनिकतावाद और इन प्रश्नों में बुनियादी अन्तर यह है कि उत्तर-आधुनिकतावाद सारे विरोध, विद्रोह, द्वन्द्व आदि को केवल विमर्श तक सीमित रखता है, उन्हें यह समाज की क्रियाशील प्रक्रिया के भीतर ले जाने की सुविधा नहीं देता।

अब स्त्रियाँ पराधीन हुई हैं सामाजिक प्रक्रिया में, तो स्वाधीन भी होंगी सामाजिक प्रक्रिया से, उनकी पराधीनता केवल विमर्श की पराधीनता नहीं है। इसलिए स्त्रियों की स्वाधीनता भी केवल विमर्श की स्वाधीनता नहीं है। एक बात और ध्यान में रखने लायक है। बहुत पहले मार्क्स ने कहा था कि दार्शनिकों ने दुनिया की तरह-तरह से व्याख्या की है, परन्तु मूल सवाल परिवर्तन का है, मैं मार्क्स के इस कथन को थोड़ा आगे बढ़ाना चाहता हूँ। असल में व्याख्या का उद्देश्य भी परिवर्तन है, इसलिए अगर परिवर्तन के लिए प्रेरित व्याख्या हो तो वह बेहतर होगा, उससे, जो चीजों को

बिना समझे बदलने का प्रयास करता है, इसीलिए स्त्रियों की या दलितों की स्वाधीनता के सवाल की तीन अवस्थाएँ मैं देखता हूँ। पहली, पराधीनता की सच्चाइयों को समझने का कोशिश करना, दूसरी, उनकी व्याख्या की कोशिश करना और तीसरी, उनको बदलने की कोशिश करना। इसलिए प्रारम्भ के दो चरणों को छोड़कर आप सीधे तीसरे चरण में आना चाहेंगे तो नासमझी में आधा-अधूरा ही परिवर्तन होता है। असल में व्याख्या चेतना को बदलती है और चेतना को बदलने की प्रक्रिया से ही समाज को बदलना सम्भव हो पाता है।

स्त्रीकाल : दरअसल, आधुनिकता और आधुनिक शिक्षा के माध्यम से ही दलितों-स्त्रियों ने पराधीनता को समझा और बदलने के प्रयास प्रारम्भ किये, आधुनिक शिक्षा का महत्त्व 'फूको' से बहुत पहले ज्योतिबा गोविन्दराव फुले ने समझाया था।

मैनेजर पाण्डेय : देखिए...फुले तीन स्तरों पर काम कर रहे थे, उन्होंने युग को समझने की प्रक्रिया शुरू की और समझाने की प्रक्रिया भी शुरू की, अपने साहित्य के माध्यम से। दूसरे स्तर पर उन्होंने भारतीय समाज के इतिहास की नयी व्याख्या की, इस नयी व्याख्या से नयी समझ पैदा हुई। तीसरे स्तर पर उन्होंने सामाजिक परिवर्तन के लिए ठोस कार्यक्रम बनाये और उन्हें लागू किया। फुले जानते हैं कि किसी समाज में जब परिवर्तन होता है, तो उसके पीछे इतिहास की समझ आवश्यक है। इसीलिए उन्होंने चाहे 'शिवाजी का पँवाड़ा' पर लिखा हो या 'किसान का कोड़ा' या उनका समग्र साहित्य गहरे स्तर पर इतिहास की व्याख्या करता है।

स्त्रीकाल : साहित्य में इन दृष्टियों को एकांगी भी माना जाता है, जबकि मुख्य धारा के नाम पर सर्वांगी दृष्टि महज छलावा है, चीजों को देखने की वर्चस्वशाली दृष्टि भी एक खास दृष्टि है और स्त्री के लिये दृष्टि भी खास फिर स्त्री, दलित, ब्लैक दृष्टि को ही एकांगी माना जाना या टकराव पैदा करने वाली दृष्टियाँ मानना कितना तर्कसंगत है।

मैनेजर पाण्डेय : दरअसल, मुख्य धारा बहुत ही भ्रामक शब्द है, वर्चस्वशाली धारा ही स्वयं को मुख्य धारा कहती है और दूसरों को स्वतन्त्रता देने के बदले अपने में डुबाने का काम ज्यादा करती है। इसलिए उत्तर-आधुनिकता की एक बात को तो मैं स्वीकार करता हूँ कि यह जो केन्द्रवाद है उसी का एक रूप है, मुख्यधारा की धारणा। इसलिए स्त्रियों और दलितों की सामाजिक, सांस्कृतिक और राजनीतिक स्वतन्त्रता को मुख्यधारा के नारे से भटकना किसी भी प्रकार ठीक नहीं होगा।

एकांगी का जहाँ तक सवाल है, तो यह आरोप वे लगा रहे हैं, जो स्वयं सर्वांगीड़ नहीं हैं, हिन्दी और हिन्दुस्तान के मार्क्सवादी भी नहीं। मैं मार्क्सवाद के प्रसंग में

दलितों के सवाल पर उपेक्षा और दुविधा, जो मार्क्सवादियों के बीच रही है, उसकी बात करना चाहता हूँ। सन् 1946 में डांगे की प्रसिद्ध रूसी मार्क्सवादी चिन्तक ज्यावदानावो से बातचीत जो अब तक प्रकाश में आ चुकी है, में ज्यावदानावों ने कहा था कि 'भारत में जातिवाद से लड़े बिना समाजवाद का कोई भविष्य नहीं, दलितों के सवाल पर मार्क्सवाद असफल हुआ। फुले और अम्बेडकर की स्थापनाओं से असहमति से उनका तो कुछ नहीं बिगड़ा परन्तु मार्क्सवाद और मार्क्सवादियों का ही नुकसान हुआ। दरअसल भारतीय मार्क्सवादियों ने आत्म आलोचन नहीं किया बल्कि दूसरों की आलोचना में इन्हें सिद्धहस्तता प्राप्त है। 'गॉड ऑफ स्माल थिंग्स' में अरुंधती राय ने बताया है कि किस प्रकार पितृसत्ता, ईसाइयत और मार्क्सवाद के त्रिकोण ने मिलकर स्त्री-दलितों को सताया है। अंग्रेजों के प्रति फुले, अम्बेडकर या दलितों के मन में जो थोड़ी बहुत सहानुभूति दिखाई देती है उसके कारणों को समझना बहुत जरूरी है। अम्बेडकर पूरी तरह से समझ रहे थे कि आजादी के बाद सवर्ण हिन्दू ही हावी होंगे। भय था कि दलित पुनः गुलामी में ही जकड़ जाएँगे। अंग्रेजों ने दो स्वतन्त्रताएँ दे रखी थीं, उनका बड़ा अर्थ था—एक शिक्षा की और दूसरी कानून के समक्ष समानता की। हत्यारा चाहे ब्राह्मण हो या दलित, हत्या के अपराध के लिए कानून के समक्ष समान था, इन कारणों से अंग्रेजों के प्रति थोड़ी-बहुत सहानुभूति बनती ही थी।

स्त्रीकाल : अस्मिताओं के टकरावों को लेकर...

मैनेजर पाण्डेय : मुझे लगता है कि पूरा भारतीय समाज स्वाधीनता के लिए बेचैन है। समाज में लोग अलग-अलग तरह की पराधीनता के शिकार हैं। दो तरह का दृष्टिकोण अपनाया जा सकता है। एक तो यह कि हर समुदाय, जो पराधीनता का शिकार है, उसके अलग संघर्ष हैं। दूसरा दृष्टिकोण हो सकता है कि कोई विचारधारा सबकी स्वतन्त्रता के लिए संघर्ष नहीं कर सकती है। इसलिए लोगों के मन में शंका अनिवार्य है। मैं समझता हूँ कि भारतीय समाज को समझने के लिए दो तरह की धारणाएँ हैं। जाति की और वर्ग की। दोनों को ही सच मानकर बात करनी चाहिए। कुछ लोगों का मानना है कि वे वर्ण को तो सच मानते हैं परन्तु वर्ग को सच नहीं मानते। समाज की संरचना ऐसी है कि दोनों की सच्चाइयों को समझना चाहिए। विडम्बना तो यह है कि वर्ग की अवधारणा पर राजनीति करने वाली पार्टियाँ भी जाति के आधार पर राजनीतिक चुनाव लड़ती हैं, फिर वे दलितों को ही जातिवादी होने का आरोप कैसे लगाती हैं। पूरे हिन्दी बेल्ट में सी.पी.एम. ने दो लोगों का समर्थन किया। लालू यादव और मुलायम सिंह यादव का ...ये दोनों पक्के जातिवादी हैं। ये दोनों ही वर्ग की दृष्टि से उच्च हैं और परम जातिवादी हैं फिर भी इन्हें समर्थन प्राप्त है, इस नाम पर कि ये धर्म-निरपेक्ष हैं।

स्त्रीकाल : तो व्यावहारिक स्तर पर वर्ग और जाति आधारित शोषण का अन्तर्सम्बन्ध है?

मैनेजर पाण्डेय : एक आदमी छोटी जाति का होते हुए आर्थिक ताकत के बल पर उच्च वर्ग में जाएगा और धनहीन ब्राह्मण उससे व्यवहारतः हीन होगा, लेकिन वही ब्राह्मण अपने बराबर या अपने से थोड़े ऊपर की आर्थिक हैसियत वाले दलित के सामने श्रेष्ठता बोध में रहेगा। इस प्रकार वर्ण और वर्ग के जटिल सम्बन्धों को देखना जरूरी है।

स्त्रीकाल : अस्मिताओं के टकराव को लेकर पुरुषोत्तम अग्रवाल का एक आलेख प्रकाशित हुआ था 'हम को डर आतिशे गुल से है...'

मैनेजर पाण्डेय : दरअसल वह आलेख धर्मवीर की मूर्खताओं के जवाब में आया था। इसलिए पुरुषोत्तम अग्रवाल की बजाय धर्मवीर को ध्यान में रखने से स्पष्ट होगा कि धर्मवीर एक तो स्त्रीविरोधी हैं और दूसरे जाति-व्यवस्था की स्थापना को अपने सारे लिखने-पढ़ने की तरकीब समझ बैठे हैं। इसलिए दोनों बातें एक तरह से मध्यकालीन मानसिकता को दर्शाती हैं और अम्बेडकर के ठीक विरोध में खड़ी होती हैं। धर्मवीर स्वयं को अम्बेडकर से भी बड़ा दिखाते हैं। सवाल अस्मिताओं के विकास का नहीं है, खतरा तब पैदा होता है जब एक अस्मिता दूसरों से अपने सम्बन्धों को भूलकर अपने विषय में बात करती है, तब टकराव की स्थितियाँ बनती हैं। केवल अपनी बात कोई अस्मिता करेगी तो वह दूसरी अस्मिताओं के लिए खतरा बनेगी। इसलिए इनका टकराव, अस्मिताओं के आन्दोलन को गलत दिशा में जाने का दुष्परिणाम है। अस्मिताओं का विस्तार राष्ट्रीय अस्मिता तक होता है। राष्ट्रवाद एक स्तर पर अच्छी चीज है, दूसरे स्तर पर राष्ट्रीय अस्मिता जब आक्रामक होती है तब साम्राज्यवाद बन जाती है। इसलिए आप साम्राज्यवाद का विरोध कर सकते हैं। राष्ट्रवाद का विरोध करने की प्रवृति उतनी ही गलत है जितनी कि अस्मिताओं के आक्रामक होने के नाम पर अस्मिताओं के ही विरोध की प्रवृत्ति बन रही है।

स्त्रीकाल : अब थोड़ी-सी बात साहित्य की। कहा जाता है कि उत्पीड़ित ही उत्पीड़ितों को अभिव्यक्ति दे सकते हैं, आपकी क्या राय है?

मैनेजर पाण्डेय : देखिए, मैं मानता हूँ उत्पीड़ित ही उत्पीड़ित की बात कह सकते हैं, जो सहता है वही जानता है और जो जानता है वही तो ठीक से कह भी सकता है। इसलिए बुनियादी तौर पर यह बात सही है। एक बात और कि फरियाद की कोई लय नहीं होती। आर्तनाद को बाँसुरी पर नहीं सुना जा सकता। लेकिन एक बात और है कि कलाएँ लम्बे काल में विकसित होती हैं। कुम्हार जो सौ सालों से घड़ा बना रहा है, वह उस आदमी की तुलना में बेहतर बनाएगा जो पहली बार शुरू कर रहा है। इसलिए बनाने के पुरुषार्थ/योग्यता से अधिक महत्त्वपूर्ण बना पाने की

सफलता है। इसलिए दलित, जो साहित्य लिख रहे हैं, जो कि एक कला भी है, उसके विकास और उन्नति की भी चिन्ता उन्हें होनी चाहिए। जहाँ चिन्ता हुई है साहित्य बेहतर हुआ है। दलितों ने मराठी में अत्यन्त कलात्मक दलित साहित्य लिखा है, लेकिन जो आजाद है, वह आजादी की बात भी बेहतर कर सकता है, हमें समझना चाहिए। इसीलिए दलितों की पराधीनता, उत्पीड़न और पीड़ा के बारे में गैर दलितों ने भी काफी संवेदना की भावनाओं के साथ लिखा है। इसलिए मैं अपनी सारी समझ के साथ कहना चाहता हूँ कि आज तक प्रेमचन्द की 'ठाकुर का कुआँ' और 'सद्गति' जैसी कहानियाँ नहीं लिखी गयी हैं। प्रेमचन्द को सिर्फ इसलिए खारिज नहीं किया जा सकता है कि वे दलित नहीं थे।

स्त्रीकाल : यहाँ तक तो बात सही है, परन्तु एक और ध्यान दिलाऊँ कि उन्नीसवीं शताब्दी में पुरुष सुधारक जिन्होंने स्त्रियों के लिए चिन्ताएँ जतायीं, सुधार कार्यक्रम चलाये, उनसे अलग पण्डिता रमाबाई, ताराबाई शिंदे की चिन्ताएँ थीं। विवाह, पुनर्विवाह, विधवा विवाह उनकी प्राथमिकताओं में नहीं थे तो फर्क तो पड़ता ही है...

मैनेजर पाण्डेय : आपकी बात समझ रहा हूँ, परन्तु मैं यह दोहराऊँगा कि स्त्रियों की आजादी की बात पुरुषों ने तो उठायी थी परन्तु जब स्वयं अपनी आजादी की बात स्त्रियों ने करनी प्रारम्भ की तो वे पुरुषों की तुलना में अधिक तेजस्वी और बेहतर ढंग से कह सकीं। इसको मैं स्वीकार करता हूँ कि स्त्रियाँ जब-जब अपनी स्वाधीनता की बात करती हैं तो उसमें अलग आग और ऊर्जा होती है।

स्त्रीकाल : लेकिन आपके अनुसार साहित्य की कलात्मकता के लिए थोड़ी और गुंजाइश है जबकि मराठी में गैर मराठी दलित साहित्य की तुलना में बेहतर रचनाएँ आयी हैं। हाँ, चन्द्रकान्त बाँदीवडेकर ने अपनी व्यक्तिगत बातचीत में यह कहा था कि मराठी दलित साहित्य में अभी श्रेष्ठ रचना आना बाकी है।

मैनेजर पाण्डेय : यह बाँदीवडेकर जी की अपनी राय हो सकती है। परन्तु मराठी में जो दलितों ने आत्मकथाएँ लिखी हैं, उससे बेहतर आत्मकथाएँ यदि गैर दलितों ने लिखी हों, तब मैं यह मानूँगा कि चन्द्रकान्त बाँदीवडेकर की बात सही है। यह गलत राय है और अपने पूर्वग्रह को दलित साहित्य पर थोपना है। किसी मराठी लेखक ने यदि दलितों की आत्मकथा से उन्नत आत्मकथा लिखी हो तब मैं यह मानूँगा कि दलितों में अभी बेहतरी की गुंजाइश है।

स्त्रीकाल : दलित सौन्दर्य शास्त्र, खासकर शरणकुमार लिम्बाले और ओमप्रकाश बाल्मीकि की किताबें भी आयी हैं, कैसा सौन्दर्य शास्त्र होगा और क्या सौन्दर्य शास्त्र लिखने का समय भी आ चुका है? जबकि आपने कहा कि आर्तनाद बाँसुरी पर नहीं गाया जा सकता।

मैनेजर पाण्डेय : 'उच्चका' नाम की जो आत्मकथा है, गायकवाड की, उसे समाजशास्त्रीय दृष्टि से देखा जाना चाहिए। असल में मैं यह चाहता हूँ कि दलितों की समस्या और दलित साहित्य पर विचार समाजशास्त्रीय दृष्टि से हो तो बेहतर हो, सौन्दर्य शास्त्र की दृष्टि से नहीं। असल में दलितों की बेचैनी समझ में आती है, वे हर स्तर पर पहले लिखे साहित्य से आगे जाना चाहते हैं या बराबरी करना चाहते हैं। उन्हें समझना चाहिए कि कई हजार वर्षों में गैर दलित साहित्य का सौन्दर्य शास्त्र विकसित हुआ है, भारत में भी भारत के बाहर भी। आप असल में सौन्दर्य शास्त्र विकसित करके उसका जवाब नहीं दे सकते। क्योंकि ज्यों ही आप ऐसा करेंगे, तो आपके समक्ष भारत में ब्राह्मण दृष्टि से विकसित सौन्दर्य शास्त्र होगा या पश्चिम में बुर्जुआ दृष्टि से। कविता, कहानी, उपन्यास के बारे में कुछ भी लिख देना, सौन्दर्य शास्त्र नहीं है। सौन्दर्य शास्त्र एक व्यवस्थित शास्त्र है, उसकी कुछ मान्यताएँ हैं, उसका एक स्वरूप है। या तो आप उसके समानान्तर या उससे अलग कुछ लिखें तो बेहतर है, अन्यथा नाम दुहराने से कुछ नहीं होगा। दलितों का कोई भी सौन्दर्य शास्त्र विकसित हुआ, और वह प्रतिरोध का सौन्दर्य शास्त्र हुआ, तब तो यह सार्थक होगा अन्यथा भारतीय काव्य-शास्त्र को ही आगे बढ़ा रहा होगा।

आप रचनात्मक साहित्य इतना सशक्त लिखिए कि उसके आधार पर पुराना सौन्दर्य शास्त्र उलट जाये तो अपने आप ही एक नया सौन्दर्य शास्त्र निर्मित होगा। इस सन्दर्भ में मैं आखिरी बात कहूँगा कि किसी भी चीज को शास्त्र बद्ध करना उसके विकास को बाधित करना है।

स्त्रीकाल : पहली बैठक में बात जहाँ पहुँची थी, उसे वहाँ छोड़कर हम एक सवाल करना चाहते हैं कि ठीक है कि अस्मिताओं की आवाज पराधीनता को समझकर स्वाधीनता के लिए संघर्ष की आवाज है इसमें कोई पूँजीवादी साजिश नहीं है परन्तु बाजार तो अस्मिताओं को अपने तरीके से गढ़ता है, खासकर स्त्रियों के मामले में मुक्त स्त्री की छवि, बाजार की भूमिका के बारे में आपका क्या खयाल है?

मैनेजर पाण्डेय : पूँजीवाद स्वतन्त्रता की बात करते हुए अन्ततः पराधीन बनाने वाली परिघटना है। बाजार मनुष्य की स्वतन्त्रता की बात करते हुए उसे जड़ों से काटने और अपने में समाहित कर लेने की कोशिश करता है। अगर सावधानी न हो तो बाजार की चमक-दमक की ओर आकर्षित होना स्वाभाविक है। बाजार स्त्रियों की स्वतन्त्रता का दुरुपयोग अपने विकास के लिए अथवा चीजों को बेचने, खरीदने के लिए करता है, जिस सीमा तक उपयोग करता है उसमें स्वयं स्त्री पराधीन होती है और बिक जाती है। इसलिए यह एक खतरनाक स्थिति है। भूमण्डलीकरण के दौर में यद्यपि थोड़ी जगह दलितों, स्त्रियों के लिए बनी है, पर उनके लिए ही बनी है, जो थोड़ा ऊपर उठ चुके हैं, जो दलित समुदाय से ऊपर उठ चुके उन्हीं के लिए

थोड़ी सुविधा दिखती है। बहुसंख्यक दलित समुदाय और नीचे गया है। उसका कारण है कि भूमण्डलीकरण किसी लोक कल्याणकारी राज्य में विश्वास नहीं करता। असल में राज्य अब सामाजिक कार्यों की भूमिका से बच भी रहा है। इसलिए दलित, स्त्रियों के विकास में राज्य की जो भूमिका बनती थी, उस भूमिका से राज्य अपना हाथ खींच रहा है। भूमण्डलीकरण के नाम पर अधिक दुर्गति की स्थिति बनी है, यह भ्रामक धारणा है कि ग्लोबलाइजेशन के कारण दलितों को स्पेस मिला है।

स्त्रीकाल : अब साहित्य की ओर पुनर्वापसी। हिन्दी साहित्य ने स्वयं को संकुचित और सीमित कर रखा है। जो सामाजिक चेतना फुले, अम्बेडकर के यहाँ दिखाई पड़ती है, उसका प्रतिबिम्ब या उसका प्रतिनिधित्व हिन्दी साहित्य ने नहीं दिया। वीरभारत तलवार ने 'रस्साकशी' में भारतेन्दु युग के साहित्यकारों और खुद भारतेन्दु की भूमिका के बारे में लिखा है कि...

मैनेजर पाण्डेय : ऐतिहासिक तथ्यों को ध्यान में रखकर बात की जानी चाहिए। असल में फुले को यहाँ मार्गदर्शक के रूप में रखा नहीं जा सकता, हिन्दी के परिप्रेक्ष्य में। क्योंकि हिन्दी में फुले को लेकर कुछ उपलब्ध नहीं था उस समय इसलिए हिन्दी वाले फुले को जानते नहीं थे। भारतेन्दु हरिश्चन्द्र फुले से परिचित नहीं थे। वे बंगाल से प्रभावित थे पर असल दलित साहित्य आन्दोलन शुरू होने के पहले महाराष्ट्र में सांस्कृतिक, सामाजिक आन्दोलन की पृष्ठभूमि है। हिन्दी में फुले जैसी कोई धारा नहीं थी और चूँकि हिन्दी क्षेत्र में कोई अम्बेडकर भी पैदा नहीं हुआ इसलिए बाद के दिनों में भी हिन्दी में दलित चेतना का वैसा उभार नहीं हो पाया। अब तो एक अलग सवाल होगा कि फुले, अम्बेडकर महाराष्ट्र में ही क्यों पैदा हुए? इसका दूसरा पक्ष भी है कि केवल व्यापक सहानुभूति के आधार पर हिन्दी के कुछ लेखकों ने दलितों के विषय में लिखा। जाहिर है इसे न तो दलित साहित्य कहा जा सकता है और न दलित साहित्य की चेतना से वह रचना हुई थी। एक उदाहरण देता हूँ 'सरस्वती' हिन्दी की पत्रिका थी, उसमें छपने के लिए पटना के हीरा डोम ने एक कविता भेजी थी, भोजपुरी में। कविता हिन्दी में नहीं थी यह ध्यान रखने लायक है। महावीर प्रसाद जी के पास पर्याप्त आधार भी था उसे न छापने का, क्योंकि पत्रिका हिन्दी की थी और कविता भोजपुरी की लेकिन महावीर प्रसाद द्विवेदी ने उसे छापा। इसलिए उन लोगों की स्थितियों को समझने की जरूरत है।

स्त्रीकाल : इस समय सक्रिय महिला साहित्यकारों में महत्त्वपूर्ण लेखिकाओं के सन्दर्भ में...

मैनेजर पाण्डेय : कविता की दुनिया में सक्रिय महत्त्वपूर्ण कात्यायनी, अनामिका और सविता सिंह तथा निर्मला पुतुल कथा साहित्य में मैत्रेयी पुष्पा, गीतांजलि श्री, अलका सरावगी नयी पीढ़ी की लेखिका हैं, इन्होंने बहुत प्रयत्न और मेहनत से

साहित्य की दुनिया में अपनी जगह बनायी।

पुरानी पीढ़ी की कवयित्रियों और कथा लेखिकाओं से, अन्तर है कि ये अपने स्त्री होने के प्रति भी सजग हैं, पराधीनताओं के प्रति सजग हैं। ये पराधीनता के विरुद्ध सिर्फ आवाज ही नहीं उठातीं बल्कि संघर्षों को शब्द दे रही हैं। जाहिर है इनके पहले भी मन्नू भण्डारी, कृष्णा सोबती जैसी लेखिकाएँ हुई हैं—जबकि ये स्वयं को स्त्रीवादी रचनाकार नहीं मानती हैं, फिर भी इनके यहाँ स्त्री की अस्मिता और संघर्ष के सवाल बहुत सार्थक ढंग से उठे हैं।

स्त्रीकाल : नारीवादी इतिहासकारों ने महिला लेखन की परम्परा को भक्तिकाल की कवयित्रियों और बौद्धकालीन थेरीगाथा की लेखिकाओं से जोड़ा है। कुमकुम संगारी ने भक्ति काल का नारीवादी पाठ किया है, मीरा के सन्दर्भ में।

मैनेजर पाण्डेय : एक तो भक्ति आन्दोलन के बारे में मेरी समझ यह है कि भाषा और मनुष्य के सम्बन्ध को ध्यान में रखकर भक्ति आन्दोलन के काव्य को समझना चाहिए, यह अखिल भारतीय स्तर पर मातृभाषाओं के सर्जनात्मक लेखन का आन्दोलन है। भक्त कवि अपनी मातृभाषा के कवि हैं। कविता के केन्द्र में मातृभाषा ने स्त्रियों और दलितों को बड़े पैमाने पर आत्माभिव्यक्ति की स्वतन्त्रता के रूप में लिखने के लिए प्रेरित किया। असल में उस समय स्त्रियाँ सत्ता की भाषा से बहिष्कृत थीं और शास्त्र की भाषा से वंचित थीं। न तो संस्कृत उनकी भाषा थी और न फारसी। इसलिए मातृभाषा में रचना की स्वतन्त्रता फूटकर नदी की धारा की तरह बहती दिखती है।

यदि भक्तिकाल की कवयित्रियों पर विचार करना है, स्त्री की स्वाधीनता के प्रसंग में बात करनी है, तो मुझे लगता है इस प्रसंग में भाषा और जीवन के सम्बन्ध पर विचार करना चाहिए। इस आन्दोलन पर जो विचार हुए हैं, उनमें दो स्तर हैं, अंग्रेजी में स्त्री भक्तों पर लिखा जाना तथा दूसरे विभिन्न क्षेत्रों की लोकभाषाओं में। अंग्रेजी में मीराबाई को लेकर काम कुमकुम संगारी का है तथा मधुकिश्वर ने 'मानुषी' अंक निकाला था। तीसरा काम है परिता मुक्ता की 'होल्डिंग कॉमन-लाइफ'। अंग्रेजी में मीराबाई के अनुवाद भी काफी हुए हैं। अंग्रेजी के इन कामों में दृष्टि की नवीनता है, समकालीन चिन्तन से प्रेरणाएँ और प्रभाव भी उनमें मौजूद हैं इसलिए उनमें नयी बातें दिखाई देती हैं। लेकिन कुमकुम संगारी के लेख के साथ जो परेशानी है वह यह कि उनमें मीराबाई के पाठ के साथ आत्मीय सम्बन्ध दिखाई नहीं देता। पाठों की समझ और व्याख्या भी बहुत उत्साहवर्धक नहीं है, बल्कि मैं यह भी कहूँगा कि मीराबाई के काव्य में जो भावना और उद्दाम आवेग है, उसकी उपेक्षा हुई है तथा व्याख्याकार की बौद्धिकता प्रमुख हो गयी है। वैसे भी उत्तर-आधुनिकतावाद की एक बीमारी है, जो अनेक रूप में स्त्रीवादी लेखन में दिखाई पड़ती है, उसमें बाल की खाल

निकालने वाली बौद्धिकता अधिक है।

मीराबाई की व्याख्या के प्रसंग में नाभादास के 'भक्तमाल' के उस छन्द को अत्यन्त महत्त्वपूर्ण समझता हूँ, जो मीराबाई के बारे में है, उस छन्द में मीराबाई के बारे में चार-पाँच बातें कही गयी हैं। एक तो यह कि मीराबाई गोपियों की तरह कृष्ण से प्रेम करती थी। दूसरी बात यह कि मीराबाई निडर थी और निरंकुश भी, तीसरी बात यह कि मीराबाई ने लगातार जीवन भर संघर्ष किया और चौथी बात यह कि भारतीय समाज में स्त्री को पराधीन बनाने वाली दो बुनियादी प्रवृतियों के विरुद्ध संघर्ष किया और उनसे मुक्ति पायी। लोकलाज अर्थात् लोकमत और कुलकानी अर्थात् पितृसत्ता। मीराबाई के बारे में इन सभी बातों को ध्यान में रखकर आज भी पर्याप्त विचार नहीं हुआ। मीराबाई ने लोकमत और पितृसत्ता के साथ-साथ सिसौदिया राजसत्ता को भी चुनौती दी। इस चुनौती से जुड़े उनके अनेक पद मौजूद हैं। उन्होंने कहीं-कहीं एक साथ लोकमत और पुराण सत्ता को सजग चुनौती दी है। मीरा ने कहा है–

''लोकलाज कुल कानि जगत् की दई बहाय जस पानी, अपने घर का परदा कर लो मैं अबला बौरानी।''

यदि स्त्रियाँ विरोध करती हैं तो वह दिवानगी के साथ ही सम्भव है। मीराबाई की इन पंक्तियों में चुनौती है। मीरा का एक पद सामन्ती व्यवस्था के विषय में है, उससे बेहतर पद पूरे भक्ति साहित्य में नहीं है।

''थैं तो राणा म्हाने इसड़ा लागों ज्यों वृक्षन में केर''

इसलिए मीरा पर इन सभी दृष्टियों से काम करने की जरूरत है। मीरा की स्त्री चेतना की एक विशेषता यह भी है कि वे अपने सुख-दुःख की हिस्सेदारी केवल स्त्रियों से करती हैं, अपने पदों में कभी माँ को सम्बोधित करती है, तो कभी सखी को, वे कभी अपनी भावना को व्यक्त करने के लिए भाई या पिता को सम्बोधित नहीं करती इसलिए उनमें सहज रूप से एक व्यापक स्त्री चेतना मौजूद है जो अत्यन्त दुर्लभ है और जरूरी भी। मीराबाई के संघर्ष, जीवन संघर्ष और रचनात्मक संघर्ष की एक बड़ी उपलब्धि यह है कि उनके बाद राजस्थान में दर्जनों राजघराने की स्त्रियाँ कविता करने लगीं, जिनके बारे में अभी खोज हुई है। आखिरी बात यह कि मीराबाई बहुत बड़े क्षेत्र को प्रभावित करने वाली कवयित्री हैं। उनकी कविता को राजस्थान की स्त्रियाँ अपनी कविता मानती हैं और गुजरात की अपनी। इसी की व्याख्या परिता मुक्ता ने की है।

साहित्य, संस्कृति और समाज : एक संवाद

(अल्पना त्रिपाठी और मैनेजर पाण्डेय के बीच बातचीत)

अल्पना त्रिपाठी : पिछले एक दशक में समाज और संस्कृति में क्या महत्त्वपूर्ण परिवर्तन दिखाई पड़ते हैं?

मैनेजर पाण्डेय : पिछले 10-15 वर्षों में भारतीय समाज और संस्कृति में अनेक ऐसे परिवर्तन हुए हैं जिनका भारतीय समाज और संस्कृति के भविष्य पर गहरा असर पड़ेगा। पिछले एक दशक में भारत में पूँजीवाद, भूमण्डलीकरण के माध्यम से उन्मादी रूप में स्थापित हो रहा है। भारत की पिछली सरकार और वर्तमान सरकार ने आर्थिक नीतियों को पूँजीवाद के प्रसार के अनुकूल बनाने की हर सम्भव-असम्भव कोशिश की है। भारत में पूँजीवाद के वर्तमान दौर के मार्गदर्शक और निर्माता मनमोहन सिंह ही हैं जिन्होंने नयी आर्थिक नीतियों की शुरुआत नरसिंह राव के मन्त्रिमण्डल के वित्तमन्त्री के रूप में काम करते हुए की थी। और अब वर्तमान सरकार में प्रधानमन्त्री के रूप में उसको चरम सीमा तक पहुँचा रहे हैं। पूँजीवाद के इस बेरोक-टोक प्रसार के अनेक परिणाम भारतीय समाज को झेलने पड़ रहे हैं। अखबारों की खबरों के अनुसार पिछले एक दशक में जहाँ एक लाख पूँजीपति, करोड़पति बने हैं वहीं दूसरी ओर दो लाख के लगभग किसानों ने आत्महत्याएँ की हैं। इस बीच गरीबी और अमीरी का फर्क देश में बढ़ा है, असमानता बढ़ी है और भूखे रहने वाले लोगों की संख्या भी बढ़ी है। वर्तमान सरकार की आर्थिक नीतियों के तहत लगभग पाँच सौ सेज (स्पेशल इकोनॉमिक जोन-विशेष आर्थिक क्षेत्र) बनने हैं, ये सेज हर तरह के कानून से ऊपर हैं और होंगे। इनके अन्तर्गत शोषण और दमन की पूरी छूट पूँजीपतियों को मिलेगी। इसीलिए इन्हें मैं स्पेशल एक्सप्लाटेसन जोन (विशेष शोषण क्षेत्र) कहता हूँ। इन आर्थिक नीतियों के परिणाम स्वरूप किसानों, मजदूरों, छोटे दुकानदारों और छोटी नौकरियाँ करने वाले लोग बर्बाद हुए हैं और हो रहे हैं। इस बीच बाँधों और खानों की खुदाई के कारण बड़े पैमाने पर आदिवासी तबाह और विस्थापित हुए हैं। इस सबका एक नतीजा यह भी हुआ है कि आदिवासी, किसान, मजदूर और दूसरे साधारण जन अपने अस्तित्व के लिए केन्द्रीय और क्षेत्रीय सत्ताओं

से संघर्ष कर रहे हैं। सरकारें संघर्ष करने वालों का दमन कर रही हैं। सम्भवतः यही कारण है कि केन्द्र की सरकार वामपन्थी उग्रवाद को आर्थिक विकास के लिए सबसे बड़ा खतरा मानती हैं। वह नयी आर्थिक नीतियों से उत्पन्न होने वाली जनता की समस्याओं को हल करने के बदले उनके विरोध को दबाने के लिए दमन का रास्ता अपना रही है।

जिसे भूमण्डलीकरण कहा जा रहा है वह असल में पूँजीवाद का ही भूमण्डलीकरण है, बल्कि यह पूँजीवाद के भूमण्डलीकरण का दूसरा दौर है। पहले दौर में पूँजीवाद का भूमण्डलीकरण यूरोप के उपनिवेशवादी विस्तार का हिस्सा था। आश्चर्य की बात यह है कि आज जो भूमण्डलीकरण की प्रक्रिया भारत में चल रही है उसको इस देश के दक्षिण-पन्थी और वामपन्थी सभी राजनीतिक दल स्वीकार करते हैं।

राजनीतिक स्तर पर पिछले एक दशक में सबसे बड़ी घटना यह हुई है कि केन्द्र की वर्तमान सरकार ने भारतीय जनता के लगभग दो सौ वर्षों के साम्राज्यवाद विरोधी संघर्ष को भूलकर अमेरिकी साम्राज्यवाद से गहरा रिश्ता बनाया है और अमेरिकी सत्ता की सहायक बन गयी है। जिसे परमाणु समझौता कहा जा रहा है वह असल में अमेरिकी सत्ता के विश्वव्यापी प्रभुत्व स्थापना के अभियान में सहायक के रूप में शामिल होने की आकांक्षा का परिणाम है। इस देश में दो मुख्य राजनीतिक दल हैं—कांग्रेस और भारतीय जनता पार्टी (भाजपा)। पूँजीवाद के प्रसार और साम्राज्यवाद से गठजोड़ के प्रसंग में इन दोनो दलों में कोई फर्क नहीं लगता, इन दोनों दलों के बीच अन्तर पर विचार करते हुए मुझे बालमुकुन्द गुप्त की 1906 में लिखी एक कविता की एक पंक्ति याद आ रही है :

नहीं कोई लिवरल
नहीं कोई टोरी
जो परनाला सोई मोरी।

इस देश में लोकतन्त्र केवल चुनाव तक सीमित रह गया है और चुनाव पर धनबल तथा बाहुबल का कब्जा हो गया है। भारत की केन्द्रीय सरकार और राज्यों की सरकारें भी विरोध को अपराध मानने लगी हैं। जो व्यवस्था विरोध को अपराध समझती है वह लोकतान्त्रिक कैसे हो सकती है? केन्द्र और राज्य की सरकारें अपनी सत्ताओं की शक्तियों का उपयोग, विरोध के दमन के लिए करती दिखाई देती हैं।

पिछले एक-दो दशकों में देश में सांस्कृतिक स्तर पर अनेक बदलाव दिखाई दे रहे हैं। एक ओर भारतीय समाज और जनजीवन का सांस्कृतिक स्तर पर अमेरिकीकरण हो रहा है तो दूसरे स्तर पर बड़े पैमाने पर साम्पद्रायिकता, धार्मिक कट्टरतावाद, रूढ़िवाद और अन्धविश्वासों का प्रचार-प्रसार हो रहा है। हाल के वर्षों में वैचारिक

स्तर पर भारत की दूसरी खोज शुरू हुई है। पहली खोज स्वाधीनता आन्दोलन के दौरान हुई थी जिसका लक्ष्य था भारत के इतिहास और परम्परा में स्वतन्त्रता और लोकतन्त्र के तत्त्वों, मूल्यों और अभिप्रायों की खोज। भारतीय नवजागरण के विचारक और लेखक अपने बौद्धिक प्रयत्नों के द्वारा स्वतन्त्रता और लोकतन्त्र के मूल्यों की खोज में लगे हुए दिखाई देते हैं। मैं जिसे भारत की दूसरी खोज कह रहा हूँ वह अनन्य भारत की खोज है, विशुद्ध हिन्दू भारत की खोज है। जिसमें इस देश के विभिन्न धर्मों और समुदायों के उन लोगों का कोई योगदान नही माना जाता है, जो हिन्दू नहीं हैं। इस विचार प्रक्रिया का विस्तार राजनीति से लेकर साहित्य तक में है। इसी प्रक्रिया के अन्तर्गत एक ओर सांस्कृतिक राष्ट्रवाद की धारणा बनायी और फैलायी जा रही है तो दूसरी ओर साहित्य की आलोचना में भारतीय उपन्यास, भारतीय कविता, भारतीय कला दर्शन और भारतीयता की खोज हो रही है।

इस बीच में आज के उत्तर-आधुनिक समय में बड़े पैमाने पर मध्ययुगीनता की वापसी हो रही है। मध्ययुगीनता की यह वापसी भारत में ही नहीं, यूरोप और अमेरिका में भी दिखाई देती है। उत्तर-आधुनिकता ने यूरोप के ज्ञानोदय के मूल्यों और मान्यताओं का पूरी तरह खण्डन किया है। ज्ञानोदय की परम्परा रूढ़िवाद से मुक्ति की परम्परा थी। विवेकवाद और स्वतन्त्र मानवीय चेतना के महत्त्व की स्थापना ज्ञानोदय के विचारकों ने की थी। उन सबका खण्डन उत्तर-आधुनिकतावाद ने किया। जाहिर है जहाँ विवेकवाद नहीं होगा वहाँ आस्था होगी और आस्था का अन्त रूढ़िवाद में होता है। उत्तर-आधुनिकतावाद पैदा तो फ्रांस में हुआ था लेकिन उसका सबसे अधिक प्रचार-प्रसार अमेरिका में हुआ। उसी अमेरिका में *बाइबिल* में वर्णित सृष्टिवाद को महत्त्व दिया जा रहा है और डारविन के विकासवाद का खण्डन किया जा रहा है। विकासवाद को छोड़कर सृष्टिवाद को अपनाना आधुनिकता से निकलकर मध्ययुगीनता में जाना है। इस प्रक्रिया का एक रूप यह भी है कि डारविन के साथ-साथ कार्ल मार्क्स और फ्रॉयड के चिन्तन का लगातार खण्डन किया जा रहा है क्योंकि ये तीनों प्रकृति, मानव-समाज और मानव-चेतना के संचालन में ईश्वर की कोई भूमिका स्वीकार नहीं करते। यही बात धार्मिक रूढ़िवाद के समर्थकों को परेशान करती है और वे खीझकर डारविन, मार्क्स और फ्रॉयड के विचारों का खण्डन करते हैं।

अमेरिका के पूर्व राष्ट्रपति जॉर्ज डब्ल्यू बुश ने अल कायदा के विरुद्ध जो युद्ध शुरू किया उसे मध्ययुगीन धार्मिक युद्ध के रूप में अमेरिकी जनता और सारी दुनिया की जनता के सामने रखा। उसका जवाब देते हुए ओसामा-बिन-लादेन ने भी अमेरिका से अपने युद्ध को धर्म युद्ध ही कहा है। इससे यह लगता है कि अमेरिकी राजनीति में मध्ययुगीनता साफ दिखाई देती है। अमेरिका और यूरोप के अनेक

विचारक भी आज की समस्याओं को मध्ययुगीन भाषा में समझने-समझाने का प्रयास कर रहे हैं। आप कह सकते हैं कि ऐसे प्रसंगों में मध्ययुगीनता एक बहाना है। मुझे लगता है कि वह बहाना ही सही पर उत्तर-आधुनिक समय में उसकी उपस्थिति क्या हमारे समय की सांस्कृतिक विडम्बना की ओर संकेत नहीं करती।

भारत के जन-जीवन में अनेक रूपों में मध्ययुगीनता पहले से मौजूद है। भारतीय सांस्कृतिक सन्दर्भ की एक विडम्बना यह भी है कि यहाँ आधुनिकता पूरी तरह आयी नहीं कि उत्तर आधुनिकता आ गयी और अब उत्तर-आधुनिकता के बीच में मध्ययुगीनता अनेक रूपों में वापस लौट रही है। भारत में उत्तर-आधुनिकता लाने में काफी बड़ी भूमिका इलेक्ट्रॉनिक मीडिया की है। पर वर्तमान में हालत यह है कि पाँच-सात इलेक्ट्रॉनिक मीडिया के ऐसे चैनल हैं जिन पर 24 घंटे महात्माओं, सन्तों, बाबाओं, ज्योतिषियों आदि के प्रवचन प्रसारित होते रहते हैं। अनेक चैनल केवल धार्मिक सीरियल दिखाकर करोड़ो रुपया कमाते हैं। इनमें से किसी चैनल की दिलचस्पी जन-जीवन के दुःख, दर्दों, तबाहियों, परेशानियों आदि में नहीं है।

भारतीय राजनीति में मध्ययुगीनता अनेक रूपों मे दिखाई देती है। यहाँ मन्त्रिमण्डल में फेरबदल, शपथ ग्रहण समारोह आदि ज्योतिषियों की सलाह पर होते ही हैं, बड़े-बड़े राजनेता स्वयं को मध्ययुगीन नायकों के रूप में जनता के सामने प्रस्तुत करते हैं। कोई तलवार भेंट लेता है तो कोई धनुष-बाण, कोई सरोपा ग्रहण करता है तो कोई मजारों पर चादर चढ़ाता है। कोई खुद को शिवाजी के रूप में पेश करता है तो कोई महाराणा प्रताप के रूप में। कुछ नेता धनुष-बाण धारण करते हुए स्वयं को राम के रूप में दिखाते हैं तो कुछ गदा लिए हनुमान के रूप में। यह भारतीय राजनीति में मध्ययुगीनता की वापसी नहीं तो और क्या है? इन सबके साथ ही धार्मिक कट्टरता, रूढ़िवाद और धार्मिक उन्माद का जैसा प्रचार पिछले दो दशकों में हुआ वैसा चार दशक पहले नहीं था।

हाल के वर्षों में धर्म परिवर्तन को लेकर जैसा हिंसक और अहिंसक, संघर्ष और विवाद हो रहा है यह भी मध्ययुग की याद दिलाता है।

अल्पना त्रिपाठी : क्या बाजार का साम्प्रदायिकता और आतंकवाद में कोई आन्तरिक रिश्ता है?

मैनेजर पाण्डेय : वैसे तो बाजारवाद, प्रौद्योगिकी, साम्प्रदायिकता और आतंकवाद के बीच कोई अनिवार्य रिश्ता नहीं है लेकिन ये सभी एक-दूसरे का इस्तेमाल करते हैं। हाल के वर्षों में साम्प्रदायिकता का आतंकवादी चेहरा भयावह रूप में सामने आया है और यह सब जानते हैं कि आतंकवाद तरह-तरह से प्रौद्योगिकी का उपयोग करता है। बाजारवाद केवल लाभ को ध्यान में रखता है वह इस पर विचार नहीं करता कि लाभ किससे और कैसे मिल रहा है। इसलिए वह प्रौद्योगिकी को साम्प्रदायिकता के

हाथों सौंपने या आतंकवाद की गतिविधियों में लगे रहने वाले लोगों को बेचने में कोई दुविधा महसूस नहीं करता। यह आश्चर्यजनक, लेकिन सच बात है कि दुनिया में जो बाजारवाद के केन्द्र हैं वही आतंकवाद के जनक भी हैं। अमेरिका प्रौद्योगिकी का केन्द्र है। लेकिन उसने अफगानिस्तान में सोवियत संघ के खिलाफ लड़ने के लिए उसी अलकायदा के जेहादियों को प्रौद्योगिकी दी, जिसके खिलाफ अब वह खुद लड़ रहा है। बाजारवाद एक स्तर पर नवीनता के प्रति उन्माद पैदा करके साम्प्रदायिकता और आतंकवाद के अनुकूल माहौल भी बनाता है। इन सबके बीच जो बात कही नहीं जाती वह यह है कि बाजारवाद, प्रौद्योगिकी, साम्प्रदायिकता और आतंकवाद के पीछे जब और जहाँ जो राजनीति काम करती है उसकी पहचान जरूरी है। बाजारवाद से साम्प्रदायिकता और आतंकवाद के गहरे रिश्ते का एक सबूत यह है कि एक ओर आज की दुनिया का एक नायक जॉर्ज डब्ल्यू बुश है तो दूसरी ओर हिन्दुस्तान में नरेन्द्र मोदी। इन दोनों के बीच एकता उस राजनीतिक दृष्टि से ही आती है जो दूसरे के दमन के सहारे चलती है।

अल्पना त्रिपाठी : पूँजीवाद की नयी आँधी में, गाँव जिसे सामन्तवाद और ब्राह्मणवाद का पुरातन ढाँचा कहा जाता है, का क्या भविष्य है?

मैनेजर पाण्डेय : अपने लगभग पाँच सौ वर्षों के इतिहास में पूँजीवाद ने गाँव को तबाह और बर्बाद किया है। भारत में पूँजीवाद की वर्तमान आँधी वही काम कर रही है। उसका एक प्रमाण है—लाखों किसानों की आत्महत्या और दूसरा प्रमाण है नन्दीग्राम और सिंगुर में किसानों की तबाही और बर्बादी। भारतीय गाँवों में अब भी इस देश की 70 प्रतिशत जनसंख्या रहती है। क्या उसकी बेहतरी की चिन्ता भारत के विकास का दावा करने वालों को नहीं होनी चाहिए? यह सही है कि भारत के गाँवों में सामन्तवाद और ब्राह्मणवाद के तत्त्व मौजूद हैं पर गाँव में कृषि और उससे जुड़ी संस्कृति के सर्जनात्मक रूप भी हैं। गाँव से सामन्तवाद और ब्राह्मणवाद की समाप्ति आवश्यक है न कि गाँव और उनमें रहने वाले किसानों और मजदूरों की समाप्ति। पूँजीवाद की आँधी के साथ जो राजनीति चल रही है वह सामन्ती और ब्राह्मणवादी तत्त्वों को कमजोर करने और मिटाने के बदले उन्हें मजबूत करती है और आगे बढ़ाती है। और जो लोग सामन्तवाद और ब्राह्मणवाद से लड़ते हैं उन्हें अपराधी घोषित करके मार डालती है। यह जाहिर है कि पूँजीवाद के वर्तमान दौर का ज्यों-ज्यों विस्तार होगा वह गाँव तक पहुँचेगा तो गाँव अपने पुराने रूप में नहीं रहेंगे। गाँव के ढाँचों में बदलाव होगा और गाँववालों की चेतना भी बदलेगी। सवाल केवल यह है कि पूँजीवाद का विकास करते हुए गाँवों को बदलना और बेहतर बनाना चाहिए या उन्हें तबाह और बर्बाद करना चाहिए? संकट में केवल गाँव ही नहीं हैं, शहर के भी गरीब और मजदूर हैं। हर छोटा शहर बड़े शहर में बदल रहा है। और वहाँ

जो गरीब हैं उनको गन्दगी मानकर शहरों से बाहर निकालने और भगाने की कोशिश हो रही है। दिल्ली में यमुना के किनारे गरीबों की झोंपड़ियाँ बार-बार उजाड़ी जाती हैं और उन झोंपड़ियों में रहने वाले लोगों को भगाया जाता है। भारत में और सारी दुनिया में चर्चित मुम्बई की झोंपड़पट्टी की बस्तियाँ (धरावी) उजड़ने और बसने के पूँजीवादी इतिहास की गवाही देती हैं। पूँजीवाद के वर्तमान विकास की प्रक्रिया में पूँजीपतियों के लिए जो सुन्दरता या सौन्दर्यीकरण का प्रश्न है वही मजदूरों और अन्य गरीब तबकों के लिए जिन्दगी का सवाल है। हमें विचार करना चाहिए कि सौन्दर्यीकरण और जिन्दगी के बीच जो द्वन्द्व है उसमे हम कहाँ और किसके साथ हैं?

अल्पना त्रिपाठी : परिवार नामक संस्था में इधर क्या बदलाव आये हैं। भविष्य के भारतीय समाज में भी स्त्री-पुरुष सम्बन्धों का कैसा स्वरूप होगा?

मैनेजर पाण्डेय : पिछले एक दशक में परिवार नामक संस्था बहुत बदली है। अब बड़े संयुक्त परिवार दुर्लभ हो गये हैं। छोटे और एकल परिवारों की संख्या बड़े पैमाने पर बढ़ी है। इस देश से बड़े पैमाने पर लोग दुनिया के दूसरे देशों में, विशेष रूप से अमेरिका में जाकर बसे हैं। कहीं-कहीं ऐसी स्थिति में यह भी दिखाई देता है कि भारत में बूढ़े माँ-बाप रह गये हैं और युवा पीढ़ी के लोग विदेशों में जाकर रह रहे हैं। इस प्रक्रिया की एक मानवीय त्रासदी पर ध्यान देना जरूरी है। जाहिर है कि नयी पीढ़ी की जिन्दगी में स्वतन्त्रता आयी है लेकिन वह स्वतन्त्रता बूढ़े माँ-बाप के लिए कहीं-कहीं विपत्ति भी बन गयी है। इस समय भारतीय समाज में बूढ़े और असमर्थ पुरानी पीढ़ी के लोग जिस दुर्दशा के शिकार हैं, उसकी खबरें कभी टेलीविजन तो कभी अखबारों से हमारे सामने आती रहती हैं। जब से राज्य ने लोककल्याणकारी कार्यों से अपने को अलग कर लिया है तब से पुरानी पीढ़ी के बूढ़े-बुढ़ियों की दुर्दशा और अधिक बढ़ी है। वैसे तो पूँजीवाद की प्रक्रिया में किसी तरह के मानवीय सरोकार के लिए कोई जगह नहीं होती लेकिन क्या समाज का यह कर्त्तव्य नहीं है कि वह विकसित होने के साथ-साथ मानवीय भी हो।

आज के भारतीय समाज में स्त्री-पुरुष सम्बन्धों के प्रसंग में अनेक प्रकार की स्थितियों के बीच टकराव दिखाई देता है। एक ओर स्त्री-पुरुष के सम्बन्धों में पर्याप्त स्वतन्त्रता आयी है, विवाह के बन्धन ढीले हुए हैं और विवाह के प्रसंग में जाति तथा सम्प्रदाय के आग्रह भी कमजोर हुए हैं। फिर भी भारत में स्त्रियाँ इन सारे प्रसंगों में उतनी आजाद नहीं हैं, जितने आजाद पुरुष हैं। यहाँ अब भी जो लोग जाति, समुदाय और धर्म के दायरों से बाहर जाकर प्रेम करते हैं उनकी जाति, समुदाय और धर्म के सम्मान के नाम पर हत्या की जाती है। लगता है कि प्रेम करने और जीवन साथी चुनने में जाति, समुदाय और धर्म की जो जकड़बन्दियाँ हैं उनसे मुक्त होने में कुछ और समय लगेगा।

अल्पना त्रिपाठी : जनपक्षीय लेखक संगठनों का आज आम जनता पर कितना प्रभाव है? क्या आप मानते हैं कि विगत सालों में अभिव्यक्ति की स्वतन्त्रता पर जो हमले बढ़े हैं उनके विरोध में लेखक संगठनों की भूमिका सन्तोषजनक रही है?

मैनेजर पाण्डेय : हिन्दी क्षेत्र में तीन जनपक्षीय लेखक संगठन क्रियाशील हैं वे हैं–प्रगतिशील लेखक संघ, जनवादी लेखक संघ और जनसंस्कृति मंच। ये सभी साहित्यकारों, संस्कृतिकर्मियों और बुद्धिजीवियों के संगठन हैं इनकी क्रियाशीलता का दायरा भी बुद्धिजीवियों तक ही सीमित है। ये तीनों संगठन कभी-कभी अपने दायरों से बाहर निकलकर आम जनता के बीच जाते और सक्रिय होते है। आम जनता पर इनका बहुत अधिक असर नहीं है। ये संगठन अगर जनपक्षधर साहित्य को जनता तक पहुँचाने और साहित्य के बारे में जनता के मन में समग्रता में आत्मीयता उत्पन्न करने का काम करें तभी जनता पर इन आम संगठनों का प्रभाव पड़ेगा। पर ऐसा कम ही हो रहा है। जहाँ तक साहित्यकारों के समुदाय की बात है तो एक बहुत बड़ी संख्या में लेखक इन संगठनों से अलग हैं। और थोड़ी संख्या में ऐसे लेखक भी हैं जो इन संगठनों के विरोधी भी हैं। मुझे बराबर लगता है कि ये संगठन सोये हुए को जगाने का काम उतना नहीं करते जितना जगे हुए को जगाने का काम करते हैं। पहले ऐसे संगठन जनसंघर्षों से जुड़े हुए होते थे आज भी देश के कुछ हिस्से में ऐसे साहित्य और संस्कृति के संगठन हैं जो जनसंघर्षों से सीधे जुड़े हुए हैं। जो संगठन जनसंघर्षों से जुड़ते हैं उन्हीं का जनता के बीच असर होता है। एक लेखक के रूप में, कलाकार के रूप में और कार्यकर्ता के रूप में भी जिस लेखक संगठन के सदस्य सत्ता से स्वीकृति, सम्मान पद और पुरस्कार पाने की कोशिश करते हैं, उस संगठन की साख गिरती है और आम जनता में असर भी कम होता है।

पिछले कुछ वर्षों में लेखकों, कलाकारों और संस्कृतिकर्मियों की अभिव्यक्ति की आजादी पर सरकारी और साम्प्रदायिक हमलों के प्रसंग में इन लेखक संगठनों की भूमिका बहुत सन्तोषजनक नहीं रही है। ये संगठन अभिव्यक्ति की आजादी पर हमलों के प्रसंग में अपनी सक्रियता केवल विरोध में बयान जारी करने तक सीमित कर लेते हैं। पहले ऐसा नहीं था। मुझे याद है कि जब एन.सी.ई.आर.टी. के पाठ्यक्रम से प्रेमचन्द के उपन्यास *निर्मला* को निकाला गया तो तीनों लेखक संगठनों के लोग लम्बा जुलूस लेकर सी.बी.एस.ई. के दफ्तर तक गये थे। वहाँ अधिकारियों से बहस की थी और अपना विरोध दर्ज कराया था जिसके परिणामस्वरूप प्रेमचन्द का दूसरा उपन्यास पाठ्यक्रम में लगाया गया। हाल के वर्षों में अभिव्यक्ति की आजादी पर सबसे अधिक हमले साम्प्रदायिक ताकतों की ओर से हुए हैं और हो रहे हैं। लेकिन उनका जैसा विरोध जनपक्षधर लेखक संगठनों की ओर से होना चाहिए वैसा नहीं हुआ है।

अल्पना त्रिपाठी : पिछले दिनों हिन्दी साहित्य में मठवाद और महन्ती अपने वीभत्स रूप में उभरी है, क्या बाजार और तत्कालीन लोकतन्त्र से इसका कोई रिश्ता है?

मैनेजर पाण्डेय : ये सही है कि पिछले दिनों हिन्दी में महन्ती की प्रवृत्ति बढ़ी है। असल में जब कोई भी भाषा सत्ता की भाषा बन जाती है तब उस भाषा के कुछ साहित्यकार सत्ता से सुख और सुविधा पाने की उम्मीद में महन्ती की प्रवृत्ति अपनाते हैं। ऐसी स्थिति में यह भावना काम करती है कि चेले जितने अधिक होंगे सत्ता में पूछ भी उतनी ही अधिक होगी। इस प्रवृत्ति का लोकतन्त्र से कोई सम्बन्ध नहीं है बल्कि यह लोकतन्त्र विरोधी प्रवृत्ति है क्योंकि असहमति का सम्मान लोकतन्त्र के लिए जरूरी है जबकि महन्ती में असहमति के लिए कोई जगह नहीं होती है। वहाँ तो केवल सहमति, सेवा और चापलूसी की माँग होती है।

अल्पना त्रिपाठी : क्या हिन्दी की नयी रचनाशीलता और आलोचना विचारधारा से मुक्त होती जा रही है? नयी पीढ़ी के एक बड़े हिस्से में वैचारिक विघटन दिख रहा है। यह पुरानी पीढ़ी की देन है या हमारे समय के यथार्थ का प्रतिफलन है?

मैनेजर पाण्डेय : हिन्दी में एक बड़ा भारी भ्रम यह फैला हुआ है कि विचारधारा का अर्थ केवल मार्क्सवाद है। सच बात यह है कि मार्क्सवाद अनेक विचारधाराओं में से एक विचारधारा है जो सबसे व्यापक, तेजस्वी, अग्रगामी या कहिए कि क्रान्तिकारी विचारधारा है। नये या पुराने किसी भी कवि या लेखक की रचनाशीलता पर विचार कीजिए तो ज्ञात होगा कि उसकी कोई-न-कोई विचारधारा जरूर है जो उसकी रचना को दृष्टि देती है और दिशा भी। ऐसा नहीं है कि नागार्जुन या मुक्तिबोध की तो एक विचारधारा है और जायसी और तुलसीदास की कोई विचारधारा नहीं है। कहने का तात्पर्य यह है कि कोई भी रचना विचारधारा विहीन नहीं होती और जहाँ तक आलोचना की बात है तो वह मूलतः एक बौद्धिक कर्म है इसलिए वह तो विचारधारात्मक होती ही है। इस सवाल में यह बात निहित है कि नयी रचनाशीलता मार्क्सवाद से मुक्त होती जा रही है।

यह बहुत दूर तक सही है, लेकिन पूरी तरह नहीं। नयी रचना और आलोचना के मार्क्सवाद से दूर जाने के अनेक कारण हैं—पहला तो यही कि सोवियत संघ के विनाश और वहाँ की समाजवादी व्यवस्था की ध्वंस के बाद मार्क्सवाद और समाजवाद में जिनका विश्वास था उनमें से बहुतों का विश्वास डगमगाया, टूटा और बिखर गया। कुछ लोग सुविधा और अवसर की तलाश में समाजवाद की ओर आये थे, ऐसे अवसरवादी सोवियत संघ के विघटन के बाद मार्क्सवाद और समाजवाद से अलग हो गये। तीसरी बात यह है कि इस देश में वामपन्थी दलों की राजनीति और नेताओं के व्यवहार ने भी नयी पीढ़ी को मार्क्सवाद से दूर किया है। लेकिन इन सबके

बावजूद काफी बड़ी संख्या में हिन्दी के रचनाकार और आलोचक अब भी मार्क्सवाद की ओर उम्मीद से देखते हैं और उससे जुड़ते हैं या जुड़े हुए हैं। असल में पूँजीवाद झूठ और लूट की व्यवस्था है। और जो भी व्यक्ति शोषण और दमन की पूँजीवादी व्यवस्था से मुक्ति की इच्छा रखता है वह परिवर्तनकारी दृष्टि के रूप में मार्क्सवाद को जरूर स्वीकार करेगी। यह सच है कि पिछली सदी के 40, 50 और 60 के दशक में या 70 और 80 के दशक में मार्क्सवाद से जितने रचनाकार और आलोचक जुड़े हुए थे उतने आज नहीं हैं। आज बहुत सारे कहानीकार, कवि, उपन्यासकार और आलोचक उत्तर-आधुनिक बनकर बाजार के अवसरों का लाभ उठाते हुए साहित्य से लोक और परलोक अर्थात् पैसा और यश दोनों पाना चाहते हैं। मार्क्सवाद से जुड़ने पर यह सब नहीं मिलता। हिन्दी के अनेक सच्चे मार्क्सवादी लेखक कठिन जिन्दगी जीते हुए रचना करते रहे हैं, केवल अपनी दृष्टि के बल पर। हाल के वर्षों में साहित्य में नये रचनाकारों में मार्क्सवाद से दूरी रखने की जो प्रवृत्ति बढ़ी है उसके दो कारण हैं—एक तो पुरानी पीढ़ी के भूतपूर्व मार्क्सवादियों का आचरण और मार्क्सवाद में निष्ठा का अवसरवादी रूप और दूसरे आज के समय के बाजारवाद और उत्तर-आधुनिकतावाद की चमक-दमक।

अल्पना त्रिपाठी : पिछले दशक में कहानी में नयी पीढ़ी की गोलबन्दी और उभार को लेकर जो मुहिम चली है, कविता के क्षेत्र में ऐसा कुछ नहीं दिखता, इसके क्या कारण हैं?

मैनेजर पाण्डेय : कहानी और कविता के स्वभाव में जो अन्तर है वही कहानी में गोलबन्दी की उपस्थिति और कविता में गोलबन्दी के अभाव के कारण हैं। असल में कहानी को पढ़ना, उसे समझना, उससे जुड़ना और उसे अपना बनाना जितना आसान है उतना कविता को नहीं। इसलिए कहानी कविता से अधिक लोकप्रिय होती है। तीसरी बात यह भी है कि कहानी बाजारवाद के अधिक अनुकूल होती है। उसकी पहुँच बाजार के विभिन्न माध्यमों में हो सकती है, पत्रिकाओं से लेकर फिल्म और टेलीसीरियल तक। बाजार में स्थापित होने के लिए गोलबन्दी की जरूरत होती है। यह सब कविता के साथ नहीं हो सकता इसलिए उसमें गोलबन्दी सम्भव नहीं है। लोकप्रियता के मामले में कवि सम्मेलनी कविता जरूर कहानी से होड़ करती है इसलिए कवि सम्मेलनी कविता की दुनिया में गोलबन्दी जरूर दिखाई देती है।

अल्पना त्रिपाठी : कथा साहित्य में स्त्री-पुरुष सम्बन्ध और अनेक मामले में उत्तर-आधुनिक रूपों को जहाँ अग्रगामी मूल्य बताया जा रहा है वहीं कविता के बड़े हिस्से में लोक, परम्परा, गाँव, पुरानेपन आदि को बचा लेने की सराहना होती है। आलोचना के इस दोहरे मानदण्ड के अन्तर्विरोध के कारण बताइए?

मैनेजर पाण्डेय : कथा साहित्य में स्त्री-पुरुष सम्बन्ध के खुले रूप में चित्रण

की सम्भावनाएँ अधिक होती है, इसलिए सारी दुनिया के कथा-साहित्य में और हिन्दी में भी शारीरिक सम्बन्धों के खुले चित्रण की एक लम्बी परम्परा है। एक प्रकार का कथा-साहित्य जिसमें स्त्री-पुरुष के काम सम्बन्धों का ही खुला चित्रण होता है और जिसका नाम पोर्नोग्राफी है वह केवल कथा-साहित्य में मिलता है, कविता में नहीं। कथा-साहित्य में इसकी सम्भावना है कि सहजता, स्वाभाविकता और स्वतन्त्रता के नाम पर कुछ भी लिखा जाये लेकिन इसकी छूट कविता में सम्भव नहीं है। वैसे तो कथा और कविता दोनों लोक जीवन से पैदा हुई विधाएँ हैं लेकिन पूँजीवाद और बाजारवाद ने कथा-साहित्य पर जिस तरह कब्जा किया है उस तरह के कब्जे पर कविता प्रतिरोध करती है। कविता में पहले भी और आज भी लोक जीवन उसकी संस्कृति और उसकी भाषा संजीवनी की तरह काम करती रही है। आजकल की कविता और कथा-साहित्य में एक फर्क यह भी है कि कथा-साहित्य में आजकल समाज में, और जीवन में जो कुछ हो रहा है उसका चित्रण होता है। जबकि कविता में जो कुछ हो रहा है और उस होने की प्रक्रिया में जो कुछ खो रहा है उन दोनों स्थितियों की ओर संकेत होता है। इसीलिए कविता में विनाश के कगार पर खड़े लोक परम्परा और गाँव के बिम्ब, प्रतीक और संकेत आकर्षक लगते हैं।

अल्पना त्रिपाठी : आपके बारे में धारणा है कि नयी रचनाशीलता को लेकर आप उदासीन रहे हैं। नयी रचनाशीलता की रेटिंग, ग्रेडिंग में दिलचस्पी नहीं होने का कारण क्या रहा है?

मैनेजर पाण्डेय : मेरे बारे में यह भ्रम फैला हुआ है या जानबूझकर फैलाया गया है कि मैं नयी पीढ़ी की रचनाशीलता की व्याख्या और मूल्यांकन में दिलचस्पी नहीं लेता। इससे भी बड़ा झूठ यह फैलाया गया है कि मैं रचनाओं के बारे में बात नहीं करता। मैंने कविता में सूरदास पर विस्तार से लिखा है। कबीर पर लिखा है। आधुनिक काल के नागार्जुन, त्रिलोचन, रघुवीर सहाय और कुमार विकल पर लिखा। उपन्यासकारों में मैंने प्रेमचन्द, जैनेन्द्र कुमार और नागार्जुन के उपन्यासों पर लिखा है। इस सब के होते हुए यह कहना कि मेरी रचनाओं में दिलचस्पी नहीं है, झूठ नहीं तो और क्या है?

अब आप समकालीन रचनाशीलता के सन्दर्भ को ध्यान में रखिए। मैंने 2002 की जनवरी में युवापीढ़ी की रचनाशीलता पर एक लेख लिखा था जो *इण्डिया टुडे* के साहित्य-वार्षिकी में छपा था। अब वह निबन्ध मेरी किताब आलोचना की सामाजिकता में मौजूद है। *इण्डिया टुडे* की 'साहित्य-वार्षिकी' के माध्यम से वह चार-पाँच लाख पाठकों तक पहुँचा। उस निबन्ध में मैंने अनिल कुमार सिंह, बोधिसत्व, विमल कुमार, मनोज मेहता, बद्री नारायण, निलय उपाध्याय, हेमन्त कुकरेती, पंकज चतुर्वेदी, सविता सिंह, अनामिका, कात्यायनी आदि कवियों के साथ

गीतांजलिश्री, गगन गिल, अलका सरावगी, भगवानदास मोरवाल, देवेन्द्र आदि के उपन्यासों और कहानियों का विश्लेषण तथा मूल्यांकन किया है। इस बीच में मैं दलित साहित्य पर भी लिखता-बोलता रहा हूँ। क्या इससे यह साबित नहीं होता कि समकालीन और युवापीढ़ी की रचनाशीलता में मेरी दिलचस्पी है?

यह सही है कि मैं किताबों की समीक्षाएँ अखबारों और पत्रिकाओं में नहीं लिखता, मैं फ्लैप भी नहीं लिखता और भूमिकाएँ भी नहीं लिखता। हिन्दी में कुछ लोग पुस्तक समीक्षा, भूमिका, फ्लैप और आशीर्वचन लिखकर नयी रचनाशीलता में अपनी दिलचस्पी प्रकट करते रहते हैं। समकालीन लेखकों की रचनाओं के महत्त्व का उल्लेख कविता और उपन्यास सम्बन्धी मेरे लेखों में जगह-जगह मौजूद है।

समकालीन रचनाशीलता के मूल्यांकन के अभाव का एक कारण रचनाकारों का स्वभाव भी है। आजकल के रचनाकारों में महान बनने की बेचैनी और उनकी महानता को स्वीकार न करने पर जैसी अधीरता दिखाई देती है वैसी हिन्दी में पहले नहीं थी। कुछ आलोचक नये रचनाकारों की अधीरता और बेचैनी को ध्यान में रखकर उनको व्यास, बाल्मीकि, प्रेमचन्द और निराला आदि घोषित करते हुए सन्तुष्ट करने की कोशिश करते हैं। यह सब मैं नहीं करता।

इस बीच नयी पीढ़ी के रचनाकारों में आलोचना और असहमति को सहने की शक्ति का भी अभाव दिखाई देता है। अगर आप किसी लेखक की किसी रचना की किसी कमी की ओर ध्यान दें और पाठकों का ध्यान आकर्षित करें तो कुछ रचनाकार आलोचक पर मुकदमा तक करने की धमकी देते हैं या झगड़ा करने पर उतारू हो जाते हैं। इस स्थिति से बचने के लिए भी कुछ लोग, जिनमें मैं भी हूँ, समकालीन रचनाओं और रचनाकारों में कम दिलचस्पी लेते हैं।

सबसे आखिरी बात यह है कि आलोचना का काम केवल समकालीन रचनाशीलता का विवेचन नहीं है, परम्परा का समकालीन दृष्टि से मूल्यांकन भी है। हिन्दी में यही काम आचार्य रामचन्द्र शुक्ल और हजारीप्रसाद द्विवेदी ने किया।

अल्पना त्रिपाठी : क्या हिन्दी की मार्क्सवादी आलोचना 'सर्वसारसंग्रहवाद' का शिकार रही है, स्त्री-विमर्श, दलित विमर्श, पर्यावरण विमर्श, आदिवासी विमर्श, नवजागरण विमर्श आदि नवसाम्राज्यवाद और सांस्कृतिक फासीवाद की चुनौतियों का संगठित सामना कैसे करेंगें? क्या मार्क्सवादी आलोचना और मार्क्सवादी विचारधारा वैकल्पिक 'महास्वप्न' का एजेंडा रचने में अब विफल हैं?

मैनेजर पाण्डेय : हिन्दी की मार्क्सवादी आलोचना का जब आरम्भ हुआ तो निषेधवाद की प्रवृत्ति प्रबल थी उसके उत्तर में उदारवाद आया जिसको चारों ओर प्रगतिशीलता की बहार दिखाई देती थी। फिर संकीर्णतावाद हावी हुआ और उसके बाद बौद्धिक चमत्कारवाद छा गया। इससे हिन्दी की मार्क्सवादी आलोचना

सन्तुलित रूप से विकसित होने के बदले छोरों को छूती हुई चलती रही है।

मुझे लगता है कि हिन्दी में मार्क्सवादी होना लगभग वैसा ही है जैसे भारतीय समाज में हिन्दू होना। हिन्दू होने के लिए किसी हिन्दू परिवार में पैदा होना काफी है, फिर वह व्यक्ति राम को माने, कृष्ण को माने, शिव को माने, दुर्गा को माने या इनमें से किसी को भी न माने तो भी वह हिन्दू रहेगा। उसी तरह किसी मार्क्सवादी पार्टी, संगठन या लेखक संघ से जुड़ जाने के बाद एक व्यक्ति मार्क्सवादी दृष्टि और व्यवहार के विपरीत आचरण करते हुए भी मार्क्सवादी बना रहता है। इसका अर्थ यह भी हुआ कि हिन्दी आलोचना में जैनेन्द्र के अन्दाज में कहें तो मार्क्सवादी होने और बनने वालों में फर्क करने की जरूरत है।

मार्क्सवादी दृष्टि के केन्द्र में वर्ग दृष्टि होती है लेकिन आजकल उत्तर-आधुनिकतावाद के असर से हिन्दी के अनेक मार्क्सवादी आलोचक उत्तर-वर्ग की मानसिकता में रहते, सोचते और लिखते हैं। हिन्दी में जो स्त्री-विमर्श, दलित विमर्श, पर्यावरण विमर्श और आदिवासी विमर्श है उन सबका मार्क्सवादी विमर्श से विरोध अनिवार्य नहीं है। अपने अस्तित्व की रक्षा और स्वाधीनता की प्राप्ति के लिए किया गया प्रत्येक संघर्ष और विमर्श मार्क्सवादी दृष्टि का हिस्सा हो सकता है, बशर्ते कि उसमें अपनी मुक्ति की चिन्ता के साथ दूसरों की मुक्ति की चिन्ता भी हो। हिन्दी में पूँजीवादी व्यवस्था के विकल्प के रूप में समाजवाद का 'महास्वप्न' देखने वाले रचनाकार तो हैं, पर लगता है कि आलोचक बहुत कम हैं। क्योंकि आलोचना में स्वप्न देखने के बदले देखे गये सपनों के विश्लेषण और मूल्यांकन की प्रवृत्ति अधिक होती है।

कल्पना त्रिपाठी : दिल्ली की संस्कृति (साहित्य) ने भारत को कितना प्रभावित किया है?

मैनेजर पाण्डेय : हम अगर दिल्ली की संस्कृति के प्रभाव की चर्चा के प्रसंग में अपने को केवल संस्कृति और साहित्य तक सीमित रखें तो मैं यह कह सकता हूँ कि पहले हिन्दी साहित्य छोटे-छोटे शहरों और कस्बों में रचा जाता था। इस तरह वह एक लोकतान्त्रिक वातावरण भी बनाता था। बाद के दिनों में देश की राजनीति के केन्द्र के रूपों में उभरी दिल्ली साहित्य और संस्कृति का भी केन्द्र बन गयी। 60 के दशक तक हिन्दी के लेखकों के मन में यह दुविधा थी कि दिल्ली जायें या न जायें। वही दुविधा मुक्तिबोध ने अपनी एक कविता में व्यक्त की है :

'कहाँ जाऊँ दिल्ली या उज्जैन।'

उस समय जो लेखक दिल्ली आये वे भी दिल्ली को अपना स्वदेश नहीं परदेश ही मानते थे। जैसे—रघुवीर सहाय। अब तो हिन्दी साहित्य और संस्कृति की सारी सड़कें दिल्ली आकर खत्म होती हैं। इस प्रक्रिया में दिल्ली देश की राजनीति की ही नहीं

देश की सांस्कृतिक व साहित्यिक राजधानी भी बन गयी है। दिल्ली में विदेशों से विचार और रचनाएँ भी पहले आती है और यहाँ के संस्कृति-कर्मियों और लेखकों को प्रभावित करती हैं। इस रूप में प्रभावित संस्कृतिकर्मी और लेखक देश के दूसरे हिस्से गाँवों, कस्बों और छोटे शहरों में रहने वाले लेखकों को पिछड़ा समझते हैं। आज के समय में सांस्कृतिक और साहित्यिक स्तर पर दिल्ली देश के दूर-दराज के लेखकों और संस्कृतिकर्मियों के मन में आतंक पैदा करती है और विदेशों से आयातित विचारों और कलारूपों के प्रचार-प्रसार को अपना अधिकार समझती है।

अल्पना त्रिपाठी : क्या साहित्यकारों के व्यावहारिक जीवन और रचनाओं के बीच सम्बन्ध होता है?

मैनेजर पाण्डेय : वैसे तो यह कहा जाता है कि एक बार रचना तैयार हो जाने के बाद रचाकार से स्वतन्त्र हो जाती है लेकिन यह भी सच है कि अपनी रचना में रचनाकार अनेक रूपों में मौजूद रहता है। इसलिए रचनाकार के जीवन व्यवहार से उसकी रचना गहरे स्तर पर जुड़ी होती है। प्रायः रचनाकार अपनी रक्षा में यह कहते पाये जाते हैं कि रचना को रचनाकार के व्यक्तित्व से अलग करके देखना चाहिए। लेकिन जब कोई रचना जो कुछ करती है उसको रचनाकार का आंचरण झुठलाता है तो दोनों के बीच के सम्बन्धों की छानबीन और पहचान आवश्यक हो जाती है।

बड़ी आलोचना रोज-रोज पैदा नहीं होती

(मैनेजर पाण्डेय से यात्रा की खास बातचीत)

यात्रा : सबसे पहले साहित्य से अपने प्रेमसम्बन्ध का खुलासा कीजिए, कैसे, कहाँ, किन लोगों के बीच साहित्य के सौन्दर्य को करीब से देखना शुरू किया? आलोचना से रिश्ता बनाना कब आपको बेहद जरूरी लगा या लगा कि अब आप ऐसा किये बिना नहीं रह पाएँगे?

मैनेजर पाण्डेय : साहित्य से मेरा सम्बन्ध सबसे पहले तब बना जब मैं मिडिल स्कूल का छात्र था। मेरे पड़ोस में मेरे एक चाचा का घर था। उनका नाम था शिवगोविन्द पाण्डेय। वे वैसे तो बहुत पढ़े-लिखे नहीं थे लेकिन भक्तिकाव्य से उनका लगाव जितना गहन था, उतना ही व्यापक था भक्तिकाव्य का उनका ज्ञान। वे खासतौर से तुलसीदास, सूरदास और कबीरदास की कविता की चर्चा मुझसे करते थे। उनको तुलसी, सूर और कबीर की कविताएँ बहुत याद थीं। कभी-कभी वे मेरी परीक्षा लेने के लिए तुलसी, सूर और कबीर का कोई पद या काव्यांश सुनाते थे और मुझसे उसका अर्थ पूछते थे। मेरे न बता पाने पर पहले वे हँसते थे, फिर विस्तार से उसका अर्थ बताते थे। इसी ढंग से मैं सबसे पहले कविता से जुड़ा, उसके अर्थ की प्रक्रियाओं को जाना और आमजन के जीवन में भक्तिकाव्य के महत्त्व को पहचाना। बाद में वे कभी-कभी मुझसे तुलसी, कबीर और सूरदास की कविताएँ पढ़कर सुनाने को कहते और मुझसे अर्थ भी पूछते थे। मिडिल स्कूल में मेरे एक अध्यापक थे—शेख वाजिद। वे तुलसी के प्रेमी ही नहीं भक्त भी थे। लगभग पूरा रामचरितमानस उनको याद था। उन्होंने मुझे तुलसीदास की कविता से व्यवस्थित रूप से परिचित कराया। हाईस्कूल में आने के बाद मेरा सम्बन्ध उस हाईस्कूल के एक अध्यापक—लक्ष्मण पाठक प्रदीप से हुआ जो स्वयं हिन्दी और भोजपुरी के लोकप्रिय कवि थे। पाठक जी का सारा जीवन कवितामय था। वे इतिहास भी कविता में ही पढ़ाते थे। उन्होंने मेरे साहित्यबोध को विकसित करने में बहुत मदद की। वे भाषा के प्रति अत्यन्त सजग शिक्षक थे। गलत भाषा बोलना या लिखना उन्हें बर्दाश्त न था। इसलिए उन्होंने मेरा भाषा सम्बन्धी ज्ञान भी बेहतर बनाया। पाठक जी ने

ही मुझमें आलोचनात्मक चेतना जगाने का भी काम किया लेकिन आलोचना से ठीक ढंग से मैं तब जुड़ा जब बी.एच.यू. में हिन्दी में एम.ए. का छात्र बना। तभी दूसरे लोगों की लिखी आलोचनाएँ व्यवस्थित रूप से पढ़ने का मुझे मौका मिला और रामचन्द्र शुक्ल, हजारी प्रसाद द्विवेदी, नन्ददुलारे वाजपेयी आदि को पढ़ते हुए मुझे लगा कि आलोचना के क्षेत्र में अभी बहुत कुछ करने की जरूरत एवं सम्भावना है।

यात्रा : आलोचना से पहले जाहिर है कि आपकी दोस्ती कविता से हुई। कौन-सी कविताएँ रही होंगी जिन्होंने आपको आलोचक बन जाने के लिए एकदम से विवश कर दिया होगा?

मैनेजर पाण्डेय : जैसा कि पहले कह चुका हूँ कि मेरा सबसे पहला परिचय कविता से ही हुआ और वह भी भक्तिकाल की कविता से। बाद में जब मैं हिन्दी आलोचना से परिचित हुआ और साथ ही अंग्रेजी आलोचना से भी तो एक सवाल बार-बार मेरे सामने आता था, वह यह कि ऐसी कौन-सी बात है जो भक्तिकाल की कविता को इतना दीर्घजीवी, इतना व्यापक और इतना लोकप्रिय आज भी बनाये हुए हैं। मुझे इस सवाल का उत्तर भक्तिकाल पर लिखी आलोचनाओं से जितना मिलता था, उससे सन्तुष्ट नहीं था। इसी असन्तोष ने मुझे भक्तिकाव्य पर कुछ लिखने के लिए प्रेरित किया और मैं पूरे भक्तिकाल के साथ विशेष रूप से सूरदास की कविता को पढ़ने और उसकी आलोचना लिखने की ओर मुड़ा। सूरदास की कविता से मेरा सम्बन्ध लगभग 40 वर्षों का है।

यात्रा : अपनी आलोचना के परिसर के बारे अब कैसा अनुभव करते हैं? अब तक के काम से किस हद तक सन्तुष्ट हैं? ऐसा क्या है जो आज भी आपको बेचैन करता है और जिस पर ठहरकर कुछ करना चाहते हैं?

मैनेजर पाण्डेय : मैं अपनी आलोचना के परिसर से जितना आज सन्तुष्ट हूँ, उससे अधिक असन्तुष्ट हूँ। क्योंकि मुझे लगता है जितना मुझे करना चाहिए था, उतना कर नहीं पाया। अभी बहुत सारी आलोचना सम्बन्धी योजनाएँ मेरे दिमाग में हैं। इनमें से कुछ पर धीरे-धीरे कुछ कर भी रहा हूँ। पर उनको बताकर मैं किसी के मन में ऐसी उम्मीद नहीं जगाना चाहता जो मैं पूरा न कर पाऊँ तो लोग निराश हों। मुझे अच्छा यही लगेगा कि जब जो कर सकूँ वह लोगों के सामने आये और तब लोग उसके बारे में अपनी राय बनाएँगे।

यात्रा : यह एक ऐसा दौर है जब कुछ लोग बोलबाल कर ही आलोचना का शास्त्र रच रहे हैं और नये-नये लेखकों को डिठौना लगाने का धन्धा कर रहे हैं, आप इसे जिम्मेदार आलोचना का हिस्सा मानते हैं?

मैनेजर पाण्डेय : जो लोग बोलबाल कर ही आलोचना का शास्त्र रच रहे हैं, वे भी आलोचना बुद्धि को जब जीवित और जाग्रत रखने की कोशिश करते हैं, तब

जिम्मेदार आलोचना का काम करते हैं लेकिन जब नये-नये लेखकों को डिठौना लगाने का काम करते हैं, तब वे गैरजिम्मेदार आलोचना को बढ़ावा देते हैं। आजकल हिन्दी आलोचना में सरलीकरण और अतिरंजना का बोलबाला है। क्योंकि इन्हीं दोनों के माध्यम से चमत्कार पैदा होता है और लोग चकित भी होते हैं। यह जितना मौखिक रूप से सम्भव है उतना लिखित रूप से नहीं।

यात्रा : आप इस समय देश के बड़े आलोचक हैं। इस समय आलोचना का जो परिसर है उसके एक तरफ विचार और विमर्श और शोध का केन्द्र है, दूसरी तरफ रचना केन्द्रित आलोचना का केन्द्र, तीसरी तरफ पुस्तक समीक्षा का भारी उद्योग जैसा केन्द्र, और इन सबके नीचे अलिखित या वाचिक समीक्षा का चौथा केन्द्र। इन सबके बीच मूल्यवान आलोचना को किस तरह रेखांकित करना चाहेंगे? यह भी बताएँ कि हिन्दी की बड़ी आलोचना इस तरह के किस केन्द्र से जुड़ी रही है?

मैनेजर पाण्डेय : आपने आलोचना के जिन चार केन्द्रों की बात की है उनमें वही केन्द्र मूल्यवान आलोचना पैदा कर सकता है और कर भी रहा है, जिसमें विचार-विमर्श की प्रक्रिया क्रियाशील है। इस पहले केन्द्र का सम्बन्ध स्वाभाविक रूप से दूसरे केन्द्र से जुड़ता है, क्योंकि आलोचना रचना केन्द्रित होकर ही सामाजिक बनती है और साहित्यिक भी। जहाँ तक बड़ी आलोचना का सवाल है तो मैं यह कह सकता हूँ कि बड़ी आलोचना रोज-रोज पैदा नहीं होती। बड़े-बड़े आलोचकों ने अपने जीवन में बड़ी आलोचना एक-दो बार ही लिखी है। जिस आलोचना में साहित्य चेतना का सामाजिक सजगता से संयोग होता है वही आलोचना बड़ी होती है।

यात्रा : कविता साहित्य की केन्द्रीय विधा है पर आज कविता के केन्द्र कितने कमजोर हैं और इसकी वजह क्या है, क्या अच्छी कविता विचारधारा का अविकल अनुवाद है या यथार्थ का लाउडस्पीकर या भावुकता की स्फीति या ठस गद्य का केन्द्र है या सस्ती तुकबन्दी? टिकाऊ कविता की जगह दिखाऊ या ज़माऊ या उबाऊ कविता का प्राचुर्य कविता के पाठकों को काव्यबिमुख करने के लिए काफी है या इसे किसी और नजरिये से देखते हैं?

मैनेजर पाण्डेय : यह ठीक है कि कविता साहित्य की केन्द्रीय विधा रही है। पर धीरे-धीरे कविता हाशिये की ओर जा रही है। उसके हाशिये की ओर जाने के अनेक कारण हैं। एक तो यही कि आधुनिककाल की प्रतिनिधि विधा के रूप में उपन्यास ने कविता को हाशिये पर जाने के लिए मजबूर किया है, क्योंकि अपने समय, समाज और इन दोनों के इतिहास से मुठभेड़ की जैसी क्षमता उपन्यास में होती है वैसी कविता में प्रायः कम ही दिखाई देती है। आप इस बात को एक वास्तविकता के प्रसंग में समझ सकते हैं। भारत का विभाजन भारत के इतिहास की सबसे बड़ी ट्रेजेडी है। इस ट्रेजेडी से जुड़ी समस्याओं, वास्तविकताओं,

विडम्बनाओं, दुविधाओं आदि की जैसी प्रामाणिक और प्रभावशाली अभिव्यक्ति उपन्यासों में हुई है वैसी कविता में दिखाई नहीं देती। कविता के हाशिये पर जाने का दूसरा कारण स्वयं आज की कविता की बनावट से जुड़ा हुआ है। जब से कलात्मकता के नाम पर कविता में जटिलता का और आधुनिकता के नाम पर बौद्धिकता का विस्तार हुआ है तब से कविता के पाठक घटे हैं और श्रोता गायब हो गये हैं। ऐसी स्थिति में कविता केवल आलोचकों और कवियों तक केन्द्रित हो गयी है।

आपके इस प्रश्न में एक और प्रश्न यह शामिल है कि क्या कविता विचारधारा का अनुवाद है या यथार्थ का लाउडस्पीकर है या भावुकता की स्फीति या ठस गद्य का केन्द्र या सस्ती तुकबन्दी। इन सभी सवालों का एक ही उत्तर है कि कविता यह सब एकदम नहीं है। कविता और विचारधारा का सम्बन्ध जितना सरल मान लिया जाता है उतना सरल होता नहीं है। वैसे तो विचारधारा कवि की दृष्टि, जीवन और समाज के बोध, कविता के लिए अनुभव का चुनाव, कविता का रचाव, यहाँ तक कि उसकी भाषा में शब्दों के चुनाव से लेकर संरचना तक व्याप्त होती है, जहाँ कविता में विचारधारा पानी में तैरते तेल की तरह होती है वहाँ वह, अपना और कविता दोनों का नुकसान करती है। दूसरी बात यह है कि विचारधारा के अर्थ के बारे में हिन्दी में व्यापक रूप से यह भ्रम फैला हुआ है कि वह मार्क्सवाद तक सीमित है। अगर कबीर की कविता में विचारधारा है तो तुलसी की कविता में भी है। यह इन दोनों की कविताओं में क्या फर्क पैदा करती है यह जाँचने और जानने की बात है। केवल यह समझना कि नागार्जुन विचारधारात्मक कवि हैं और अज्ञेय विचारधारात्मक कवि नहीं हैं, यह कविता और विचारधारा के सम्बन्ध में सही समझ नहीं है। दूसरी बात यह भी ध्यान में रखने की है कि यथार्थ उपन्यास में जिस रूप में आता है, रचा जाता है और व्यक्त होता है उसी रूप में कविता में नहीं होता है। कोई भी अच्छा कवि पहले यथार्थ का आत्मसातीकरण करता है फिर उसकी पुनर्रचना करता है और तब वह व्यक्त करता है। लेकिन यह भी ध्यान में रखने की बात है कि व्यक्त करने की प्रक्रिया में भी कई बार यथार्थ का स्वरूप वही नहीं होता जो बोध के स्तर पर होता है।

यात्रा : कविता में विचार संवेदना के भीतर की चीज है या संवेदना विचार के भीतर की चीज? शायद मार्क्स ने या एंगल्स ने कहीं कहा है कि कला में हमारे विचार जितना छिपकर आयें उतना अच्छा, आप इसे किस तरह देखते हैं?

मैनेजर पाण्डेय : जहाँ तक कविता में विचार और संवेदना के सम्बन्ध का सवाल है तो इस प्रसंग में मुझे तुलसीदास का एक कथन अत्यन्त महत्त्वपूर्ण और प्रासंगिक लगता है। तुलसीदास का कथन इस प्रकार है—

हृदयसिन्धु मति सीप समाना,
स्वाति सारदा कहहि सुजाना।
जब बरसै बर बारि बिचारू,
होहिं कबित्त मुकता मनि चारू॥

आज की आलोचना की भाषा में जिसे संवेदना कहा जाता है उसे पुरानी आलोचना की भाषा में भाव कहा जाता था। तुलसीदास की ऊपर उद्धृत पंक्तियों में यह मान्यता व्यक्त हुई है कि भाव के भीतर जब सुन्दर विचार आते हैं तभी सुन्दर कविता बनती है। कविता में भाव और विचार का वैसा ही संयोग होता है जैसा शब्द और अर्थ का। इसलिए कविता के प्रसंग में भाव और विचार में से किसी एक के भीतर दूसरे की उपस्थिति को उस तरह नहीं देखा जाना चाहिए जिस तरह लोटे के भीतर पानी या पानी के भीतर लोटे की स्थिति होती है। इस प्रसंग में दूसरी बात यह है कि यह कथन ऐंगल्स का है कि कला के भीतर कलाकार के विचार जितने अधिक छिपे रहें कला का उतना ही भला होता है। कला और साहित्य के विभिन्न रूपों में कला और विचार के सम्बन्ध एक जैसे नहीं होते। कला और विचार का जैसा सम्बन्ध स्थापत्य में होता है वैसा ही मूर्तिकला, चित्रकला, संगीत, कविता में नहीं होता। सम्बन्धों के इस फर्क पर अलग से बात की जा सकती है जिसके लिए यहाँ जगह नहीं है। साहित्य के विभिन्न रूपों में भी कला व विचार का सम्बन्ध एक जैसा नहीं होता। जहाँ तक कविता का सवाल है वहाँ विचार की उपस्थिति संवेदना से लेकर भाषा तक व्याप्त होती है। धूमिल की प्रसिद्ध कविता 'मोचीराम' में जब मोचीराम कहता है कि मेरे लिए हर आदमी एक जोड़ी जूता है। तब इस पंक्ति में केवल भाषा का कमाल नहीं है बल्कि एक दृष्टि और विचार की भी उपस्थिति है।

यात्रा : इधर के नये काव्यालोचकों से किस तरह की सजगता की अपेक्षा करते हैं? नये आलोचकों में अपने समय के केन्द्रों में टकराने का भाव किस हद तक दिखता है? क्या यह हिन्दी की बड़ी आलोचना का मजाक नहीं है कि कुछ बुजुर्ग और युवा आलोचकों ने नामवर जी को अपना आदर्श घोषित कर रखा है और कुछ उन्हें अघोषित रूप से अपना आदर्श मानते हैं, ऐसे नये आलोचकों के भविष्य को किस तरह देखते हैं? आलोचना की दुर्दशा के पीछे कॅरियरवाद और पद-पुरस्कारवाद जैसी बातें असल वजह तो नहीं हैं? आप लोगों के वक्त में आलोचना के आदर्श और प्रतिमान क्या रहे हैं?

मैनेजर पाण्डेय : कोई नया आलोचक जब किसी पुराने आलोचक को अपना आदर्श मानता है तो उस व्यक्ति के बदले उसके आलोचना कर्म को आदर्श मानना चाहिए। रामचन्द्र शुक्ल, रामविलास शर्मा और नामवर सिंह को सच्चे अर्थों में आदर्श मानने का मतलब है उनकी आलोचना की दृष्टि, पद्धति, प्रक्रिया और इन सबके

परिणामों को आदर्श मानना न कि उनके व्यक्तिगत क्रिया-कलापों और व्यवहारों को। जो लोग नामवरजी को आदर्श मानते हैं क्या वे नामवरजी जैसी आलोचना लिखते हैं या लिखने की क्षमता रखते हैं? आजकल हिन्दी की आलोचना में अनेक लोग ऐसे हैं जो अवसरवाद और चापलूसी के माध्यम से साहित्य और समाज में अपनी हैसियत बनाना चाहते हैं। सच्चे अर्थों में उनके सामने कोई आदर्श नहीं होता, न मूल्य का न व्यक्ति का।

यात्रा : कथालोचना इस समय कथा में तिजारती लोगों के हिसाब से चल रही है। स्त्री और दलित विमर्श की चीजें बिकती हैं तो इन्हें प्रमोट करने वाली आलोचना होगी, कथा का सच बताने वाली आलोचना नहीं? शायद आलोचना सच का सामना करने से डरी हुई है? पहले के बड़े कथाकारों ने स्त्री और दलित जीवन पर अविस्मरणीय कृतियाँ दी हैं। आज एक भी कृति ऐसी नहीं दिखती जो उन रचनाओं से आगे की चीज हो? क्या कोई भी साहित्यिक आन्दोलन ताकतवर लेखकों और अविस्मरणीय रचनाओं के बिना साहित्य में जगह पाता है?

मैनेजर पाण्डेय : हिन्दी कथा आलोचना हाल के वर्षों में विकसित होने के बदले विकृत ज्यादा हुई है। अगर हम इसके इतिहास पर थोड़ा ध्यान दें तो यह मालूम होगा कि नयी कहानी के दौर में नामवर सिंह, सुरेन्द्र चौधरी, देवीशंकर अवस्थी आदि ने कहानी की आलोचना को जितना विकसित किया और उस दौर के कुछ प्रमुख कहानीकारों ने कहानी की आलोचना में जो नया जोड़ा उसके आगे आज की हिन्दी कहानी की आलोचना विकास के बदले ह्रास का प्रमाण देती है। स्त्री और दलित कहानी साहित्य पर वैचारिक बातें जितनी हुई हैं उतनी कहानी की बेहतर आलोचना नहीं हुई है। इस प्रसंग में एक और बात पर ध्यान दिया जाना जरूरी है वह यह है कि हिन्दी में उपन्यास का जितना और जैसा विकास हुआ है उसकी तुलना में उपन्यास की आलोचना अविकसित ही है।

यात्रा : हमारे समय की आलोचना में ऐसा क्या खास है जो बचा रह जाएगा? अपने समय के आलोचकों में कोई चुनौती देखते हैं? यदि नहीं तो फिर अपने लिए आज भी किस आलोचक के काम को चुनौती के रूप में देखते हैं इस समय की हिन्दी आलोचना को भारतीय आलोचना और विश्व आलोचना के सामने कहाँ पाते हैं?

मैनेजर पाण्डेय : मैं जैसे हिन्दी साहित्य की विभिन्न विधाओं के विकास के प्रसंग में निराश नहीं हूँ उसी तरह आज की हिन्दी आलोचना से भी असन्तोष के बावजूद निराश नहीं हूँ। कभी-कभी पत्रिकाओं में लेख के रूप में या फिर किताबों के रूप में भी ऐसी आलोचना आ रही है जो आलोचना के बेहतर भविष्य की उम्मीद जगाती है। खासतौर से कविता की आलोचना, कहानी और उपन्यास की आलोचना की तुलना में अधिक सुसंगत और सुव्यवस्थित रूप से आगे बढ़ रही है। कुछ नये

लोग विचारों और विभिन्न समकालीन मुद्दों पर विमर्शों की दिशा में भी काम करते दिखाई देते हैं। इन सबसे बेहतर आलोचना की उम्मीद करता हूँ। उनमें से कुछ के नाम लेकर दूसरों को दुःखी नहीं करना चाहता इसलिए उनके नाम नहीं ले रहा हूँ।

यात्रा : आज की मोटी-मोटी पत्रिकाओं में कितनी शक्ति है और कितनी चर्बी? छोटी पत्रिकाएँ बहुत हैं पर वहाँ भी जान नहीं है। आज की साहित्यिक पत्रकारिता को आप किस तरह देखते हैं?

मैनेजर पाण्डेय : हिन्दी की मौजूदा साहित्यिक पत्रकारिता कुछ बाजारवाद की शिकार है, कुछ अवसरवाद की और कुछ साहित्यवाद की। आप अगर हिन्दी की साहित्यिक पत्रकारिता को देखें तो उसमें साहित्य सम्बन्धी विचार-विमर्श व्यापक था जिसके दायरे में सम्पूर्ण वाङ्मय आता था, उसमें इतिहास, राजनीति, दर्शन, विज्ञान आदि का समावेश होता था। आज की साहित्यिक पत्रकारिता केवल कविताएँ, कहानियाँ, कहीं-कहीं उपन्यास और उन सब पर लिखी अच्छी-बुरी आलोचनाएँ या समीक्षाएँ छापती हैं। अधिकांश पत्रिकाओं को पढ़कर यह तो मालूम होता है कि हिन्दी साहित्य किधर जा रहा है लेकिन यह मालूम नहीं होता कि अपना देश और समाज किस तरफ जा रहा है। इन सबका एक दुष्परिणाम यह भी हुआ कि हिन्दी भाषा केवल साहित्य की भाषा बन गयी है। वह ज्ञान की भाषा नहीं बन रही है।

भारतीय लोकतन्त्र के शरीर पर कोढ़ की तरह है आपातकाल

(मैनेजर पाण्डेय की अनूप कुमार तिवारी, सत्य प्रकाश सिंह और राकेश दुबे से बातचीत)

अनूप कुमार तिवारी : सबसे पहले आपसे यही जानना चाहेंगे कि एक रचनाकार और सजग नागरिक होने के नाते आपकी नजर में स्वतन्त्रता के क्या मायने हैं?

मैनेजर पाण्डेय : आजादी का अर्थ समझने के लिए दो सन्दर्भों को ध्यान में रखना जरूरी है। एक तो व्यक्ति के सन्दर्भ में आजादी का अर्थ और दूसरे समाज के सन्दर्भ में आजादी का अर्थ। व्यक्ति के सन्दर्भ में आजादी का अर्थ काफी जटिल होता है और इसके दो छोर हो सकते हैं। हर व्यक्ति अपनी आजादी को अपने जीवन के प्रयोजन के अनुसार तय करता है और हासिल करना चाहता है। इससे एक छोर तो यह बनता है कि व्यक्ति परम स्वतन्त्र होना चाहता है और इससे व्यक्ति का समाज के सन्दर्भ में मानमानीपन चलने लगता है। व्यक्ति की आजादी का दूसरा छोर यह है कि हर व्यक्ति किसी-न-किसी समुदाय, समाज और देश में रहता है। इसीलिए एक व्यक्ति की स्वतन्त्रता की सीमा वहीं तक जाती है जहाँ से दूसरे व्यक्ति की स्वतन्त्रता की सीमा शुरू होती है। मनुष्य स्वभाव से और लम्बी ऐतिहासिक प्रक्रिया के कारण सामाजिक बना है। इसलिए व्यक्ति की स्वतन्त्रता को परिभाषित करते समय समाज की स्थितियों को और समाज में रहने वाले दूसरे व्यक्तियों की स्वतन्त्रताओं को ध्यान में रखना जरूरी होता है। मुझे ऐसा लगता है कि व्यक्ति की स्वतन्त्रता उसकी सामाजिकता से जब अनुशासित होती है तभी वह बेहतर होती है।

मैंने पहले ही कहा है कि स्वतन्त्रता के अर्थ का दूसरा सन्दर्भ सामाजिक है। सामाजिक सन्दर्भ से मेरा आशय यह है कि समाज में तरह-तरह के भेद, स्तर और फर्क होते हैं। सामाजिक सन्दर्भ में ऐसी स्वतन्त्रता सार्थक नहीं होती है, जो एक वर्ग तक सीमित हो और दूसरे वर्गों को स्वतन्त्रता से वंचित करने का प्रयत्न करे। यहाँ स्वतन्त्रता इस रूप में लोकतन्त्र विरोधी होगी। भारत में अनेक वर्ग हैं। एक ओर पूँजीपति हैं तो दूसरी ओर किसान हैं, मजदूर हैं, आदिवासी हैं, दलित और

स्त्रियाँ हैं जो उन वर्गों द्वारा शोषित, दमित और सतायी जाती हैं जिनका सत्ता पर अधिकार होता है। इसलिए सामाजिक सन्दर्भ में स्वतन्त्रता तभी सार्थक होगी जब स्वतन्त्रता के साथ समानता की स्थिति भी समाज में मौजूद होगी। आपको याद होगा कि फ्रांसीसी राज्यक्रान्ति से एक नारा निकला था, जिसने बाद के अब तक के सोच विचार को प्रभावित किया है। वह नारा था—'स्वतन्त्रता, समता और बन्धुता। मेरा खयाल है कि इनमें केन्द्रीय तत्त्व समानता ही है। अगर समाज में समानता नहीं होगी तो जो स्वतन्त्रता होगी वह नाम-मात्र की होगी या अधिक से अधिक स्वतन्त्रता के नाम पर नाटक होगा, जैसा कि आजकल भारत के लोकतन्त्र मे दिखाई देता है। समता के बिना अगर स्वतन्त्रता होगी तो फिर समाज के लोगों के बीच भाईचारा कैसे पैदा होगा? भाईचारा का विकास सहज स्वाभाविक सहयोग से होता है, जोर-जबरदस्ती से नहीं। जिस समाज में समानता नहीं होगी उसमें भेद-भाव ही स्थायी भाव होगा और भेद-भाव जिनके बीच होगा उनके बीच भाईचारा कैसे होगा? इसलिए मैं फिर दुहराना चाहता हूँ, सामाजिक सन्दर्भ में वही स्वतन्त्रता सच्ची होगी जो समानता और न्याय पर आधारित होगी।

अनूप कुमार तिवारी : भारतीय जनता इतने वर्षों तक आजादी के लिए संघर्ष करती रही। उस दौर के राष्ट्रीय नेतृत्व के मस्तिष्क में आजादी मिलने के बाद भारत की एक सार्थक तस्वीर भी थी, पर वह तस्वीर न बन पाने के पीछे कौन-से कारण उत्तरदायी हैं?

मैनेजर पाण्डेय : भारत का स्वाधीनता आन्दोलन बहुत व्यापक था और उसमें कमोबेश सभी समुदायों और तबकों के लोग शामिल थे, केवल कुछ अंग्रेजी राज के सेवकों, सहायकों और भक्तों को छोड़कर। जो लोग आजादी की लड़ाई में शामिल थे उनके मन में, विचारों में, लेखन में और व्यवहारों में भी आजादी के बाद के समाज की जो तस्वीर थी वह एक तरह की नहीं थी। गाँधी के मन में आजादी की जो तस्वीर थी वह अधिकांश कांग्रेसियों के मन की तस्वीर से मेल नहीं खाती थी। गाँधी के मन में आजाद भारत की जो तस्वीर थी वह उनकी प्रसिद्ध किताब 'हिन्द स्वराज' में मौजूद थी, जिसे कांग्रेस के नेताओं ने कभी स्वीकार नहीं किया। गाँधी से एकदम अलग स्वतन्त्र भारत की तस्वीर भगत सिंह और उनके साथियों के मन में थी, वह तस्वीर उनके दस्तावेजों और बयानों से जाहिर है। इनके साथ ही आजादी की जो तस्वीर रवीन्द्रनाथ टैगोर या प्रेमचन्द के मन में थी वह भी गाँधी और कांग्रेस की तस्वीरों से अलग थी। गाँधी, भगत सिंह या प्रेमचन्द की तस्वीरें केवल तस्वीरें ही रह गयीं, वास्तविकता नहीं बन पायीं, क्योंकि देश की सत्ता जिनके हाथ में आयी और आज भी जिनके हाथ में है, उनके मन में जो भारत की तस्वीर थी और है उसका गाँधी, भगत सिंह या प्रेमचन्द की तस्वीरों से कोई मेल नहीं है। गाँधी, भगतसिंह और

प्रेमचन्द भविष्य के बारे में भारत के साधारण आदमी की दृष्टि से तस्वीर बनाते थे, लेकिन इस देश का शासक वर्ग कुल मिलाकर अंग्रेजी राज द्वारा बनायी गयी तस्वीर के अनुसार देश को बनाना या बिगाड़ना चाहते थे और उन्होंने बनाया और बिगाड़ा। इसीलिए आजादी के बारे में जनता की इच्छा पूरी नहीं हुई। शुरू के दौर में देश के शासक वर्ग ने विशेष रूप से जवाहर लाल नेहरू ने जनता की दृष्टि से, जनता की बेहतरी के लिए सोचने का और काम करने का वादा तो किया लेकिन वे वादे-वादे ही रह गये, कभी यथार्थ नहीं बन पाये।

अनूप कुमार तिवारी : नेहरू के द्वारा किये गये वादे तो वादे ही रह गये, इससे हम सब सहमत हैं, पर मनमोहन सिंह की कांग्रेसी सरकार के वादों के बारे में आपका क्या मत हैं?

मैनेजर पाण्डेय : जवाहरलाल नेहरू के जमाने तक समाजवादी समाज बनाने के जो वादे किये गये वे वास्तविक न होते हुए भी आकर्षक थे, पर मनमोहन सिंह के जमाने में उन वादों को ही निरर्थक घोषित कर दिया गया। मनमोहन सिंह के दौर में इस देश को पूरी तरह पूँजीवादी और अमेरिकापरस्त अर्थव्यवस्था, राजनीतिक व्यवस्था और सांस्कृतिक व्यवस्था बनाने की खुलेआम घोषणाएँ की गयीं। मैं समझता हूँ कि पूँजीवाद झूठ और लूट की व्यवस्था है। इन दोनों के असंख्य प्रमाण हैं। हर साल और लगभग हर दिन अखबारों और जनसंचार के दूसरे माध्यमों की मदद से हमारे सामने तथ्य आते हैं। इस झूठ और लूट की व्यवस्था में केवल एक ही लक्ष्य सामने रह गया है और वह है पूँजीवाद के बेरोक-टोक विस्तार का। पूँजीवाद बिना किसी सन्देह के लाभ कमाने की व्यवस्था है जो झूठ और लूट के माध्यम से सम्भव है। वैसे तो इस बात को पहले ही मैं कह चुका हूँ लेकिन जब से सत्यम् झूठम् साबित हुआ है तब से इस बात में कोई सन्देह नहीं रह गया है कि इस देश की वर्तमान पूँजीवादी व्यवस्था झूठ और लूट के सहारे चल रही है। इस व्यवस्था में गरीबी मिटाने के बदले गरीबों को मिटाने की कोशिश ज्यादा दिखती है। आप पूरे देश को थोड़ी देर के लिए भूल जाइए केवल दिल्ली शहर को याद रखिए, इस शहर के भिखमंगे भगाये जा रहे हैं, ताँगे और रिक्शे हटाये जा रहे हैं, खोमचे वाले अपने रोजगार से बेदखल किये जा रहे हैं, झुग्गी-झोंपड़ियाँ उजाड़ी जा रही हैं, बिना यह सोचे कि वे सब लोग कहाँ जाएँगे? क्या खाएँगे और कहाँ रहेंगे।

कार्ल मार्क्स ने 1853 के एक लेख 'भारत में ब्रिटिश राज के भावी परिणाम' में कहा था कि पूँजीवादी सभ्यता की दो बुनियादी विशेषताएँ हैं, पहली है जन्मजात बर्बरता और दूसरी है अथाह पाखण्ड। आजकल भारत में जो पूँजीवादी व्यवस्था और सभ्यता है और होने जा रही है, उसमें पूँजीवादी सभ्यता की ये दोनों विशेषताएँ मौजूद हैं और दिखाई भी दे रही हैं। इन दोनों का शिकार हिन्दुस्तान का आम आदमी हो

रहा है—किसान, मजदूर और आदिवासी। नागार्जुन का एक कविता संग्रह है जिसका नाम है 'भूल जाओ पुराने सपने।' यह संग्रह तभी आया था जब देश में मनमोहन सिंह की रीति-रिवाज का प्रारम्भ हुआ था। नागार्जुन के कविता संग्रह के शीर्षक से ऐसा लगता है कि वे आम जनता को चेतावनी दे रहे थे।

अनूप कुमार तिवारी : स्वप्न और यथार्थ के बीच की खाई हमेशा चौड़ी क्यों होती है?

मैनेजर पाण्डेय : देखिए स्वप्न और यथार्थ का सम्बन्ध हमेशा जटिल होता है। वैसे तो स्वप्न पैदा होता है यथार्थ के प्रभाव से ही, लेकिन स्वप्न को यथार्थ बनाने की कोशिश प्रायः पूरी नहीं होती है। उसके कई कारण हैं। पहली बात तो यह कि स्वप्न में हमेशा दूर का लक्ष्य रखा जाता है, जहाँ तक पहुँचने में अनेक मुश्किलें होती हैं। दूसरी बात ये कि कभी-कभी जो स्वप्न पूरा करने में लगते हैं वे स्वप्न को पूरी तरह समझते नहीं हैं। तीसरी बात कि स्वप्न की अनेक व्याख्याएँ सम्भव होती हैं। इसलिए सपनों को पूरा करने में लगे हुए लोग अपनी समझ और उद्देश्य के अनुसार तरह-तरह की व्याख्याएँ भी कर लेते हैं। इसलिए प्रायः सपने यथार्थ नहीं बन पाते हैं, वे अधूरे रहते हैं। यहाँ एक और बात पर ध्यान देना जरूरी है कि मनोविज्ञान की दृष्टि से और जीवन के अनुभवों की दृष्टि से भी यह जानी-पहचानी बात है कि स्वप्न कर्म की या काम करने की केवल प्रेरणा देते हैं, रूपरेखा नहीं बनाते और बताते हैं। इसलिए उनका आधा-अधूरा होना स्वाभाविक हो जाता है। आखिरी बात यह कि स्वप्न अगर वास्तविकता से जुड़े हुए हैं तो उनके पूरा होने की सम्भावना अधिक होती है लेकिन यदि वे कल्पना और आकांक्षा को व्यक्त करते हैं तो अधूरा रहना उनकी नियति बन जाती है। पर यह भी सही है कि इन सारी जटिलताओं के बावजूद मनुष्य की ऐतिहासिक यात्रा के लिए सपनों का होना बहुत जरूरी है। सम्भवतः इसी बात को ध्यान में रखकर पंजाबी के अत्यन्त महत्त्वपूर्ण कवि 'पाश' ने कहा था कि 'सबसे खतरनाक होता है हमारे सपनों का मर जाना।'

अनूप कुमार तिवारी : कांग्रेस ने नेहरू के समय से ही 'समाजवाद' को अपने नजरिये से परिभाषित किया है। कांग्रेसी सरकारों की इस समाजवादी समझ को आप किस नजरिये से देखते हैं?

मैनेजर पाण्डेय : मैंने पहले भी कहा है कि जवाहर लाल नेहरू के जमाने में समाजवादी समाज बनाने का वादा किया गया था लेकिन नेहरू के ही समय में कांग्रेस के भीतर समाजवादी समाज बनाने की कोशिश के विरोधी बहुत थे। इसलिए नेहरू की वह आकांक्षा आकांक्षा ही रह गयी। मुझे तो भारतीय राजनीति में समाजवाद शब्द के उपयोग और दुरुपयोग पर सोचते समय इंग्लैण्ड के एक प्रसिद्ध विचारक का कथन याद आता है। उन्होंने कहा था कि—'समाजवाद एक ऐसी टोपी है जिसका

कोई सुनिश्चित आकार नहीं रह गया है, क्योंकि अनेक आकार के सर वाले लोग उसे पहनने लगे हैं। जवाहर लाल नेहरू के बाद समाजवाद नामक शब्द अचानक इन्दिरा गाँधी को याद आया और उन्होंने संविधान में संशोधन करके उसकी प्रस्तावना में समाजवादी शब्द को रखा। फिर उस प्रस्तावना के अनुसार भारत एक लोकतान्त्रिक, समाजवादी और धर्मनिरपेक्ष राज्य बन गया। संसार में कहीं भी न इस तरह समाजवाद आया था, न आयेगा। यह समाजवाद का घोषित दुरुपयोग था। व्यंग्य और मजाक की बात यह है कि आज भी देश के संविधान की प्रस्तावना में वह शब्द मौजूद है। जिस संविधान की शपथ लेकर मनमोहन सिंह की दो बार सरकारें बनी हैं उसी संविधान में मौजूद उस समाजवादी शब्द की ऐसी-तैसी करते हुए, उसके ठीक विपरीत पूँजीवाद को पूरी तरह स्थापित करने में लगी हुई हैं। मुझे तो ऐसा लगता है कि यह समाजवाद का अपमान है। बेहतर यही होगा एक और संविधान संशोधन करके प्रस्तावना में से 'समाजवादी' शब्द को हटा दिया जाये। पर ऐसा होगा नहीं, क्योंकि समाज में समाजवादी शब्द को बनाये रखते हुए बेरोक-टोक पूँजीवाद का विकास नहीं होगा तो उस पाखण्ड का क्या होगा जिसकी ओर मार्क्स ने संकेत किया था।

अनूप कुमार तिवारी : भारतीय परिप्रेक्ष्य में समाजवादी और मार्क्सवादी आन्दोलनों की असफलता के कौन-से प्रमुख्य कारण रहे हैं?

मैनेजर पाण्डेय : भारत में दो तरह की समाजवादी विचारधाराएँ लम्बे समय से राजनीति में क्रियाशील रही हैं। एक तो कम्युनिस्ट पार्टी या कम्युनिस्ट पार्टियों की समाजवादी विचारधारा। पहले हम लोग कम्युनिस्ट पार्टियों की राजनीति के बारे में बात करें। उनकी असफलता का पहला बड़ा प्रमाण तो यही है कि हिन्दुस्तानी कम्युनिस्ट पार्टी धीरे-धीरे तीन पार्टियों में बँट गयी और जो तीसरी पार्टी नक्सलबाड़ी आन्दोलन के समय पैदा हुई वह अनगिनत समूहों में बँट गयी। भारत में कम्युनिस्ट आन्दोलन के इस बिखराव से ही जाहिर है उसकी असफलता। कम्युनिस्ट पार्टियों की असफलता का एक बड़ा कारण यह है कि हर कम्युनिस्ट पार्टी का समूह खुद को सही समझने की जिद और दूसरों को गलत साबित करने की कोशिश में लगभग एक सदी से लगा है। दूसरी बात यह है कि जो कम्युनिस्ट पार्टी जनान्दोलनों से जितना दूर जाएगी, वह अपनी राजनीति की असफलता की सड़क उतनी ही चौड़ी बनायेगी। एक और बात है कि इस देश की अधिकांश कम्युनिस्ट पार्टियाँ जिन आन्दोलनों को स्वयं नहीं चलाती हैं, उनका प्रायः समर्थन भी नहीं करती हैं। भारत में पूँजीवाद का जो वर्तमान दौर है उसमें सबसे अधिक पीड़ित और दमित हैं आदिवासी। उनके बीच कभी पुरानी कम्युनिस्ट पार्टी ने संगठन का काम चलाया था। लेकिन वर्तमान समय में जो कम्युनिस्ट पार्टियाँ कहीं न कहीं सत्ता में हैं वे

आदिवासियों के आन्दोलन से बहुत कम जुड़ी हैं। इस प्रसंग में आखिरी बात यह है कि विभिन्न कम्युनिस्ट पार्टियों के नेता और कार्यकर्त्ता जितना सामन्तों और पूँजीपतियों से लड़ते हैं, उससे अधिक आपस में लड़ते हैं।

जहाँ तक समाजवादियों का सवाल है उसमें शुरू के दौर में राममनोहर लोहिया, जयप्रकाश नारायण, आचार्य नरेन्द्र देव जैसे विचारशील, लगनशील, गहरी सामाजिक चिन्ता और राजनीतिक क्रियाशीलता वाले लोग थे। इसलिए उनके बीच विभाजनों के बावजूद उनकी राजनीति में एक प्रकार की तेजस्विता थी, तमाम आकर्षण था और जनवादिता थी। पर बाद के समाजवादियों का समूह दो-चार अपवादों को छोड़कर राजनीतिक दृष्टि से अवसरवादियों का समूह है। वे सत्ता और सुख के लिए किसी भी दल और विचारधारा से जुड़ जाने से परहेज नहीं करते हैं। इन बाद के समाजवादियों के बारे में यह कहना ज्यादा सही है कि वे सुविधा की राजनीति करते रहे हैं और दुविधा की भाषा बोलते रहे हैं।

अनूप कुमार तिवारी : वैश्विक स्तर पर समाजवाद और मार्क्सवाद जैसी विचारधारा के असफल होने को आप किस नजरिये से देखते हैं?

मैनेजर पाण्डेय : देखिए यह प्रश्न तबसे विवाद का विषय बना हुआ है जब से भूतपूर्व सोवियत संघ में समाजवादी व्यवस्था का विनाश हुआ और पूर्वी यूरोप के देशों से भी समाजवादी व्यवस्थाएँ समाप्त हो गयीं। बाद के दिनों में या लगभग उसी समय चीन ने पूरी तरह पूँजीवादी व्यवस्था को स्वीकार कर लिया। मैं समाजवादी व्यवस्थाओं के असफल होने के सवाल को मार्क्सवाद और समाजवाद के सवाल से अलग करके देखना चाहता हूँ।

भूतपूर्व सोवियत संघ और दूसरी जगहों पर जो समाजवादी व्यवस्थाएँ ध्वस्त हुईं उसके मेरे अनुसार तीन-चार कारण थे। पहला कारण तो यही कि उन समाजवादी व्यवस्थाओं में बुनियादी तौर पर लोकतन्त्र का अभाव था। दूसरे सारी दुनिया में अनेक तरह के लोकतन्त्र मौजूद थे जिसकी ओर समाजवादी व्यवस्थाओं में रहने वाली जनता आकर्षित होती थी। यद्यपि मार्क्सवाद बुनियादी तौर पर एक आलोचनात्मक सिद्धान्त है लेकिन भूतपूर्व समाजवादी व्यवस्थाओं में आलोचना को सुनने, सहने और उससे बहस करने के बदले उसका दमन करने की प्रवृत्ति थी। इसके कारण लोकतन्त्र की बुनियादी प्रवृत्ति विकसित नहीं हो पायी। तीसरी बात, उन समाजवादी व्यवस्थाओं के भीतर भी शासक और शासितों के बीच फर्क लगातार बढ़ रहा था। सर्वहारा की तानाशाही के नाम पर पार्टी की तानाशाही, फिर नेता की तानाशाही काम करने लगी थी जिससे कम्युनिस्ट पार्टी के बारे में आम जनता की राय प्रतिकूल होने लगी। आखिरी बात यह है कि सारी दुनिया में पूँजीवाद की मदद से जो उपभोक्तावाद विकसित हो रहा था वह समाजवादी व्यवस्था में जीने वाली जनता को वैरागियों के

जीवन से बाहर निकलकर उपभोक्ता वस्तुओं के आकर्षण की ओर बढ़ने के लिए प्रेरित कर रहा था। इन सब कारणों से समाजवादी व्यवस्थाएँ ध्वस्त हुईं।

पर मैं समाजवादी व्यवस्थाओं के विनाश को मार्क्सवाद और समाजवाद का अन्त नहीं समझता हूँ। बहुत पहले जवाहर लाल नेहरू ने अपनी आत्मकथा में कहा था—'रूसी सामाजिक प्रयोग की सफलता-असफलता से मार्क्सवादी सिद्धान्त की सार्थकता प्रभावित नहीं होगी।' जब तक इस दुनिया में पूँजीवाद रहेगा तब तक साधारण आदमी का शोषण और दमन होता रहेगा और वह शोषित तथा दमित मनुष्य अपनी मुक्ति के लिए संघर्ष भी करता रहेगा। उस संघर्ष को राह दिखाने का काम मार्क्सवाद करेगा। इसलिए वह तब तक जरूरी बना रहेगा जब तक दुनिया में पूँजीवाद बना रहेगा। मैं समाजवादी व्यवस्था की असफलता को वहाँ की कम्युनिस्ट पार्टियों, उसकी नीतियों और नेताओं की असफलता मानता हूँ, मार्क्सवाद और समाजवाद की नहीं। मार्क्स ने मार्क्सवाद की जो कल्पना और सम्भावना व्यक्त की थी वह किसी भी भूतपूर्व समाजवादी व्यवस्था में व्यवस्थित रूप से मौजूद नहीं थी। इसलिए उसके अन्त को समाजवाद का अन्त समझना ठीक नहीं है। मार्क्सवाद और समाजवाद को सामने रखकर अब भी दुनिया में लाखों लोग संघर्ष कर रहे हैं। इसलिए मार्क्सवाद को असफल और समाजवाद को अप्रासंगिक कहने का अर्थ होगा—लाखों लोगों के संघर्ष को निरर्थक कहना।

अनूप कुमार तिवारी : भारत जैसे विविधता-मूलक और लोकतान्त्रिक देश में 1975 के आपातकाल को आप किस तरह से देखते हैं।

मैनेजर पाण्डेय : वैसे तो सामन्ती और पूँजीवादी वर्गों का शासन हमेशा आपातकाल जैसा ही होता है जिसका काम हर तरह के विरोध का दमन, असहमति का अस्वीकार और लोकतन्त्र का इनकार होता है। लेकिन जैसे पूँजीवादी व्यवस्था का शासन होते हुए भी फासिज्म शासक वर्ग की तानाशाही का चरम रूप था वैसे ही आपातकाल हिन्दुस्तान के शासक वर्ग के आतंक के राज का प्रमाण था। हिन्दुस्तान का लोकतन्त्र अपनी सारी सीमाओं और कमजोरियों के बावजूद इतना सार्थक तो सिद्ध हुआ ही कि उसने आपातकालीन सत्ता व्यवस्था और मानसिकता को मौका मिलते ही उलट दिया। मैं आपातकाल को भारतीय लोकतन्त्र के शरीर पर कोढ़ की तरह मानता हूँ। सन्तोष की बात यही है कि वह बहुत लम्बा नहीं था जैसे दुनिया के विभिन्न देशों में वह लम्बे काल तक चलता हुआ दिखाई देता है।

अनूप कुमार तिवारी : सम्प्रदायवाद, जातिवाद, क्षेत्रवाद जैसी समस्याएँ हाल के दिनों में ज्यादा खतरनाक रूप से उभरी हैं। ये देश को किस दिशा की तरफ जाने का संकेत करती हैं?

मैनेजर पाण्डेय : असल में भारत में पिछले बीस वर्षों में जो पूँजीवाद विकसित

हुआ है और हो रहा है उससे जो तबाही और बर्बादी पैदा हुई है उसके परिणामस्वरूप तीन-चार तरह की प्रतिक्रियाएँ हुईं। एक तो झूठ और लूट की इस व्यवस्था में अपना हिस्सा बटोरने के लिए बेचैन कई राजनीतिक समूह उभर आये हैं। दूसरे कुछ लोग गरीबों के मन में पैदा हुए असन्तोष का राजनीतिक लाभ उठाने के लिए संगठित हो रहे हैं। इसी प्रक्रिया के भीतर से बहुत सारे क्षेत्रीय और जातिवादी राजनीतिक संगठन बने। एक और बात—पिछले पचास वर्षों के इतिहास की सच्चाई ये है कि जब दुनिया में समाजवादी व्यवस्थाएँ थीं तो धर्मनिरपेक्षता की साख काफी बढ़ी थी। उन समाजवादी व्यवस्थाओं के विनाश के लिए दुनिया के पूँजीवाद के नेता अमेरिका के सत्ताधारियों ने धर्म का बहुत दुरुपयोग किया। स्वयं वे आज जिन कट्टरतावादियों से लड़ रहे हैं वे कट्टरतावादी अमेरिका से ही मदद लेकर सोवियत संघ की सेनाओं से अफगानिस्तान में लड़ रहे थे। पिछले पचास वर्षों के पूँजीवाद की एक बात ध्यान में रखने की यह है कि उसने धर्म की मदद लेते हुए समाजवाद से लड़ने का काम किया और जिन धार्मिक कट्टरतावादियों ने समाजवाद से लड़ने के लिए पूँजीवाद की मदद की वे अब पूँजीवाद के लाभ से अपना हिस्सा वसूल करने के लिए उससे लड़ने में लगे हुए हैं। हिन्दुस्तान के प्रसंग में नेहरू के बाद जो सरकारें सत्ता में आयीं उन्होंने धर्मनिरपेक्षता का कम और सर्व धर्म समभाव का नारा अधिक दिया। ऐसी स्थिति में ये बहुत स्वाभाविक है कि जो धर्म इस देश में बहुमत का धर्म था, उसको सत्ता में आने में मदद मिली और इसी प्रक्रिया में विभिन्न छोटे-बड़े आन्दोलनों की मदद से हिन्दू साम्प्रदायिकतावादी सत्ता में आये और अब भी सत्ता पर काबिज होने की कोशिश कर रहे हैं। यद्यपि हिन्दू सम्प्रदायवादी सांस्कृतिक राष्ट्रवाद की बात करते हैं लेकिन उनकी संस्कृति और राष्ट्रवाद की समझ तथा उनका धर्म बहुत संकुचित और एकान्तिक है। दूसरी ओर उसके जवाब में दूसरे प्रकार के दूसरे धर्मों से जुड़े सम्प्रदायवाद और कट्टरतावाद का भी विस्तार हो रहा है। मुझे लगता है कि ये दोनों तरह का कट्टरतावाद और सम्प्रदायवाद इस देश के लिए खतरनाक है और स्वाधीनता आन्दोलन के दौरान पनपे मूल्यों और मान्यताओं के विरुद्ध भी।

अनूप कुमार तिवारी : 'भाषा का संकट सभ्यता का संकट है' ऐसा हम लोग मानते रहे हैं। वैश्वीकरण के दौर में भारतीय भाषाओं के समक्ष पैदा संकट को किस तरीके से समझा जाये और उसके प्रतिरोध की दृष्टि कौन-सी हो सकती है?

मैनेजर पाण्डेय : यह सही है कि भाषा का संकट सभ्यता का संकट है, क्योंकि भाषाओं के कारण समाज बनता है और भाषाओं से ही सभ्यताएँ बनती और विकसित होती हैं। यही नहीं, भाषाओं में सभ्यता व्यक्त भी होती है। भूमण्डलीकरण के कारण दुनियाभर में भाषा का संकट बढ़ रहा है, क्योंकि भूमण्डलीकरण की भाषा अंग्रेजी है, वही दुनिया भर में बाजार और व्यवहार की भाषा बनती जा रही है।

इसलिए वे भाषाएँ जो बाजार की भाषाएँ नहीं हैं उनका अस्तित्व संकट में है। पिछले एक दशक के भीतर 'यूनेस्को' ने खतरे में पड़ी भाषाओं का एक ब्यौरा प्रकाशित किया है, जिससे ज्ञात होता है कि पिछले 50 वर्षों में कई सौ भाषाएँ मर चुकी हैं और कई सौ भाषाएँ मरने की कगार पर हैं। भाषा-वैज्ञानिकों का विचार है कि दुनिया में इस समय 6 से 7 हजार तक भाषाएँ हैं। उनका यह भी विचार है कि यदि इसी तरह भूमण्डलीकरण की प्रक्रिया में छोटी-छोटी भाषाएँ मरती रहीं तो 21वीं सदी के अन्त तक दुनिया की आधी भाषाएँ मर जाएँगी।

दुनिया में और हिन्दुस्तान में भी तीन तरह की भाषाएँ हैं। एक वे भाषाएँ जिनका प्रयोग केवल बोलचाल के स्तर पर होता है। दूसरी वे भाषाएँ जो बोलचाल के साथ लिखी भी जाती हैं, क्योंकि उनमें लिपि है पर उनके प्रकाशन की कोई व्यवस्था नहीं है। तीसरी वे भाषाएँ हैं जो बोली तथा लिखी जाती हैं और प्रकाशित होने के कारण पढ़ी भी जाती हैं। मेरा विचार है कि सबसे पहले वे भाषाएँ मरेंगी जो केवल बोलचाल की भाषाएँ हैं। दूसरी अवस्था में वे भाषाएँ खतरे में होंगी जो बोली और लिखी तो जाती हैं पर प्रकाशन की व्यवस्था न होने से छपती नहीं हैं। तीसरे स्तर पर वे भाषाएँ हैं जो लिखी, बोली और पढ़ी जाती हैं, किन्तु उनका बाजार में विशेष मूल्य और प्रभाव नहीं है।

एक भाषा का मरना एक अनुभव की दुनिया का मरना है, एक संस्कृति का मरना है, एक सोच-विचार की प्रक्रिया का मरना है। और इन सबके परिणामस्वरूप मनुष्य का मरना है। इसलिए भाषाओं का संकट सभ्यता के साथ-साथ संस्कृति और मनुष्यता का भी संकट है। मुझे यह लगता है कि धीरे-धीरे दुनिया में मातृ-भाषाओं और लोक-भाषाओं के महत्त्व को स्वीकार किया जा रहा है। लेकिन हिन्दुस्तान में कोई बहुत संगठित प्रयास नहीं दिखाई देता। यद्यपि क्षेत्रीय स्तर पर भारत की लोकभाषाओं की रक्षा की बात जहाँ-तहाँ होती है पर कोई ऐसा प्रयत्न और आन्दोलन नहीं दिखाई देता जो भूमण्डलीकरण की प्रक्रिया का सामना करते हुए विभिन्न क्षेत्रों की मातृभाषाओं और लोकभाषाओं की रक्षा में संलग्न हो। दक्षिण अफ्रीका के देशों में ऐसा हो रहा है। लातीन अमेरिका के देशों में यूरोपवासियों ने वहाँ की सभी मूल भाषाओं को नष्ट कर दिया। इसलिए उनकी ज्यादातर भाषा या तो स्पेनी है या पुर्तगाली है। फिर भी वहाँ अपनी भाषा की खोज का प्रयत्न चल रहा है। उनका संग्रहालय बनाया जा रहा है।

पूँजीवाद भाषाओं की अनेकता के बदले एक भाषा की प्रधानता को महत्त्व देता है। इसी प्रक्रिया में यूरोप में पूँजीवाद के विकास के साथ जब राष्ट्रभाषा की भावना का विकास हुआ तब राष्ट्रभाषा की भावना का भी विकास हुआ। तब यह माना गया कि एक राष्ट्र की पहचान एक राष्ट्रवाद से होती है। अब चूँकि राष्ट्र और राष्ट्रभाषा

को भूमण्डलीकरण के वर्तमान दौर में लगभग अनावश्यक माना जा रहा है, इसलिए भूमण्डलीकरण की भाषा के रूप में अंग्रेजी का वर्चस्व सारी दुनिया पर छा रहा है। अपने देश में भी यह प्रवृत्ति तेजी से बढ़ रही है। दो साल पहले अखबारों में खबर छपी थी कि हर साल आन्ध्र के 5 प्रतिशत बच्चे तेलगू से दूर जा रहे हैं क्योंकि भूमण्डलीकरण इस देश में सबसे पहले हैदराबाद में ही आया। यह प्रवृत्ति धीरे-धीरे हिन्दी क्षेत्रों में भी आ रही हैं। अपने देश की सरकार पहली कक्षा से ही बच्चों की शिक्षा अंग्रेजी में देने का निर्णय कर चुकी है और उसको लागू करने की कोशिश कर रही है। ऐसी स्थिति में नयी पीढ़ी अपनी-अपनी मातृभाषा भूल जाये, तो कैसा आश्चर्य! वैसे ही हिन्दुस्तान में भूमण्डलीकरण के साथ-साथ अमेरिकीकरण की प्रक्रिया भी चल रही है। अमेरिकी सभ्यता, संस्कृति आदि के साथ अंग्रेजी भाषा भी तेजी से फैल रही है। मुझे ऐसा लगता है कि भारतीय भाषाओं की रक्षा की लड़ाई एक राजनीतिक लड़ाई तो है ही, पर साथ ही भारतीय सभ्यता, भारतीय संस्कृति और भारतीय मनुष्य की रक्षा की भी लड़ाई है।

अनूप कुमार तिवारी : क्या आपको नहीं लगता है कि भूमण्डलीकरण का कुछ फायदा लोकभाषाओं को मिला है?

मैनेजर पाण्डेय : भूमण्डलीकरण से भारत की लोकभाषाओं का एक और सम्बन्ध दिखाई देता है। वह यह कि इलेक्ट्रोनिक मीडिया में लोकभाषाओं का प्रयोग, उपयोग और दुरुपयोग भी हाल के दिनों में बढ़ा है। इससे एक ओर इलेक्ट्रोनिक मीडिया में जिन लोकभाषाओं के लिए जगह बन रही है, उनको लाभ हो रहा है। विशेष रूप से कलाकारों को। पर साथ ही यह भी ध्यान रखने की बात है कि इलेक्ट्रानिक मीडिया उन भाषाओं की रक्षा और सेवा की भावना के बदले उनका उपयोग करते हुए अधिक जनता तक पहुँचकर लाभ कमाने के इरादे से काम करती है। मुझे इस बात पर कोई ऐतराज नहीं है कि इलेक्ट्रानिक मीडिया के लोग लोकभाषाओं से लाभ कमाएँ, किन्तु इन भाषाओं के प्रति उनका दृष्टिकोण कठिनाई पैदा करता है। एक तो यही कि वे लोकभाषा को गम्भीरता से लेने की बजाय उसे हँसी-मजाक की चीज समझते हैं।

अनूप कुमार तिवारी : उदारीकरण, वैश्वीकरण से पीड़ित लोगों की संख्या बहुत अधिक है। बावजूद इसके लेखन से अलग संघर्ष का बहुत पुख्ता स्वरूप दिखाई नहीं पड़ रहा है। इसका कारण क्या है?

मैनेजर पाण्डेय : यह सही है कि भूमण्डलीकरण और उदारीकरण के परिणामस्वरूप हमारे देश के किसान, मजदूर और आदिवासी बड़े पैमाने पर तबाह हुए हैं और हो रहे हैं। यह सबको मालूम है कि लगभग दो लाख किसानों ने इसी दौर में आत्महत्या की है और आत्महत्या मनुष्य की चरम निराशा का परिणाम होती है। इसलिए यह

जाहिर है कि किसान बड़ी संख्या में तबाही के शिकार हुए हैं। इस बीच टेक्नोलॉजी के क्षेत्र में हुए विकास के कारण बड़े पैमाने पर मजदूर छँटनी के शिकार हुए हैं और मजबूर होकर भुखमरी की कगार तक पहुँच गये। तीसरा जन समूह जो भूमण्डलीकरण के कारण तबाह हुआ है और हो रहा है, वह आदिवासियों का है, जो बड़े पैमाने पर विस्थापन और बर्बादी का सामना कर रहा है। इन सब बातों के होते हुए भी अगर बड़े पैमाने पर कोई प्रतिरोध नहीं हो रहा है तो इसके कई कारण हैं। पहला तो यही कि सत्ता में या सत्ता से बाहर रहने वाले लगभग सभी संसदीय दल भूमण्डलीकरण की आर्थिक नीतियों को स्वीकार करते हैं। फिर उसके विरोध में आन्दोलन कैसे कर सकते हैं! दूसरी बात ये है कि दुनिया के हर देश में और इस देश में भी जन-आन्दोलनों को प्रेरित और प्रभावित करने का काम मध्यवर्ग के बुद्धिजीवी करते रहे हैं। भारत के मध्यवर्ग का बहुत बड़ा हिस्सा भूमण्डलीकण का लाभ उठाने में लगा हुआ है। यहाँ की नयी पीढ़ी के अधिकांश छात्र अमेरिका, आस्ट्रेलिया, कनाडा, इंग्लैंड या जर्मनी में नौकरी करने या बस जाने के लिए बेचैन है। फिर वे भूमण्डलीकरण के विरुद्ध सोचने या लिखने का काम कैसे करेंगे? तीसरी बात यह है कि अभी सरकार की नीति ऐसी है कि भूमण्डलीकरण की प्रक्रिया का विरोध करने वाले व्यक्तियों या आन्दोलनों को सरकार विकास विरोधी कहते हुए दबाने का प्रयास कर रही है। फिर भी मरता क्या न करता के अनुसार जहाँ-तहाँ छोटे पैमाने पर विभिन्न मुद्दों पर विरोध के आन्दोलन उठ रहे हैं और लोग लड़ भी रहे हैं।

अनूप कुमार तिवारी : आजकल राष्ट्रीय परिदृश्य पर नक्सलवाद का मुद्दा छाया हुआ है। नक्सलवाद को व्याख्यायित करती कई दृष्टियाँ हमारे बीच सक्रिय हैं। कोई उसे आम जनता की लड़ाई मान रहा है, तो एक बड़ा वर्ग ऐसा भी है जो उस पर विदेशी हाथ से प्रेरित होने, धन उगाही करने इत्यादि का आरोप लगा रहा है। ऐसे में आप नक्सलवादी आन्दोलन को किस रूप में देखते हैं तथा यह राष्ट्रीय राजनीति को प्रभावित करने में कितना सक्षम दिखाई पड़ता है?

मैनेजर पाण्डेय : नक्सलवाड़ी आन्दोलन के बारे में वास्तविक जानकारियाँ कम और अफवाहें ज्यादा फैली हैं। जैसा कि आपने कहा कि उनके बारे में दो तरह के दृष्टिकोण सामने आ रहे हैं। घोषित सरकारी दृष्टिकोण तो यह है कि ये विकास विरोधी लोग हैं। आज का नक्सलवाड़ी आन्दोलन देश के आदिवासी क्षेत्रों में ज्यादे केन्द्रित है। वह बंगाल, उड़ीसा, झारखण्ड, छत्तीसगढ़ और आन्ध्र प्रदेश तक फैला है। मैं पहले ही आपसे कह चुका हूँ कि भूमण्डलीकरण से सर्वाधिक तबाह और बर्बाद आदिवासी हुए हैं और हो रहे हैं क्योंकि वे जिन क्षेत्रों में रहते हैं, वहीं इस देश की खनिज सम्पदा धरती, पहाड़ों और जंगलों के नीचे है। उन खनिज पदार्थों को पाने के लिए विदेशी या देशी बहुराष्ट्रीय कम्पनियाँ जो प्रयत्न कर रही हैं उनसे आदिवासी

अपनी जमीन, जंगल, जल और जीवन से वंचित हो रहे हैं। इस बीच में बड़े पैमाने पर अखबारों और पत्रिकाओं के माध्यम से यह खबरें आयी हैं कि जंगलों की रक्षा, आदिवासियों की सुरक्षा और विस्थापितों के पुनर्वास के लिए जो सरकारी कानून है उनको ये बहुराष्ट्रीय कम्पनियाँ लागू नहीं होने देतीं और सरकारें लागू भी नहीं करतीं। इसके परिणामस्वरूप ये अपनी जमीन, अपने जंगल और अपने जीवन की रक्षा के लिए लड़ रहे हैं। ऐसे में सरकार जिनको मारती है उन्हें नक्सलवादी या माओवादी बताती है।

नक्सलवादी या अभी की प्रचलित शब्दावली में माओवादी जो संघर्ष कर रहे हैं, उसके कुछ प्रभाव सामने दिखाई दे रहे हैं। एक तो दमन की व्यापक कार्रवाई करते हुए केन्द्र की सरकार के लोग अब यह स्वीकार करने लगे हैं कि आदिवासी क्षेत्रों में उद्योग सम्बन्धी जो भी काम हो रहा है उसका लाभ आदिवासियों को नहीं मिल रहा है। सरकार में जो संवेदनशील और समझदार लोग हैं वे यह भी मानने लगे हैं कि देश के विकास का जो प्रयत्न हो रहा है उसका कोई लाभ आदिवासियों तक नहीं पहुँच रहा है। इसलिए नक्सलवादियों या माओवादियों की समस्या का हल केवल दमन नहीं है, बल्कि आदिवासी क्षेत्रों का विकास जरूरी है। मुझे लगता है कि सरकार अगर आदिवासियों के विद्रोह को उनकी तबाही से जोड़कर देखे और दमन के बदले विकास का रास्ता अपनाये तो नक्सलवादी समस्या का समाधान होगा; क्योंकि नक्सलवादी भी यही कहते हैं कि वे आदिवासियों की रक्षा और विकास के लिए लड़ रहे हैं। इस देश के अधिकांश आदिवासी ठीक ढंग से भारतीय लोकतन्त्र के हिस्से नहीं हैं। अगर उनसे संवाद और उनके विकास का प्रयत्न होगा तो उससे देश का लोकतन्त्र मजबूत होगा। लेकिन अगर सरकार केवल दमन के सहारे आदिवासियों की आकांक्षा और नक्सलवादियों के संघर्ष को समाप्त करेगी, तो इस देश की व्यापक भारतीय जनता में निहित एक बहुत छोटी संख्या वाले करोड़पतियों और अरबपतियों की लूट का लोकतन्त्र होगा।

लेखक और प्रतिबद्धता

(अनूप कुमार तिवारी और मैनेजर पाण्डेय के बीच बातचीत)

अनूप कुमार तिवारी :

1. आपकी नजर में प्रतिबद्धता का क्या आशय है?
2. बतौर लेखक क्या आप पर भी किसी प्रतिबद्धता का दबाव होता है?
3. क्या किसी प्रकार की प्रतिबद्धता लेखन-कर्म हेतु प्रेरित करती है या लेखन कर्म करते समय प्रतिबद्धता का प्रश्न पैदा होता है?
4. आपके लेखन में प्रतिबद्धता किस रूप में अभिव्यक्ति पाती है?
5. क्या कोई रचना किसी भी तरह की प्रतिबद्धता से मुक्त रह सकती है?
6. व्यक्ति या लेखक होने के नाते हमारी कई प्रतिबद्धताएँ हो सकती हैं तो ये लेखन को किस तरह प्रभावित करती हैं?
7. क्या निजी और वृहत्तर प्रतिबद्धताएँ विरोधाभासी हैं,
8. प्रतीकवाद लेखकीय प्रतिबद्धता के मार्ग में सहायक है अथवा बाधक?

मैनेजर पाण्डेय : मूल प्रश्न पर आने के पहले मैं एक दो बातें करना चाहता हूँ और वो बातें ये हैं कि हिन्दी में बहुत सारी दूसरी आधुनिक धारणाओं की तरह प्रतिबद्धता की धारणा भी पश्चिम से आयी। दूसरे महायुद्ध के बाद फ्रांस में ज्यां पॉल सार्त्र ने प्रतिबद्धता पर बहस की शुरुआत की। सार्त्र ने प्रतिबद्धता पर जो बहस शुरू की उसकी दो बातें ध्यान में रखना जरूरी है। पहली बात तो यह कि उन्होंने प्रगीत और एक तरह से कविता को प्रतिबद्धता के दायरे से बाहर रखा। मुख्य रूप से प्रतिबद्धता पर उनके चिन्तन के केन्द्र में कथा साहित्य था, उपन्यास और कहानी। दूसरी बात यह कि सार्त्र के लिए प्रतिबद्धता का सीधा सम्बन्ध मार्क्सवाद से नहीं था बल्कि प्रतिबद्धता मोटे तौर पर उनके लिए अपने युग की सामाजिक-राजनीतिक स्थितियों और समस्याओं के बारे में लेखक की समझ और सजगता से जुड़ी हुई थी। सार्त्र द्वारा शुरू की गयी प्रतिबद्धता की बहस इंग्लैंड से होते हुए हिन्दी में साठ के दशक में आयी। हिन्दी में जो प्रतिबद्धता पर बहस हुई

उसकी भी दो-तीन बातें ध्यान में रखना जरूरी है। पहली बात तो यह कि हिन्दी में प्रतिबद्धता पर सबसे अधिक बहस कविता के प्रसंग में हुई, उपन्यास और कहानी के प्रसंग में नहीं। दूसरी बात यह कि प्रतिबद्धता को मार्क्सवाद से जोड़कर देखा गया और तीसरी बात यह कि प्रतिबद्धता का मतलब कुछ लोगों के लिए पार्टीबद्धता हो गया। आज के समय में प्रतिबद्धता पर बात करते समय प्रतिबद्धता पर पिछली बहसों को दुहराना जरूरी एकदम नहीं है, लेकिन उन्हें याद रखना जरूरी है, ताकि प्रतिबद्धता पर उस पुरानी बहस की सीमाओं और समस्याओं से छुटकारा पाया जा सके। अन्यथा होगा यह कि आज जबकि विचारों की दुनिया ही नहीं, व्यवहारों की दुनिया भी बहुत कुछ बदल गयी है, तब प्रतिबद्धता की पुरानी बातों या बहसों को दुहराने का कोई अर्थ नहीं रह गया है।

आज के समय में प्रतिबद्धता पर बात करते हुए प्रतिबद्धता से ही जुड़ी दो और धारणाओं को ध्यान में रखना बहुत जरूरी है। नागार्जुन की एक प्रसिद्ध कविता है 'प्रतिबद्ध हूँ'। कविता में नागार्जुन ने तीन धारणाओं को एक साथ और परस्पर सम्बद्ध रूप में रखा है वे धारणाएँ हैं—प्रतिबद्धता, सम्बद्धता और आबद्धता। कविता में नागार्जुन कहते हैं कि मैं 'बहुजन समाज की अनुपम प्रगति के निमित्त प्रतिबद्ध हूँ, सचर-अचर सृष्टि से सम्बद्ध हूँ और परिवार तथा परिस्थितियों से आबद्ध हूँ। आज के समय में प्रतिबद्धता पर बात करते समय उसकी जटिलताओं और व्यापकताओं को समझने के लिए उससे जुड़ी हुई सम्बद्धता और आबद्धता की धारणाओं को भी ध्यान में रखना जरूरी होगा।

मैं व्यक्तिगत रूप से यह कह सकता हूँ कि प्रतिबद्धता का गहरा सम्बन्ध लेखक की सामाजिक दृष्टि, उसे आगे बढ़ाने वाली राजनीतिक दृष्टि और उन दोनों को लेखन में व्यक्त करने वाली रचना-दृष्टि से होता है। आज के समय में अगर किसी लेखक को अपने समय और समाज की ऐतिहासिक स्थितियों और सामाजिक तथा राजनीतिक वास्तविकताओं का सही-सही बोध न हो तो उसे प्रतिबद्ध नहीं माना जा सकता। जो विचार या विचारधारा या दर्शन या दृष्टिकोण लेखक को ऐतिहासिक स्थितियों और जनसमुदाय की सामाजिक वास्तविकताओं तथा आकांक्षाओं को समझने, पहचानने और उसे आगे ले जाने की समझ बनाने में मदद करे उस सिद्धान्त या दृष्टिकोण से लेखक का जुड़ाव जरूरी होता है। मैं यह समझता हूँ कि भारतीय समाज की बहुसंख्यक जनता के जीवन की वास्तविकताओं और आकांक्षाओं को ऐतिहासिक रूप से समझने में हमारी मदद सबसे अधिक मार्क्सवाद करता है, इसलिए मार्क्सवाद से जुड़ाव प्रतिबद्धता की पहली शर्त है। पर मैं मार्क्सवाद से प्रतिबद्धता का मतलब केवल मार्क्सवादी कही जाने वाली किसी पार्टी से जुड़ाव को नहीं मानता। मार्क्सवाद से प्रतिबद्धता और मार्क्सवादी पार्टी से बद्धता में फर्क करना

और उस फर्क को रचनाशीलता में उतारना या व्यक्त करना साहित्य या समाज दोनों के हित में होता है। मैं जब मार्क्सवाद से प्रतिबद्धता को किसी मार्क्सवादी पार्टी से बद्धता को अलग करता हूँ तो इसके मुख्य दो कारण हैं। प्रायः पार्टियाँ कभी-कभी ऐतिहासिक गलतियाँ करती हैं और बाद में उन्हें स्वीकार करती हुई उनसे पीछा छुड़ा लेती हैं। यह सुविधा किसी लेखक को नहीं मिलती। कोई भी लेखक बाद के दिनों में अपने पिछले लेखन को गलत घोषित करके उससे पीछा छुड़ाना न चाहता है और न यह सम्भव है। दूसरी बात यह है कि हम कवि नागार्जुन के रचनाशील व्यक्तित्व के विकास और उनकी प्रतिबद्धता के इतिहास से यह जानते हैं कि उन्होंने हमेशा भारतीय समाज की बहुसंख्यक जनता, किसानों और मजदूरों की प्रगति से अपनी प्रतिबद्धता हमेशा बनाये रखी है। और जब उनकी वह प्रतिबद्धता किसी भी मार्क्सवादी पार्टी की नीतियों से टकरायी तो उन्होंने पार्टीबद्धता के बदले जनता से अपनी प्रतिबद्धता को अधिक महत्त्व दिया और पार्टियों की नीतियों की आलोचना भी की। जिसके बदले विभिन्न कम्युनिस्ट पार्टियों के बुद्धिजीवियों ने नागार्जुन की आलोचना और निन्दा की है।

मैं पहले कह चुका हूँ कि साहित्य के प्रसंग में प्रतिबद्धता के साथ-साथ सम्बद्धता और आबद्धता की धारणाओं को भी ध्यान में रखना जरूरी है। कोई लेखक प्रतिबद्धता अर्जित कर सकता है और छोड़ भी सकता है, लेकिन वह सम्बद्धता और आबद्धता से बच नहीं सकता। सम्बद्धता का मैं वही अर्थ ग्रहण करता हूँ जो नागार्जुन करते थे। इसका तात्पर्य यह है कि हर लेखक अपने समय, समाज और देश की प्रकृति से सहज रूप से सम्बद्ध होता है। अब इन तीनों में वह क्या देखता है, क्या नहीं देखता और किस चीज को अपनाता है, किस चीज को छोड़ देता है। यह उसकी अपनी दृष्टि पर निर्भर करता है और उसी प्रक्रिया में उसकी रचना का महत्त्व भी तय होता है। सम्बद्धता के साथ कुछ और समस्याएँ जुड़ी हुई हैं, जैसे कोई भी लेखक एक भाषा में पैदा होता है, उस भाषा के विकास के इतिहास में और उसकी रचनाशीलता के इतिहास में भी। इसलिए अपनी भाषा और अपने साहित्य से उसकी सहज सम्बद्धता होती है। जिसके भीतर रहते हुए भी वह अनुकरण कर सकता है या विद्रोह कर सकता है। सम्बद्धता से भी अधिक स्वाभाविक प्रक्रिया आबद्धता की होती है। आबद्धता का अर्थ है एक लेखक का अपने परिवार और परिवेश की स्थितियों से अनिवार्य रूप से आबद्ध रहना। कुछ लेखक परिवार और परिवेश से मुक्त होने की कोशिश करते हैं पर उस कोशिश से जो असहजता पैदा होती है वह उनकी रचनाशीलता को भी प्रभावित करती है।

देखिए, मैं व्यक्तिगत रूप से आलोचनाएँ लिखता हूँ और आलोचना लिखते समय मैं तीन बातों को ध्यान में रखता हूँ। एक तो मैं आलोचना को एक सजग

और सचेत सामाजिक कर्म के रूप में लेता हूँ, इसलिए जो कुछ लिखता हूँ उसकी सामाजिकता की चिन्ता मेरे मन में रहती है। वह सामाजिकता तय होती है एक, तो रचनाओं के चुनाव से दूसरे, आलोचना में व्यक्त मेरे विचारों से और तीसरे, मेरी आलोचना की भाषा से। मैं यह समझता हूँ कि साहित्य मनुष्य की मनुष्यता की रक्षा और विकास का माध्यम है और मनुष्य की मनुष्यता की अभिव्यक्ति भी है। इसीलिए जो रचना मनुष्य की स्वतन्त्रता के लिए, उसकी इनसानियत की रक्षा के लिए लिखी जाती है, उसकी व्याख्या करता हूँ और कभी-कभी उसकी ओर से बोलना मैं अपनी आलोचना का मुख्य उद्देश्य मानता हूँ। यही दायित्व मेरी प्रतिबद्धता भी है।

प्रतिबद्धता अगर सच्ची और गहरी है तो वह लेखन को प्रेरित भी करती है। जिस समय हिन्दी में प्रयोगवाद और नयी कविता का बोल-बाला था, उसी समय नागार्जुन, मुक्तिबोध, त्रिलोचन और केदारनाथ अग्रवाल कविताएँ लिख रहे थे। प्रयोगवाद और नयी कविता के लोग व्यक्तिगत सुख-दुःख की कविताएँ लिख रहे थे, तब नागार्जुन, मुक्तिबोध, त्रिलोचन, केदारनाथ अग्रवाल और शमशेर बहादुर सिंह जन-जीवन के सुख-दुःख की चिन्ता करने वाली कविताएँ लिख रहे थे। इन प्रगतिशील कवियों को उनकी प्रतिबद्धता ही जन-जीवन के सुख-दुःख को जानने, समझने और व्यक्त करने की प्रेरणा दे रही थी। आप इसको इस तरह भी देख सकते हैं कि इन लोगों की कविताओं के रचनात्मक स्वरूप में पर्याप्त अन्तर होते हुए भी सबकी चिन्ता यह थी कि उनकी कविताएँ जनता के मन को छुएँ और उसके मानस को बदलकर समाज को बदलने के लिए प्रेरित करें। प्रतिबद्धता का प्रश्न लेखन के दौरान भी रचनाकार के सामने होता है। हर रचनाकार के सामने उसके सम्भावित पाठक होते है, जिनके लिए वह लिखता है और उन पाठकों की मानसिकता और आकांक्षाएँ रचना के रूप को भी प्रभावित करती हैं। मुझे नागार्जुन की दो पंक्तियाँ याद पड़ रही हैं, जिनसे यह साबित होता है कि रचना का रूप सम्भावित पाठकों की आकांक्षाओं से कैसे जुड़ता है। वे पंक्तियाँ इस प्रकार हैं—

'जनता मुझसे पूछ रही है क्या बतलाऊँ
जनकवि हूँ मैं, साफ कहूँगा क्यों हकलाऊँ'

कुछ कवि हकलाहट को ही कला समझते हैं। वे अर्थ के अनिश्चय, उसकी अनेकार्थता, उसकी दुरूहता को कला मानते हैं। वे अपने समान-धर्माओं के लिए लिखते हैं।

मैं समझता हूँ कि अगर प्रतिबद्धता का अर्थ है विशेष प्रकार की विश्व-दृष्टि तो कोई भी रचना प्रतिबद्धता से मुक्त नहीं होती। प्रतिबद्धताओं के लक्ष्य अलग-अलग होते हैं, दिशाएँ अलग-अलग होती हैं और उन्हीं से रचनाएँ अनुशासित

भी होती हैं। कबीर की प्रतिबद्धता आमजन की इनसानियत से थी, उसी की बेहतरी के लिए वे राम से भी जुड़ते थे और रहीम से भी। तुलसीदास की प्रतिबद्धता राम की भक्ति से थी, इसलिए वे मानते थे कि–

'नाते नेह राम के मनियत, सुहृद सुसेव्य जहाँ लौ'

इसीलिए उन्होंने यह भी लिखा कि–

'जाके प्रिय न राम वैदेही,
तजिए ताहि कोटि बैरी सम, यद्यपि परम सनेही'

प्रेमचन्द की प्रतिबद्धता भारतीय किसान जीवन की बेहतरी से थी इसलिए उनकी रचनाओं में किसान जीवन की दुर्गति और दुर्दशाओं का विस्तार से चित्रण है। इसीलिए यह मानना सही है कि लेखक की प्रतिबद्धता उसकी रचना की दिशा तय करती है।

सभी तरह की प्रतिबद्धताएँ जब एक दिशा ग्रहण करती हैं तब रचनाशीलता में सघनता आती है और सामाजिक सार्थकता भी। जहाँ प्रतिबद्धताएँ विभाजित होती हैं, वहाँ रचनाओं में भी दुविधाओं का विस्तार अधिक होता है। जो लोग जीवन में सुविधा चाहते हैं वे प्रायः दुविधा की भाषा में लिखते और बोलते हैं ताकि लोक-परलोक दोनों ठीक रहे। मुझे ऐसा लगता है कि हमारे समय और समाज में कुछ पाने के लिए कुछ खोना भी पड़ता है। रचनाशीलता के प्रसंग में इसको इस तरह कह सकते हैं कि जनता से जुड़ने की आकांक्षा अगर है तो रचना में नागार्जुन के शब्दों में हकलाहट या दुविधा के लिए जगह नहीं होगी। आखिर व्यक्ति का जीवन अगर व्यापक सामाजिक हित के लिए समर्पित है तो प्रतिबद्धताओं को एक दिशा में मोड़ना जरूरी होगा।

निजी और बृहत्तर प्रतिबद्धताएँ विरोधाभासी भी हो सकती हैं बल्कि दोनों के बीच विरोध का आभास नहीं, सच्चा विरोध हो सकता है। यह सम्भव ही नहीं है कि कोई व्यक्ति व्यक्तिगत तरक्की के लिए लालायित हो, पद और पुरस्कार के लिए दौड़ता हो, सत्ता सुख का मजा लेना चाहता हो और साथ ही दुःखी और परेशान जनता के साथ खड़ा होने, लड़ने या उसका पक्षधर होने का दावा करता हो और दोनों स्थितियाँ एक-दूसरे के साथ चलें। इन दोनों स्थितियों में विरोध अनिवार्यतः होगा। कभी-कभी ऐसी स्थिति भी दिखाई देती है कि एक आदमी सामाजिक हित की चिन्ता को ध्यान में रखकर लेखन की यात्रा शुरू करे और अन्त में व्यक्तिगत सुख की ओर मुड़ जाये, यह इसके ठीक विपरीत भी सम्भव है। पर दोनों स्थितियों को एक साथ साधने की कोशिश में जीवन में जो असंगतियाँ पैदा होती हैं, वे रचनाओं में भी प्रकट होती हैं।

प्रतीकवाद एक रचना-पद्धति है, उसका गहरा नाता विशिष्टतावाद से है। रचने

वाले भी खुद को विशिष्ट समझते हैं और उसे पढ़ने या समझने वाले भी खुद को विशिष्ट समझते हैं। लेकिन प्रतीकों का रचनाओं में प्रयोग विशिष्टतावाद नहीं है। प्रतीकों का प्रयोग प्रायः संसार के बड़े सार्थक और महत्त्वपूर्ण कवि तथा लेखक अर्थ की गहराई और व्यापकता को बढ़ाने के लिए करते रहे हैं। आप कबीर को देखिए, कबीर की कविता में प्रतीक बहुत हैं। उनका एक प्रसिद्ध पद है–

हरि मोर रहटा
मैं रतन पिउरिया

ऐसे प्रतीक जो लोक जीवन से आते हैं, वे रचना की अर्थवत्ता और बोधगम्यता दोनों को बढ़ाते हैं। इसलिए मैंने कहा था कि बड़े कवि और लेखक प्रतीकों का प्रयोग तो करते हैं पर वे प्रतीकवाद के रचनाकार नहीं हैं। लोक-जीवन के साथ अपनी प्रतिबद्धता और सम्बद्धता के कारण ही कबीर अपने ईश्वर को भी चरखा मानते हैं। क्योंकि चरखा उनके लिए तीनों स्तरों प्रतिबद्धता, सम्बद्धता और आबद्धता पर जुड़ा हुआ है। इसलिए प्रतीकवाद उन रचनाकारों की प्रतिबद्धता से तो जुड़ता है जो कला की विशिष्टता में विश्वास करते हैं। लेकिन जो जनता के लिए सहज और सुबोध रचनाएँ करते हैं, वे केवल प्रतीकों का प्रयोग करते हैं, प्रतीकवाद का सहारा नहीं लेते।

किसी भी कला का उद्देश्य केवल मनोरंजन नहीं हो सकता

(मैनेजर पाण्डेय से अरविन्द सिंह तेजावत की बातचीत)

अरविन्द सिंह तेजावत : औद्योगीकरण एवं मशीनीकरण ने समाज में अनेक नवीन संस्थाओं और परिवर्तन को जन्म दिया है। कलात्मक विधा के रूप में सिनेमा सम्भवतः उसी का परिणाम है। क्या यह जरूरी नहीं लगता कि हिन्दी आलोचना को इस विधा के प्रति अस्पृश्यता का व्यवहार छोड़कर इसे मुख्यधारा में शामिल करना चाहिए?

मैनेजर पाण्डेय : यह सच है कि सिनेमा आधुनिक अर्थात् पूँजीवादी युग की प्रतिनिधि कला है। आधुनिकता से इसके तीन गहरे रिश्ते हैं। पहली बात तो यह है कि फिल्म के निर्माण में तकनीक की अत्यन्त महत्त्वपूर्ण भूमिका होती है। हम उस भूमिका की अभी विस्तार से चर्चा नहीं करेंगे, लेकिन यह बात सिनेमा वाले सभी लोग जानते हैं कि फोटोग्राफी से लेकर एडिटिंग तक तकनीक के अनेक रूप फिल्म के निर्माण में क्रियाशील होते हैं। हाल के वर्षों में तकनीक के क्षेत्र में जो क्रान्ति हुई है, उसने सिनेमा के स्वरूप को ही बुनियादी तौर पर बदला है। दूसरी बात यह है कि पूँजीवादी युग की कला होने के कारण फिल्म का सारा संसार पूँजी पर निर्भर एवं पूँजी से संचालित है। आज से 100 वर्ष पहले कुछ हजार रुपयों की लागत से फिल्में बनती थीं। अब करोड़ों रुपयों से फिल्म बनती हैं। इससे जाहिर है कि फिल्म के निर्माण से लेकर उसके वितरण एवं प्रदर्शन तक पैसों का खुला खेल होता है। आजकल वही कलाकार सबसे महत्त्वपूर्ण माना जाता है जिसे फिल्मों में काम करने के लिए सबसे अधिक धन मिलता है। तीसरी बात यह है कि फिल्म की आधुनिकता स्वतन्त्रता की पोषक है। स्वतन्त्रता फिल्म के निर्माण से लेकर प्रदर्शन के दौरान दर्शक के देखने न देखने के चुनाव तक फैली है, इसीलिए मैंने शुरू में कहा था कि सिनेमा आधुनिक अर्थात् पूँजीवादी दौर की प्रतिनिधि कला है।

जहाँ तक हिन्दी की आलोचना से फिल्मों की आलोचना के सम्बन्ध का सवाल है तो इस बारे में कुछ बातों पर ध्यान देना जरूरी है। पहली बात तो यह कि फिल्म

या सिनेमा अपने स्वभाव से साहित्य से अलग किस्म की कला है। इसलिए यह मानना उचित नहीं है कि जो साहित्य को जानता है वह उसकी आलोचना में समर्थ है, वह फिल्म की कला के स्वरूप को भी जाने व उसकी आलोचना करने में सक्षम हो। साहित्य मूलतः शब्दों की कला है व फिल्म बिम्बों की कला है। इस फ़र्क को जाने बिना अगर साहित्य का कोई आलोचक फिल्म की आलोचना करता है वह अनधिकार चेष्टा करता है एवं गलती के लिए मजबूर होता है।

अरविन्द सिंह तेजावत : वह कौन-सी वजह थी जिसके कारण सिनेमा सम्बन्धी आलोचना को सक्षम आलोचकों का साथ नहीं मिला?

मैनेजर पाण्डेय : यह सच है कि भारत में एवं सारी दुनिया में भी साहित्य का सिनेमा से गहरा सम्बन्ध रहा है। भारत की विविध भाषाओं में एवं दुनिया में भी अनेक महान् फिल्में साहित्य की कृतियों पर बनी हैं। इससे यह निष्कर्ष निकलना ठीक नहीं है कि साहित्यिक कृतियों पर बनी फिल्मों की आलोचना केवल साहित्य का कोई आलोचक, जिसे फिल्म की कला का सुव्यवस्थित ज्ञान न हो, ठीक से कर सकता है। यही कारण है कि कभी-कभी साहित्य के जाने माने आलोचक भी साहित्यिक कृतियों पर बनी फिल्मों के बारे में जब अपनी राय व्यक्त करते हैं तो उस राय में उनकी फिल्म की नासमझी अधिक प्रकट होती है और साहित्य के प्रति एक तरह का पक्षपात भी प्रकट होता है। जब किसी साहित्यिक कृति पर कोई महत्त्वपूर्ण निर्माता, निर्देशक कोई फिल्म बनाता है तो वह अपने माध्यम से साहित्यिक कृति का पूरी तरह रूपान्तरण एवं पुनर्निर्माण करता है। वह साहित्यिक कृति का केवल अनुसरण नहीं करता। उसमें बहुत कुछ जोड़ता-घटाता भी है एवं उस जोड़ने-घटाने के ऐतिहासिक के साथ-साथ फिल्म की कला अथवा सौन्दर्यबोध के अपने तर्क होते हैं। मुझे इस स्थिति का सर्वोत्तम उदाहरण प्रेमचन्द की प्रसिद्ध कहानी 'शतरंज के खिलाड़ी' कहानी पर उसी शीर्षक से बनी सत्यजीत रे की फिल्म याद आ रही है। वैसे भी सत्यजीत रे ने ज्यादातर फिल्में बांग्ला की महत्त्वपूर्ण कथा-कृतियों पर ही बनायी हैं।

हिन्दी आलोचना में फिल्म की कला के बारे में गहरी दिलचस्पी एवं जानकारी प्रायः नहीं के बराबर है। इसीलिए हिन्दी आलोचना के भीतर फिल्म की आलोचना का कोई व्यवस्थित विकास नहीं हुआ है। मुझे केवल दो लोगों के नाम याद आ रहे हैं जिन्होंने हिन्दी में फिल्मों के बारे में संजीदगी और समझदारी के साथ लिखा है उनमें से एक हैं—नेत्र सिंह रावत और दूसरे प्रहलाद अग्रवाल। ये दोनों पूरी तरह से फिल्मों के ही आलोचक हैं। साहित्य की आलोचना के बारे में इन्होंने कुछ किया है या नहीं मुझे नहीं मालूम। मुझे यह भी लगता है कि साहित्य की आलोचना में अगर एक आदमी कविता का आलोचक हो सकता है, दूसरा उपन्यास और कहानी

का आलोचक हो सकता है वह तीसरा नाटक का आलोचक हो सकता है तब फिर स्वतन्त्र रूप में फिल्म का कोई आलोचक क्यों नहीं हो सकता? एक ही व्यक्ति साहित्य के सभी रूपों और कला के सभी रूपों का आलोचक हो यह आवश्यक नहीं और मुझे तो यह भी लगता है कि यह उचित भी नहीं है। मेरी चिन्ता का विषय यह नहीं कि हिन्दी आलोचना में फिल्म की आलोचना का विकास क्यों नहीं हुआ है, वरन् मेरी चिन्ता का मुख्य विषय—हिन्दी में फिल्म की समालोचना का समुचित विकास क्यों नहीं हुआ।

अरविन्द सिंह तेजावत : अन्य उद्योगों के समान क्या सिनेमा को भी उद्योग माना जा सकता है? यदि हाँ, तो क्या इसे औद्योगीकरण का कलात्मक उत्पाद माना जाये?

मैनेजर पाण्डेय : यह सही है। सिनेमा के भारत और उससे भी पहले पश्चिम में विकास के इतिहास पर आप ध्यान दें तो यह स्पष्ट होगा कि इसका जन्म औद्योगिक सभ्यता या आधुनिक सभ्यता के युग में एक कला माध्यम के रूप में हुआ था। लेकिन जैसे-जैसे फिल्म की दुनिया का विस्तार और विकास होता गया और उसमें पूँजी का अधिक से अधिक प्रवेश होता गया और उसके साथ ही लाभ की आकांक्षा बढ़ती गयी वैसे-वैसे फिल्म की कला, सांस्कृतिक उद्योग में बदलती गयी। हम अगर आज की बात करें तो आज सारी दुनिया में सिनेमा एक सांस्कृतिक उद्योग है और उद्योग की सारी अच्छाइयाँ और बुराइयाँ सिनेमा उद्योग में मौजूद हैं। वैसे भी पूँजीवाद के लिए संस्कृति लाभ की सड़क को प्रशस्त और आकर्षक बनाने का काम करती है और साथ ही दर्शकों की कल्पना, मानसिकता, चेतना और संवेदनशीलता को तोड़ने-मोड़ने और अपने अनुकूल बनाने का कर्म करती है। जिस फिल्म के निर्माण, वितरण और उपभोग में अरबों रुपयों का खेल होता है उसे उद्योग न कहा जाये तो क्या कहा जायेगा? लेकिन यह फिल्मों की दुनिया की आधी सच्चाई है बाकी आधी सच्चाई यह है, कि भारत में और दुनिया में भी आज भी ऐसे फिल्म निर्माता हैं जो फिल्म को एक अत्यन्त गम्भीर सामाजिक कला के रूप में निर्मित और विकसित करने का काम कर रहे हैं। ऐसे फिल्म निर्माताओं ने मानव सभ्यता के सामने खड़े पर्यावरण के संकट, स्त्री की पराधीनता और यातना, युद्ध की भयावहता, आदिवासियों और जनजातियों के विस्थापन, उन्मूलन और विनाश की समस्या आदि को अपनी फिल्मों का विषय बनाया है और कम लागत में गहरा प्रभाव पैदा करने वाली फिल्मों का निर्माण किया है। इसलिए आप कह सकते हैं कि आज के समय में फिल्म एक उद्योग है पर साथ ही वह गम्भीर सामाजिक कला भी है। अगर बम्बई में बनने वाली अधिकांश हिन्दी फिल्में फिल्म उद्योग की उपज हैं तो आनन्द पटवर्द्धन, अनवर जमाल, मेघनाथ और अन्य अनेक फिल्मकारों की फिल्में

सामाजिक कला के श्रेष्ठ उदाहरण हैं। कभी-कभी बम्बई के हिन्दी सिनेमा में भी कुछ ऐसी फिल्में बनती हैं जिन्हें सामाजिक कला के उदाहरण के रूप में देखा जा सकता है। जैसे—आमिर खान की फिल्म 'तारे जमीन पर' को याद किया जा सकता है। या फिर 'यात्रा' फिल्म को या 'ब्लैक' को। फिल्म को सामाजिक कला के रूप में विकसित करने का काम प्रकाश झा ने भी अपनी अनेक फिल्मों के माध्यम से किया है।

अरविन्द सिंह तेजावत : सिनेमा पूँजीवाद की सन्तति है। इस अर्थ में पूँजी ने कलात्मक नैतिकता को भी प्रभावित किया है। क्या किसी साम्यवादी ढाँचे में एक उन्नत सिनेमा उद्योग की कल्पना सम्भव थी?

मैनेजर पाण्डेय : यह सही है कि फिल्म की कला का विकास पूँजीवाद के रूप में हुआ लेकिन यह समझना सही नहीं है कि फिल्म बुनियादी तौर पर पूँजीवादी कला है। दुनिया में विभिन्न सामाजिक अवस्थाओं में साहित्य और कला के विभिन्न रूप पैदा हुए हैं लेकिन वे उसी सामाजिक अवस्था की न तो सीमाओं में बँधे रहते हैं और न उन सामाजिक अवस्थाओं की रक्षा का काम करते हैं। कला का यह स्वभाव है कि वह जिस सामाजिक-ऐतिहासिक स्थिति से पैदा होती है, उसकी सीमाओं और आकांक्षाओं से मुक्त होने का प्रयास करती है और अपनी जन्मभूमि वाली ऐतिहासिक स्थिति के विरुद्ध खड़ी होती है। यह बात साहित्य के अनेक रूपों के बारे में सच है और कला के अनेक रूपों के बारे में भी। फिल्म की तरह ही उपन्यास भी पूँजीवाद के दौर में दुनिया में अस्तित्व में आया। लेकिन दुनिया भर के महान् उपन्यासों ने पूँजीवाद की जैसी धारदार आलोचना की है वैसी आलोचना केवल फिल्मों में ही मिलती है। पूँजीवाद के दौर में पैदा होने के बावजूद पूँजीवाद की असंगतियों के विरुद्ध फिल्म की कला का जैसा प्रयोग चार्ली चैम्पलिन ने किया है वह फिल्म कला की स्वायत्त सामाजिक चेतना का अत्यन्त महत्त्वपूर्ण प्रमाण है।

यह समझना सही नहीं है कि समाजवादी व्यवस्थाओं में फिल्म की कला का विकास सम्भव नहीं है। समाजवाद अपने पहले की मानव सभ्यता की उपलब्धि को सहेजकर और आत्मसात् करते हुए विकसित होता है न कि मानव सभ्यता के इतिहास को नकार कर। जैसे साहित्य के विभिन्न रूप समाजवाद के पहले ही जनपदीय, सामन्तीय और पूँजीवादी युगों में पैदा हुए, पर समाजवादी व्यवस्थाओं के बनने के साथ उनके नये विकास की सम्भावना पैदा हुई। वैसे ही फिल्म की कला पूँजीवाद के युग में पैदा हुई पर समाजवाद के दौर में उसका नया स्वरूप विकसित हुआ और नये उद्देश्य भी सामने आये। सोवियत संघ में समाजवाद के स्थापित होने के बाद फिल्म का अभूतपूर्व विकास हुआ। उस युग के सबसे बड़े फिल्म निर्माता हैं—आइजेंस्टीन जिन्होंने रूसी क्रान्ति की प्रक्रिया और परिणामों को फिल्म की नयी

तकनीकों के माध्यम से आम जनता के सामने रखा। आइजेंस्टीन केवल बड़े फिल्म निर्माता ही नहीं थे वे फिल्म के बड़े सिद्धान्तकार भी थे। पूर्वी यूरोप के अनेक देशों में बहुत अच्छी फिल्मों का निर्माण हुआ। चीन में एक से बढ़कर एक महत्त्वपूर्ण फिल्में बनीं पर समाजवादी देशों की फिल्मों का पूँजीवादी दुनिया में न तो खुले मन से स्वागत हुआ न निष्पक्ष मूल्यांकन हुआ। इसीलिए उन्हें उतना नहीं जाना जाता जितना कि हॉलीवुड की फिल्मों को।

अरविन्द सिंह तेजावत : सिनेमा के साथ-साथ वृत्तचित्र, टी.वी. सीरियल अथवा धारावाहिक इत्यादि को भी आलोचना कर्म का विषय होना चाहिए अथवा सिनेमा को ही मुख्य कलात्मक विधा मानकर अन्य को अनुषंगी विधाएँ ही माना जाये?

मैनेजर पाण्डेय : जैसे साहित्य में कुछ केन्द्रीय और महत्त्वपूर्ण विधाएँ होती हैं और कुछ छोटी और सहायक विधाएँ भी, उसी तरह का सम्बन्ध फिल्मों की दुनिया में दिखाई देता है। बड़ी फिल्मों के साथ डाक्यूमेंट्री फिल्मों का या टी.वी. सीरियल का वही सम्बन्ध है जो उपन्यास से कहानी का है। या फिर लम्बी कविता का छोटी कविता से है। जाहिर है कि जैसे कथा आलोचना का उपन्यास और कहानी दोनों की आलोचना का समावेश होता है वैसे ही फिल्म की समीक्षा में भी बड़ी फिल्मों के साथ-साथ छोटी फिल्में, डॉक्यूमेंट्री और गम्भीर टेली सीरियल्स की भी समीक्षाएँ होनी चाहिए। वैसे तो अब कलात्मक और बहुत दिनों तक चलने वाले टीवी सीरियल्स बनने लगे हैं, इसीलिए उनकी ऐसी व्यवस्थित समीक्षा जरूरी है जिसमें फिल्म की तकनीक से लेकर अभिनव, सामाजिक उद्देश्य, राजनीतिक प्रयोजन और दर्शकों पर प्रभाव का विश्लेषण और मूल्यांकन जरूरी हो। हिन्दी में फिल्म और उससे जुड़ी दूसरी कलाकृतियों की व्यवस्थित आलोचना के अभाव का एक बड़ा कारण हिन्दी में फिल्म से सम्बन्धित गम्भीर पत्रकारिता का अभाव भी है। हिन्दी में फिल्म से सम्बन्धित जो पत्रिकाएँ निकलती हैं, उनमें फिल्मों से सम्बन्धित कुछ सूचनाएँ होती हैं, कुछ प्रवाद होते हैं और बड़ी मात्रा में अभिनेता व अभिनेत्रियों के बीच के सच्चे-झूठे प्रेम के कल्पित या वास्तविक प्रसंग और नोक-झोंक आदि का ब्यौरा होता है। हिन्दी के अखबारों में भी फिल्मों की अधिकांश समीक्षाएँ प्रायः सतही ही होती है। इसीलिए कुल मिलाकर हिन्दी में फिल्म समीक्षा का गंभीर रूप उभरता कम ही दिखाई देता है।

अरविन्द सिंह तेजावत : कविता, कहानी, नाटक, उपन्यास इत्यादि साहित्यिक विधाओं के पाठकों में परिमाणात्मक कमी एक स्वीकार्य सत्य है। क्या इसकी वजह सिनेमा का बढ़ता प्रसार है अथवा इसे कवि कर्म की असफलता माना जाए?

मैनेजर पाण्डेय : यह सही है कि हिन्दी में सामाजिक रूप से साहित्य की हैसियत खराब हुई है, उसकी लोकप्रियता घटी है, पाठकों की संख्या भी कम हुई है।

यह सब कहानी और उपन्यास के बारे में उतना नहीं हुआ है जितना कविता के प्रसंग में हुआ है। आजकल हिन्दी में जो कविताएँ लिखी जा रही हैं, उनकी भाषा, बनावट और उनसे व्यक्त होने वाली बौद्धिकता सामान्य पाठकों की पहुँच से परे है, कुछ कवि यह तर्क देने लगे हैं कि आज का जीवन जटिल है इसलिए उस जीवन से जुड़ी पूरी कविता भी जटिल हो रही है। यह आत्मरक्षा में गढ़ा गया कुतर्क है। यह सही है कि आज का जीवन जटिल है पर जीवन की जटिलताओं और अंतर्द्वन्द्वों की गहराई महाभारत काल में भी कम नहीं थी। उसकी अभिव्यक्ति महाभारत में ऐसे ढंग व ढाँचे में हुई है जो अपने पाठकों और श्रोताओं के मन को छूती है, आन्दोलित करती है और उन्हें प्रभावित भी करती है। मैं कई बार यह कहता हूँ कि आज स्थिति यह है कि कवि लगातार पुरस्कृत हो रहे हैं एवं कविता तिरस्कृत हो रही है। बहुत पहले आचार्य शुक्ल ने लिखा था कि ज्यों-ज्यों सभ्यता का विकास होता जाएगा त्यों-त्यों कवि कर्म कठिन होता जाएगा और कविता की जरूरत बढ़ती जाएगी। आज के कवियों को रामचन्द्र शुक्ल की दो बातों पर विशेष ध्यान देना चाहिए। पहली बात तो यह कि कवि कर्म के कठिन होने का अर्थ क्या है और दूसरी बात यह है कि आज के समय में कविता की अधिक जरूरत क्यों है? इन बातों पर विचार करके ही कवि कविता के भविष्य की रक्षा कर सकते हैं। जब से कविता छन्द के अनुशासन से मुक्त हुई है तब से खराब कविता लिखना जितना आसान है अच्छी कविता लिखना उतना ही कठिन हो गया है। कविता में गम्भीर विचार ऐसे शिल्प में भी व्यक्त किये जा सकते हैं जो पाठकों के लिए सुगम हों। पर यह सब हो नहीं रहा है, इसलिए कविता के पाठक कम हो रहे हैं। आज के बहुत सारे कवि पाठकों की आलोचना आत्मरक्षा में करते हैं पर उससे नुकसान कवि या पाठक का भले ही न हो पर कविता का जरूर होता है?

अरविन्द सिंह तेजावत : सिनेमा का कथ्य एवं स्वरूप मुनाफे की आकांक्षा का प्रतिफल है। ऐसी स्थिति में क्या समाज हित जैसी उच्च आकांक्षाओं से अभिप्रेरित सिनेमा की कल्पना सम्भव है?

मैनेजर पाण्डेय : पूँजीवाद के वर्तमान दौर में संस्कृति के विभिन्न क्षेत्रों में जैसी पतनशीलता फैल रही है वैसे ही फिल्मों की दुनिया में भी फैल रही है। संस्कृति का उद्योग होने के कारण फिल्मों से लाभ की आकांक्षा आश्चर्यजनक नहीं है। पूँजी कोई ऐसा काम नहीं करती जिसमें लाभ की आकांक्षा न हो। फिल्मों के निर्माण में बड़ी पूँजी लगती है। अतः बड़े लाभ की आकांक्षा भी बनती है। पर इस सच्चाई के बावजूद यह भी सत्य है कि कुछ फिल्म निर्माता आज भी फिल्म को एक गम्भीर कला के रूप में लेते हैं और आत्माभिव्यक्ति की आकांक्षा या सामाजिक हित की चिन्ता उनकी फिल्मों के निर्माण की पूरी प्रक्रिया को प्रभावित और अनुशासित करती है।

हम बांग्ला और मलयालम के बड़े फिल्म निर्माताओं की बात छोड़ भी दें तो हिन्दी में भी कलात्मक फिल्मों का एक दौर आया था जिसमें सुरुचि, सौन्दर्य और सामाजिकता का संगम था और उस प्रक्रिया से अत्यन्त कलात्मक फिल्में बनीं। उन फिल्मों का नाम सब लोग जानते हैं और फिल्म निर्माताओं का नाम भी। इसलिए मैं उनका उल्लेख नहीं कर रहा हूँ। यह जरूर हुआ कि वे फिल्में वितरकों के असहयोग और सिनेमाघरों के मालिकों की उपेक्षा के कारण घाटे में रहीं इसलिए वैसे फिल्म निर्माता अधिक संख्या में आये नहीं एवं न अधिक संख्या में वैसी फिल्में बनीं। मुझे लगता है कि इस प्रसंग में एक पुरानी बात मैं दोहराना चाहूँगा कि फिल्म अन्य कलाओं की तरह साधना और संघर्ष की माँग करने वाली कला है उसे केवल कमाऊ कला समझना उसका अपमान करना है। जब तक कोई कलाकार अपनी कलाकृति के लिए अपने अस्तित्व को दाँव पर नहीं लगाता तब तक वह बड़ी कलाकृति रचने की न कल्पना कर सकता है न उपलब्धि प्राप्त कर सकता है।

अरविन्द सिंह तेजावत : सिनेमा का उद्देश्य सिर्फ मनोरंजन है अथवा इसका उद्देश्य इससे अधिक विस्तृत है?

मैनेजर पाण्डेय : किसी भी कला का उद्देश्य केवल मनोरंजन नहीं हो सकता जब केवल मनोरंजन किसी कला रचना का उद्देश्य होगा तो वह कलाकृति बाजार और व्यावसायिकता का शिकार होने के लिए अभिशप्त है। मनोरंजन भी सतही होता है और गम्भीर भी। यह बात हम लोग हिन्दी कविता के इतिहास से जानते हैं। एकदम सतही मनोरंजन वाली कविताएँ भोंडेपन और अश्लीलता का सहारा लेती हैं तो मनोरंजन से एकदम शून्य कविताएँ कवियों को कठिन काव्य के प्रेत बना देती हैं। कला को दिलचस्प तो होना ही चाहिए और दिलचस्पी के अनेक स्रोत होते हैं जो पाठकों-श्रोताओं और दर्शकों की मानसिकता की गहराई से या फिर सतहीपन से जुड़े होते हैं। जहाँ तक सिनेमा का सवाल है तो उसका उद्देश्य एक तो दिलचस्प होना ही है क्योंकि तभी वह दर्शकों को आकर्षित करेगा पर अगर वह केवल दिलचस्प ही हो और दर्शकों की संवेदनशीलता, कल्पना और चेतना को छूने वाला, झकझोरने वाला न हो तो दर्शक फिल्म देखने के बाद ठगा हुआ महसूस करेगा। इसलिए मैं कहना चाहूँगा कि फिल्म को दिलचस्प के साथ-साथ सार्थक भी होना चाहिए।

अरविन्द सिंह तेजावत : क्या आपको नहीं लगता कि हिन्दी सिनेमा ने प्रेम की सातत्यता को जिस प्रखरता के साथ स्थापित किया है, उतना किसी अन्य कलात्मक विधा ने नहीं?

मैनेजर पाण्डेय : हिन्दी फिल्मों के प्रसंग में प्रेम की उपस्थिति जितनी व्यापक है उतनी ही निरन्तर भी है। हिन्दी में केवल प्रेम पर अनेक महत्त्वपूर्ण फिल्में बनी

हैं। पर इनके साथ ही युद्ध पर फिल्म हो, साम्प्रदायिकता पर फिल्म हो, आज जनता के शोषण और दमन पर फिल्म हो या किसी ऐतिहासिक प्रसंग पर फिल्म हो, प्रत्येक फिल्म में एक न एक प्रेम का गहरा व प्रभावशाली प्रसंग जरूर होता है। फिल्मों ने प्रेम की मुक्तिधर्मी चेतना को बढ़ावा दिया है और उसे लोकप्रिय भी बनाया है। हिन्दी में फिल्मों की अपार लोकप्रियता का एक बड़ा कारण प्रेम की मुक्तिधर्मी चेतना की अभिव्यक्ति से भी जुड़ा हुआ है। जो लोग जीवन में प्रेम की सहजता से वंचित होते हैं वे फिल्मों के माध्यम से प्रेम की सहजता और स्वतन्त्रता का अनुभव करते हुए आत्मीयता महसूस करते हैं, हिन्दी फिल्मों में प्रेम की उपस्थिति की केन्द्रीयता का एक बड़ा लाभ यह भी हुआ है कि हिन्दी और उर्दू में प्रेम की स्वतन्त्रता को व्यक्त करने वाले अत्यन्त महत्त्वपूर्ण असंख्य गीत लिखे गये हैं। इसलिए यह कहना सही है कि प्रेम नामक भाव को सहज रूप से सामाजिक, मानवीय और उदात्त बनाने का काम हिन्दी फिल्मों के माध्यम से हुआ है।

अरविन्द सिंह तेजावत : शीतयुद्ध के दौरान अमेरिकी पूँजीवाद द्वारा संचालित एवं प्रायोजित 'प्रोपेगेंडा वार' में हॉलीवुड एवं अमेरिकी सिनेमा की एक प्रमुख भूमिका थी। क्या पूँजीवाद की सन्तति होने के कारण सिनेमा का ऐसा दुरुपयोग स्वाभाविक था?

मैनेजर पाण्डेय : आपका यह कहना सही है कि अमेरिका ने समाजवाद के विरुद्ध विचारों का जो युद्ध चलाया उसके अनेक मोर्चों में से एक मोर्चा फिल्म का भी था। ऐसा इसलिए भी हुआ कि फिल्म के माध्यम में प्रभाव की जैसी और जितनी क्षमता होती है वैसी ही उतनी क्षमता किसी और कला माध्यम में नहीं होती। अतः अमेरिका ने अपने प्रचार युद्ध के लिए फिल्म का सबसे अधिक दुरुपयोग किया। इस दुरुपयोग को फिल्म के स्वभाव से जोड़कर देखना सही नहीं है क्योंकि उसी समय दुनिया के विभिन्न देशों में ऐसी फिल्में भी बनीं जो अमेरिकी प्रचार युद्ध के प्रभाव से मुक्त ही नहीं थीं बल्कि उसका उत्तर भी देती हैं।

अरविन्द सिंह तेजावत : हिन्दी सिनेमा ने राष्ट्रीय एवं भाषायी सौहार्द के निर्माण में महत्त्वपूर्ण भूमिका निभायी है। इस तथ्य के आलोक में दक्षिण भारत के राज्यों में हिन्दी सिनेमा का क्या भविष्य है?

मैनेजर पाण्डेय : यह सही है कि हिन्दी फिल्मों ने राष्ट्रीय एकता को बढ़ाया है और हिन्दी की लोकप्रियता को भी। दक्षिण में भी जो लोग हिन्दी भाषा का विरोध करते हैं वे भी हिन्दी फिल्मों के गीत अपनी समझ और शक्ति के मुताबिक गुनगुनाते हैं। मुझे ऐसा लगता है कि इसका एक कारण हिन्दी गीतों में मौजूद संगीत भी है। क्योंकि संगीत ऐसी कला है जिसके लिए किसी भी सरहद का कोई अर्थ नहीं है, उसका प्रभाव अपार होता है और अनन्त भी, इसलिए हिन्दी फिल्मों के गीतों की

लोकप्रियता का अर्थ केवल हिन्दी भाषा की लोकप्रियता नहीं है बल्कि हिन्दी-उर्दू के गीतों की संगीतात्मकता को अधिक श्रेय है। मुझे ऐसा लगता है कि जब तक हिन्दी फिल्मों के लिए अच्छे गीत लिखे जायेंगे और उनको प्रभावशाली संगीत के माध्यम से प्रस्तुत किया जाता रहेगा तब तक हिन्दी फिल्मों के गीत दक्षिण में भी हिन्दी की लोकप्रियता का कारण और माध्यम बने रहेंगे।

अरविन्द सिंह तेजावत : दक्षिण भारतीय राज्यों में क्षेत्रीय सिनेमा की एक विस्तृत परम्परा रही है। इन दिनों उत्तर भारत में भी पंजाबी, भोजपुरी सिनेमा के रूप में इस परम्परा का विकास होता हुआ दिखाई देता है। क्या यह हिन्दी सिनेमा के विस्तार को सीमित करेगा?

मैनेजर पाण्डेय : उत्तर भारत में भोजपुरी में जो फिल्में बन रही हैं वे हिन्दी सिनेमा के विस्तार को प्रभाव की दृष्टि से कम तो नहीं करेंगी, हाँ, यह जरूर है कि हिन्दी सिनेमा के उद्योग के विस्तार को घटाने का काम कर सकती हैं। जब मैं कह रहा हूँ कि भोजपुरी फिल्में या राजस्थानी फिल्में हिन्दी फिल्मों के प्रभाव को कम नहीं करेंगी तो मेरा आशय यह है कि हिन्दी समझने वाले लोग भोजपुरी भी समझते हैं व राजस्थानी भी, क्योंकि वे सभी हिन्दी क्षेत्र की लोकभाषाएँ हैं जिनमें आपस में बुनियादी एकता है व गहरी सम्प्रेषणीयता भी। जैसे मीराबाई के पदों को समझने में भोजपुरी भाषियों को कोई कठिनाई नहीं होती वैसे ही कबीर, तुलसी, सूर की कविता को समझने में राजस्थानी भाषियों को। लोकभाषाओं के मध्य आपसी संवाद विकसित करने का जो बड़ा काम भक्त कवियों ने किया उसका प्रभाव आज भी हिन्दी क्षेत्र की विभिन्न लोकभाषाओं से जुड़ी जनता के जीवन में है। अतः भोजपुरी या राजस्थानी में फिल्म बनने से हिन्दी फिल्म व हिन्दी भाषा के प्रभाव का विस्तार ही होगा, संकुचन नहीं।

अरविन्द सिंह तेजावत : देश के भीतर पूर्वोत्तर एवं दक्षिणी राज्यों में हिन्दी सिनेमा जितना लोकप्रिय है उससे कहीं अधिक वह पाकिस्तान एवं अफगानिस्तान में है। क्या यह सांस्कृतिक नैकट्य का परिणाम मात्र है।

मैनेजर पाण्डेय : हिन्दी फिल्मों की पाकिस्तान और अफगानिस्तान में लोकप्रियता का एक बड़ा कारण निश्चित रूप से इन देशों की जनता के बीच की सांस्कृतिक निकटता ही है।

पाकिस्तान तो अभी 1947 से पहले तक हिन्दुस्तान ही था और साथ ही हिन्दी और उर्दू की बुनियादी एकता–पाकिस्तान में हिन्दी फिल्मों की लोकप्रियता का मुख्य कारण है। हिन्दी फिल्मों को हिन्दुस्तान में भी जो लोकप्रियता हासिल है उसका एक बड़ा कारण फिल्मों की दुनिया में हिन्दी-उर्दू की बुनियादी एकता ही है। सहज हिन्दी और सरल उर्दू में वह फर्क नहीं होता जो पण्डिताऊ हिन्दी और मुल्लाओं की उर्दू

में होता है। आम जनता भाषा के मामले में सहजता और सरलता को पसन्द करती है, अपनाती है, और उसी भाषिक रूप में अपना जीवन भी जीती है। हिन्दी-उर्दू का अफगानिस्तान की पश्तो से भी आत्मीय सम्बन्ध है और ये दोनों भाषाएँ गहरे रूप में फारसी से भी प्रभावित हैं। अतः अफगानिस्तान की जनता के लिए हिन्दी-उर्दू के सहज मेल से बनी हिन्दुस्तानी जबान की फिल्में अपनी लगती हैं। इन सबके साथ यह बात भी ध्यान रखने की है, हिन्दी फिल्मों के प्रसंग में प्रेम की जिस व्यापकता की चर्चा हम लोग कर चुके हैं वह भी किसी सीमा में बँधा हुआ नहीं है, बल्कि ऐसा मानवीय भाव है जो भाषाओं, संस्कृतियों, धर्मों और राजनीति की सीमाओं को पार करते हुए मानव मन को छूता और प्रभावित करता है। इसलिए हिन्दुस्तान में सीरी-फरहाद और लैला-मजनूँ की प्रेम कथाएँ उतनी ही लोकप्रिय हैं जितनी राधा-कृष्ण की प्रेमकथाएँ दूसरे देशों में लोकप्रिय हैं। पाकिस्तान व अफगानिस्तान में हिन्दी फिल्मों की लोकप्रियता का एक आधार अगर भाषा है तो दूसरा आधार प्रेम का सहज मानवीय रूप भी है।

अरविन्द सिंह तेजावत : सिनेमा के पूँजीवादी चरित्र ने स्त्री को एक वस्तु के बतौर ग्रहण करने को प्रेरित किया परन्तु क्या यह स्त्री के बदलते स्वरूप एवं चरित्र को रेखांकित करने में सफल रहा है?

मैनेजर पाण्डेय : यह सही है कि सिनेमा में स्त्री देह का, उस देह के सौन्दर्य और आकर्षण का उपयोग हुआ है। पर साथ ही हिन्दी में अनेक ऐसी फिल्में बनीं हैं जो स्त्री की पराधीनता, शोषण, दमन और यातना की स्थितियों को भी व्यक्त करती हैं। इस प्रसंग में अनेक और फिल्मों के साथ-साथ दीपा मेहता की फिल्मों को याद करना जरूरी है। यह अकारण नहीं है कि जिन्हें स्त्री की सहज स्वतन्त्रता पसन्द नहीं है वे फिल्मों को अनैतिक व अश्लील कहकर उनकी निन्दा करते हुए अपनी सांस्कृतिक जड़ता को जनता पर थोपने का प्रयास करते हैं। इसलिए हिन्दी में बनने वाली फिल्मों में एक ओर स्त्री देह का व्यावसायिक उपयोग दिखाई देता है तो दूसरी ओर स्त्री की स्वाधीनता को बढ़ाने और पराधीनता को घटाने के प्रयत्नों की भी अभिव्यक्ति दिखाई देती है।

अरविन्द सिंह तेजावत : हिन्दी सिनेमा के समीक्षक एवं समीक्षा दोनों का बौद्धिक स्तर सामान्य रहा है। समीक्षा के स्तर में सुधार के क्या उपाय हो सकते हैं?

मैनेजर पाण्डेय : हिन्दी में फिल्म सम्बन्धी विचार विमर्श के स्तर को बेहतर बनाने के लिए एक तो यह जरूरी है कि फिल्म को केवल मनोरंजक या समय काटने की कला मानने के बदले गम्भीर कला मानने की प्रवृत्ति और चेतना फैले। छात्रों और छात्राओं में फिल्म के माध्यम की बारीकियों व जटिलताओं को समझने, समझाने की कोशिशें हों और उस दिशा में उन्हें प्रेरित किया जाये। फिल्म पर सोचने, लिखने

से बचने के बदले महत्त्वपूर्ण बुद्धिजीवी फिल्म की कला को और उसके सामाजिक प्रयोजनों को समझने, समझाने में दूसरों की मदद करने के लिए तैयार हों। पत्र-पत्रिकाओं में भी फिल्मों पर गम्भीर चिन्तन और लेखन की प्रक्रिया और प्रवृत्ति पनपे और फैले। केवल एक कॉलम में लिखी फिल्म की समीक्षाएँ या तो सतही किस्म की रायजनी देती हैं या सूचनाएँ। फिल्म सम्बन्धी जो चिन्तन दुनिया के दूसरे देशों में हुआ है उसे हिन्दी में वैसे ही आना चाहिए जैसे साहित्य, दर्शन, समाजशास्त्र, राजनीतिशास्त्र, इतिहास, विज्ञान आदि से सम्बन्धित चिन्तन पिछले 20 वर्षों से आ रहा है व भारतीय बुद्धिजीवियों को प्रभावित कर रहा है। तभी हिन्दी में फिल्म सम्बन्धी गम्भीर चर्चा व विचार विमर्श की परम्परा विकसित होगी।

बच्चों की प्राथमिक शिक्षा मातृभाषा में होनी चाहिए

(मैनेजर पाण्डेय से प्रमोद तिवारी की बातचीत)

प्रमोद तिवारी : हिन्दी में पत्रिकाएँ पर्याप्त संख्या में निकल रही हैं और कविता, कहानी, प्रेम आदि के उनके विशेषांक भी खूब निकल रहे हैं परन्तु भाषा को लेकर हिन्दी समाज में एक उदासीनता का भाव मिलता है। भारत जैसे बहुभाषी देश में जहाँ भाषा रोजी-रोटी ही नहीं राज्य और राजनीति का भविष्य भी तय करती है वहाँ भाषा के प्रति इस उपेक्षित रवैये का क्या कारण है?

मैनेजर पाण्डेय : यह जितना आश्चर्यजनक है उतना ही चिन्ताजनक भी कि आज के समय में साहित्य के प्रसंग में भाषा-चिन्ता बहुत कम दिखाई देती है। यही नहीं कि हिन्दी की पत्रिकाओं में हिन्दी भाषा के वर्तमान और भविष्य या हिन्दी क्षेत्र की लोकभाषाओं के वर्तमान और भविष्य की स्थितियों के बारे में कोई लेख, कोई विचार-विमर्श इन पत्रिकाओं में दिखाई नहीं देता बल्कि यह भी है कि साहित्य की विभिन्न विधाओं में भाषा के प्रयोग के विभिन्न रूपों-पक्षों और भंगिमाओं के विवेचन-विश्लेषण का भी कोई विशेष प्रयास नहीं दिखाई देता।

अगर मैं गाँव के मुहावरे में कहूँ तो हिन्दी लगभग 'गरीब की जोरू' की तरह है जो गाँव भर की भौजाई होती है। इसके साथ जिसको जैसा उचित लगता है वह वैसा व्यवहार करता है। साहित्य की दुनिया में सक्रिय सभी लोग जानते हैं कि यह मूलतः भाषिक कला है और उसी भाषा की कोई चिन्ता नहीं है। यही नहीं भाषा का मामला सांस्कृतिक मामला भी है और हिन्दुस्तान-पाकिस्तान और बांग्लादेश को ध्यान में रखें तो राजनीतिक मामला भी है, इस सबके साथ महत्त्वपूर्ण पक्ष यह भी है कि जब से हिन्दुस्तान में पूँजीवाद के भूमण्डलीकरण की आँधी आयी है तब से अंग्रेजी सभी भारतीय भाषाओं को दबाती-कुचलती चल रही है। इस सन्दर्भ में मुझे याद आता है कि रमेश उपाध्याय ने कथन पत्रिका का एक अंक 'भाषायी साम्राज्यवाद' पर केन्द्रित किया था। किसी और पत्रिका का कोई अंक भाषा पर केन्द्रित हो यह मुझे याद नहीं। इसलिए भाषा की उपेक्षा की चिन्ता तो जायज है।

प्रमोद तिवारी : इस सन्दर्भ में महत्त्वपूर्ण यह है कि भाषा के दार्शनिक-आध्यात्मिक

पक्ष का चिन्तन भारत में बहुत हुआ है परन्तु उसके समाजशास्त्रीय पक्ष पर उतनी सामग्री नहीं मिलती। अकादमिक संस्थानों में भाषा के तकनीकी पहलुओं पर ज्यादा काम मिल जाता है परन्तु इस पर नहीं मिलता कि बारीकी के साथ पूरी सामाजिक संरचना को भाषा कैसे प्रभावित करती है?

मैनेजर पाण्डेय : सारी दुनिया में भाषा सम्बन्धी चिन्तन का आरम्भिक दौर धार्मिक, आध्यात्मिक और दार्शनिक दृष्टियों के तहत ही हुआ, भारत में भी और पश्चिम में भी। फिर सारी दुनिया में आधुनिक काल में भाषा सम्बन्धी चिन्तन सामाजिक हुआ। आप हिन्दुस्तान और हिन्दी क्षेत्र को ध्यान में रखें तो आजादी के समय भाषा का सवाल राष्ट्रीय अस्मिता का सवाल बना इसलिए वह राजनीतिक सवाल भी था और सांस्कृतिक भी। इसी काल में वह सामाजिक सवाल भी बना। जो लोग भाषा के आधुनिक रूप के निर्माता हैं–भारतेन्दु से लेकर प्रेमचन्द तक वे भाषा के सवाल को सामाजिक प्रक्रिया से जोड़ते थे इसके असंख्य उदाहरण हैं।

बाद के दिनों में भाषा के स्वरूप की व्याख्या करने का काम राहुल जी, किशोरीदास वाजपेयी और सबसे अधिक डॉ. रामविलास शर्मा ने किया। इसलिए यह कहना सही नहीं है कि भाषा के सामाजिक पक्ष पर काम ही नहीं हुआ। अब आज के लोग उस पर ध्यान ही न दें तो ये लोग क्या करेंगे। राम विलास शर्मा जी ने 'भाषा और समाज' नाम से किताब लिखी, यही नहीं वे किसी रचना का विश्लेषण करते हैं तो उसकी भाषा, संरचना और सामाजिकता का ध्यान रखते हैं। समस्या यह है कि आज इन पर ध्यान कम दिया जा रहा है।

प्रमोद तिवारी : मार्क्सवादी चिन्तकों ने समाज के स्वरूप के प्रसंग में आधार और अधिरचना को लेकर काफी बात की है। इसमें भाषा की स्थिति क्या होती है?

मैनेजर पाण्डेय : एक तो भाषा के बारे में आधार और अधिरचना के रूपक के अन्तर्गत विचार करने की प्रक्रिया ही मुझे उचित नहीं लगती। उस रूपक की समस्याओं और कठिनाइयों के बारे में रेमण्ड विलियम्स ने विस्तार से लिखा है जिसे मैं दोहराना नहीं चाहता। अगर उस रूपक को ध्यान में रखते हुए ही कहूँ तो मुझे लगता है कि भाषा आधार से भी जुड़ी होती है और अधिरचना से भी। कार्ल मार्क्स ने भाषा को 'व्यावहारिक चेतना' कहा था। उन्होंने यह भी कहा था कि भाषा के बिना विचार का अस्तित्व नहीं हो सकता। मार्क्स के इन दोनों कथनों को ध्यान में रखिए तो यह स्वाभाविक निष्कर्ष निकलेगा कि भाषा मनुष्य के जीवन व्यवहार का अनिवार्य और अविभाज्य अंग है। मार्क्स के ही अनुसार मनुष्य समाज और संसार में तीन तरह का व्यवहार करता है–आर्थिक व्यवहार, राजनीतिक व्यवहार और विचारधारात्मक व्यवहार। इन तीनों में भाषा की अनिवार्य और सक्रिय भूमिका होती है। मैं तो यह भी कहूँगा कि भाषा के बिना न तो समाज बन सकता है और न ही मनुष्य की

सामाजिकता का विकास हो सकता है। इसलिए भाषा को आधार और अधिरचना में से किसी एक में रखना उचित नहीं है।

प्रमोद तिवारी : भाषा के वर्ग चरित्र को स्तालिन ने नकारा था। आज स्त्री भाषा, दलित भाषा और भाषा के वर्ग चरित्र की बात हो रही है। आपके इस बारे में क्या विचार हैं?

मैनेजर पाण्डेय : भाषा के वर्ग से जुड़े होने और न होने पर एक जमाने में सोवियत संघ में बहसें हुई थीं। मैं उन बहसों के इतिहास में नहीं जाना चाहता क्योंकि उन्हें उपयोगी भी नहीं मानता। असल में भाषा के साथ वर्ग या हिन्दुस्तान के सम्बन्ध में वर्ण का सम्बन्ध भाषा के प्रयोग में दिखाई देता है। भाषा के स्वभाव में वह हो, यह जरूरी नहीं है। जो लोग जिस उद्देश्य और विचारधारा से भाषा का प्रयोग करते हैं वे लोग अपने उद्देश्य और विचारधारा के अनुकूल भाषा को बनाते-बिगाड़ते भी हैं। इसलिए आज के जमाने में स्त्री भाषा और दलित भाषा की बात करना उचित ही है क्योंकि ये दोनों समुदाय जिस भाषा को जानते हैं, जिसको वो सहते हुए जीते-मरते हैं उस भाषा का कई बार अपनी जिन्दगी के अनुभवों की अभिव्यक्ति के लिए उपयोग करते हैं। मैं हिन्दी क्षेत्र की एक वास्तविकता की ओर आपका ध्यान ले जाना चाहता हूँ। कहावतों और मुहावरों में किसी भाषा क्षेत्र के लोकमत की अभिव्यक्ति होती है। हिन्दी क्षेत्र की लोकभाषाओं में और हिन्दी में भी ऐसी असंख्य कहावतें और मुहावरे हैं जो स्पष्ट रूप से जातिवादी और दलित विरोधी हैं। उसी तरह से स्त्री विरोधी कहावतें और मुहावरे भी हिन्दी क्षेत्र की लोकभाषाओं और स्वयं हिन्दी में भी मौजूद हैं। इन मुहावरों और कहावतों का विस्तार से विवेचन कर के यह बताया जा सकता है कि भाषाओं का वर्गीय और जातीय चरित्र क्या होता है और कैसे बनता है। यही नहीं भाषा और विचारधारा के अन्तरंग सम्बन्ध का विश्लेषण कीजिए तो मालूम होगा कि भाषाओं का प्रयोग वर्गीय प्रयोजनों के लिए होता है जिससे भाषाओं का वर्गीय चरित्र भी बनता है।

प्रमोद तिवारी : मीडिया इस बात को बार-बार दोहराती रही है कि आज के समय में किसी देश की एक ही भाषा (नेशनल लैंग्वेज) रहेगी और विकास के साथ शेष सारी भाषाएँ समाप्त हो जाएँगी, सिर्फ एक विश्वभाषा (अंग्रेजी) बचेगी। एक भाषा क्या एकध्रुवीय दुनिया को और मजबूत नहीं बनाएगी? इसे आप किस रूप में देखते हैं?

मैनेजर पाण्डेय : एक तो अगर मीडिया की ओर से ऐसा कहा जाता है तो यह एक कल्पना ही है। न वर्तमान की सच्चाई है न भविष्य की सच्चाई होने वाली है। पूँजीवाद के भूमण्डलीकरण का जो अभियान हिन्दुस्तान में पिछले 20 वर्षों से चल रहा है वह दुनिया के बहुत सारे देशों में 50 वर्षों से अधिक समय से चल रहा है।

उस भूमण्डलीकरण की प्रक्रिया के बावजूद दुनिया के सभी देशों की अपनी-अपनी भाषाएँ हैं, स्वयं यूरोप में हर देश की अपनी राष्ट्रीय भाषा है और उसके साथ ही अनेक देशों में क्षेत्रीय भाषाएँ भी हैं। स्वयं इंग्लैण्ड में अंग्रेजी के अलावा कई भाषाएँ हैं इसलिए यह भ्रम के अलावे कुछ नहीं है कि पूँजीवाद के भूमण्डलीकरण के किसी भी दौर में दुनिया की सारी भाषाएँ नष्ट हो जायेंगी और केवल एक भाषा रहेगी। यह जरूर है कि पूँजीवाद बाजार के लिए उपयोगी भाषा को प्रश्रय देता है और बढ़ावा भी देता है और बाजार का सम्बन्ध खरीददारों से होता है जो किसी न किसी भाषा में अपना जीवन जीते हैं। इसलिए बाजार उन भाषाओं को भी स्वीकार करता है जो विभिन्न क्षेत्रों के खरीददारों की जिन्दगी की भाषा होती है। यह अकारण नहीं है कि भूमण्डलीकरण के दौर में भोजपुरी बड़े पैमाने पर मीडिया और फिल्म की भाषा के रूप में आगे बढ़ रही है। इसका भी सम्बन्ध बाजार से है और उपभोक्तावाद से भी। वह जरूर है कि पूँजीवाद भाषाओं की बहुलता के बदले एक भाषा के प्रभाव के विस्तार को उपयोगी समझता है। लेकिन एक भाषा का अस्तित्व और प्रश्न केवल बाजार तक सीमित नहीं होता उसका सम्बन्ध मनुष्य की जिन्दगी, उसके अनुभव, उसकी कल्पना, उसके सोच-विचार और उसकी संस्कृति से भी होता है। इसलिए मैं यह समझता हूँ कि भूमण्डलीकरण के कारण भारत में भाषाओं की बहुलता संकटग्रस्त तो है लेकिन वह बहुलता कभी समाप्त हो जाएगी यह सम्भावना मुझे दिखाई नहीं देता।

प्रमोद तिवारी : भाषा विशेष (अंग्रेजी) के वर्चस्व में टेक्नोलॉजी (मोबाइल, कम्प्यूटर, इंटरनेट आदि) की भूमिका प्रमुख होती जा रही है। टेक्नोलॉजी कुछ भाषाओं को प्रश्रय देती है। इसके कारण विकसित लोगों की भाषा (और खुद वे भी) और विकसित तथा पिछड़े लोगों की भाषा और पिछड़ती जा रही है। ऐसे में टेक्नोलॉजी से वंचित लोगों के सामने क्या रास्ता है?

मैनेजर पाण्डेय : भाषा भी अनेक सन्दर्भों में एक टेक्नोलॉजी ही है। प्रकृति से, जीवन से और समाज से जुड़ने तथा जोड़ने की टेक्नोलॉजी। इसलिए भाषा को टेक्नोलॉजी से जोड़कर देखिए तो मालूम होगा कि दोनों के बीच एक द्वन्द्वात्मक, गतिशील और विकासशील सम्बन्ध होता है। जिस टेक्नोलॉजी का, जिस भाषा में पहले आविष्कार होता है, उस भाषा में पहले उसका प्रसार होता है। फिर दूसरी भाषाओं में उसका विस्तार होता है। आप जिस इंटरनेट, मोबाइल आदि की बात कर रहे हैं वह आज की दुनिया में लगभग सभी विकासशील देशों की भाषाओं में मौजूद है इसलिए कुछ लोगों की सुविधा को भाषा की टेक्नोलॉजी का सिद्धान्त न माना जा सकता है न बनाया जा सकता है। टेक्नोलॉजी का विस्तार जरूरत के कारण होता है और जो भाषाएँ या जिन भाषाओं के प्रयोगकर्त्ता टेक्नोलॉजी के जिस रूप की

जरूरत समझते हैं उसको अपनी भाषा में विकसित करते हैं। आप इसे टाइपिंग से लेकर इंटरनेट तक के हिन्दी में विस्तार को देखकर समझ सकते हैं।

प्रमोद तिवारी : भारत की भाषिक विविधता एक समस्या के रूप में देखी जाती है। अगर हम हिन्दी और लोकभाषाओं के सम्बन्ध को देखें तो आज कुछ लोग हिन्दी पर भी वर्चस्ववादी होने का आरोप लगाते हैं। यह कहाँ तक सही है?

मैनेजर पाण्डेय : हिन्दी क्षेत्र के लिए यह एक विचारणीय सवाल जरूर है कि हिन्दी का उसकी लोकभाषाओं से क्या सम्बन्ध हो। इसके दो अतिवादी छोर हैं, एक छोर पर वे लोग हैं जो हिन्दी से स्वतन्त्र लोकभाषाओं के अस्तित्व और महत्त्व को स्वीकार ही नहीं करते, दूसरे छोर पर वे लोग हैं जो हिन्दी के विरोध में लोकभाषाओं की लड़ाई लड़ने की कोशिश करते हैं। लेकिन मुझे लगता है कि हिन्दी की ताकत हिन्दी क्षेत्र की लोकभाषाएँ ही हैं। जिस भक्ति काव्य को हिन्दी साहित्य का सर्वोत्तम काव्य माना जाता है वह लोकभाषाओं का ही काव्य है। इसीलिए कभी नागार्जुन ने भारतेन्दु हरिश्चन्द्र पर लिखी अपनी कविता में कहा था—

"हिन्दी की है रीढ़ गँवारू बोली
यह भावना तुम्हीं ने हममें घोली"

नागार्जुन की बात मानें तो हिन्दी क्षेत्र की लोकभाषाएँ हर दृष्टि से हिन्दी की रीढ़ हैं। हिन्दी के सृजनात्मक विकास के भाषा सम्बन्धी तीन स्रोत हो सकते हैं और हैं भी—एक स्रोत है हिन्दी क्षेत्र की लोकभाषाएँ, दूसरा स्रोत है संस्कृत भाषा और तीसरा स्रोत है अंग्रेजी। यह हिन्दी के रचनाकारों और लेखकों को तय करना चाहिए कि वे इन तीनों स्रोतों में से किस स्रोत से शक्ति ग्रहण करना चाहते हैं। उनके इस निर्णय पर ही उनके साहित्य का भविष्य निर्भर होगा। अगर हिन्दी साहित्य को हिन्दी क्षेत्र की जनता का साहित्य बनाना है तो उसे लोक भाषाओं से जुड़ना ही होगा। सवाल यह भी है कि हिन्दी से स्वतन्त्र इन लोकभाषाओं में साहित्य सृजन लम्बे काल से होता आ रहा है और आज भी हो रहा है। अगर उस रचनाशीलता की रक्षा और विकास की चिन्ता हिन्दी वालों के मन में नहीं होगी तो हिन्दी के प्रति विरोध का भाव लोकभाषा के लेखकों और रचनाकारों में जरूर पैदा होगा। इसलिए अंग्रेजी के बढ़ते प्रभुत्व और प्रभाव से हिन्दी और हिन्दी क्षेत्र की लोकभाषाओं की रक्षा के लिए हिन्दी और उसकी लोकभाषाओं के बीच एकजुटता जरूरी है। आपसी विरोध, विद्वेष और विग्रह से हिन्दी का भी नुकसान होगा और लोकभाषाओं का भी।

प्रमोद तिवारी : किसी देश की भाषा नीति की शिक्षा, भाषिक विकास और सामाजिक विकास में बड़ी भूमिका होती है। अध्ययन बताते हैं कि प्राथमिक कक्षाओं में मातृभाषा में शिक्षा न केवल भाषा को बचाती है बल्कि छात्रों के ज्ञान

और उनके शैक्षिक विकास की दृष्टि से भी महत्त्वपूर्ण होती है। भारत के आदिवासी एवं अन्य पिछड़े क्षेत्रों में मातृभाषाओं में शिक्षा के अभाव का उनके सामाजिक विकास पर उल्टा असर पड़ रहा है। मातृभाषाओं में शिक्षा की बात राहुलजी और लोहियाजी करते रहे हैं, परन्तु इसे लेकर कोई ठोस नीति नहीं बन पायी, इसके क्या कारण रहे?

मैनेजर पाण्डेय : राहुलजी और लोहिया ही नहीं दुनिया के और भी बड़े लोग (रवीन्द्रनाथ ठाकुर भी) मानते और लिखते रहे हैं कि बच्चे का स्वाभाविक विकास अपनी मातृभाषा में होता है इसलिए हमेशा मुझे लगता है कि उनकी प्राथमिक शिक्षा मातृभाषा में, माध्यमिक शिक्षा राष्ट्रभाषा में और उच्च माध्यमिक के बाद की शिक्षा के लिए एक अन्तरराष्ट्रीय भाषा को भी सीखना चाहिए। हिन्दुस्तान में यह पद्धति बिल्कुल उलट गयी है। यहाँ जो ज्ञान आयोग बना, जिसे कुछ लोग ठीक ही अज्ञान आयोग कहते हैं, यहाँ शुरुआती शिक्षा ही अंग्रेजी में शुरू हो रही है। इससे एक तो उनका स्वाभाविक विकास नहीं होगा, दूसरे वे अपनी भाषा को हिकारत से देखेंगे और तीसरे स्तर पर वे हिन्दी को भी न सीखेंगे न सीखने की कोशिश करेंगे।

हमारे भविष्य के नागरिक स्थानीय होने से पहले राष्ट्रीय होने लगेंगे और उससे पहले अन्तरराष्ट्रीय होने की कोशिश करेंगे।

यह एक विचित्र और विडम्बनापूर्ण स्थिति है पर यह भी सच है कि हम या आप या हमारे जैसे और लोग या हमारे पूर्वज राहुलजी, लोहिया या टैगोर केवल अपनी सोच-विचार का सच ही कह सकते हैं। लेकिन बच्चों का भविष्य और उनके साथ ही देश का भविष्य तो सत्ताओं, सरकारों और राजनीतिज्ञों के हाथ में है। वे जो चाहेंगे वही करेंगे और वही होगा।

प्रमोद तिवारी : भारत में लिपि भेद ने भाषा भेद का और भाषा भेद ने धर्म भेद का रूप लिया जिसने देश को बाँटने में बड़ी भूमिका निभायी है। इस दृष्टि से भाषा विकास में लिपि की भूमिका को किस रूप में देखते हैं?

मैनेजर पाण्डेय : हमारे देश में भाषाएँ तीन स्थितियों में हैं। आदिवासी समुदायों की कुछ ऐसी भाषाएँ हैं जो केवल बोलचाल के स्तर पर जीवित हैं, उनके पास अपनी कोई लिपि नहीं है। दूसरी स्थिति वह है जिसमें आदिवासी क्षेत्र में ही कुछ भाषाओं की लिपियाँ हैं पर उनमें मुद्रण की व्यवस्था नहीं है। तीसरी स्थिति में वे भाषाएँ हैं जिनकी लिपियाँ हैं और जिनमें मुद्रण की व्यवस्था भी है। लिपि और भाषा का अन्तरंग सम्बन्ध होता है इसलिए मैं इस बात का समर्थन नहीं करता कि उर्दू को फारसी लिपि के बदले नागरी लिपि में लिखने का अभियान चलाया जाये या फिर हिन्दी-उर्दू और अन्य भारतीय भाषाओं को रोमन लिपि में

लिखने का प्रयास किया जाये। इसलिए यह दीवाली या ईद के पटाखे और फुलझड़ी की तरह सनसनी पैदा करने के खयाल से कुछ लोग सारी भाषाओं को एक ही लिपि में लिखने की बात करते हैं। हिन्दुस्तान में इस पर 40-50 साल पहले गम्भीर बहसें हो चुकी हैं और उन बहसों के बावजूद विभिन्न भाषाओं की अपनी लिपियाँ हैं। कभी-कभी एक ही लिपि के विभिन्न रूपों का प्रयोग अलग-अलग भाषाओं के लिए होता है। भाषाओं की विविधता के साथ ही लिपियों की विविधता भी समाज और संस्कृति के इतिहास की सच्चाइयाँ हैं जिन्हें भूलने के बदले याद करना बेहतर होगा।

झूठ और लूट की संस्कृति के खिलाफ जनसंस्कृति की जरूरत

(मैनेजर पाण्डेय से अवधेश त्रिपाठी की बातचीत)

अवधेश त्रिपाठी : साहित्य की दुनिया से आपका साबका कब और कैसे हुआ?

मैनेजर पाण्डेय : साहित्य से मेरा जुड़ाव दो-तीन स्थितियों में हुआ। मिडिल स्कूल और हाई स्कूल के समय से ही मुझे कुछ ऐसे अध्यापक मिले जिनकी साहित्य में गहरी दिलचस्पी और गति भी थी। उनके कारण साहित्य में दिलचस्पी जगी। जब मैं बनारस आया तो उस समय बनारस में रहने वाले दो कवियों, त्रिलोचन शास्त्री और धूमिल से मेरा सम्बन्ध बना। काशीनाथ सिंह से मेरा सम्बन्ध था और उनके कारण ही नामवर सिंह से थोड़ा-बहुत परिचय हुआ। मैं स्वयं काशी हिन्दू विश्वविद्यालय का हिन्दी का छात्र था, इसलिए वहाँ के हिन्दी विभाग की जो आलोचना की परम्परा थी रामचन्द्र शुक्ल, हजारी प्रसाद द्विवेदी आदि उससे भी जुड़ने की प्रेरणा मिली। बुनियादी तौर पर साहित्य से जुड़ाव बनारस में हुआ और यहीं से मैं कुछ लिखने की ओर भी गतिशील हुआ।

अवधेश त्रिपाठी : मौजूदा दौर में साहित्य और समाज के सामने कौन-सी बड़ी चुनौतियाँ देख रहे हैं?

मैनेजर पाण्डेय : भारतीय समाज पिछले बीस वर्षों से आँधी की गति से पूँजीवाद और अन्तरराष्ट्रीय पूँजी की गिरफ्त में जिस तरह आया है उससे बहुत सारी चीजें उलट-पुलट गयीं। पूँजीवाद स्मृतियों को महत्त्व नहीं देता क्योंकि उसके अपने इतिहास की स्मृतियाँ इतनी भयावह हैं कि उनसे गुजरना गहरा अपराधबोध पैदा करता है। इसलिए पूँजीवाद हमेशा वर्तमान और भविष्य की चिन्ता करता है। कुल मिलाकर पूँजीवाद के स्वभाव के अनुकूल ही राजनीति देश में चल रही है, जिसे मैं झूठ और लूट की राजनीति कहता हूँ। एक संकट तो इस झूठ और लूट की राजनीति की वजह से है, इस अर्थव्यवस्था और राजनीति का असर सांस्कृतिक परिदृश्य पर पड़ रहा है, जिससे साहित्य और संस्कृति में भी अपने अतीत के प्रति कोई सच्चा लगाव दिखाई नहीं देता है और

यदि कोई लगाव दिखाई भी देता है तो बाजार की दृष्टि से उपयोगी होने पर ही सामने आता है। खास तौर पर लोकभाषाओं का जीवन खतरे में है। तीसरे भारत का मध्यवर्ग धीरे-धीरे विकसित हुआ। यह अचानक हनुमान कूद की तरह उछलकर ऊपर आया मध्यवर्ग है, इसलिए उसमें कोई संयम और सामाजिक चेतना नहीं है। चिन्ता की बात यह है कि भारत में संस्कृति का क्षेत्र अधिकांशतः मध्यवर्ग के दायरे में सीमित है और यह मध्यवर्ग ब्रिटिश राज के दिनों में जितना अवसरवादी था उतना ही आज भी अवसरवादी है। हिन्दी में मुक्तिबोध ने जीवन भर अपनी कविता और लेखों में सबसे अधिक आलोचना मध्यवर्ग के अवसरवाद की थी। अब वह आलोचना साहित्य से भी गायब हो गयी है। हिन्दुस्तान का मध्यवर्ग इस समय सेलीब्रेशन मतलब उत्सव मनाने की मानसिकता में है। इसलिए अवसरवाद को वह अवसरों की तलाश समझता है। इस सबके बावजूद इसी मध्यवर्ग में और उसके बाहर भी अब भी कुछ ऐसे लेखक व बुद्धिजीवी हैं, जिनमें सामाजिक चेतना है, मानवीय संवेदनशीलता है।

अवधेश त्रिपाठी : इस दौर में आम तौर पर लेखक संगठन साहित्य की दिशा निर्धारित करने में कितने सफल रहे हैं? आप स्वयं एक संगठन के राष्ट्रीय अध्यक्ष हैं। क्या लेखक संगठनों की कोई सामाजिक भूमिका सम्भव लगती है?

मैनेजर पाण्डेय : हिन्दी में तीन लेखक संगठन हैं। सबसे पुराना प्रगतिशील लेखक संघ, उसके बाद का जनवादी लेखक संघ और जनसंस्कृति मंच। जहाँ-तहाँ कुछ शहरों में इनके विरोधी लेखक संगठन भी हैं। बहुत छोटे और सीमित दायरे में काम करने वाले ही सही लेकिन मैं इन्हीं तीन प्रमुख लेखक संगठनों के बारे में बात करूँगा। असल में आज का दौर सारी दुनिया में और अपने देश में भी मार्क्सवाद और उससे जुड़ी राजनीति, संस्कृति और सक्रियता के संकट का दौर है। उस संकट की छाया हिन्दी के इन तीनों वामपन्थी लेखक संगठनों पर भी पड़ती दिखाई देती है। प्रायः ये तीनों लेखक संगठन उत्साह या उत्थान की स्थिति में तब होते हैं जब देश में वामपन्थी राजनीति और जनान्दोलन उत्साह और उत्थान की स्थिति में हों। चूँकि पिछले एक दशक में वामपन्थी राजनीति स्वयं उत्साह की स्थिति में नहीं है। इसलिए उससे जुड़े लेखक संगठन भी पस्ती की दिशा में दिखाई देते हैं।

अवधेश त्रिपाठी : लेकिन कहा तो यह जाता है कि जब राजनीति बुरे दौर से गुजर रही हो तब आगे बढ़कर रोशनी दिखाने की जिम्मेदारी भी साहित्य-संस्कृति के लोगों की होती है।

मैनेजर पाण्डेय : हाँ, ठीक कहा, हिन्दी में प्रेमचन्द का एक वाक्य हजार बार दोहराया गया है कि साहित्य राजनीति के आगे मशाल दिखाती हुई चलाने वाली

सच्चाई है। पर वास्तविक रूप से देखिए तो प्रेमचन्द के इस कथन का अब उससे अधिक अर्थ नहीं रह गया है, जितना सरकारी दफ्तरों में टँगे हुए 'सत्यमेव जयते' का।

अवधेश त्रिपाठी : आपने कबीर को भोजपुरी का कवि और भक्तिकाल को मातृभाषाओं के उत्थान का काल कहा है। क्या आपको मौजूदा दौर की चुनौतियों से निपटने के लिए ऐसे ही व्यापक सांस्कृतिक आन्दोलन की जरूरत लगती है?

मैनेजर पाण्डेय : जितना मूलगामी और व्यापक सांस्कृतिक आन्दोलन भक्ति आन्दोलन था उससे थोड़ा ही कम व्यापक प्रगतिशील आन्दोलन का आरम्भिक दौर था, जिसके अन्तर्गत केवल भारत की अधिकांश भाषाओं के साहित्य सृजन का ही समावेश नहीं था बल्कि रंगमंच के साथ फिल्म, संगीत, नृत्य और चित्रकला में भी प्रगतिशील आन्दोलन से प्रेरित और प्रभावित सृजनशीलता के प्रमाण मौजूद थे। उस दौर की वामपन्थी राजनीति ने जो हासिल नहीं किया उससे बहुत अधिक प्रभाव की व्यापकता प्रगतिशील आन्दोलन के कारण पैदा हुई। फिर धीरे-धीरे प्रगतिशील आन्दोलन से जुड़े हुए लोगों की कमियों, कमजोरियों और दुविधाओं और दुर्नीतियों के कारण वह आन्दोलन और उससे जुड़े संगठन बिखर गये।

आजकल भारत का सम्पूर्ण सांस्कृतिक परिदृश्य जिस असमंजस, संकट और दिशाहीनता की दशा से गुजर रहा है उससे उसे उबारने और जनोन्मुखी बनाने के लिए पुराने प्रगतिशील आन्दोलन की तरह का एक व्यापक सांस्कृतिक आन्दोलन जरूरी लगता है। अभी कुछ समय पहले यह बात हुई थी और अब भी प्रक्रिया चल रही है कि तीनों वामपन्थी लेखक संगठन मिल-जुलकर काम करें। एक व्यापक जनतान्त्रिक सांस्कृतिक परिवेश बनाने की कोशिश करें और जनोन्मुखी रचनाशीलता को शक्ति देने की भी कोशिश करें। लेकिन यह तभी सम्भव होगा जब ये वामपन्थी संगठन आत्मालोचन करते हुए अपनी पुरानी कमियों, कमजोरियों और गलतियों को स्वीकार करें और भविष्य के लिए नयी नीति, सोच और दिशा की पहचान करें।

अवधेश त्रिपाठी : हिन्दी रचनाशीलता में आपको वे कौन लोग लगते हैं जो इन समस्याओं से सीधे टकराने की कोशिश कर रहे हैं?

मैनेजर पाण्डेय : बहुत सारे जरूरी नामों के छूट जाने के खतरे के बावजूद मैं यह कहूँगा कि भारत में किसानों की आत्महत्या पर राजेश जोशी ने दो अत्यन्त मार्मिक और महत्त्वपूर्ण कविताएँ लिखी हैं। चन्द्रकान्त देवताले ने छत्तीसगढ़ के आदिवासी और यातना पर एक अत्यन्त प्रभावपूर्ण कविता लिखी है। झारखण्ड के आदिवासियों के शोषण और दमन पर रणेन्द्र ने 'ग्लोबल गाँव के देवता' नाम का

महत्त्वपूर्ण उपन्यास लिखा है और 'हंस' के जून, 2011 के अंक में सुभाषचन्द्र कुशवाहा की एक कहानी छपी है 'केहू ना चीन्ही' जिसमें गाँवों में घटती सामूहिक सांस्कृतिक चेतना और बढ़ती साम्प्रदायिक चेतना, जोगियों की खत्म होती गतिविधियों और गायकी के विनाश का मर्मस्पर्शी चित्रण है। हिन्दी क्षेत्र में जोगी जाति वही है, जिसमें कहा जाता है कि कबीर पैदा हुए थे। जोगियों की संस्कृति और चेतना के अन्त के साथ किसी और कबीर के पैदा होने की सम्भावना का भी अन्त दिखाई देता है।

समकालीन कविता

(मैनेजर पाण्डेय से मदन कश्यप की बातचीत)

मदन कश्यप : नयी सदी में जिस तरह की कविताएँ हिन्दी में लिखी जा रही हैं, आप उनसे कहाँ तक सन्तुष्ट हैं? क्या कविता हमारे समय के संकट को व्यक्त कर पा रही है?

मैनेजर पाण्डेय : देखिए, इक्कीसवीं सदी में हमारा जो हिन्दी समाज है वह पूरे भारतीय समाज के साथ गहरे संकट में है। यह संकट केवल आर्थिक और राजनीतिक ही नहीं है, बल्कि सभ्यता सम्बन्धी संकट भी है, जिसका बहुत ही प्रतिकूल प्रभाव जीवन, चिन्तन और रचना पर देखने को मिलता है। कविता पर विस्तार से बात करने के पहले इस संकट को समझना जरूरी है। इसका मूल कारण है, पूँजीवाद और उसका नया रूप भूमण्डलीकरण, जिसकी गिरफ्त में भारत की अर्थव्यवस्था और राजनीति ही नहीं, सभ्यता भी आ गयी है।

यह संकट जितना गहरा है, उतना ही व्यापक भी और इसका समाधान करने की स्थिति में तो हिन्दी कविता शायद नहीं ही है, इस दिशा में प्रयत्न भी बहुत कम होते दिखाई दे रहे हैं। जो प्रतिरोध है, वह बहुत ही बिखरा हुआ और जहाँ-तहाँ है। जैसे हिन्दी में बाजार की तानाशाही के विरुद्ध तो अनेक कवियों ने कविताएँ लिखीं, इनमें कुछ अच्छी कविताएँ भी हैं, मैं जानबूझकर नाम नहीं ले रहा हूँ। परन्तु इस बीच कई अन्य घटनाएँ हुईं, जिनको लेकर लगभग चुप्पी छायी रही। जैसे कि इस नयी अर्थनीति के लागू होने के बाद से अब तक लगभग डेढ़ लाख किसानों ने आत्महत्या की, भारत के इतिहास में यह एक अभूतपूर्व घटना है लेकिन मेरी जानकारी में केवल राजेश जोशी ने इस पर दो अच्छी कविताएँ लिखीं। दूसरे किसी की कविता मुझे याद नहीं आ रही है। इतना तो कहा ही जा सकता है कि जितनी बड़ी यह घटना है, हिन्दी कविता में उसको लेकर उतनी बड़ी प्रतिक्रिया नहीं हुई।

इसके अलावा इस देश की सरकार आदिवासियों के साथ जो सुलूक कर रही है, वह देखिए। माओवाद को दबाने के नाम पर ग्रीनहंट के बहाने ट्राइबल हंट चल

रहा है और हिन्दी के कवि लगभग चुप हैं। मेरी जानकारी में केवल चन्द्रकान्त देववाले ने इस पर एक अच्छी कविता लिखी है।

कहना यह है कि जैसा कि पहले संकेत किया है, संकट जितना व्यापक और गहरा है, समकालीन हिन्दी कविता की प्रतिक्रिया उसकी तुलना में बहुत छोटी है।

दूसरी बात यह है कि इस बीच हिन्दी कविता में खराब कवि, कुकवि या अकवि बहुत आ गये हैं। परिदृश्य में सबसे ज्यादा वही दिखाई देते हैं। वे ही तरह-तरह के प्रयोग कर रहे हैं और चर्चा उन प्रयोगों तक ही सिमटी रहती है। मगर यह समस्या तो बनी ही हुई है कि कविताएँ जिनके लिए लिखी जा रही हैं, उनसे जुड़ नहीं पा रही हैं। समस्याओं, आवश्यकताओं और विडम्बनाओं की अभिव्यक्ति जो हो रही है, वह समझ से बाहर है और जो लोग उसे समझ सकते हैं उनकी चिन्ताएँ अलग हैं, प्राथमिकताएँ बदल चुकी हैं।

कुल मिलाकर मैं यह कह सकता हूँ कि आज की हिन्दी कविता का परिदृश्य उत्साहवर्धक नहीं है।

मदन कश्यप : शायद इसका कारण यह है कि ज्यादातर कवि मध्यवर्ग से आते हैं जबकि इस समय मध्यवर्ग के बीच कोई आन्दोलन नहीं है, वह आक्रामक उपभोक्ता बन चुका है और आदिवासियों, किसानों, मजदूरों के आन्दोलन से उसका कोई रिश्ता नहीं रह गया है। तो क्या मध्यवर्ग की संवेदना के संकुचित और खण्डित होने के कारण यह स्थिति उत्पन्न हुई है?

मैनेजर पाण्डेय : हाँ, इसी के कारण ऐसा हो रहा है। कवि जिस समाज, समूह या समुदाय से आते हैं उनकी चिन्ताएँ, उत्पीड़ितजनों की चिन्ताओं से अलग हैं।

मदन कश्यप : मेरी समझ से यहीं से आलोचना की भूमिका शुरू होती है, उसे इस स्थिति को रेखांकित करते हुए मध्यवर्ग की सीमाओं को बताना चाहिए और व्यापक जन के हितों से जुड़ने वाली कविताओं को चर्चा के केन्द्र में लाना चाहिए, ताकि बदलाव सम्भव हो सके।

मैनेजर पाण्डेय : आलोचना भी अपनी भूमिका नहीं निभा पा रही है। स्वयं मैंने केवल भाषणों में दो-तीन जगह इस स्थिति की चर्चा की है, मगर कोई लेख नहीं लिखा है।

यह मसला हिन्दी बुद्धिजीवियों के पिछड़ेपन से भी जुड़ा है। किसी की माओवादियों और उनके तौर-तरीकों से असहमति हो सकती है, मगर आदिवासियों की तबाही, विस्थापन और अस्तित्व के संकट के जो सवाल उठ रहे हैं, उन पर तो सोचना चाहिए। हिन्दी के नहीं लेकिन अंग्रेजी के बुद्धिजीवी इस दिशा में बहुत काम कर रहे हैं। अरुन्धति राय ने काफी लिखा है। अमित भादुड़ी की तो पूरी एक किताब है—'विकासवादी आतंकवाद।' इसके अलावा अंग्रेजी में 'हिन्दू',

'आउटलुक', 'ईपीडब्ल्यू', 'मेनस्ट्रीम' आदि पत्र-पत्रिकाएँ इस संकट में भी अपनी-अपनी भूमिका का निर्वाह कर रही हैं और सरकार तथा माओवादियों के बीच जो भयावह युद्ध की स्थिति बनी हुई है उसमें समय-समय पर हस्तक्षेप कर रही हैं और अपने स्तर से रास्ता निकालने की कोशिश भी। अंग्रेजी अखबार खबरें भी तथ्यपरक ढंग से रखते हैं जबकि हिन्दी के अखबार पूरी तरह पूर्वग्रह-ग्रस्त दिखाई देते हैं। एक उदाहरण देखिए : उत्तर प्रदेश के रामगढ़ के निकट अर्द्धसैनिक बलों द्वारा माओवादियों को हथियार बेचने की जो खबर आयी उसे 'द हिन्दू' ने तो तथ्यपरक ढंग से रखा, मगर दैनिक जागरण ने शीर्षक लगाया—'देश के रक्षकों ने देशद्रोहियों को हथियार बेचे।' अब उन्होंने केवल खबर नहीं छापी, बल्कि उसके साथ यह निर्णय भी दे दिया कि अर्द्धसैनिक बल देश के रक्षक हैं और माओवादी देशद्रोही। मतलब यह कि हिन्दी मीडिया के पास न तो संकट को समझने की कोशिश है न ही उसे व्यक्त करने की भाषा। अधिकांश बुद्धिजीवियों और कवियों की हालत भी इससे अलग नहीं है।

मदन कश्यप : इन दिनों कविता में शिल्प का चमत्कार खूब देखने को मिल रहा है। शायद इसलिए कि कवि नये यथार्थ तक पहुँचने और बदलते हुए सामाजिक सम्बन्धों को उद्घाटित करने में विफल हो रहे हैं। इसलिए वे अबूझ भी होते जा रहे हैं, उनके पाठकों की संख्या घट रही है।

मैनेजर पाण्डेय : इस बारे में एक बात तो यह कहनी है कि यदि कवियों को अपने पाठकों/श्रोताओं की चिन्ता हो, तो उसका रचाव अन्तर्वस्तु से रूप तक एक तरह का होगा, चिन्ता नहीं हो तो दोनों स्तरों पर रचाव अलग-अलग तरह के हो सकते हैं।

समकालीन कविता लगभग गद्य की तरह हो गयी है। बल्कि जैसा कि मैं कहता रहता हूँ, कई बार बहुत ही खराब गद्य का उदाहरण बनकर सामने आती है। जबकि कविता के भीतरी रचाव में लय का होना जरूरी है, जो अन्तर्वस्तु और शिल्प की संगति से पैदा होती है।

छन्दमुक्त कविता की अपनी एक संगीतात्मकता तो होती ही है। उदाहरण के लिए हम पिछली सदी के तीन बड़े कवियों की कविताओं को देख सकते हैं। ये कवि हैं—निराला, नागार्जुन और रघुवीर सहाय। इन तीनों में हिन्दी भाषा की संगीतात्मकता मौजूद है। वह खण्डित तब होती है जब शोभा के लिए संस्कृत या जहाँ-तहाँ अंग्रेजी के शब्द ठूँस दिये जाते हैं। ऐसा आन्तरिक लय के टूटने के कारण ही होता है। इसे कुछ विस्तार से समझने की जरूरत है।

कविता के छन्द से मुक्त होने का मतलब यह नहीं था कि वह आन्तरिक संगीतात्मकता से भी मुक्त हो। कविता की संगीतात्मकता तीन स्तरों पर होती

है—भाषा, विचार और रचाव—इसके बगैर कविता सम्भव नहीं। मैं संक्षेप में इन्हें स्पष्ट करने की कोशिश कर रहा हूँ।

1. भाषा की संगीतात्मकता की रक्षा के लिए जरूरी है कि उसमें संवादधर्मिता हो जबकि आज की कविता एकालाप बनकर रह गयी है।
2. विचारों की संगीतात्मकता से मेरा आशय विचारों में मौजूद विकासशील (धारा की) संगति से है। जबकि आज की कविता में कुल मिलाकर स्थिति के बारे में असम्बद्ध प्रतिक्रियाएँ दर्ज हो रही हैं, जिसके चलते कविता के अलग-अलग कुछ टुकड़े पसन्द आते हैं, पूरी कविता अपनी सम्पूर्णता में प्रभावित नहीं करती।
3. तीसरे स्तर की संगीतात्मकता की चर्चा के लिए मैं ब्रेष्ट को उद्धृत करना चाहूँगा। ब्रेष्ट ने कहा था कि कविता तर्क के आधार पर नहीं चलती, कविता का अपना तर्क होता है जो उसके भीतरी रचाव में प्रकट होता है। इसके विपरीत, आज की हिन्दी कविता अधिक तार्किक हो गयी है और उसमें काव्यतर्क नहीं है। जिसके चलते उसके रचाव की संगीतात्मकता नष्ट हुई है और वह खराब गद्य के निकट पहुँच गयी है।

मदन कश्यप : खराब गद्य के साथ-साथ आधुनिकतावादी जटिलता की भी वापसी हुई है।

मैनेजर पाण्डेय : देखिए, आधुनिकतावादियों का यह तर्क कि जीवन जटिल हो गया है, इसलिए कविता जटिल है, इतना अप्रासंगिक है कि अब हास्यास्पद हो गया है। कविता का काम जीवन को यथावत प्रस्तुत करना नहीं, उसकी पुनर्रचना करना है। और पुनर्रचना में संगति और बोधगम्यता जरूरी है। मैं तो यह भी कहना चाहूँगा कि किसी कविता में बोधगम्यता नहीं है तो उसका मतलब यह हुआ कि कवि को भी जीवन के उन पक्षों का बोध नहीं है जिनकी चर्चा कविता में हुई है।

मदन कश्यप : तो क्या बोधगम्यता और संगीतात्मकता की रक्षा के लिए छन्द जरूरी है?

मैनेजर पाण्डेय : छन्द बाहरी संगीत था और आन्तरिक संगीत को एक ढाँचा देता था, मगर तोड़-फोड़ भी बहुत करता था। निराला ने उसी तोड़-फोड़ से मुक्ति की बात की थी। उन्होंने कविता की मुक्ति को मनुष्य की मुक्ति से जोड़ा था। इसी में उसकी सार्थकता है। मुक्ति का मतलब निरर्थक बनाना नहीं है, न तो कविता के प्रसंग में, न ही मनुष्य के प्रसंग में।

मदन कश्यप : तो हिन्दी कविता का भविष्य क्या है?

मैनेजर पाण्डेय : कविता का भविष्य भी जनता के भविष्य से जुड़ा है। ऐसे बुरे

दौर आते हैं, कविता के इतिहास में भी आये हैं, देश में भी और दुनिया में भी। कविता सबसे प्राचीन विधा है, सबसे लम्बा इतिहास है इसका। मार्क्स ने कहा है–'कविता मनुष्यता की मातृभाषा है।' मनुष्यता को छोड़कर कविता जीवित नहीं रह सकती। इसलिए वर्तमान संकट से निकलकर कविता फिर मनुष्य की चिन्ता करेगी और अपने भविष्य के लिए जनता से जुड़ेगी। प्रमाण अब भी दिखाई दे रहे हैं, जिसकी चर्चा हम लोग कर चुके हैं।

कविता की संस्कृति की चार अवस्थाएँ

(मनोज पाण्डेय और मुकुया दलोता की मैनेजर पाण्डेय से बातचीत)

मनोज पाण्डेय : केदारनाथ अग्रवाल, अज्ञेय, शमशेर बहादुर सिंह और नागार्जुन—इन चार साहित्यकारों की जन्मशती चल रही है। इन कवियों के बहाने आप आज की कविता के किन सन्दर्भों, स्थितियों, परम्पराओं को महत्त्वपूर्ण मानते हुए उनकी चर्चा करना चाहेंगे?

मैनेजर पाण्डेय : जिन कवियों का जन्मशती वर्ष चल रहा है ये चारों, मतलब केदारनाथ अग्रवाल, अज्ञेय, शमशेर बहादुर सिंह और नागार्जुन चार प्रकार की काव्य-कृतियों, सामाजिक संवेदनाओं, भाषिक व्यवस्थाओं और रचनात्मक अन्दाजों के कवि हैं। इन चारों कवियों में समानता केवल यह है कि ये भारत के स्वाधीन होने के कुछ पहले से लेकर लम्बे समय तक, बाद के भारतीय समाज की वास्तविकताओं, आकांक्षाओं, विडम्बनाओं और दुविधाओं को अपने-अपने ढंग से अपनी कविता में व्यक्त करते हैं। लेकिन यह बात ध्यान रखने की है कि इन चारों कवियों में जितनी समानता है उससे अधिक भिन्नता है। केदारनाथ अग्रवाल, नागार्जुन और शमशेर बहादुर सिंह प्रगतिशील आन्दोलन के कवि हैं। इन तीनों की कविता में जनजीवन की आकांक्षाओं की अभिव्यक्ति है। पर इन तीनों में भी पर्याप्त अन्तर है। केदारजी ने अपने जीवन के क्षेत्र अर्थात् बुन्देलखण्ड के जनजीवन की आशाओं, निराशाओं, संघर्षों और द्वन्द्वों को अपनी कविता में ढाला है। नागार्जुन की कविता की तीन जानी-पहचानी विशेषताएँ हैं। पहली बात तो यह है कि वे जन आन्दोलन के दृष्टा नहीं, साझीदार के रूप में कविता लिखते हैं। उनकी कविता में किसानों के, छात्रों के और युवा वर्ग के आन्दोलनों की अभिव्यक्ति है। उन्होंने तेलंगाना आन्दोलन पर कविता लिखी है और नक्सलबाड़ी आन्दोलन के अतिरिक्त आरम्भिक दौर से लेकर भोजपुर आन्दोलन तक पर कविता लिखी है। नागार्जुन जयप्रकाश नारायण के सम्पूर्ण क्रान्ति के आन्दोलन के दौरान उनके साथ थे और उसके लिए कविताएँ लिखीं। यह कहा जा सकता है कि नागार्जुन की बड़ी संख्या में राजनीतिक कविताएँ आन्दोलनों से पैदा हुई हैं और आन्दोलन पैदा करने वाली

हैं। शमशेर बहादुर सिंह की कविता की दुनिया के दो हिस्से हैं। एक हिस्से में जीवन-जगत् के प्रति उनके व्यक्तिगत राग, लगाव, उनकी समझ, अनुभूतिशीलता और सौन्दर्य-दृष्टि की अभिव्यक्ति है; दूसरे हिस्से में मजदूरों के संघर्ष, उनकी शहादत और उनके द्वन्द्वों की अभिव्यक्ति है। अज्ञेय जाहिर तौर पर केदारनाथ अग्रवाल, शमशेर बहादुर सिंह, नागार्जुन से भिन्न काव्य दृष्टि लेकर चलते हैं। वे समकालीन जीवन की हलचलों के बदले समकालीन जीवन में व्यक्ति के जीवन की विडम्बनाओं की कविता लिखते हैं। व्यक्ति की वैचारिकता की, उसकी स्वतन्त्रता की चिन्ता उन्हें व्यक्ति-निष्ठ कवि बनाती है। पर यह बात ध्यान में रखने की है कि अज्ञेय की काव्य यात्रा के आरम्भिक दौर में सहज रूप से जितनी सामाजिकता मौजूद थी, उतनी बाद में नहीं। वे धीरे-धीरे आत्मबद्ध, व्यक्ति-निष्ठ और शब्द साधक कवि बनते गये।

मनोज पाण्डेय : आपने नागार्जुन की कविता पर बात करते हुए बताया कि वे जन आन्दोलन के दृष्टा नहीं, साझेदार के रूप में कविता लिखते हैं। बात इससे आगे भी बढ़ती है और इस बात की पहचान होती है कि उनकी राजनीतिक कविताएँ आन्दोलनों से पैदा हुई हैं और आन्दोलन पैदा करने वाली हैं। क्या यही बात आज की हिन्दी कविता या किसी कवि के बारे में इतने ही दावे से कही जा सकती है?

मैनेजर पाण्डेय : असल में आज के दौर में हिन्दी कविता की मुख्यधारा जन-आन्दोलनों से दूर हो गयी लगती है। अधिकतर कवि मध्यवर्गीय जिन्दगी की कविता लिखते हैं। भारत के वर्तमान समय में मध्यवर्ग में कुछ अपवादों को छोड़कर समाज की बेहतरी की चिन्ता के लिए बेचैन लेखक बहुत कम हैं, इसलिए आन्दोलन पैदा करने वाली कविताएँ भी कम हैं। आन्दोलन पैदा करने वाली कविता वही लिख सकता है जो आन्दोलन से निकट से जुड़ा हो। हाल के वर्षों में देश में दो बड़ी घटनाएँ घट रही हैं। अब तक के भारत के इतिहास में, शायद दुनिया के विभिन्न देशों के इतिहास से भी, पहली बार भारतीय किसानों ने आत्महत्या की है और यह प्रक्रिया अब भी जारी है। हिन्दी कविता में किसी की आत्महत्या से सम्बन्धित केवल दो अच्छी कविताएँ राजेश जोशी ने लिखी हैं, किसी और ने नहीं। इसी तरह हाल के वर्षों में इस देश के आदिवासी औद्योगिकीकरण की आँधी के कारण जिस तबाही, बर्बादी, विस्थापन और विनाश के शिकार हो रहे हैं उन पर महत्त्वपूर्ण कविताएँ कहीं दिखाई नहीं देती हैं। आदिवासियों के जीवन की दुर्दशा पर एक महत्त्वपूर्ण कविता, चन्द्रकान्त देवताले की, *जनसत्ता* में छपी है। इसलिए आन्दोलन पैदा करने वाली कविता की कौन कहे, आन्दोलन की अभिव्यक्ति करने वाली कविता भी नहीं दिखाई दे रही है। हाल के वर्षों में सामूहिकता और सामाजिक संवेदनशीलता का जिस तरह से विनाश हुआ है, उसके परिणामस्वरूप व्यक्तिगत विरोध और प्रतिरोध की कुछ

कविताएँ जरूर दिखाई देती हैं, जो अधिक से अधिक भारत के मध्यवर्गीय बुद्धिजीवी को अपराधबोध से मुक्त करने में मदद करती हैं। बहुत पहले नागार्जुन ने अपनी एक कविता में कहा था–

जनता मुझसे पूछ रही है, क्या बतलाऊँ,
जनकवि हूँ मैं, साफ कहूँगा, क्यों हकलाऊँ।

नागार्जुन जनता के लिए कविता लिखते थे, इसलिए वे हकलाहट को कविता की कला नहीं बनाते थे। साफ, बेलाग, बेलौस, निर्द्वन्द्व और निर्भीक रूप से वे जनता से जनता के सुख-दुःख की बात अपनी कविता में कहते थे। आज के अधिकांश कवि अपने समानधर्मा कवियों या आलोचकों के लिए कविता लिखते हैं। इसलिए उनकी कविता में वह बात कैसे आयेगी जो जन को सम्बोधित कविता में होती थी या होगी।

मेरे यह सब कहने का मतलब यह नहीं है कि आज के जो भी जन आन्दोलन हैं उनसे जुड़ी कविताएँ एकदम नहीं लिखी जा रही हैं। ऐसी कविताएँ लिखी जा रही हैं, पर वे कविताएँ और कवि, हिन्दी कविता की मुख्यधारा से अलग हाशिये पर हैं और हाशिये की जिन्दगी की कविता लिखते हैं। अभी हाल में लीलाधर मंडलोई के सम्पादन में 25 कवियों की कविताओं का एक संग्रह आया है, जिसका नाम है 'कविता का समय'। उस संग्रह में अनेक कवि ऐसे हैं जो जीवन की वास्तविक समस्याओं और वास्तविकता की मार्मिक कविताएँ लिखते हैं और वे प्रयत्नपूर्वक हिन्दी कविता की मुख्यधारा से अपनी अलग पहचान रखते हैं। उस संग्रह में शामिल एक कवि हैं अनवर सुहैल। उन्होंने एक कविता खान मजदूरों पर लिखी है। उस कविता में वे एक जगह कहते हैं–

मेरी कविताओं में नहीं है
कोमलकान्त पदावली,
रस-छन्द, अलंकार युक्तभाषा
क्योंकि मैं एक खनिक हूँ
खदान में खटते-पड़ते,
खो गया सौन्दर्य-शास्त्र

इस संग्रह की कविताएँ पढ़ते हुए भी व्यक्ति यह महसूस करेगा कि कविता मनुष्यता की मातृभाषा है। जहाँ भी मनुष्यता संकट में होती है, वहाँ कविता अपनी उपस्थिति से उस संकट का सामना करने में मनुष्य की मदद करती है। इन कविताओं के बारे में दूसरी महत्त्वपूर्ण बात यह है कि अधिकांश कविताएँ पाठकों

से सीधे संवाद करती हैं। उनमें से किसी कविता को किसी दुभाषिये की जरूरत नहीं है। यह कविता का लोकतन्त्र है, जो कविता के अनुभवों और मुद्दों में ही नहीं, भाषा में भी मौजूद है। ऐसी कविता को हिन्दी की मुख्यधारा के कवि और आलोचक महत्त्वपूर्ण नहीं मानते हैं।

मुकुया दलोता : आपकी दृष्टि में आज के कवि, खासकर युवा कवि, इन चारों में किसको अपनी रचनात्मक परम्परा में स्वीकार कर रहे हैं?

मैनेजर पाण्डेय : आज के दौर में जो सामाजिक-राजनीतिक रूप से सजग और भारतीय जनता के सुख-दुःख से आत्मीयता अनुभव करने वाले कवि हैं, वे अपनी कविता को केदारनाथ अग्रवाल, शमशेर, और नागार्जुन की परम्परा से जोड़ते हैं, पर इसके साथ यह भी याद रखना चाहिए कि आज की हिन्दी कविता में ऐसे कवियों की संख्या भी पर्याप्त है जो अज्ञेय की कविता से अपनी कविता को जोड़कर देखते हैं। असल में, प्रयोगवाद से लेकर नयी कविता तक हिन्दी में कविता की जो धारा चली उसको संयोजित, सुव्यवस्थित और स्थापित करने का काम अज्ञेय ने किया था, इसीलिए उनकी काव्य दृष्टि और उनकी भाषिक संवेदनशीलता का प्रभाव अनेक उन कवियों पर पड़ा जो प्रयोगवाद और नयी कविता के दौर में कविता लिखते थे।

मुकुया दलोता : आप 'मुख्यधारा की हिन्दी कविता' और 'मध्यवर्ग' की चर्चा लगभग पूरक रूप में कर रहे हैं। आर्थिक उदारीकरण और नव साम्राज्यवादी स्थितियों ने भारतीय मध्यवर्ग के ऊपर जादुई प्रभाव डाला है। ऐसे में मध्यवर्ग द्वारा रची जाने वाली मुख्यधारा की हिन्दी कविता के समक्ष किस तरह की स्थितियाँ, संकट और अवसर उपस्थित हुए हैं।

मैनेजर पाण्डेय : हिन्दी की तथाकथित मुख्यधारा की कविता में बाजारवाद का विरोध है। कहीं-कहीं आदिवासियों के विस्थापन और तबाही के प्रति संवेदनशीलता भी है। लेकिन सारा संकट यह है कि यह कविता जिसको सम्बोधित है, वह मध्यवर्ग का समुदाय है। इसके जीवन में भूमण्डलीकरण के प्रभाव-स्वरूप कुछ सुख-सुविधाएँ भी आयी हैं, इसलिए वह बाजारवाद के आतंक या आदिवासियों के विस्थापन की कविताओं को हमदर्दी के बदले मनोरंजन की कविता समझता है। दूसरी बात यह है कि मुख्यधारा की यह कविता जिस भाषा, शैली, रचाव और बनाव-शृंगार में रची जा रही है, वह अभिजनों को छोड़कर सामान्य मनुष्य की समझ के परे है। इसलिए उसका कोई व्यापक सामाजिक असर दिखाई नहीं देता। कविता की कला के साधक अपनी साधना में सन्तुष्ट हैं और पाठक कविता को समझे बिना भी उसके सौन्दर्य पर मुग्ध हैं। यह स्थिति लगभग वैसी ही है, जैसे ताजमहल की उपस्थिति से इस भाव का अनुभव कोई भी हिन्दुस्तानी कर सकता है कि हमारे देश में भी एक आठवाँ आश्चर्य है, जो उसकी पहुँच से दूर, केवल देखने और चकित होने की चीज है।

मनोज पाण्डेय : केदारनाथ अग्रवाल और नागार्जुन ने अपनी कविताओं में राजनीतिक-सामाजिक स्थितियों की नकारात्मकता को भंजक प्रतिबद्धता के साथ रचा है। केदारनाथ अग्रवाल ने तो राजनीतिक-सामाजिक प्रश्नों के समाधान पाने का रचनात्मक विवेक भी–उपस्थित किया है। आज उन कवियों के सृजन को लम्बा अरसा बीत चुका है। केदार या नागार्जुन जिन प्रश्नों से जूझे वे प्रश्न आज भी शेष हैं, और किन प्रश्नों का रुख बदला है?

मैनेजर पाण्डेय : नागार्जुन और केदारनाथ ने अपनी कविताओं में भारतीय जन-जीवन की जिन समस्याओं को व्यक्त किया है, उनमें से किसी समस्या का समाधान अब तक नहीं हुआ है। ये समस्याएँ हैं–जनता की बदहाली, भुखमरी, तबाही, पराधीनता आदि। ये समस्याएँ आज भी हैं, उनमें से कुछ पहले से अधिक विकराल रूप में हमारे सामने हैं। ऐसा नहीं है कि इन समस्याओं का बोध आज के कवियों को एकदम नहीं है। पर वे इन समस्याओं पर कविता लिखने से परहेज क्यों कर रहे हैं, यह वही जानें। मैं केवल यह कह सकता हूँ कि शायद वे यह जानते हैं। ये समस्याएँ केवल कविता से हल की जाने वाली समस्याएँ नहीं हैं। नागार्जुन या केदारनाथ अग्रवाल ने अपनी कविताओं में जिन समाधानों की ओर संकेत किया था, वे समाधान भी व्यावहारिक रूप नहीं ले सके। असल में सामाजिक समस्याएँ, सामाजिक प्रक्रियाओं से ही हल होती हैं–जन आन्दोलन के माध्यम से और सामाजिक-राजनीतिक संघर्षों की मदद से। आज के अधिकतर कवि यह देख रहे हैं कि देश में बड़े पैमाने पर समर्थ और शक्तिशाली सामाजिक-राजनीतिक आन्दोलनों और संघर्षों का अभाव-सा है, इसलिए वे अपनी-अपनी चेतना के दायरे के भीतर ही विरोध और प्रतिरोध की अभिव्यक्ति करना शायद बेहतर समझते हैं।

मनोज पाण्डेय : केदारनाथ अग्रवाल, शमशेर और नागार्जुन की राजनीतिक-सामाजिक कविताओं में हमें प्रगतिशील और जनवादी मूल्यों और संघर्षों की सशक्त अभिव्यक्ति मिलती है। क्या आज की कविता में इन मूल्यों और संघर्षों को देखा जा सकता है?

मैनेजर पाण्डेय : प्रगतिशीलता और जनवाद, ये दोनों समय-सापेक्ष धारणाएँ हैं। स्वाधीनता आन्दोलन के दौरान प्रगतिशीलता और जनवाद का जो अर्थ था, स्वाधीनता के बाद वह बदला और स्वाधीनता के बाद के पचास साल तक इन धारणाओं का जो अर्थ था, वह आज बदल गया है। स्वाधीनता के दौरान प्रगतिशील और जनवाद का पहला सन्दर्भ देश की स्वाधीनता से जुड़ा हुआ था। साम्राज्यवाद का विरोध उसका दूसरा सन्दर्भ था, देश में पनपते हुए पूँजीवाद का विरोध उसका तीसरा सन्दर्भ था और पुराने जमाने से चले आते हुए सामन्ती अवशेषों का विरोध उसका चौथा सन्दर्भ था। आजादी के बाद लगभग पचास वर्षों तक देश में जिस तरह की

सामाजिक-राजनीतिक स्थितियाँ थीं, उनमें और भारतीय संविधान में भी सामाजिक न्याय और समता के मूल्य महत्त्वपूर्ण थे, इसलिए जनता उन मूल्यों को वास्तविक रूप देने की माँग कर रही थी। नागार्जुन और केदारनाथ जैसे कवियों ने जनता की माँग का समर्थन किया था। आज के समय में, जैसी इस देश में राजनीतिक, आर्थिक और सामाजिक व्यवस्था पूँजीवादी भूमण्डलीकरण के निर्देशन में चल रही है, उसमें सामाजिक न्याय और समता के लिए बातें तो बहुत होती हैं, पर वास्तविकता में ये मूल्य अर्थहीन बना दिये गये हैं। मेरे खयाल से नागार्जुन और केदार की परम्परा का कवि बनने के लिए चार-पाँच बातों पर ध्यान देना आज जरूरी है। आज देश के सामने पूँजीवाद के सर्वमुखी आक्रमण के कारण नये प्रकार के साम्राज्यवाद का खतरा हमारे सामने है। इसका बोध और विरोध आज की कविता की प्रगतिशीलता और जनवादिता की पहली शर्त है। पूँजीवाद मुख्यतः और मूलतः झूठ और लूट की व्यवस्था है—जब तक वह बोध कवियों को नहीं होता, तब तक उसका सार्थक और समर्थ विरोध भी सम्भव नहीं होगा। मार्क्स ने 1853 में एक लेख लिखा था, जिसका शीर्षक था 'भारत में ब्रिटिश राज के भावी परिणाम।' उस लेख में मार्क्स ने कहा था कि पूँजीवादी सभ्यता की दो बुनियादी विशेषताएँ हैं—एक है अथाह पाखण्ड और दूसरी है जन्मजात बर्बरता। भारत में पूँजीवादी सभ्यता की ये दोनों विशेषताएँ आजकल जगह-जगह दिखाई दे रही हैं। इनको समझना, कविता में इन्हें व्यक्त करना और आम जनता को इसके बारे में सजग बनाना आज के समय में प्रगतिशीलता व जनवाद की दूसरी शर्त है। तीसरी बात यह है कि हमारे देश में सामन्ती संस्थाओं, मूल्यों, धारणाओं और रीति-रिवाजों का अब भी आतंकवादी बोलबाला है; जिसके अन्तर्गत स्त्रियों की तरह-तरह से हत्या की जा रही है और दलितों का दमन और अपमान किया जा रहा है। इन सामन्ती तत्त्वों और प्रवृत्तियों की पहचान और कविता में उनके विरोध की चेतना की अभिव्यक्ति आवश्यक है। आज के समय में प्रगतिशीलता व जनवाद की चौथी माँग यह है कि कई हजार वर्षों से जिन आदिवासियों का शोषण-दमन और सर्वनाश किया जाता रहा है, उनके जागरण और संघर्ष के साथ सक्रिय सहानुभूति की अभिव्यक्ति जब कविता में होगी तभी कविता प्रगतिशील और जनवादी भी होगी। आखिरी बात यह है कि वर्तमान पूँजीवादी व्यवस्था समाज से सामाजिकता, सामूहिकता और मानवीय संवेदनशीलता को दूर हटाने के लिए प्रयत्नशील है। ऐसी स्थिति में जो कविता अपने पाठकों को सामाजिक रूप से संवेदनशील और जागरूक बनाने में सक्षम होगी; वही प्रगतिशील और जनवादी भी होगी, क्योंकि हिन्दी कविता का भविष्य भी इस देश में सामाजिक संवदेनशीलता के भविष्य से ही जुड़ा हुआ है।

मुकुया दलोता : जब तकनीक और प्रकाशन से जुड़ी तमाम कठिनाइयों का दौर

था तब रचनात्मकता समाज के हर पक्ष को लगभग प्रभावित करने वाली स्थिति में थी। इसके तमाम उदाहरण हमारे सामने हैं। आज इस क्षेत्र में हुए तकनीकी विकास एवं प्रकाशन-प्रसारण की सहजता और सुलभता में गुणात्मक बदलाव आया है। इस स्थिति में कविता को अपनी जगह से हटना क्यों पड़ रहा है?

मैनेजर पाण्डेय : आज के समय में कविता के आमजन से दूर जाने और आम जनता की आज की स्थिति को समझने के लिए कविता की संस्कृति के इतिहास पर ध्यान देना जरूरी है। मेरी समझ से अब तक कविता की संस्कृति चार अवस्थाओं से गुजर चुकी है। पहली अवस्था वह थी जब कविता मौखिक थी। तब अलग से कवि की धारणा का विकास नहीं हुआ था। कवि आम जनता के बीच का कोई व्यक्ति होता था जो कविताएँ करता था और व्यापक जनता उन कविताओं को सुनती थी। यह कविता की मौखिक अवस्था थी। दूसरी अवस्था में लिपि का विकास हुआ और कविता लिखित हुई, इसी के साथ कविता के पाठक पैदा हुए। पहली अवस्था से दूसरी अवस्था में आने के दौरान ही कविता की पहुँच का दायरा सीमित होने लगा, क्योंकि व्यापक जनता अनपढ़ थी। वह कविता पढ़ नहीं सकती थी। कविता के पक्ष में इस दूसरी अवस्था के कुछ लाभ भी हुए। कविता में स्थायित्व आया, व्यक्तिगत प्रयोग की सम्भावनाएँ बढ़ीं और कवियों की विशिष्टताएँ सामने आने लगीं, पर साथ ही कविता लोक जीवन से निकलकर दरबार में पहुँच गयी। अब उसकी विशिष्टता ही उसकी व्यापकता व लोकप्रियता के लिए खतरा बन गयी। तीसरी अवस्था में कविता मुद्रित हुई। इस अवस्था में कविता के पक्ष में दूसरी अवस्था की विशिष्टताएँ बनी रहीं, पर कविता दरबार से निकलकर बाजार में आ गयी। उसकी संस्कृति में एक तरह का लोकतन्त्र आया, पर यह लोकतन्त्र समाज में मौजूद लोकतन्त्र का ही एक रूप था। इस तीसरी अवस्था में कविता सम्भावित पाठकों को सम्बोधित होने लगी। इसलिए सामान्य जन से कविता की दूरी और बढ़ी। चौथी अवस्था वह है जब कविता सूचना क्रान्ति के युग में डिजिटल हो गयी है और इसकी पहुँच केवल कम्प्यूटर का प्रयोग करने वालों तक सीमित हो गयी है। मैं यहाँ यह भी कहना चाहता हूँ कि कविता की संस्कृति की चारों अवस्थाएँ कमोबेश आज भी मौजूद हैं और आगे भी रहेंगी। मेरी चिन्ता का विषय यह है कि कविता पहले सुनी जाती थी, कान के माध्यम से ग्रहण की जाती थी, अब कविता देखी-पढ़ी जाती है, आँख के माध्यम से ग्रहण की जाती है। विडम्बना यह है कि आँख पर पूँजीवादी सभ्यता का पूरी तरह कब्जा हो चुका है। अगर कविता को बचाना है तो उसे कान पर भरोसा करना होगा। वह सुनने-सुनाने से ही जनता तक पहुँच सकती है। आज भी हिन्दी में ऐसे कवि हैं जो केवल पढ़ने के लिए नहीं, सुनने-सुनाने के लिए भी कविताएँ लिखते हैं।

बाजार की चिन्ता करके लिखा गया साहित्य उपभोक्तावाद का ही पोषक होता है

(मैनेजर पाण्डेय से प्रोमिला की बातचीत)

प्रोमिला : नवउदारवाद ने प्राकृतिक संसाधनों का अन्धाधुन्ध दुरुपयोग किया है जिसके कारण करोड़ों लोगों की गरीबी की कीमत पर कुछ लोगों की अमीरी पनपी है। इस नवउदारवाद का हमारे जीवन पर क्या प्रभाव पड़ेगा और क्या साहित्यकार इसकी अभिव्यक्ति कर पा रहे हैं?

मैनेजर पाण्डेय : जिसे नवउदारवाद कहा जाता है, वह पूँजीवाद का वर्तमान रूप है। असल में वास्तविकताओं, स्थितियों और विचारों को सही नाम से याद करना सोच को सही बनाने के लिए जरूरी है। पूँजीवाद के आरम्भिक दौर की विचारधारा के रूप में उदारवाद को याद किया जाता है और उसके वर्तमान रूप को नवउदारवाद के रूप में। यह उदारवाद और नवउदारवाद की शब्दावली पूँजीवाद के खूंखार रूप को छिपाने के लिए उपयोगी है। जहाँ तक प्राकृतिक संसाधनों के अन्धाधुन्ध दुरुपयोग का सवाल है तो यह काम पूँजीवाद अपने जन्म के साथ कर रहा है, लगभग पाँच सौ वर्षों से। पन्द्रहवीं सदी के यूरोप में जिस पूँजीवाद का आरम्भ हुआ और बाद की सदियों में उपनिवेशवाद के रूप में उसका दुनिया के विभिन्न महादेशों और देशों में विस्तार हुआ, उस पूरी प्रक्रिया में प्राकृतिक संसाधनों की लूट, विनाश और अन्धाधुन्ध दुरुपयोग का काम होता रहा है और उसका प्रकृति पर दुष्प्रभाव भी पड़ता दिखाई देता रहा है। इसके परिणामस्वरूप यूरोप के अनेक वैज्ञानिकों ने अठारहवीं और उन्नीसवीं सदी में पूँजीवाद द्वारा प्राकृतिक संसाधनों के दुरुपयोग अर्थात् जंगलों, पहाड़ों, नदियों आदि पर कब्जा और उनके विनाश से उपजने वाले खतरों के बारे में सावधान किया है। स्वयं कार्लमार्क्स और फ्रेडरिक एंगेल्स ने उत्पादन की पद्धति और तकनीकों के विकास के लिए पूँजीवाद की तारीफ करने के साथ ही, प्रकृति के साथ उसके व्यवहार की आलोचना की है।

जहाँ तक करोड़ों लोगों की गरीबी की कीमत पर कुछ लोगों की अमीरी के पनपने का सवाल है तो यह भी पूँजीवाद के स्वभाव, व्यवहार और कार्य पद्धति का

ही परिणाम है। जब विकास का पैमाना कुल राष्ट्रीय आय और सेंसेक्स का उतार-चढ़ाव ही होगा तब निश्चित तौर पर कुछ लोगों की अमीरी, बहुसंख्यक लोगों की गरीबी पर आधारित होगी, पूँजीवाद के आरम्भिक दौर में न 'जीडीपी' की धारणा थी न सैंसेक्स की। यह नये दौर के पूँजीवाद की इजाद है जो आरम्भिक पूँजीवाद से अधिक आक्रामक, अधिक खतरनाक और अधिक भ्रम पैदा करने वाला है। इस पूँजीवाद में समाज, सामाजिकता और इनसानियत का कोई मूल्य नहीं है। व्यक्ति, उसकी व्यक्तिगत आय और उसकी आर्थिक समृद्धि के साथ सफलता को ही जीवन की सार्थकता का नाम दिया जाता है।

जहाँ तक इस स्थिति की साहित्य में अभिव्यक्ति का सवाल है तो मुझे लगता है कि हिन्दी के कुछ कवि, कहानीकार और उपन्यासकार भी जहाँ-तहाँ इन स्थितियों की अभिव्यक्ति कर रहे हैं। मनोज मेहता ने 'प्रलय' नाम की जो कविता लिखी है, उसमें नये भूमण्डलीकरण के दौर की कठिनाइयों की अभिव्यक्ति है तो पंकज चतुर्वेदी की कविताओं में सब कुछ के बिकाऊ होने का बोध मौजूद है। बद्रीनारायण, निलय उपाध्याय, शैलेय और अष्टभुजा शुक्ल आदि की कविताओं में वर्तमान समय की असंगतियाँ और त्रासदियों की चिन्ता मौजूद है। कहानीकारों में संजय खाती, प्रियदर्शन आदि की कहानियों में आज के समय के संकटों का बोध है। हिन्दी में इस बीच दो ऐसे उपन्यास मेरे सामने आये हैं जिनमें पूँजीवाद के वर्तमान दौर की खूंखार प्रवृत्तियों का चित्रण मौजूद है। उपन्यासों में एक है रणेन्द्र का 'ग्लोबल गाँव का देवता' और दूसरा है संजीव का 'रह गयी दिशाएँ इसी पार'।

इन सबके साथ ही हिन्दी में कुछ ऐसे कवि, कहानीकार और उपन्यासकार भी हैं जो भूमण्डलीकरण के नये दौर का मुग्धभाव से जश्न मना रहे हैं।

प्रोमिला : पश्चिम की संस्कृति और उत्पादन पद्धति ने प्रकृति और पर्यावरण को दाँव पर लगा दिया है। पेड़, पौधे, पृथ्वी, मनुष्य तमाम संसाधनों को नष्ट किया जा रहा है। इसके बचाव में साहित्य की क्या भूमिका हो सकती है?

मैनेजर पाण्डेय : जहाँ तक प्रकृति पर विजय और कब्जे की बात है और अपने लोभ और लाभ के लिए उसकी लूट और विनाश का सवाल है तो यह भी पूँजीवाद की ही प्रकृति है और पूँजीवादी उत्पादन पद्धति की भी। पूँजीवाद का विकास पहले-पहल यूरोप में हुआ, इसीलिए उसे पश्चिमी संस्कृति कहना सही नहीं है। पश्चिम में भी ऐसे दार्शनिक, विचारक, वैज्ञानिक, कवि और लेखक हुए हैं जिन्होंने पूँजीवाद द्वारा प्रकृति के विनाश की कड़ी आलोचना की है और इसे मानव समाज के भविष्य के लिए खतरनाक माना है। जहाँ तक प्रकृति और पर्यावरण से संस्कृति के सम्बन्ध का सवाल है तो इसे पश्चिम और पूर्व में बाँटकर देखना मुझे उचित नहीं लगता है। पूर्व का एक देश है भारत, यहाँ की संस्कृति में पहाड़ों, नदियों, वृक्षों,

जानवरों और यहाँ तक कि कीड़े-मकोड़ों की भी पूजा की प्रवृत्ति रही है, पर उसके साथ ही समाज के एक जनसमुदाय के प्रति घृणा की प्रवृत्ति भी रही है। इसके ठीक विपरीत दृष्टिकोण पश्चिम में दिखाई देता है। वहाँ पूँजीवाद और उसके साथ विज्ञान के विकास के दौर में यह माना गया कि मनुष्य की स्वतन्त्रता प्रकृति पर विजय से सम्भव है। लेकिन इस दृष्टिकोण के बनाने और प्रचारित-प्रसारित करने का काम भी पूँजीवाद से सहानुभूति रखने वाले विचारकों ने ही किया। इस प्रवृत्ति के विरुद्ध साहित्य की भूमिका पर अगर हम ध्यान दें तो यह कहना उचित होगा कि साहित्य पूरब और पश्चिम की संस्कृतियों और वैचारिक दृष्टियों में जो असंगतियाँ हैं और साथ ही जो अमानवीय प्रवृत्तियाँ हैं, उनके विरुद्ध जागरण पैदा करना आवश्यक है। साहित्य ने अपनी सीमा में और अपनी शक्ति के मुताबिक यह काम किया भी है।

मुझे सबसे अधिक चिन्तित करने वाली बात यह लगती है कि यह अपने देश में या दुनिया के विभिन्न देशों में जो लोग पूँजीवादी विकास का राजमार्ग बना रहे हैं वे प्रायः न साहित्य पढ़ते हैं, न उसकी चिन्ता करते हैं और न उससे किसी प्रकार प्रभावित होते हैं, इसीलिए यह उम्मीद करना कि साहित्य लिखकर पूँजीवाद के शोषण, दमन, लूट और पाखण्ड की प्रवृत्तियों को रोका जा सकता है, खुशफहमी पालना ही होगी।

प्रोमिला : नवउदारवाद के परिणामस्वरूप उपभोक्तावाद जिस प्रकार से पनपा है क्या साहित्य, खासकर हिन्दी साहित्य उसे अभिव्यक्त कर पा रहा है? उपभोक्तावाद वर्तमान साहित्य को किस तरह प्रभावित कर रहा है?

मैनेजर पाण्डेय : पूँजीवाद का आधार और परिणाम भी है—उपभोक्तावाद। पूँजीवादी अर्थव्यवस्था को जीवित और क्रियाशील बनाये रखने के लिए भोग या उपभोग जरूरी है। इसीलिए हम कह सकते हैं कि आज का पूँजीवाद भोगवाद या उपभोगवाद पर टिका हुआ है। आज का पूँजीवाद तरह-तरह के साधनों और उपायों से भोग और उपभोग की प्रवृत्तियों को बढ़ावा देने का काम करता है। टेलीविजन के चैनल विज्ञापनों के माध्यम से यही काम करते हैं। वे आकांक्षा और प्रतीक्षा का एक मायालोक रचते हैं जिससे भोग या उपभोग की आकांक्षाएँ पैदा तो की जाती हैं, पर उन्हें पूरा करना सम्भव नहीं होता, इसलिए प्रतीक्षा करनी पड़ती है। भारत में गाँधी जैसे लोग हो चुके हैं जो आधुनिक सभ्यता अर्थात् पूँजीवादी सभ्यता के भोगवाद या उपभोगवाद की निन्दा करते रहे हैं। पश्चिम में भी ऐसे अनेक दार्शनिक हो चुके हैं, लेकिन पूँजीवाद के लिए ऐसे दर्शनों और साहित्यों का कोई मूल्य और महत्त्व नहीं है जो उसके लिए लाभदायक न हो और उसके विस्तार की प्रक्रिया में बाधक बने। जहाँ तक हिन्दी साहित्य का सवाल है तो अब धीरे-धीरे इसका एक हिस्सा भोग या उपभोग की प्रवृत्तियों का अनेक रूपों में शिकार हो रहा है। जो साहित्य बाजार की

चिन्ता करके लिखा जाता है वह अन्ततः उपभोक्तावाद का ही पोषक होता है। यहाँ पर यह भी ध्यान में रखने की जरूरत है कि साहित्य का भी एक बाजार होता है और उसमें सहित्य का व्यावसायिक मूल्य होता है और प्रतीकात्मक मूल्य भी। वह बाजार लेखक को अर्थ देता है और यश भी। जो भी साहित्य आज के दौर में उत्सवधर्मी होगा, वह किसी न किसी रूप में उपभोक्तावाद को बढ़ावा ही देगा।

प्रोमिला : वर्तमान में हिन्दी साहित्य पर मध्यवर्ग का बोलबाला है। यह स्थिति नयी कहानी आन्दोलन से ही बनती गयी। इतनी असमानताओं वाले देश में साहित्य का मध्यवर्गीय समस्याओं और उसकी अपेक्षाओं तक सीमित रहना क्या साहित्य के लिए उचित है।

मैनेजर पाण्डेय : यह सच है कि वर्तमान हिन्दी साहित्य में मध्यवर्ग का बोलबाला है। वह प्रवृत्ति नयी कहानी से ही शुरू नहीं हुई थी। उसके बहुत पहले से हिन्दी में चल रही थी। पर पुराने जमाने में बहुत सारे लेखक ऐसे थे जो अपनी मध्यवर्गीय सीमाओं से मुक्त होकर आमजन की जिन्दगी से रचनात्मकता के स्तर पर जुड़ने की कोशिश करते थे। इसी प्रक्रिया में हिन्दी के प्रगतिशील और यथार्थवादी लेखक आगे आये। पूँजीवाद के नये दौर की विशेषता यह है कि इसमें हिन्दी साहित्य का शहरीकरण भी हुआ है। इसीलिए आज हिन्दी साहित्य के अधिकांश लेखक और पाठक शहरी मध्यवर्ग के ही हैं। अच्छी बात यह है कि हिन्दी के दलित लेखक, कुछ स्त्री लेखिकाएँ और किसान पृष्ठभूमि से आये कुछ कवि तथा कथाकार गाँवों की भी चिन्ता और उससे जुड़ी रचना करते हैं, पर वे आटे में नमक के बराबर ही रह गये हैं। ऐसे लेखक और कितने दिन हिन्दी में रहेंगे, यह कह पाना मुश्किल है।

पूँजीवाद के भूमण्डलीकरण के वर्तमान दौर से मध्यवर्ग को भी बहुत कुछ हासिल हुआ है। इसीलिए वह अब साहित्य के उत्सव, मेलों और समारोहों में जितनी दिलचस्पी लेता है उतनी भारत की गरीब, असहाय और बेबस जनता की त्रासदी में नहीं।

प्रोमिला : नवउदारवादी नीति के कारण लगातार मजदूरों का पलायन हो रहा है। किसानों को उनकी जमीनों से बेदखल किया जा रहा है। नयी आर्थिक नीति के कारण वे लगातार विस्थापन के शिकार हो रहे हैं। इस समस्या के प्रति हिन्दी में लेखकीय उदासीनता का क्या कारण है?

मैनेजर पाण्डेय : भारत में पूँजीवाद के आक्रामक अभियान और विस्तार के कारण किसान, अपनी जमीन से बेदखल ही नहीं हो रहे हैं, वे बड़े पैमाने पर आत्महत्याएँ भी कर रहे हैं। पिछले बीस वर्षों में अब तक लगभग तीन लाख किसान आत्महत्या कर चुके हैं जो भारत और मानव सभ्यता के इतिहास में अभूतपूर्व है। विकास की नयी शब्दावली मे जिसे 'सेज' कहा जाता है, जो सरकारी भाषा में विशेष

आर्थिक क्षेत्र है और मेरी समझ में विशेष शोषण क्षेत्र है, उसके तहत किसानों की जमीनें छीनी जा रही हैं, वह भी उपनिवेशवाद के दौर के एक कानून के तहत। वैसे पूँजीवाद अपने जन्म से ही किसानों का दुश्मन रहा है। भारत में वर्तमान समय में मजदूर छँटनी और बेरोजगारी के शिकार हो रहे हैं। भारत में पूँजीवाद के वर्तमान दौर का सबसे त्रासद और भयावह प्रभाव आदिवासियों पर पड़ा है जो अपने जंगल, जमीन, जल और जीवन से बेदखल होकर तबाही के शिकार हो रहे हैं। इन सारी स्थितियों की हिन्दी साहित्य में जहाँ-तहाँ अभिव्यक्ति हो रही है। प्रसन्नता की बात यह है कि दलितों की तरह अब आदिवासियों में से भी कुछ कवि और लेखक सामने आ रहे हैं जो अपनी जिन्दगी की वास्तविकताओं और आकांक्षाओं की प्रामाणिक अभिव्यक्ति कर रहे हैं और आगे भी करेंगे।

प्रोमिला : पिछले कई वर्षों में लगातार एक नये किस्म का राष्ट्रवाद पनपा है। जहाँ लगातार रक्षा बजट को दोगुना-चौगुना किया जा रहा है वहीं पर कृषि, शिक्षा और स्वास्थ्य को हाशिये पर रखा गया है। आँकड़े बताते हैं कि आज भी देश की आधी आबादी कुपोषण की शिकार है। इसके प्रति लेखकीय उदासीनता का क्या कारण है?

मैनेजर पाण्डेय : पिछले कुछ वर्षों में रक्षा बजट को लगातार बढ़ाने का कारण राष्ट्रवाद उतना नहीं है जितना पूँजीवाद के विकास की प्रक्रिया की रक्षा और विस्तार की चिन्ता है। ज्यों-ज्यों पूँजीवादी विकास का अभियान तेज हो रहा है और उसके परिणामस्वरूप आदिवासी, किसान और मजदूर तबाह हो रहे हैं, देश में विषमता बढ़ रही है, वैसे-वैसे वर्तमान सत्ता और व्यवस्था के विरुद्ध विद्रोह की प्रक्रिया भी तेज हो रही है। इस विद्रोह की प्रक्रिया को दबाने और कुचलने के लिए सैन्य शक्ति का विस्तार किया जा रहा है, इसीलिए रक्षा बजट में लगातार वृद्धि हो रही है। जहाँ तक कृषि, शिक्षा और स्वास्थ्य को हाशिये पर रखने का सवाल है तो यह कल्याणकारी राज्य की धारणा से मुँह मोड़कर इन सबको व्यक्तिगत पूँजी के हवाले करने की प्रक्रिया का परिणाम है। आँकड़े यही नहीं बताते कि आधी आबादी कुपोषण की शिकार है। आँकड़े तो यह भी बताते हैं कि इस देश के सत्तर प्रतिशत बच्चे कुपोषण के शिकार हैं। वे भीख माँगने, मजदूरी करने, कूड़ा बीनने और अनेक प्रकार के शारीरिक तथा मानसिक उत्पीड़न के शिकार हैं। यह सब उसी पूँजीवाद का ही परिणाम है जो इस समय हमारे देश में बेरोकटोक फैल रहा है।

प्रोमिला : यह देखा जा रहा है कि कुछ वामपन्थी प्रतिबद्ध लेखक भी सत्ता और सत्ता प्रतिष्ठानों के साथ जुड़े हैं या जुड़ जाना चाहते हैं। पुरस्कारों की आपाधापी में हर कोई शामिल होना चाहता है। ऐसे में क्या यह मान लिया जाये कि उदारवाद और उपभोक्तावाद ने प्रतिबद्धता को प्रभावित किया है?

मैनेजर पाण्डेय : जो लेखक सत्ता और सत्ता प्रतिष्ठानों के साथ जुड़े हैं या जुड़ जाना चाहते हैं उनको प्रतिबद्ध कहने का क्या अर्थ है? क्या प्रतिबद्धता कोई जाति है जिसमें पैदा होने वाला लेखक मरने के दिन तक सब कुछ करने के बावजूद बना रहता है। प्रतिबद्धता का सम्बन्ध लेखक के सन्दर्भ में उसके विचारों से होता है। रचनात्मक व्यवहार से भी होता है और समाज में एक नागरिक की हैसियत से व्यवहार में भी। हिन्दी में प्रतिबद्धता का प्रश्न पर्याप्त उलझा हुआ है। स्वाधीनता आन्दोलन के दौर में प्रतिबद्धता का जो अर्थ था, वही आजादी के बाद नहीं रहा। प्रतिबद्धता का गहरा रिश्ता जन आन्दोलनों से होता है। जिस समय देश में जन आन्दोलन न हो, उस समय प्रतिबद्धता से लगाव रखने वाले लेखक कम होते हैं। आज भारत में जन आन्दोलन लगभग न के बराबर हैं। ऐसे में वैचारिक प्रतिबद्धता जहाँ-तहाँ मिल सकती है लेकिन जीवन और व्यवहार में प्रतिबद्धता का अभाव कोई नयी बात नहीं है। मुझे लगता है कि धीरे-धीरे हिन्दी में साहित्य अब एक राजनीतिक ताकत नहीं है।

प्रोमिला : हिन्दी क्षेत्र में राजनीतिक उथल-पुथल मची हुई है। सरकारी शोषण और दोहन के विरुद्ध कई जन आन्दोलन खड़े हैं। इसके बावजूद हिन्दी में अरुन्धति राय की तरह एक भी ऐसा लेखक घोषित रूप से सत्ता विरोधी क्यों नहीं है जिससे टकराने में सत्ता भी घबराती हो?

मैनेजर पाण्डेय : हिन्दी में अरुन्धति राय की तरह के सत्ता विरोधी लेखक न होने के अनेक कारण हैं। पहला तो यही कि अरुन्धति राय अंग्रेजी में लिखती हैं, इसीलिए वे राष्ट्रीय और अन्तर्राष्ट्रीय स्तर पर पढ़ी जाती हैं और उनका प्रभाव भी पड़ता है। हिन्दी का लेखक हिन्दी क्षेत्र में भी उतना नहीं पढ़ा जाता है जितना अरुन्धति राय को पढ़ा जाता है। फिर अरुन्धति राय के विचारों से अगर सत्ता टकराने से बचती है तो उसका भी एक राष्ट्रीय और अन्तरराष्ट्रीय सन्दर्भ तथा अर्थ है। उनसे सत्ता के टकराने का अर्थ है राष्ट्रीय और अन्तरराष्ट्रीय स्तर पर विरोध का सामना करना, जबकि हिन्दी के किसी लेखक की अभिव्यक्ति की आजादी की रक्षा में हिन्दी के लेखक भी खड़े नहीं होते। इस प्रसंग में यह भी ध्यान में रखने की बात है कि हिन्दी में जिन लोगों ने सत्ता विरोधी और जनजागरण की रचना की है उनके साथ हिन्दी साहित्य ने क्या व्यवहार किया। मेरे सामने दो नाम हैं—एक दुष्यन्त कुमार और दूसरा अदम गोंडवी का। इन दोनों की गजलें सत्ता विरोधी भी हैं और जनजागरण पैदा करने वाले भी, लेकिन हिन्दी साहित्य में कवि या शायर के रूप में इन दोनों की हैसियत क्या मानी गयी है, इन दोनों की हैसियत को देखते हुए हिन्दी के कवि और लेखक अगर सत्ता विरोधी होने से परहेज करें तो आश्चर्य की क्या बात है।

प्रोमिला : पश्चिम में साहित्य की वर्तमान चिन्ता क्या है? और हिन्दी साहित्य उससे कितना समान या अलग है? जल, जंगल और जमीन के सरोकार से आज के लेखक क्यों नहीं जुड़ पा रहे हैं?

मैनेजर पाण्डेय : पश्चिम में साहित्य की वर्तमान चिन्ता क्या है, इसकी चिन्ता आपको क्यों है? इसी चिन्ता ने पिछले सौ वर्षों में हिन्दी साहित्य का बंटाधार किया है। हिन्दी के लेखकों को एशिया, अफ्रीका और लातीनी अमेरिका में क्या साहित्य लिखा जा रहा है, इसकी चिन्ता होनी चाहिए न कि इंग्लैंड, फ्रांस और न जर्मनी के साहित्य की। भारत की स्थितियाँ एशिया, अफ्रीका और लातीनी अमेरिका के देशों के समाजों की स्थितियों से मिलती-जुलती हैं, इसीलिए भारतीय भाषाओं के लेखक एशिया, अफ्रीका और लातीनी अमेरिका के देशों से जितना, जो और जैसा सीख सकते हैं, वैसा पश्चिम के साहित्य से एकदम नहीं। मैं आपके सामने एक कविता रखता हूँ :

उन्होंने बताया कि पहली शक्ति है कार्यपालिका शक्ति/और विधायी शक्ति दूसरी शक्ति है/जिसे ठगों के एक गिरोह ने/सत्ता पक्ष और विपक्ष में बाँट रखा है/और चरित्र भ्रष्ट हो चुका/(फिर भी माननीय) सुप्रीम कोर्ट तीसरी शक्ति है। अखबारों, रेडियो और टीवी ने खुद को/चौथी शक्ति का दर्जा दे रखा है और वाकई/वे बाकी तीनों शक्तियों के हाथ में हाथ डाले चलते हैं/

अब वे हमें यह भी बता रहे हैं कि/नयी लहर वाले युवा पाँचवीं शक्ति है/और वे हमें यह भी भरोसा दिलाते हैं कि/सभी चीजों और शक्तियों के ऊपर ईश्वर की महान् शक्ति है/और अब चूँकि सभी शक्तियों का बँटवारा/हो चुका है/

...वे निष्कर्ष रूप से हमें बताते हैं/'किसी और के लिए कोई शक्ति नहीं बची है/और अगर कोई कुछ और सोचता है/तो उसके लिए फौज और नेशनल गार्ड है।'

क्या यह कविता भारत की कविता नहीं है। वास्तव में यह अल्लसल्वाडोर के कवि रोक डॉल्टन की कविता है जो *तीसरी दुनिया* के एक अंक में छपी थी। इसीलिए मैंने पहले कहा है कि हिन्दी के कवियों और लेखकों को पश्चिम के साहित्य की चिन्ता छोड़कर एशिया, अफ्रीका और लातिनी अमेरिका के वर्तमान साहित्य की चिन्ता करनी चाहिए।

समकालीन हिन्दी काव्य-परिदृश्य

(मैनेजर पाण्डेय से प्रेमशंकर पाण्डेय की बातचीत)

समकालीन हिन्दी कविता—"सौ मीटर की रेस नहीं है, यह मैराथन दौड़ का मामला है।"

प्रेमशंकर पाण्डेय : समकालीन हिन्दी कविता में समकालीनता की परिधि को आप कैसे परिभाषित करते हैं? कुछ लोगों की राय में 1980 ई. से इसकी शुरुआत मानी जा सकती है जबकि कई लोग इसे 1990-92 से अर्थात् भूमण्डलीकरण के प्रत्यक्ष प्रभाव से इसे जोड़ कर देखना चाहते हैं। दूसरी बात यह कि इस समकालीन कविता में इतिहास-बोध और प्रतिरोध की चेतना या संस्कृति को आप किस रूप मे देखते हैं?

मैनेजर पाण्डेय : पहली बात इस प्रसंग में यह है कि 1980 ई. के आसपास का कारण क्या होगा? 1990-92 से समकालीनता को जोड़कर समझना बेहतर होगा जो ग्लोबलाइजेशन से जुड़ा हुआ है। दूसरी बात यह कि भूमण्डलीकरण से जुड़ी समकालीनता के सन्दर्भ में इतिहास-बोध और प्रतिरोध चेतना को समझना उपयोगी है। मूल बात यह है कि इतिहास-बोध और प्रतिरोध का अर्थ क्या समझा जाये? साहित्य में और विशेष तौर पर कविता में जो समय और समाज है वह तीन तरह से व्यक्त होता है। पहला यह कि जो समाज की वास्तविकता है, उसकी ठीक-ठीक पहचान बनाने, बताने वाली कविता। दूसरा है प्रतीकात्मक रूप में। मसलन 'राम की शक्तिपूजा' में निराला ने लिखा है—राम के अन्तर्द्वन्द्व के बारे में—'धिक जीवन जो पाता ही आया विरोध धिक साधन जिस के लिए सदा ही किया शोध'—रिप्रेजेंटेशनल यह बिल्कुल नहीं है। यह प्रतीकात्मक है। प्रतीकात्मक रूप से यह निराला के द्वन्द्व को अधिक व्यक्त करता है—राम के द्वन्द्व को नहीं । राम के विषय में यह कथन बिल्कुल भी ठीक नहीं है। राम ने जन्म से कोई विरोध नहीं सहा था, इसलिए राम केवल वहाँ प्रतीक हैं, जिसका अर्थ निराला से व्यक्तिगत रूप से अधिक जुड़ता है। और भी कई उदाहरण दिये जा सकते हैं। प्रातिनिधिक कविता वैसे तो निराला के यहाँ भी है, लेकिन सबसे ठीक ढंग से वह नागार्जुन के यहाँ है। नागार्जुन सीधे-सीधे समाज और राजनीति की वास्तविकता को अपनी कविता में व्यक्त करते हैं, बल्कि आरम्भ से ही कर रहे हैं। 1945-48 से

ही। उनकी कई कविताएँ इस सन्दर्भ में बतायी जा सकती हैं।

तीसरा है—सम्भावना वाला। कुछ कवि ऐसे हैं जैसे मुक्तिबोध, जो फैंटेसी में समाज की सम्भावनाओं की अभिव्यक्ति करते हैं। जो है नहीं, पर जो कुछ है उसकी जानकारी के आधार पर कवि को पूरी स्वतन्त्रता है कि जो हो सकता है—उसकी सम्भावना व्यक्त करें। इस प्रकार तीन तरीके हुए।

अब इतिहास-बोध का पहला अर्थ तो यही होगा कि इन तीन स्वरों पर कविता में वर्तमान समय और समाज की सच्चाइयों, वास्तविकताओं, विडम्बनाओं आदि को कवि पहचानता है और व्यक्त करता है कि नहीं? दूसरा मतलब यह है कि—व्यापक रूप से समाज का इतिहास जिस ओर जा रहा है, कवि उसको भी पहचान रहा है कि नहीं। उदाहरण के तौर पर यदि कोई 1990 में कविता लिखे और 1950 की स्थितियाँ व्यक्त करने लगे तो उसका इतिहास से कुछ भी लेना-देना नहीं है। (यह एक तरह से इतिहास की पुरानी धारणा है जिसका मतलब यह समझा जाता था कि—इतिहास अतीत की ही कथा है।) अब इतिहास केवल अतीत की कथा नहीं है। अब इतिहास के अर्थ का बहुत अधिक विस्तार हो चुका हैं। वैसे अतीत, वर्तमान और भविष्य के सम्बन्ध को लोग ठीक से समझते नहीं है। इस समय जो मैं बात कर रहा हूँ उसी में तीनों हैं—जहाँ से शुरू किया वह अतीत हो गया, जो बोल रहा हूँ वह वर्तमान है और जो बोलूँगा वह भविष्य है। ऐसी समझ इतिहास में भी होती है। इसलिए दुनिया में इतिहास की ऐसी धारणाएँ विकसित हुई हैं कि वर्तमान, भविष्य सब उसमें शामिल होते हैं। अतीत तो उसमें है ही। लेकिन पुराने जमाने की तरह कोई अगर केवल यही समझता हो कि महाराणा प्रताप के बारे में लिखेंगे तो इतिहास होगा और मनमोहन सिंह के बारे में लिखेंगे तो इतिहास नहीं होगा, यह ठीक नहीं है। तो मैं यह कह रहा था कि इतिहास की जो गति है, कवि अपनी कविता के माध्यम से उसको समझता है कि नहीं? दूसरी बात यह है कि इतिहास के बहुत सारे दूसरे पक्ष होते हैं। जैसे इतिहास का एक पक्ष तो इस देश के शासकों का पक्ष है, दूसरा पक्ष इस देश की आम जनता का है। परन्तु आम जनता में भी कई पक्ष हैं। आम जनता हम और आप भी हैं, लेकिन हमारी और आपकी समस्या और लगभग तीन लाख किसानों की, जिन्होंने आत्महत्या की, उनकी एक ही नहीं है। उसी तरह से इस देश के जो आदिवासी हैं, जो तरह-तरह से मारे जा रहे हैं, बहानेबाजी के माध्यम से भी, उनकी भी समस्या अलग है। बहानेबाजी के माध्यम का मतलब यह है कि इस देश में जहाँ भी खानें, खनिज पदार्थ हैं और हो सकते हैं वह सब है जंगल और पहाड़ में। और वहीं आदिवासी रहते हैं। इसलिए खानों-खदानों को खोदने, लूटने का जो अभियान है, भूमण्डलीकरण और नवउदारवाद के नाम पर, उसमें वे बाधक न बनें इसलिए उनको नक्सलाइट कहकर भी मारा जा सकता है और मारा जा रहा है। उनमें बहुत से वे भी मर रहे हैं जो न तो नक्सलवाद

का सिद्धान्त समझते हैं और न ही व्यवहार समझते हैं। लेकिन वे उसी क्षेत्र में हैं तो सरकार को सुविधा है मारने की। अगर आपने ध्यान दिया हो तो हाल के वर्षों में एक साथ तीन तरह की सूचनाएँ आयी हैं। जिन क्षेत्रों के बारे में यह कहा जाता रहा है कि ये नक्सलाइट एरिया है जहाँ साधारण पुलिस से लेकर भारतीय सेना के लोग लगे हुए हैं, एक कोड वर्ड 'ऑपरेशन ग्रीन हंट' बनाकर यह सब चल रहा है। मैंने संसार में ऐसा क्रूर शासक वर्ग नहीं देखा जो अपनी ही जनता के खिलाफ 'हंट' शब्द का प्रयोग करें। 'हंटिंग' का प्रयोग तो जानवरों के शिकार के लिए किया जाता है न। (दुनिया भर के युद्धों का नियम यह है कि उसका एक सिम्बॉलिक नाम दिया जाता है। अफगान युद्ध का पहले नाम रखा गया 'इनफिनीट जस्टिस।' जैसे उसने ईराक के लिए किया 'लिबरेशन ईराक'। अधिकारियों की सलाह पर कि सारे संसार में इनफिनीट जस्टिस तो केवल ईश्वर दे सकता है और सारे मुसलमान इस बात से नाराज होंगे कि जार्ज बुश अपने आपे को 'अल्लाह' समझते हैं। इसलिए नाम बदल दिया गया 'इनड्युरिंग फ्रीडम'।) मैं यहाँ कहना यह चाहता हूँ कि—उससे भी भयानक नाम है यह 'ऑपरेशन ग्रीन हंट।' और वह चल रहा है। जनता कोई अमूर्त चीज नहीं है और उसके पच्चीसों पक्ष हैं और उसमें पच्चीसों स्तर हैं। जो सबसे सताये हुए हैं उससे लेकर जो सुखी-प्रसन्न हैं, गद्गद् हैं, सत्ता से मिले कुछ टुकड़ों को पाकर अपने को धन्य समझते हैं, वे सभी हैं।

इतिहास-बोध का तीसरा मतलब यह है कि—इन सारे फर्कों का, जो समाज की संरचना के फर्क हैं, संरचनाओं के स्तर हैं, उसको कवि कितना समझता है, कितना नहीं समझता है। कौन कवि समझता है। इतिहास-बोध के अभी तक मैंने तीन अर्थ बताये, और दस-पाँच बता सकता हूँ लेकिन उसकी जरूरत नहीं है, इन तीन से अनेक निकल आएँगे। जैसा कि मैंने कहा ही कि किसानों से जुड़ी समस्या, दलितों से जुड़ी समस्या, आदिवासियों से जुड़ी समस्या का आज अगर विश्लेषण करेंगे तो इतिहास-बोध का मतलब समझ पाएँगे। लेकिन न्यूनतम है चार पर ध्यान देना—किसान, मजदूर, आदिवासी और दलित। और साथ में जोड़ लीजिए स्त्रियाँ। इस देश को बलात्कारियों का देश कहना चाहिए। राम-कृष्ण के गीत गाने वाले देश में रोज अखबार में बलात्कार की चार खबरें तो रहती ही हैं। इन सब चीजों की वास्तविकता का बोध इतिहास-बोध है या उसी को समाज का यथार्थ-बोध कहिए। इतिहास कहने का केवल इतना ही मतलब नहीं है कि उसकी गतिकता को समझें, उसकी गति को समझें। यथार्थ ही जिस दिशा या प्रक्रिया से चलता है, उसको इतिहास कहा जाता है। दूसरा यह कि समाज में ऐसी प्रवृत्तियों, प्रक्रियाओं, वास्तविकताओं, जो समाज-विरोधी हैं, उनका प्रतिरोध है। यहाँ 'समाज-विरोधी' एक सामान्य पद का इस्तेमाल कर रहा हूँ। क्योंकि समाज-विरोधी का एक मतलब है,

किसानों के लिए दूसरा आदिवासियों के लिए तो तीसरा मजदूरों के लिए तो चौथा बुनकरों के लिए तो पाँचवाँ दलितों के लिए। समाज-विरोधी के ये सारे मतलब हैं। उसका अपने किसी एक प्रसंग या पाँच प्रसंग में कवि अपनी कविता में समझने और उसका सामना करने और उसका विरोध करने की चेतना अगर पैदा कर रहा है कविता में तो यही है प्रतिरोध।

प्रेमशंकर पाण्डेय : समकालीन कविता को पहचान देने वाली कौन-सी प्रवृत्तियाँ हो सकती हैं? या यों कहें कि वे कौन-से कारक हैं जो आज की कविता का चेहरा तय करते हैं?

मैनेजर पाण्डेय : नागार्जुन की एक कविता है—'हरिजनगाथा', उस कविता की शुरुआत में तेरह हरिजनों को जिन्दा जला देने का विवरण है—'बेलछी हत्याकांड'। कैसे सारी तैयारी करके जलाया गया। उस कविता का एक सम्बन्ध इतिहास से है और भारतीय इतिहास में दलितों की पाँच हजार वर्षों से यातना का सन्दर्भ है। और वह पहली बार भी नहीं हुआ या आखिरी बार भी नहीं हुआ है—बेलछी कांड रोज हो रहा है। अखबारों में अब भी देखा जा सकता है। एक सवर्ण जाति के गुण्डे ने एक दलित के दोनों हाथ केवल इसलिए काट लिए कि तीन सौ या पाँच सौ रुपये देने में वह देर कर रहा था। भारतीय समाज की व्यवस्था, वर्ण व्यवस्था में बँटी हुई समाज-व्यवस्था है, उसके एक ऐतिहासिक क्षण पर हुई एक ऐतिहासिक घटना है वह। उसका सम्बन्ध इतिहास बोध से तो एक यही हुआ। उसको पीछे से भी जोड़ना होगा कि न तो यह पहली बार हुआ है और न आखिरी बार हुआ है। अपमान करना, गाली देना, मारपीट करना और हत्या करना, वह भी जिन्दा जलाना यह तो चरम कार्यवाही है। उसके बाद तो कुछ कर नहीं सकते उनका जिनको जिन्दा जला दिया। यह उसी इतिहास-प्रक्रिया का हिस्सा है। नागार्जुन की उस कविता में आगे एक बच्चा पैदा होता है और उसमें एक साधु आता है—गरीबदास। वह स्वयं कवि ही है, नागार्जुन स्वयं गरीबदास के रूप में हैं। वह केवल यही नहीं कि बच्चे के बारे में भविष्यवाणी करते हैं, बल्कि ऐसी भविष्यवाणी करते हैं कि आगे यह विप्लवी होगा। उसके हाथ में हथियारों के निशान हैं। गरीबदास ने कहा कि दलित माँओं के सब बच्चे बागी होंगे, अग्निपुत्र होंगे आदि-आदि। ये दलितों में जो जागरण, विद्रोह, संघर्ष का भाव है, वह भारतीय समाज के इतिहास की जो दूसरी परिणति है, उसकी अभिव्यक्ति है और तीसरी वही सम्भावना है कि इसका एक दल होगा, यह नेता होगा, वगैरह-वगैरह। यह सम्भावना है, होगा या नहीं होगा यह न तो कवि जानता है और न संसार का कोई और।

नये सन्दर्भ में, आदिवासियों की यातना, उसकी दुर्गति आदि पर हिन्दी में बहुत ही कम सार्थक कविताएँ लिखी गयी हैं। उसमें से एक कवि हैं—चन्द्रकान्त देवताले।

उनकी एक कविता है 'यह काँटी गाँव है।' उसमें आदिवासियों की यातना और जो समकालीन भारतीय सत्ता समाज है, उसका ढंग-रंग और व्यवहार दोनों का 'कन्ट्रास्ट' दिखलाया गया है। राजेश जोशी ने एक कविता लिखी है कि 'यह आत्महत्या कहाँ जोड़ूँ।' यह किसानों की आत्महत्या पर कविता है। ये कविताएँ हैं इतिहास-बोध से युक्त। और इन कविताओं में केवल इतिहास-बोध नहीं है बल्कि प्रतिरोध भी है। नागार्जुन की कविता में प्रतिरोध का एक संकेत मैं बता चुका हूँ कि जो बच्चे के प्रसंग में जितनी भविष्यवाणी है वह सभी प्रतिरोध की चेतना पैदा करने वाली है। आदिवासी वाली कविता में प्रतिरोध पैदा होता है—यथार्थ-बोध से। जिस व्यक्ति को यह पता ही नहीं कि क्या हो रहा है वह क्या प्रतिरोध करेगा? प्रतिरोध का मतलब केवल कविता में प्रतिरोध नहीं है, बल्कि कविता में उसको इस रूप में उपस्थित करना जो पाठकों में प्रतिरोध की चेतना पैदा करे। इसलिए प्रतिरोध के दो पक्ष हुए—एक तो कविता में प्रतिरोध की अभिव्यक्ति और दूसरा ऐसी अभिव्यक्ति जो पाठकों में प्रतिरोध की चेतना दे। दोनों ही बातें हैं।

प्रेमशंकर पाण्डेय : समाकालीन कविता में विचारधाराओं की भूमिका को आप किस रूप में देखते हैं?

मैनेजर पाण्डेय : विचारधारा का मतलब विचारों की धारा नहीं है। हिन्दी में इस पर बहुत कुछ लिखा गया है। पहले समझने की जरूरत है कि विचारधारा है क्या? टेरी ईग्लटन ने अपनी किताब में विचारधारा के इक्कीस अर्थ दिये हैं। विचारधारा का मतलब केवल मार्क्सवाद नहीं होता। एक कवि हैं नागार्जुन। मान लिया जाये कि विचारधारा का मतलब उनके यहाँ मार्क्सवाद है तो दूसरे कवि हैं अज्ञेय और उनकी भी कोई विचारधारा है कि नहीं ? जो कम से कम बिना विवाद के कहा जा सकता है कि—मार्क्सवाद तो नहीं है। और पीछे जाया जा सकता है। कबीर की कोई विचारधारा है कि नहीं? अगर कबीर की कोई विचारधारा है तो तब तो मार्क्सवाद आया भी नहीं था। उसमें कहाँ से खोजा जाएगा?

विचारधारा का सामान्य, साधारण अर्थ है—सामाजिक चेतना और ऐतिहासिक चेतना। यही है विचारधारा। यह अलग-अलग तरह की होती है इसलिए विचारधारा के भी अलग-अलग रूप होते हैं। इसलिए विचारधारा प्रगतिशील भी होती है और प्रतिक्रियावादी भी होती है। इसलिए अगर कबीर के यहाँ विचारधारा है तो क्या आप समझते हैं कि तुलसीदास के यहाँ कोई विचारधारा नहीं है? जितनी कबीरदास के यहाँ है उतनी ही या उससे ज्यादा तुलसीदास के यहाँ है। कबीर की विचारधारा का रूप, अर्थ और अभिप्राय तीनों तुलसीदास की विचारधारा के रूप, अर्थ और अभिप्राय से एकदम भिन्न हैं। इसलिए इस बात को कविता या पूरे साहित्य या कला मात्र से विचारधारा के सम्बन्ध को समझने की बुनियाद यह है कि पहले विचारधारा के अर्थ की व्यापकता और सटीकता को समझा

जाये। विडम्बना यह है कि अपनी विचारधारा को छिपाने के लिए सारे मार्क्सवादी विरोधी लोगों ने यह दुष्प्रचार कर रखा है कि—मार्क्सवाद ही विचारधारा है, बिना यह जाने कि मार्क्स ने भी विचारधारा शब्द का प्रयोग दो अर्थों में किया था। पहला अर्थ है—छद्म चेतना। उनकी किताब—'जर्मन आइडियॉलॉजी'। जब वे जर्मन विचारधारा का विश्लेषण कर रहे थे तो सारी धार्मिक विचारधारा और धार्मिक विचारधारा से जुड़ी हुई दार्शनिक विचारधारा को विचारधारा कहा। जो है उसको ठीक-ठीक पहचान ने के बदले उल्टी पहचान होती है जिस विचारधारा में उसी को मार्क्स ने छद्म चेतना कहा। उदाहरण के तौर पर किसी ईश्वर ने मनुष्य को बनाया है या नहीं बनाया है इस पर पिछले पाँच हजार वर्षों से बहस दुनिया में हो रही है। पर मेरे लिए इस पर कोई बहस नहीं है कि ईश्वर को मनुष्य ने बनाया है क्यों? क्योंकि हिन्दुओं का ईश्वर अलग है, इस्लाम का ईश्वर अलग है, बौद्धों का, यहूदियों का, ईसाइयों का, सबका ईश्वर अलग है, तो उन सब लोगों ने अपने-अपने ईश्वर बना रखे हैं। एक सीधी घटना का और उदाहरण देता हूँ। ये बात मुझे सारनाथ और कुशीनगर जाकर समझ में अधिक आयी। यह धारणा और समझ तो पहले से मेरे भीतर है। सारनाथ और कुशीनगर दोनों जगह चीन के, बर्मा के, थाइलैंड के, जापान के बौद्ध मन्दिर हैं। उनके भीतर जाकर ध्यान से देखने पर पता चलेगा कि उन्होंने जो गौतम बुद्ध की मूर्तियाँ लगा रखी हैं वह उस देश के आदमी से मिलती-जुलती हैं। अब उनको तो मालूम ही है कि बुद्ध पैदा हिन्दुस्तान में हुए थे, तो वे होंगे भी हिन्दुस्तानी की तरह। बाकी सारी चीजें कल्पना से जोड़ी जा सकती है जैसे प्रभामण्डल आदि और कुछ लोगों के लिए महापुरुष हैं और कुछ लोगों के लिए ईश्वर ही हैं पर हैं तो भारत के। पर थाइलैण्ड की जो गौतम बुद्ध की मूर्ति है वह ऐसी दिखाई देती है जैसे कोई थाई आदमी हो। क्यों? तो मनुष्य ने ईश्वर को बनाया है। और दूसरी इसी से जुड़ी हुई थोड़ी एक कदम आगे की बात है कि अपनी ही मूर्ति को कल्पना में और ज्यादा विकसित करके उसने बनायी है। इसलिए आपके, हमारे जो राम-कृष्ण हैं, वह भी किसी भी साधारण आदमी की तरह हाथ-पैर वाले हैं। भारत का जो साहित्य है—बाल्मीकि के रामायण से लेकर तुलसीदास तक उसमें केवल दो ही हाथ हैं। वैसे ही हैं जैसे कोई भी आदमी होता है। कोई साँवला, कोई गोरा। जो सारे भारतीय मनुष्य के होंगे, वैसे ही होंगे। तो मैं यह कह रहा था कि जो मार्क्सवाद विरोधी हैं उन्होंने यह दुष्प्रचार कर रखा है कि विचारधारा का मतलब मार्क्सवाद है। मार्क्सवाद भी है, लेकिन केवल-मार्क्सवाद नहीं है। इस प्रचार के तीन कारण हैं। पहला कारण है कि मार्क्सवाद को बदनाम करना। वर्षों के साहित्य-कला के सन्दर्भ में लिखा गया है कि कला को विचारधारा नष्ट करती है, मदद नहीं करती है। बिना विचारधारा के कोई आदमी कवि, लेखक, चित्रकार नहीं हो सकता। संसार के जितने चित्र हैं या कविता हैं या उपन्यास हैं या नाटक हैं, वो कुछ कहने के लिए ही न बनाये जाते हैं। जो कहना है उसी का रूप निर्धारित करती है—विचारधारा। उसी में मदद पहुँचाती है। इसलिए

मैं यह भी मानता हूँ कि विचारधारा, कोई भी विचारधारा, दुनिया को देखने की आँख है, दृष्टि है। दोष कविता, कला में यह नहीं होता कि विचाारधारा की आँख या दृष्टि उसमें मिलती है, दोष उसमें होता है जो कुछ साधारण, खराब किस्म के लेखक-कवि होते हैं, वे संसार जगत्, यथार्थ, सच्चाई को विचारधारा से देखने के बदले विचारधारा को ही कविता में उतारने लगते हैं। अगर राम की विचारधारा वाले करेंगे तो कविता खराब होगी, मार्क्सवादी करेंगे तो भी कविता खराब होगी। इसलिए इस जटिलता को समझना है।

इतिहास-बोध बिना वैचारिक दृष्टि के सम्भव ही नहीं है। यही नहीं, उस इतिहास-बोध को अगर आगे ले जाने वाला होना है तो वैसी ही दृष्टि होगी और अगर पीछे ले जाने वाला होगा तो वैसी दृष्टि होगी। लेकिन वह विचारधारा ही होगी। विचारधारा बहुत बारीकी से काम करती है। यह अलग खोजबीन, जाँच-परख की चीज है कविता में। आखिरी बात यह है कि यह सब पश्चिम में लम्बी बहसों के परिणाम हैं। अर्नेस्ट फिशर जो पहले मार्क्सवादी थे, बाद में नहीं रहे, उन्होंने शुरू में जब वे मार्क्सवादी थे, 'नेसेसिटी ऑफ आर्ट' नाम की किताब लिखी। जब मार्क्सवाद विरोधी हो गये तो उन्होंने एक किताब लिखी 'आर्ट अगेंस्ट आइडियोलॉजी'। एक सिद्धान्त बनाया गया है बड़े पैमाने पर, कि कला सचमुच अगर है तो वह विचारधारा विरोधी होगी। तो यह निष्कर्ष निकालना आसान है कि मार्क्सवाद विचारधारा है इसलिए मार्क्सवाद और कला का कोई सम्बन्ध नहीं है। तो फिर ब्रेष्ट, नेरुदा, नाजिम हिकमत कहाँ से आएँगे और मुक्तिबोध, नागार्जुन कहाँ से आएँगे? वे तो कहते हैं कि मैं मार्क्सवाद से जुड़ा हुआ हूँ। अब उनके कहने को मानें या विजयदेव नारायण साही के कहने को मानें। साही एक ही काम कर सकते थे जो उन्होंने किया है। जायसी पर उनकी किताब की मूल थीसिस ही यही है कि—विचारधारा कविता विरोधी होती है, इसलिए उन्होंने साबित किया है कि जायसी केवल कवि थे, सूफी नहीं थे। अब आपको पता होगा कि जायसी ने पद्मावत के अलावा दो और किताबें लिखी हैं—अखरावट और आखिरी कलाम। इन दोनों ही किताबों का सीधा सम्बन्ध सूफी-दर्शन से है। उन्होंने फिर ये क्यों नहीं स्पष्ट किया कि जायसी ने इन्हें क्यों लिखा जब वे सूफी थे ही नहीं? मान लीजिए पद्मावत में से आप इस तरह के उद्धरण और बाकी कुछ देकर इसको साबित कर दीजिए कि वे केवल कवि थे। यही बात वह तुलसीदास के बारे में कह सकते थे क्या कि तुलसीदास भक्त नहीं थे? इसलिए मैं कहूँगा कि जब कविता और विचारधारा के सम्बन्ध पर सोचें तो पहले विचारधारा को ठीक से समझ लें। बहुत सारे सिद्धान्त हैं, विशेषकर समाजशास्त्र में। एक अमेरिकी समाजशास्त्री था—डेनियल बेल। उसने एक पूरी किताब लिखी 'एण्ड ऑफ आइडियोलॉजी'। यह जो ज्ञान की दुनिया है उसमें बहुत सारे युद्ध चलते रहते हैं। विचारों का युद्ध व्यवहार में होने वाले युद्धों से कम

खतरनाक और भयानक नहीं है। यह उसी का विस्तार है। एक सज्जन फूकोयामा ने कहा कि 'इतिहास का अन्त' हो गया है। तो क्या जिस दिन उन्होंने कहा था उस दिन इतिहास का अन्त हो गया था? वे स्वयं इतिहास में जी या मर रहे हैं या इतिहास पर कब्जा किये हुए हैं। केवल यही होता है कि कुछ लोग इतिहास पर कब्जा किये रहते हैं और कुछ लोग इतिहास के शिकार होते रहते हैं। हैं दोनों इतिहास में ही।

प्रेमशंकर पाण्डेय : समकालीन कविता पर कई बार एकरूपता का आरोप लगा है। आपकी नजर में ऐसा है क्या?

मैनेजर पाण्डेय : ध्यान रखिए कि ऐसे जो आरोप लगते हैं वे लगभग अफवाह की तरह होते हैं। इसलिए उनके खण्डन करने वाले पन्द्रहों कवि मौजूद हैं। ये झूठी बात है। दसों कवि अच्छे और महत्त्वपूर्ण हैं। समकालीन समय के जिन कवियों को साहित्य अकादमी पुरस्कार मिला है वे कुछ तो महत्त्वपूर्ण होंगे, कम या ज्यादा। उसमें मंगलेश डबराल हैं, उसमें राजेश जोशी हैं, उसमें अरुण कमल हैं। वीरेन डंगवाल हैं। महिलाओं में चार-पाँच कवयित्री हैं। कात्यायनी हैं और दूसरी हैं। देवताले का नाम है। वे बड़े कवि हैं। तो क्या इन सभी कवियों में एकरूपता है? एक की कविता दूसरे से नहीं मिलती। सचमुच के समकालीन कविता के जो अच्छे कवि हैं उनके यहाँ हर कवि का, अपना विशिष्ट कविता का रूप, स्वभाव, प्रयोजन, रचाव सब हैं। एक से भिन्न दूसरे का। इसलिए यह झूठी बात है कि एकरूपता मिलती है। जो खराब कवि हैं जैसे कि हिन्दी में बहुत हैं और संसार की हर भाषा में एक समय में पाँच अच्छे और पचासों बुरे कवि हर समय रहते हैं। कल्पना कीजिए कि जब छायावाद हिन्दी में जोर-शोर से आया तो क्या कुल जमा केवल चार ही कवि थे क्या? चालीस कवि होंगे। लेकिन चार ही मुख्य रहे—प्रसाद, पन्त, निराला, महादेवी। इनको देखकर कविता सम्बन्धी राय बनायी जाएगी—छायावाद की। न कि रामकुमार वर्मा के आधार पर। इसलिए जो समकालीन कविता के अच्छे कवि हैं उनके यहाँ एकरूपता है और उनकी विशिष्ट पहचान नहीं है, यह झूठी है, गलत और मूर्खतापूर्ण है। गाँवों में एक कहावत है—गरीब की मेहरारू, गाँव भर की भौजाई। ये हिन्दी कविता गाँव भर की भौजाई है। जिसको जो मन में आये उसके बारे में कहे। कवि स्वयं आकर तो नहीं बताएगा, बल्कि आपको पढ़कर देखना और तय करना होगा कि उनमें भिन्नता, विशिष्टता, मौलिकता, नवीनता है कि नहीं। खराब कवियों के बारे में ये सारी बातें सही हो सकती हैं। साथ ही किसी अच्छे कवि ने कविता को बाजार का ब्राण्ड नहीं बना रखा है। हिन्दी के ऐसे सारे अच्छे कवि बाजार का प्रतिरोध करते हैं, उसकी प्रवृत्तियों का। कविता स्वयं ही उन आरोपों का, मूर्खताओं का खण्डन करती है।

प्रेमशंकर पाण्डेय : समाकालीन कविता में ऐसी कविता जो निर्णायक मोड़ उपस्थित करे, उसका अभाव कई बार विचलित करता है। आप इसके बारे में क्या सोचते हैं?

मैनेजर पाण्डेय : देखिए, इस बीच में कोई निर्णायक मोड़ उपस्थित करने वाली कविताएँ नहीं लिखी गयीं। लोग अपने-अपने ढंग से कोशिश कर रहे हैं। इस समय की सबसे कमजोर और खराब स्थिति समकालीन कविता की यही है कि अच्छी कविताएँ भी लिखी जा रही हैं लेकिन ऐसी कविता नहीं लिखी जा रही है जैसी प्रसाद की 'कामायनी' या निराला की 'राम की शक्तिपूजा' या मुक्तिबोध की 'अँधेरे मे' कविता। ऐसी कविताओं की खोज करने पर निराशा ही हाथ लगेगी। जिन कवियों का हमने नाम लिया उनकी ऐसी एक कविता का नाम नहीं लिया जा सकता, जो हिन्दी कविता की अपने समय की प्रतिनिधि कविता हो या जिसने दिशा बदल दी हो। ऐसी कोई कविता नहीं है। अच्छी कविता लिखी जा रही है। कई बार ये प्रवृत्तियाँ लम्बे काल में विकसित होती हैं। प्रतिनिधि कविताएँ जो युग का प्रतिनिधित्व करें और अलग रास्ता बनाएँ, व रोज-रोज नहीं लिखी जाती हैं। रोज-रोज सचिन तेंडुलकर पैदा नहीं होते। प्रेमचन्द जैसे लोग रोज-रोज पैदा नहीं होते। किसी समाज में, इतिहास में, साहित्य और भाषा में एक-दो प्रेमचन्द पैदा होते हैं, एक-दो तुलसीदास, मुक्तिबोध पैदा होते हैं। मैंने कहा कि इतिहास की वास्तविकताओं, घटनाओं, सच्चाइयों, प्रवृत्तियों को देखिए कि कविताएँ रिप्रेजेंट कर रही हैं कि नहीं। केवल यही किया जा सकता है। मैंने दो कविताओं की चर्चा की, एक देवताले की है—'एक काँटी गाँव।' यह हिन्दी में लिखी गयी आदिवासियों पर एकमात्र कविता दिखाई देती है तो फिर क्या प्रतिनिधि? वे भी बीस-पचास कविता लिखेंगे तो उनमें से कोई एक प्रतिनिधि बन सकती है, अभी तो लिख रहे हैं। राजेश जोशी पर केन्द्रित एक गोष्ठी में मैंने कहा था कि यह क्या हिन्दी कविता की प्रगतिशीलता या जनवाद है कि जिस भारतीय समाज में किसानों की इतनी आत्महत्या, जो उस समय लगभग डेढ़ लाख थी जो अब लगभग तीन लाख पहुँच गयी है, जब से भारतीय समाज है तब से किसानों ने नहीं की और दुनिया के किसी देश के किसानों ने कभी नहीं की है। इतनी बड़ी घटना पर कोई भी कवि एक भी कविता नहीं लिखता। यह समस्या ही उनके लिए एक्जिस्ट नहीं करती। अगल-बगल की पाँच लड़कियाँ उसके लिए कविता का विषय है। इस घटना के चार-पाँच महीने बाद राजेश जोशी की एक कविता जनसत्ता में छपी—किसानों की आत्महत्या पर। मुझे बहुत प्रसन्नता हुई। उन्होंने इसी विषय पर एक और कविता लिखी है। तो अब ऐसे विषय पर लिखी गयी केवल दो कविताओं में से कौन-सी प्रतिनिधि होंगी? कोई ऐसी कविता लिखे कि जिसमें पहले तो किसानों की आत्महत्या के कारणों की पहचान हो, आखिरकार

किसान अकारण तो आत्महत्या नहीं कर रहे हैं। अलग-अलग क्षेत्रों के किसान, अलग-अलग कारणों से कर रहे हैं। तो अब जो भारतीय समाज और इतिहास की भयानक और बड़ी समस्याएँ हैं उस पर कविताएँ कम लिख रहे हैं कवि। उसमें से कौन-सी ऐतिहासिक हो जाएगी? जब तक कोई कवि एक समस्या पर दस-पाँच अच्छी कविता नहीं लिखेगा जो थोड़ी लम्बी भी हो, विस्तार से बात कहती हो, तब तक न प्रतिनिधि होगी और न व्यापक अर्थ वाली। कोई बड़ी कविता नहीं है, लेकिन प्रवृत्तियाँ हैं। छिटपुट, उसके स्पर्श, चमक हैं। लेकिन मैं कहता हूँ कि यह भ्रम है कि हिन्दी कविता में एकरूपता है।

प्रेमशंकर पाण्डेय : क्या इसे कमी मानेंगे आप?

मैनेजर पाण्डेय : कमी तो मानेंगे, लेकिन यह कमी ऐसी नहीं कि जो कि हर कवि हर क्षण पूरा करे। उसमें समय लगता है। उसमें क्षमता लगती है। जब निराला कविता लिख रहे थे तब कई आरोप उनकी कविताओं पर लगे। रबर छन्द और न जाने क्या-क्या कहा गया। व्यंग्य-चित्र पत्रिकाओं में छपे। यह सब हुआ लेकिन पिछले पचहत्तर-अस्सी वर्षों में यह हुआ है कि अब निराला की इस तरह से क्या, सामान्य तरह से भी निन्दा करने की हिम्मत किसी में नहीं है। साहित्य और कविता, मैं हमेशा कहता हूँ–कोई सौ मीटर की रेस नहीं है, यह मैराथन दौड़ का मामला है। लम्बी साँस, ताकत, लगन, परिश्रम सब होता है तो कविता की दुनिया में लोग जगह बनाते हैं। आजकल सारा वातावरण तुरन्तता और तात्कालिकता का है–एक कवि तीन कविताएँ लिखकर स्वयं को मुक्तिबोध समझने लगता है। इसलिए यह ठीक है कि कोई ऐसी कविता इस बीच में, बड़ी कविता, नहीं लिखी जा रही है जिसको इस युग की प्रतिनिधि कविता कहें लेकिन लिखी जाएगी, मैं इसकी उम्मीद करता हूँ। यह जो हम लोग किसानों की हत्या, आदिवासियों की तबाही-बर्बादी की बात कर रहे हैं, वे एक ही प्रक्रिया–ग्लोबलाइजेशन–के विभिन्न हिस्से हैं। तो ऐसी कविता कभी तो लिखी जाएगी। इन सबका समावेश जो कविता करेगी, वही प्रतिनिधि कविता होगी।

परिसंवाद

भारत का शासक वर्ग साम्राज्यवाद का सहयोगी

प्रश्न : 1857 की डेढ़ सौवीं वर्षगाँठ हम क्यों मनाना चाहते हैं?

उत्तर : इस पहले सवाल में जो 'हम' आया है, उसके अन्तर्गत कौन लोग हैं? इस देश में और खास तौर से हिन्दी साहित्य में राजेन्द्र यादव जैसे लोग भी हैं, जो 1857 के महाविद्रोह को प्रतिक्रियावादी विद्रोह मानते हैं और उसकी निन्दा भी करते हैं। राजेन्द्र यादव की तरह की सोचवाले और भी हैं, पर उनका उल्लेख करना व्यर्थ है। विभिन्न संचार माध्यमों से जो खबरें आयीं, उससे जाहिर है कि 1857 की 150वीं जयन्ती अनेक प्रकार के लोग मनाना चाहते हैं। एक ओर भारत का शासक वर्ग, जो देश को साम्राज्यवाद के हाथ में गिरवी रखने में लगा हुआ है, निजीकरण के नाम पर अर्थव्यवस्था का विदेशीकरण हो रहा है और भारतीय समाज तथा संस्कृति का अमेरिकीकरण करने के लिए प्रयत्नशील है, वह भी 1857 की 150वीं जयन्ती मनाना चाहता है! दूसरी ओर भाजपा जैसे दल भी 1857 का समारोह आयोजित करने वाले हैं, जो भारत के साम्राज्यवाद विरोधी संघर्ष में, न तब शामिल थे न अब शामिल हैं। असल में 1857 का विद्रोह स्वदेशी भावना, साम्प्रदायिक एकता, उपनिवेशवाद विरोध और जनजागरण से जुड़ा हुआ था, इसलिए उसको वही याद करने के अधिकारी हैं, जो इन प्रवृत्तियों से अपनत्व महसूस करते हैं और उसके लिए त्याग तथा बलिदान करने के लिए तैयार हैं। जो लोग आज भी यह मानते हैं कि अंग्रेजी राज ने हमें आधुनिक बनाया, वे भला उत्तर आधुनिक बनने की प्रक्रिया में 1857 को क्यों याद करेंगे और याद करेंगे तो यह एक विडम्बना ही होगी।

प्रश्न : भारत के प्रथम राष्ट्रीय स्वाधीनता-आन्दोलन से हम कैसी प्रेरणा हासिल करना चाहेंगे?

उत्तर : भारत के उस प्रथम राष्ट्रीय स्वाधीनता आन्दोलन से एक तो हमें साम्राज्यवाद विरोधी संघर्ष की सीख और चेतना मिलती है, दूसरी सीख यह मिलती है कि आम जनता के जागरण से व्यापक सामाजिक बदलाव सम्भव है। तीसरी बात यह है कि 1857 के महाविद्रोह के दौरान जिस तरह विभिन्न सम्प्रदायों के बीच एकता और सद्भाव का वातावरण निर्मित हुआ था, वह आज अत्यन्त आवश्यक है,

साम्प्रदायिकता सबसे पहले जनता को विभाजित करती है। वह झूठ और लूट के सहारे चलनेवाले शासनतन्त्र और शासक वर्ग को अपने अनुकूल भी लगती है।

प्रश्न : 1857 की डेढ़ सौवीं वर्षगाँठ से सम्बन्धित आयोजन उत्सवधर्मी आयोजन होगा या सामाजिक एकता का उदाहरण?

उत्तर : यह तो आयोजन करने वालों की मानसिकता पर निर्भर होगा। निश्चय ही कुछ लोगों के लिए यह केवल उत्सवधर्मी ही होगा, खास तौर से आज के भारतीय शासक वर्ग के लिए, क्योंकि 1857 का आन्दोलन जिस साम्राज्यवाद विरोधी चेतना का प्रेरक और प्रतीक है, वह साम्राज्यविरोधी चेतना शासकवर्ग के मन में अपराध बोध पैदा करेगी। आज के भारत का शासक वर्ग साम्राज्यवाद का सहयोगी है, उसका विरोधी नहीं।

प्रश्न : 1857 की लड़ाई जिन उद्देश्यों को लेकर लड़ी गयी थी, क्या वे पूरे हो चुके हैं?

उत्तर : 1857 की लड़ाई मुख्य रूप से ब्रिटिश साम्राज्यवाद से मुक्ति की लड़ाई थी, जबकि बाद का इतिहास और खास तौर से 20वीं सदी के आखिरी दशक से 21वीं सदी के पहले दशक का इतिहास साम्राज्यवाद से तरह-तरह के समझौतों का इतिहास है। इस देश के शासक साम्राज्यवाद विरोधी संघर्ष को भूलने में ही अपना हित समझते हैं। वे यह नहीं चाहते कि इस देश की जनता साम्राज्यवाद विरोधी संघर्षों को याद करे। 1857 के महाविद्रोह का उद्देश्य वास्तविकता में तो क्या अब स्मृति में भी कम ही है। ऐसे में उनके पूरा होने का सवाल ही कहाँ उठता है!

प्रश्न : 1857 की स्मृति का क्या भारत के भविष्य से कोई सम्बन्ध है?

उत्तर : 1857 की स्मृति पहले भी लोकजीवन में जितनी रही है, उतनी अभिजात वर्गों के जीवन में नहीं रही है। 1857 के महाविद्रोह की स्मृतियाँ लोकगीतों में, लोक काव्यों में और लोक कथाओं में पहले भी व्यक्त होती रही हैं और आज भी हैं। जिसको साहित्य और समाज की तथाकथित मुख्यधारा कहा जाता है, उसने 1857 को भूलने-भुलाने का काम ही अधिक किया है।

1857 की स्मृति का भारत के भविष्य से गहरा सम्बन्ध है। अगर भारत को एक स्वतन्त्र और सच्चे अर्थों में स्वाधीन समाज और देश और राष्ट्र बने रहना है तो 1857 की उपनिवेशवाद विरोधी चेतना को जीवित और जाग्रत रखना जरूरी होगा। इस देश के भविष्य को नवउपनिवेशवाद के आक्रमण से बचाने के लिए 1857 के महाविद्रोह को याद करना जरूरी है। आज के समय के नवउपनिवेशवाद के कारण हमारी राजनीतिक, आर्थिक स्वतन्त्रता ही नहीं, सांस्कृतिक और भाषिक स्वाधीनता भी खतरे में है। ऐसे में जिन्हें सांस्कृतिक स्वाधीनता की चिन्ता है, उन्हें 1857 के संघर्ष की चिन्ता भी होनी चाहिए।

प्रश्न : क्या 1857 का स्वधीनता-संग्राम 1947 की राजनीतिक स्वतन्त्रता में पूर्ण और सार्थक हुआ?

उत्तर : नहीं, 1857 का विद्रोह साम्राज्यवाद से पूरी स्वतन्त्रता का विद्रोह था। 1947 में जो आजादी मिली, वह अधूरी आजादी थी। साम्राज्यवाद से समझौते के परिणामस्वरूप मिली आजादी। 1947 के बाद जो शासनतन्त्र कायम हुआ, उसके आधार के रूप में ब्रिटिश राज के शासनतन्त्र की मानसिकता बनी रही, कानून भी बने रहे, आम जनता के शोषण और दमन के तौर-तरीके भी जारी रहे। वह आजादी नहीं आयी जो 1857 के शहीद चाहते थे या भगत सिंह चाहते थे। कुल मिलाकर यह हुआ कि प्रेमचन्द के शब्दों में 'जॉन' की जगह 'गोविन्द' गद्दी पर बैठ गया।

प्रश्न : भगतसिंह की जन्मशती किन रूपों में मनायी जानी चाहिए? क्या उनके विचारों से नये भारत के निर्माण का कोई सम्बन्ध है?

उत्तर : भगतसिंह ने भारत का जो सपना देखा था, जिस इंकलाब की वे बात करते थे, वे बातें आज भी इस देश के शासकों के लिए नहीं हैं। लेकिन आम जनता के लिए वे बातें प्रासंगिक हैं और जरूरी भी। भगतसिंह की जन्मशती मनाने का मेरे अनुसार सबसे अच्छा तरीका यही होगा कि आम जनता तक भगत सिंह के सिद्धान्त, उनकी मान्यताओं और देश के भविष्य के बारे में उनकी आकांक्षाओं को पहुँचाया जाये। जनता को अपने हित के लिए, शोषण और दमन से मुक्ति के लिए लड़ने के उद्देश्य से तैयार किया जाये। इसके लिए तरीके चाहे जो अपनाये जायें, अगर उद्देश्य सामने हो तो जनजागरण पैदा होगा। भगत सिंह की मूर्तिपूजा के बदले उनके विचारों का सम्मान ज्यादा जरूरी और महत्त्वपूर्ण है।

प्रश्न : आजादी के साठ वर्ष में हमने क्या पाया और क्या खोया है? क्या भारत में औपनिवेशिक शासन के बाद औपनिवेशिक संरचना समाप्त हो गयी?

उत्तर : आजादी के साठ वर्षों में इस देश के शासक वर्ग ने बहुत कुछ पाया है। 2005 की एक रिपोर्ट के अनुसार इस देश के 83 हजार लोग करोड़पति बन गये हैं, जबकि 1991 से 2005 के बीच 50 हजार से अधिक किसानों ने आत्महत्याएँ की हैं, इससे जाहिर है कि किसने क्या पाया? हमने तरह-तरह की क्षुद्रताएँ पायी हैं और हर तरह की उदात्तता, मानवीयता और सामाजिकता खो दी है।

हमारे देश का हर आदमी सार्थक होने के बदले सफल होने में लगा हुआ है। सार्थकता हमेशा सामाजिक होती है और सफलता व्यक्तिगत। इस बीच देश की जनता ने अपनी जमीन पर से अपना अधिकार खो दिया है। आदिवासियों ने अपने जंगल खो दिये हैं, नदियाँ खो दी हैं। कुल मिलाकर प्रकृति से लेकर संस्कृति तक सब कुछ व्यक्तिगत हो गया है। बहुत कम चीजें सामाजिक बनी हुई हैं या बची हुई हैं, लेकिन वे भी कब तक सामाजिक रहेंगी कहना मुश्किल है।

प्रश्न : ब्रिटिश काल के कई नियम-कानून आज भी क्यों कायम हैं?

उत्तर : ब्रिटिश काल के वे सब नियम और कानून अब भी कायम हैं, जो इस देश के शासक वर्ग को शोषण और दमन की सुविधा देते हैं।

प्रश्न : आजादी के साठ वर्ष को आप कैसे देखते हैं? भारतीय जन-जीवन की सामान्य आवश्यकताओं की पूर्ति अब तक क्यों नहीं हुई?

उत्तर : वैसे तो यह सवाल शासकों से पूछा जाना चाहिए, फिर भी मुझे लगता है कि जब तक इस देश में या किसी भी देश में लूट और झूठ की व्यवस्था के रूप में पूँजीवाद कायम रहेगा, तब तक न जनता की आवश्यकताएँ पूरी होंगी, न आकांक्षाएँ। अब तो भारत में पूँजीवाद अपने पूरे आतंककारी रूप से मौजूद है और वह किसानों-मजदूरों तथा आदिवासियों की तबाही और बर्बादी से लाभ कमाने में लगा हुआ है।

प्रश्न : स्वतन्त्र भारत में राष्ट्रीय स्वाधीनता-आन्दोलन के नायकों-महानायकों को क्यों विस्मृत किया गया? क्या आज के भारत में कोई प्रेरक राजनीतिक-सांस्कृतिक व्यक्तित्व है?

उत्तर : आज के हमारे शासकों ने स्वाधीनता आन्दोलन के नायकों और महानायकों को इसलिए याद करना गैरजरूरी बना दिया है, क्योंकि उनकी याद असुविधाजनक है, और आईना दिखानेवाली भी। आज के समय में मुझे दो-चार लोग ही ऐसे दिखते हैं, जिन्हें प्रेरणादायक व्यक्तित्व कहा जा सकता है और वे वही हैं, जो जनता के दुःख-दर्द की आवाज सुनते हैं और आम जनता के साथ उसके संघर्षों में खड़े होने की कोशिश करते हैं। मुझे आज के समय में एक प्रेरणादायक व्यक्तित्व वीपी सिंह का लगता है और दूसरा मेधा पाटकर का। इससे अलग कुछ ऐसे भी हैं, जो देश के विभिन्न हिस्सों में आम जनता के बीच उनके सुख-दुःख और संघर्षों में शामिल होकर उसको साहस, शक्ति और समझ प्रदान करते हैं। मुझे उन्हीं लोगों से कुछ उम्मीद है। ऐसे अनेक लोग हैं, उनका नाम लेना मुझे जरूरी नहीं लगता।

प्रश्न : क्या आप भारत की वर्तमान स्थिति से सन्तुष्ट हैं? अगर नहीं, तो इसे बदलने के लिए आपके क्या सुझाव हैं?

उत्तर : मेरे अब तक के उत्तरों से यह जाहिर है कि मैं भारत की वर्तमान स्थिति से सन्तुष्ट नहीं हूँ। बदलाव की जरूरत महसूस करता हूँ, पर बदलाव के उपाय के रूप में मैं जनता के जागरण, संगठन और संघर्ष को जरूरी समझता हूँ। लेकिन एक ऐसे समय में जब लोग दुविधा की भाषा बोलने में ज्यादा दिलचस्पी रखते हों, तब संघर्ष की आकांक्षा निष्फल होती प्रतीत होती है।

प्रश्न : इक्कीसवीं सदी का भारत 1857, 1907 और 1947 से प्रेरणा लेकर आगे बढ़ेगा या इससे मुक्त होकर विकास करेगा?

उत्तर : अभी तो यही सच है कि आज का भारत और खास तौर पर आज के भारत का शासक वर्ग 1857, 1907 और 1947 को पूरी तरह भूलकर आगे बढ़ रहा है और इसी को देश का भविष्य समझ रहा है। इसे बदलने के लिए जिस व्यापक जागरण जैसी व्यापक तैयारी और जैसे शक्तिशाली संगठन की जरूरत है, वह सब दिखाई नहीं पड़ता। इसलिए मुझे नहीं लग रहा है कि हाल के दिनों में भारतीय इतिहास की इन तीन महत्त्वपूर्ण तिथियों से प्रेरणा लेकर आगे बढ़ने की कोई तैयारी है। हाँ, यह सम्भव है कि जैसे दुनिया के अनेक देश विशेष रूप से लातिनी अमेरिका के देश अपनी वर्तमान दुर्दशा से सीखकर साम्राज्यवाद विरोधी चेतना के साथ आगे बढ़ रहे हैं, वैसी समझ और स्थिति आगे के 10-20 वर्षों में भारत में भी आयेगी। लेकिन यह कब होगा और होगा भी कि नहीं होगा, यह कहना मुश्किल है।

प्रस्तुति : राहुल सिंह

गाँधी का भारतीय भक्ति काव्य से सहज सम्बन्ध है

प्रश्न : भारतीय परिदृश्य में गाँधी की उपस्थिति आकस्मिक है या किसी भारतीय प्रवाह का विस्तार? वह प्रवाह कौन-सा है?

उत्तर : भारतीय परिदृश्य में गाँधी की उपस्थिति आकस्मिक नहीं है। गाँधी के सोच-विचार, उनकी चेतना और नैतिक दृष्टि का भारतीय समाज और संस्कृति की परम्परा से गहरा सम्बन्ध है। मुझे लगता है कि गाँधी की सामाजिक-राजनीतिक और नैतिक चेतना के निर्माण में भक्ति आन्दोलन के कवियों की महत्त्वपूर्ण भूमिका रही है। सत्याग्रह, रामराज्य, चरखा और परायी पीर को आत्मसात् करने की प्रवृत्ति गाँधी के राजनीतिक और नैतिक दृष्टिकोणों की बुनियादी विशेषताएँ हैं। अगर आप इन सबके मूल स्रोतों की खोज करें तो भारतीय भक्ति काव्य से गाँधी का सम्बन्ध सहज रूप से सामने आयेगा। गाँधी को सत्याग्रह की प्रेरणा मीराबाई से मिली थी। वे मीराबाई को प्रथम सत्याग्रही मानते थे। रामराज्य की कल्पना उन्हें तुलसीदास से प्राप्त हुई थी। गाँधी का चरखा कबीर का चरखा है, जो उपयोगी तो है ही, पवित्र भी है। परायी पीर को आत्मसात् करने की प्रवृत्ति उनमें नरसी मेहता के काव्य से मिली थी। इन सब बातों के प्रमाण गाँधी वाङ्मय में मौजूद हैं। यह सब केवल मेरा अनुमान नहीं है। गाँधी अपनी वेश-भूषा से लेकर आचरण तक में एक ठेठ भारतीय किसान का प्रतिनिधित्व करते हैं, जो गरीब तो है पर समझदार भी है और दृढ़निश्चयी भी। गाँधी का भारतीय दर्शन से गहरा लगाव था। उन्होंने गीता की सहज लेकिन मार्मिक व्याख्या भी की है।

दूसरे स्तर पर गाँधी स्वाधीनता आन्दोलन की उस व्यापक प्रक्रिया की देन हैं, जिसकी शुरुआत 1857 से होती है। 1857 के सशस्त्र संघर्ष में भारत की पराजय से उन्होंने बहुत कुछ सीखा था, इसीलिए उन्होंने हिंसा के बदले अहिंसा का रास्ता अपनाया और स्वाधीनता आन्दोलन को सफलता की मंजिल तक पहुँचाया। गाँधी जिस स्वदेशी की भावना और विदेशी वस्तुओं के बहिष्कार पर जोर देते थे, वह भी उनका आविष्कार नहीं था बल्कि उन्नीसवीं सदी के आठवें दशक से ही स्वदेशी की भावना जगाने की कोशिश हो रही थी और 1905 के बंगभंग के बाद वह व्यापक

आन्दोलन के रूप में सामने आया था। इस तरह गाँधी की उपस्थिति भारतीय चेतना के उस प्रवाह का परिणाम है, जिसकी अनेक धाराओं को गाँधी समझते और आत्मसात् करते दिखाई देते।

प्रश्न : यदि गाँधी साम्राज्यवाद, उपनिवेशवाद, भोगवाद और राज्यवाद का विकल्प दे रहे थे, तो वह विकल्प गाँधी सुदृढ़ क्यों न कर सके?

उत्तर : जंगल में चीख : यह ठीक है कि गाँधी अपने विचारों और व्यवहारों के माध्यम से साम्राज्यवाद, उपनिवेशवाद, भोगवाद और राज्यवाद का विकल्प दे रहे थे, लेकिन वे सभी विकल्प आगे चलकर संकल्प का रूप नहीं ले सके। इसके अनेक कारण हैं। पहली बात तो यह कि आजादी मिलने के समय ही गाँधी की हत्या कर दी गयी, इसलिए स्वतन्त्र भारत के निर्माण के दौरान गाँधी अपने विकल्पों को सुदृढ़ करने के लिए मौजूद नहीं थे। गाँधी की उपस्थिति स्वतन्त्र भारत के समूचे शासक वर्ग के लिए असमंजस, दुविधा और परेशानी पैदा करने वाली थी। अपने जीवन के आखिरी दिनों में गाँधी स्वयं को अत्यन्त उपेक्षित, बेबस और निरुपाय समझ रहे थे इसीलिए उन्होंने कहा था कि 'अब जो कांग्रेस तय करेगी वही होगा, मेरे कहे के मुताबिक कुछ नहीं होगा। अब मेरा हुक्म नहीं चलता, मेरी बात कोई नहीं सुनता। मैं एक साधारण आदमी हूँ। एक समय था जब मेरी आवाज बहुत बुलन्द थी, तब सब मेरी बात मानते थे। आज मेरी पुकार जंगल में चीख की तरह है।' गाँधी के इस कथन से भी साफ जाहिर है कि आजादी के बाद भी अगर गाँधी जीवित रहते तो वे अपने विकल्पों को सुदृढ़ करने की स्थिति में शायद ही होते। 'शायद' इसलिए कह रहा हूँ मैं कि जो शासक स्वतन्त्र भारत की सत्ता पर काबिज होते, वे गाँधी के विकल्पों को सुदृढ़ करने की इच्छा नहीं रखते थे। लेकिन 'शायद' में थोड़ी उम्मीद की सम्भावना इसलिए भी है कि गाँधी में भारतीय जनता को आन्दोलित करने की अपार क्षमता थी, इसलिए यह सम्भव है कि वे स्वतन्त्र भारत के सत्ताधारियों की इच्छा के विरुद्ध जनान्दोलन खड़ा करके अपने विकल्पों को सुदृढ़ करने की कोशिश कर सकते थे। स्वतन्त्र भारत में गाँधी के विकल्पों के सुदृढ़ न होने देने के अपराधी स्वतन्त्र भारत के सत्ताधारी हैं, न कि गाँधी स्वयं।

प्रश्न : घृणा केन्द्रित पद्धति की जगह गाँधी असहयोग, सत्याग्रह और सर्वधर्म समभाव की पद्धतियों पर जोर दे रहे थे, लेकिन पारस्परिक घृणा ने ही उनकी जान ले ली और भारत का विभाजन भी कर दिया?

उत्तर : यह भी सही है कि गाँधी घृणाकेन्द्रित पद्धति की जगह असहयोग, सत्याग्रह और सर्वधर्म और सर्वधर्म समभाव की पद्धतियों पर जोर दे रहे थे, लेकिन घृणा ने ही उनकी जान ले ली और भारत का विभाजन भी कर दिया। गाँधी की असहयोग, सत्याग्रह और सर्वधर्म समभाव की पद्धति धैर्य, संयम, साहस, नैतिक

दृढ़ता और त्याग की माँग करती है। यह सारी बातें गाँधी में तो थीं, पर बाद में जो उनके अनुयायी और उत्तराधिकारी बनने का दावा करते रहे, उनमें नहीं थीं। असहयोग और सत्याग्रह से दूसरों के दिल-दिमाग को जीतने में बहुत समय लगता है। अनेक छोटी-छोटी असफलताओं के बाद कभी-कभी बड़ी सफलता भी मिलती है, लेकिन इसके लिए जैसे धैर्य और संयम की जरूरत होती है, उस सबके अभाव ने ही गाँधी की जान भी ली और देश का विभाजन भी किया। 1960 में एक अंग्रेज लेखक से बात करते हुए 1947 की अपनी मनोदशा और दूसरे कांग्रेसी नेताओ की मनोदशा की ओर संकेत करते हुए जवाहरलाल नेहरू ने कहा था कि 'सच्चाई यह है कि हम सब थके हुए लोग थे और बूढ़े भी हो रहे थे। हममें से बहुत थोड़े फिर जेल जाने की मनःस्थिति में थे।' इसी मनोदशा में कांग्रेसी नेताओं ने ब्रिटिश शासकों से समझौता किया और देश के विभाजन को स्वीकार किया। इस पूरी प्रक्रिया में गाँधी की उपेक्षा हुई। सब कुछ या अधिक से अधिक बहुत कुछ पा लेने की इच्छा आजकल पहले से भी अधिक विकट रूप में बढ़ी हुई है, इसीलिए आज पारस्परिक घृणा पहले से अधिक है और उसके परिणाम भी जगह-जगह दिखाई पड़ रहे हैं।

प्रश्न : गाँधी के अहिंसक आन्दोलनों से जिस राज्य को सत्ता हस्तान्तरित हुई, वह राज सत्ता भी हर प्रकार के वंचितों के प्रति अधिक हिंसक है। क्या उनके प्रयोग अपने परिणामों में यूटोपिया साबित नहीं हुए।

उत्तर : यूटोपिया का औचित्य : गाँधी ने अहिंसा को एक व्यापक सिद्धान्त और व्यवहार के रूप में विकसित करने की कोशिश की थी और उसी अहिंसा के माध्यम से आन्दोलन चलाकर उन्होंने स्वतन्त्रता हासिल की। लेकिन उनके बाद जो राजसत्ता बनी वह औपनिवेशिक राजसत्ता का विकल्प नहीं थी, बल्कि उसी का विस्तार था, उसी को जारी रखने की कोशिश थी। यह अकारण नहीं है कि लगभग 60 वर्ष बाद भारत का प्रधानमन्त्री अंग्रेजों से यह कहता कि 'हमने आप से शासन चलाना सीखा है।' आजादी के बाद जो सत्ता हस्तान्तरित हुई, उसमें शासनतन्त्र और उसके विभिन्न अंग पूर्ववत बने रहे। दमनकारी कानून भी मौजूद थे और राजसत्ता का उद्देश्य भी वही था, जो अंग्रेजी राज का था अर्थात् आम जनता का शोषण और दमन ही स्वतन्त्र भारत की राजसत्ता का लक्ष्य तब था और अब भी है। वैसे तो राजसत्ताएँ हमेशा और हर जगह शोषण और दमन के सहारे ही खुद को कायम रखती हैं। इसलिए अगर स्वतन्त्र भारत की राजसत्ता हर प्रकार के वंचितों के प्रति हिंसक है तो इसमें कोई आश्चर्य की बात नहीं है। यह अकारण नहीं है कि आज की भारतीय राजसत्ता दुनिया की सबसे बड़ी हिंसक राजसत्ता (अमेरिका) से मित्रता के लिए बेचैन है।

लेकिन इससे गाँधी की अहिंसा की धारणा गलत साबित नहीं हुई है। अगर वह यूटोपिया भी है तो एक ऐसी यूटोपिया है जो मानव समाज को सुरक्षित रखने

और आगे जाने की कामना से पीड़ित है। इस प्रश्न में यूटोपिया शब्द का जिस तरह प्रयोग हुआ है, उससे लगता है कि प्रश्नकर्ता यूटोपिया को झूठ का पर्याय समझता है। असल में यूटोपिया वर्तमान से असन्तोष और भविष्य की बेहतर सम्भावनाओं की खोज से प्रेरित कल्पना की देन होती है। किसी भी यूटोपिया के गलत होने से यूटोपिया के मूल में निहित भावना और उसकी रचनाशीलता में मौजूद कल्पना गलत नहीं हो जाती।

प्रश्न : किन अवदानों के कारण गाँधी की विश्व में प्रासंगिकता वर्तमान है?

उत्तर : 2007 के 2 अक्तूबर से गाँधी के जन्मदिन के अवसर पर सयुंक्त राष्ट्र संघ द्वारा अहिंसा वर्ष की शुरुआत हुई। हमें मालूम है कि इस अवसर पर दुनिया भर के देशों के शासक संयुक्त राष्ट्र में जिस समय गाँधी और अहिंसा के महत्त्व पर प्रवचन कर रहे थे, उसी समय उनकी सरकारें अपने-अपने देशों की आम जनता के खिलाफ हिंसक कार्यवाहियों में लगी थीं। क्या सरकारों की हिंसक कार्यवाहियों के कारण अहिंसा की आकांक्षा गलत साबित हो जाएगी? मेरे लिए गाँधी आचरण की उन्नत सभ्यता के प्रमाण थे, उनमें सच को कहने और स्वीकार करने का अपूर्व साहस था और इन सबके पीछे उनकी दुविधारहित नैतिक ईमानदारी थी। आज ये सारे मानवीय गुण और मूल्य राजनीतिक, सामाजिक और सांस्कृतिक जीवन से तेजी से गायब होते जा रहे हैं। अगर आज और कल के समाज को मानवीय बनाना है और मनुष्य को सामाजिक बनाना है तो हमने गाँधी के जिन गुणों की चर्चा की है, उनमें से सबको नहीं तो एक को भी अपनाना जरूरी होगा।

प्रस्तुति : राहुल सिंह

बाबरी मस्जिद फैसला और हिन्दी लेखक

धीरेश : अयोध्या की बाबरी मस्जिद को केन्द्र में रखकर मुसलमानों के खिलाफ नफरत की जो मुहिम शुरू की थी, वह इस मस्जिद के विध्वंस के जरिये परवान चढ़ी थी। इस खूनी-आपराधिक मुहिम की बदौलत केन्द्र और कई सूबों की सत्ता संघ परिवार समर्थित राजनीतिक दलों ने हासिल कर दिखा दिया था कि उसने देश के संवैधानिक ढाँचे में 'वैधता' हासिल कर ली है। गुजरात नरसंहार को अंजाम देने के बावजूद वहाँ की सरकार में इस जमात की निरन्तर मौजूदगी हम देख ही रहे हैं। लेकिन 30 सितम्बर, 2010 को इलाहाबाद उच्च न्यायालय की लखनऊ पीठ ने एक नया कीर्तिमान स्थापित कर सभी तथ्यों, तर्कों और कानून को ताक पर रखते हुए बहुसंख्यकों की आस्था के नाम पर रामलला का जन्मस्थान 'खोज' निकाला। इस आपराधिक कृत्य पर सवाल उठाने के बजाय मीडिया ने भी इसे शान्ति और सद्भावना कायम करने वाले ऐतिहासिक फैसले के रूप में प्रचारित करने का अभियान छेड़ रखा है।

फासिस्ट मुहिम के खिलाफ प्रतिरोध जिलाये रखने वाले हिन्दी लेखकों के स्वर भी इस बार सुनाई नहीं दिये। शायद पूँजीवादी मीडिया में प्रतिरोधी स्वर के लिए स्पेस भी नहीं था। ऐसे में यह जरूरी था कि इस स्थिति में उठ रहे कुछ सवालों के साथ अपने लेखकों के पास जाया जाए। यह परिचर्चा मोटे तौर पर तीन सवालों के इर्द-गिर्द केन्द्रित रखी गयी है। पहला यह कि वे बाबरी मस्जिद मसले को किस तरह देखते हैं, दूसरा, हाईकोर्ट के फैसले पर उनकी राय क्या है? आखिरी सवाल, हिन्दी जगत् में व्याप्त सन्नाटे और मीडिया, खासकर हिन्दी मीडिया के रवैये को लेकर था।

मैनेजर पाण्डेय : बाबरी मस्जिद-राम जन्मभूमि का विवाद हिन्दू सम्प्रदायवादियों की राजनीति के द्वारा पैदा किया गया विवाद है। यह विवाद छोटे-मोटे स्तर पर 1949 से शुरू होता है। उसके बाद दोनों ओर से, साम्प्रदायिक हिन्दू राजनीतिक दलों की ओर से और बाबरी मस्जिद की रक्षा के लिए कोशिश करने वाले मुसलमानों की ओर से भी बहस-विवाद और झगड़ों की शुरुआत हुई। वह विवाद भयानक स्थिति पर तब पहुँचा जब लालकृष्ण आडवाणी की रथयात्रा निकली। उस रथयात्रा से उपजे

उन्माद के तहत ही 1992 में बाबरी मस्जिद का विध्वंस हुआ और उसके परिणामस्वरूप देश में भयानक दंगे हुए।

भारत के इतिहास में राजाओं, महाराजाओं, बादशाहों की सत्ताओं द्वारा बहुत बार ऐसे काम किये गये जिन्हें उचित नहीं कहा जा सकता। मतलब, कभी हिन्दू राजाओं ने बौद्ध पूजास्थलों का विनाश किया, बाद के दिनों में कुछ मुसलमान शासकों ने हिन्दू पूजास्थलों का विनाश किया। ये सारी दुर्भाग्यपूर्ण घटनाएँ 1000-500 साल पहले की हैं। हिन्दुस्तान में या दुनिया के किसी भी देश मे बीते हुए इतिहास की दुर्भाग्यपूर्ण घटनाओं के बदले के आधार पर वर्तमान और भविष्य की राह तय नहीं की जा सकती। मैं यह समझता हूँ कि किसी मन्दिर-मस्जिद, गुरुद्वारा, मठ या विहार के अतीत, वर्तमान और भविष्य के लिए पूरे देश और देश की जनता के जीवन को खतरे में डालना ऐतिहासिक दृष्टि से गलत है, सामाजिक दृष्टि से अपराध है और मानवीय दृष्टि से पिछड़ी हुई मानसिकता का प्रमाण है।

अयोध्या विवाद पर फैसले के सम्बन्ध में पहली बात यह है कि यह फैसला कानून और न्याय की सहज और प्रामाणिक समझ के आधार पर न होकर राजनीतिक फैसला है।

कानूनी निर्णयों में इस फैसले के पहले कभी भी आस्था को आधार नहीं बनाया गया था और मेरा खयाल है कि भविष्य में भी अगर कानून और न्याय की प्रक्रिया को मजबूत बनाना है तो न्यायिक फैसलों का आधार आस्था को नहीं बनाया जाएगा और नहीं बनाया जाना चाहिए। क्योंकि आस्था व्यक्तियों की होती है, समुदायों की होती है, धर्मों की होती है और वह दूसरे व्यक्तियों, समुदायों और धर्मों के विरुद्ध भी हो सकती है।

इस निर्णय में एक मिथक को ऐतिहासिक सच माना गया है जो सही नहीं है। मेरा विचार है कि राम पैदा हुए थे वाल्मीकि के मन में। इसीलिए राम का जन्मस्थान वाल्मीकि और तुलसीदास के मन हैं। इस बात को भूलकर उनको ऐतिहासिक व्यक्ति और राजा के रूप में मानना मिथक को इतिहास बनाना है। मिथक इतिहास से कम महत्त्वपूर्ण नहीं होते लेकिन यह भी सच है कि वे इतिहास नहीं होते।

चौथी बात यह है कि इस निर्णय का आधार पुरातत्त्व सर्वेक्षण विभाग की ऐसी रिपोर्ट को बनाया गया है जिसका विरोध और खण्डन देश के जाने-माने इतिहासकारों ने पहले भी किया था और अब भी कर रहे हैं। जैसे कानून के बारे में निर्णय देने के अधिकार न्यायालयों का है, उसी तरह ऐतिहासिक प्रमाण के आधार पर राय देने का काम इतिहासकारों का है, न्यायाधीशों या वकीलों का नहीं।

इस प्रसंग में एक और महत्त्वपूर्ण बात यह है कि बाबरी मस्जिद विध्वंस हम लोगों के सामने की घटना है। सरकार भी मानती है कि वह एक आपराधिक कार्रवाई

थी। ऐसी आपराधिक कार्रवाई का निर्णय में उल्लेख नहीं करना और उसके बारे में कोई राय व्यक्त न करना सही नहीं है।

आखिरी बात यह कि इस निर्णय में जिस तरह बाबरी मस्जिद-राम जन्मभूमि की जमीन के बँटवारे का सुझाव दिया गया है, वह अल्पसंख्यक मुसलमानों के लिए निराशाजनक है जो भारतीय समाज और देश के लिए दुःखद है।

यह कहना सही नहीं है कि हिन्दी जगत् में कोई प्रतिरोध नहीं है, सन्नाटा है। अभी तीन संगठनों ने बयान जारी करके न्यायालय के इस निर्णय की स्पष्ट आलोचना की है और उसके विरुद्ध अपनी राय व्यक्त की है। दूसरी बात यह है कि एक न्यायालय के निर्णय के विरुद्ध वैसी प्रतिक्रिया और वैसा प्रतिरोध नहीं हो सकता जैसा बाबरी मस्जिद के विध्वंस की भयानक घटना के विरुद्ध हुआ था। न्यायालय के निर्णय के पक्ष और विपक्ष में केवल अपनी राय व्यक्त की जा सकती है जो हिन्दी के वामपन्थी लेखक और उनके संगठन कर रहे हैं।

हिन्दुस्तान में धार्मिक कट्टरतावाद और उससे जुड़ी हुई साम्प्रदायिक राजनीति का विरोध जो लोग पहले से करते आ रहे हैं, वही आज भी कर रहे हैं। मैं ऐसा नहीं समझता कि पूरा हिन्दी क्षेत्र या हिन्दुस्तान का मध्य वर्ग फासिज्म से समझौता करने को तैयार हो गया है। लेखकों और संस्कृतिकर्मियों की तुलना में सभी तरह के मीडिया ने जो भूमिका निभायी है, वह अधिक चिन्ताजनक है। आजकल अखबारों, व्यावसायिक पत्रिकाओं और टेलीविजन के विभिन्न चैनलों से जिस तरह की खबरें और जिस तरह के विचार प्रचारित-प्रसारित किये जा रहे हैं, उनसे ऐसा लगता है कि जनसंचार के सारे माध्यम सच और झूठ के बीच में, न्याय और अन्याय के बीच में मानवीयता और अमानवीयता के बीच में निर्णय लेने या पक्ष लेने की कोशिश नहीं कर रहे हैं। यह न उनके भविष्य के लिए अच्छा है, न भारतीय समाज के भविष्य के लिए। ऐसे कठिन समय में सच का, न्याय का और इनसानियत का पक्ष लेना देश में लोकतन्त्र की रक्षा के लिए जरूरी है।

भारतीय रचनाशीलता के मार्गदर्शक टैगोर

रवीन्द्रनाथ टैगोर केवल बांग्ला के ही नहीं बल्कि समुचित अर्थों में अखिल भारतीय साहित्यकार हैं और उनका प्रभाव भी अखिल भारतीय पड़ा है। टैगोर को सिर्फ बांग्ला का साहित्यकार मानना उनके प्रभाव और योगदान को सीमित करके देखना है। इस दृष्टि से भारतीय सभ्यता, संस्कृति, साहित्य और राष्ट्रीय जागरण में उनके योगदान को समझना होगा।

इस सन्दर्भ में पहली बात यह कि रवीन्द्रनाथ टैगोर ने बंगाल के नवजागरण का विस्तार किया। उन्होंने बंगाल के नवजागरण को अखिल भारतीय नवजागरण की प्रक्रिया से जोड़ने का प्रयास किया। टैगोर से पहले के बंगाल नवजागरण में भारत माता की जगह बंग माता का प्रयोग होता था। बंगाल के बड़े साहित्यकार बंकिमचन्द्र भी प्रायः बंगाल चेतना तक सीमित थे। बंगाल नवजागरण अपने आरम्भिक दौर में हिन्दू नवजागरण अधिक था। 19वीं सदी के मध्य में यहाँ एक बड़ा मेला होता था। उसे पहले हिन्दू मेला कहा जाता था और बाद में जातीय मेला कहा जाने लगा। इस तरह बंगाल नवजागरण को हिन्दू नवजागरण से जातीय नवजागरण की ओर उन्मुख करने में रवीन्द्रनाथ की महती भूमिका रही है।

रवीन्द्रनाथ टैगोर ने समाज के प्रश्नों से राष्ट्रीय नवजागरण को जोड़ा। यह शिकायत थी कि बंग-भंग के दौरान स्वदेशी आन्दोलन से मुसलमान नहीं जुड़ रहे हैं। टैगोर का मानना था कि इस आन्दोलन का जो स्वरूप है, उसमें मुसलमानों का जुड़ाव महसूस करना मुश्किल है। उन्होंने राष्ट्रीय जागरण में मुसलमानों को जोड़ने का प्रयास किया और अपनी रचनाओं के माध्यम से किसानों, स्त्रियों और दलितों की समस्याओं की ओर लोगों का ध्यान खींचा। इस रूप में उन्होंने राष्ट्रीय आन्दोलन की दृष्टि का विस्तार किया।

रवीन्द्रनाथ टैगोर ने जहाँ बंगाल नवजागरण को राष्ट्रीय नवजागरण से जोड़ा, वहीं राष्ट्रीय नवजागरण को भी विश्व मानवता के बड़े प्रश्नों से जोड़ा। उनकी भावना बहुत विराट थी जिसमें कहीं से भी संकीर्णता का नामोनिशान नहीं था। यही कारण है कि टैगोर न तो शुद्ध राष्ट्रवाद के समर्थक थे और न उग्र राष्ट्रवाद के। वे सभ्यता और

राष्ट्रों के बीच संघर्ष की जगह सहयोग के पक्षधर थे। इस मसले में महात्मा गाँधी के साथ उनकी मतभिन्नता जग जाहिर है। राष्ट्रवाद पर उनके वक्तव्यों का संग्रह पुस्तक के रूप में भी आ चुका हैं। उनका 'गोरा' उपन्यास राष्ट्रीय नव जागरण के दौरान शुद्धता और अशुद्धता के प्रश्न को जोरदार ढंग से उठाता है। उनका मानना है कि शुद्धता के आधार पर कभी भी बेहतर राष्ट्र का निर्माण सम्भव नहीं है। नवजागरण के प्रश्नों के सन्दर्भ में 'गोरा' सर्वाधिक उल्लेखनीय उपन्यास है।

रवीन्द्रनाथ टैगोर ने बांग्ला साहित्य को भारतीय साहित्य से जोड़ने का प्रयास किया। वे भारतीय साहित्य और बांग्ला साहित्य के बीच महत्त्वपूर्ण कड़ी थे। इस बात पर ध्यान देना चाहिए और दिया भी गया है कि रवीन्द्रनाथ हिन्दी के भक्त कवियों से बहुत गहरे जुड़े हुए थे। उन्होंने कबीर की कविताओं का अंग्रेजी अनुवाद किया। सूर और तुलसी पर कविताएँ भी लिखीं। विद्यापति से भी काफी जुड़े रहे। उस समय विद्यापति मैथिली से अधिक बांग्ला के ही कवि माने जाते थे। टैगोर ने कुछ कविताएँ ब्रजबोली में भी लिखीं। हिन्दी को बांग्ला से जोड़कर एक तरह से उन्होंने हिन्दी के महत्त्व को नये सिरे से रेखांकित किया।

विभिन्न भाषाओं के स्वच्छन्दतावादी काव्य पर टैगोर का बहुत गहरा प्रभाव पड़ा है। हिन्दी की छायावादी कविता पर उनके प्रभाव की चर्चा प्रायः होती रहती है। दरअसल रवीन्द्रनाथ टैगोर का व्यक्तित्व जितना बड़ा था, उनकी कविताओं का उतना ही व्यापक प्रभाव पड़ा। उनकी रचना 'घरे बाहरे' (घर बाहर) से बहुत समय तक जैनेन्द्र की 'सुनीता' से तुलना होती रही।

रवीन्द्रनाथ टैगोर के व्यक्तित्व की सबसे बड़ी विशेषता यह है कि उनमें अपने सच और अनुभव को कहने का साहस था। अनुभव और सच को अभिव्यक्ति करने का साहस बहुत कम लोगों में होता है। टैगोर अपने विचारों की अभिव्यक्ति करने में कभी पीछे नहीं रहे। इस सन्दर्भ में सबसे सुन्दर उदाहरण गाँधी के साथ उनका मतभेद है। गाँधी भारतीय राष्ट्रवाद के अन्यतम प्रतिनिधि थे। गाँधी के प्रति उनके मन में सम्मान था। उन्हें महात्मा कहकर टैगोर ने ही सम्बोधित किया था। बावजूद इसके उन्होंने असहयोग, सविनय अवज्ञा जैसे राष्ट्रवाद की गाँधीवादी अवधारणा के प्रति अपने असन्तोष और असहमति को बिना संकोच अभिव्यक्त किया।

टैगोर भारतीय ज्ञान परम्परा और शिक्षा को बहुत महत्त्व देते थे। भारतीय परम्परा के अनुरूप शिक्षा को विकसित करना उनका महान् उद्देश्य और सपना था। इसके लिए उन्होंने शान्तिनिकेतन की स्थापना की। इस तरह उन्होंने शिक्षा को लेकर केवल सैद्धान्तिक बातें ही नहीं बल्कि व्यावहारिक धरातल पर उसे ठोस रूप देने का भी गम्भीर प्रयास किया। शान्तिनिकेतन की स्थापना से यह बात स्पष्ट होती है कि [illegible]र औपनिवेशिक शिक्षा पद्धति और उसके स्वरूप से पूरी तरह असहमत थे। वे

औपनिवेशिक शिक्षा पद्धति के मुकाबले भारतीय ज्ञान परम्परा के अनुरूप एक वैकल्पिक शिक्षा पद्धति के लिए प्रयत्नशील थे।

आज रवीन्द्रनाथ टैगोर एक प्रतीक भी हैं। प्रतीकों के मनमाफिक इस्तेमाल की प्रकृति इधर काफी बढ़ी है। लोग अपनी इच्छा, जरूरत और विचारधारा के अनुरूप प्रतीकों का इस्तेमाल करते हैं। टैगोर का भी लोग काफी खतरनाक उपयोग कर रहे हैं। उनके नाम का एक खतरनाक उपयोग सैमसंग साहित्य अकादेमी पुरस्कार योजना के रूप में सामने आया है। रवीन्द्रनाथ टैगोर के नाम से यह भारतीय साहित्य और संस्कृति पर साम्राज्यवादी कब्जे की शुरुआत है।

वर्तमान समय में रवीन्द्रनाथ टैगोर को याद करने का मेरे लिए सबसे बड़ा मतलब यह है कि उन्हें भारतीय रचनाशीलता के प्रतीक के रूप में याद किया जाये। उनके पचास से अधिक कहानी संग्रह, सौ से अधिक लघु कहानियाँ, बारह उपन्यास, तीस से अधिक नाटक, दो सौ से अधिक निबन्ध और लगभग दो हजार कविताएँ आज भी जीवन्त स्रोत के रूप में हमारा मार्ग-दर्शन कर सकती हैं। टैगोर को इसी व्यापक सन्दर्भ में साहित्यकारों द्वारा याद किया जाना चाहिए। रचनाकारों को उन्हें इस रूप में भी याद करना चाहिए कि बड़ा रचनाकार वही होता है जो अपने समय की समस्याओं, चुनौतियों, दुविधाओं, दबावों आदि से जूझते हुए अपनी चेतना निरन्तर विकसित करता है। एक बड़े फलक पर टैगोर को भारतीय रचनाशीलता के मार्गदर्शक के रूप में ही याद करना सार्थक होगा। इसके अतिरिक्त उनके सीमित उपयोग का कोई मतलब नहीं है।

(दिनेश कुमार से बातचीत पर आधारित)

अगर स्त्री सत्ता की स्थापना हो तो युद्ध की समस्या का अन्त हो जाएगा

(मैनेजर पाण्डेय, वरिष्ठ आलोचक)

मैं ऐसा समझता हूँ कि सारे संसार में और भारत में भी स्त्रियाँ सामाजिक, सांस्कृतिक और राजनीतिक रूप से, लम्बे काल से शोषित, पराजित और सतायी हुई स्थितियों में जीती, मरती रही हैं। पराधीनता सबसे अधिक भयावह और स्थायी तब होती है जब पराधीन व्यक्ति पराधीनता को अपने स्वभाव का सहज अंग और रूप मान लेता है। भारतीय समाज के अनुभव पर हम मानते हैं कि भारत में स्त्रियों को केवल पुरुष ही दासी नहीं समझता, बल्कि साहित्य में इसके असंख्य उदाहरण मिल जाएँगे कि स्त्रियाँ अपने स्वयं को प्राणनाथ की दासी ही समझती हैं। ऐसी स्थिति में सत्ता की संकल्पना की शुरुआत का पहला कदम होगा, स्त्री द्वारा अपनी पराधीनता के यथार्थ का बोध दूसरा कदम होगा पराधीनता की मानसिकता से मुक्ति की चिन्ता और आकांक्षा और तीसरा कदम होगा पराधीनता से मुक्ति की कोशिश। ये तीनों कदम सामाजिक, सांस्कृतिक और राजनीतिक प्रक्रिया के हिस्से हैं। केवल मानसिक प्रक्रिया से ये तीनों कदम पूरे नहीं होते। भारतीय समाज में स्त्रियों की सत्ता के प्रसंग में एक विडम्बना यह है कि यहाँ स्त्री मुक्ति की सारी चिन्ताएँ, सोच और कोशिशों के केन्द्र में प्रायः शहरों की पढ़ी-लिखी, नौकरी पेशे में लगी हुई या बौद्धिक काम करने वाली मध्यवर्गीय या उच्चवर्गीय स्त्रियाँ रही हैं। भारत में अभी स्त्री मुक्ति के किसी आन्दोलन में गाँवों की घरेलू स्त्रियों या फिर खेतों, खलिहानों में काम करने वाली स्त्रियों और दलित स्त्रियों की स्वाधीनता की न बात होती है, न कोशिश होती है। हाल के वर्षों में ग्राम पंचायतों में स्त्रियों के प्रतिनिधित्व के लिए स्थान सुरक्षित किये गये हैं और उस प्रक्रिया में गाँव की स्त्रियाँ पंचायतों में सरपंच या ग्रामपंचायतों के सदस्य के रूप में सामने आती और काम करती दिखाई देती हैं। लेकिन वहाँ भी ग्राम पंचायतों की लोकतान्त्रिक व्यवस्था के भीतर असली सत्ता पतियों के हाथ में होती है, अर्थात् पुरुषों के हाथ में ही। जिस समाज और देश में स्त्री समुदाय का सबसे बड़ा हिस्सा, जो गाँव में रहता है, वह अगर स्त्री स्वाधीनता के आन्दोलन के

दायरे के बाहर रहेगा, तो स्त्री सत्ता की बात आधी-अधूरी होगी।

अभी इस देश के कुछ हिस्सों में, विशेष रूप से आदिवासी समुदायों में, स्त्रियों को डायन कहकर मारा जाता है और प्रायः हत्या भी कर दी जाती है। उत्तर प्रदेश और हरियाणा के कुछ हिस्सों में प्रेम करने के कारण स्त्रियों को तरह-तरह की यातनाएँ दी जाती हैं। यह सब देख सुनकर ऐसा नहीं लगता कि हम लोग एक आधुनिक समाज में रह रहे हैं। इस देश में केवल राजनीति में स्त्रियों के लिए थोड़ी जगह बन जाने से स्त्री शक्ति की मुक्ति नहीं हो सकती, और स्त्री-सत्ता की स्थापना नहीं हो सकती। उनके लिए जरूरी है सामाजिक और सांस्कृतिक स्तर पर पुरुष और स्त्री दोनों की मानसिकता के बदलाव की। आप सांस्कृतिक स्तर की एक स्थिति पर विचार कीजिए। प्रायः हमारे यहाँ के संस्कृति के संरक्षक पुरुष स्त्री को भारतीय संस्कृति का प्रतीक मानते हैं और कहते हैं। लेकिन, वही लोग स्त्री को ही सबसे अधिक अपमानित भी करते हैं। एक दूसरा सांस्कृतिक सन्दर्भ देखिए, हिन्दुस्तान में स्त्रियाँ, जो पूजा-पाठ 'तीज-त्योहार' व्रत और उपवास करती हैं, वे सब अपने लिए नहीं करतीं बल्कि पुरुष के लिए करती हैं, अपने पति, भाई या बेटों के भविष्य की रक्षा और बेहतरी के लिए करती हैं। इसलिए सांस्कृतिक प्रक्रिया के भीतर ही स्त्री की हीन दशा बनी रहती है, और उसे अपने स्वत्व का कभी बोध नहीं होता।

स्त्री अपने स्वभाव से पुरुष की तुलना में कम हिंसक, कम आक्रामक और कम आततायी होती है। इसलिए अगर समाज में स्त्री सत्ता की स्थापना हो, तो मेरे विचार से मानव स्वभाव की सबसे भयावह समस्या, अर्थात् युद्ध की समस्या का अन्त हो जाएगा। दूसरी ओर स्त्रियाँ स्वभाव से संरक्षणशील होती हैं, इसलिए उनकी सत्ता स्थापित होने पर विनाश की बहुत सारी सम्भावनाएँ समाप्त हो जायेंगी। हमारे यहाँ महात्मा गाँधी यह बात समझते थे, इसलिए उनके व्यक्तित्व में पुरुष के पौरुष से ज्यादा स्त्री की या मातृ सत्ता की सहनशीलता मौजूद है। मैं स्वयं सत्याग्रह को स्त्री शक्ति का सिद्धान्त मानता हूँ। गाँधी जी सत्याग्रह की प्रेरणा के एक स्रोत के रूप में भी मीराबाई को मानते थे। उन्होंने स्वाधीनता आन्दोलन में स्त्री शक्ति को जगाने का जितना अधिक प्रयत्न किया उतना अधिक किसी और व्यक्ति ने नहीं। इसलिए भारत में स्वाधीनता आन्दोलन में जितनी बड़ी संख्या में स्त्रियों ने हिस्सा लिया उतनी अधिक संख्या में स्त्रियों ने संसार के किसी आन्दोलन में हिस्सा नहीं लिया है। गाँधी जी के दोनों सिद्धान्त सत्य और अहिंसा मातृसत्ता से प्रेरणा लेकर विकसित होने वाले सिद्धान्त हैं।

मानव समाज के विकास का जो इतिहास हमारे सामने है, उससे यह जाहिर है कि आरम्भ में स्त्री ही परिवार और परिवार के माध्यम से समुदाय के केन्द्र में थी। क्योंकि वह पुरुष के समान ही क्रियाशील थी इसलिए स्वाभाविक रूप में उसे

समानता हासिल थी। इसका एक बड़ा उदाहरण यह है कि अब भी अपने देश के आदिवासी समुदायों में स्त्रियाँ पुरुष समान महत्त्व एवं स्थान हासिल करती दिखाई देती हैं। वहाँ जो धीरे-धीरे पुरुष और स्त्री के बीच भेदभाव बढ़ा है, वह मुख्यधारा की सामाजिक संरचना के प्रभाव का परिणाम है। भारत के प्राचीन साहित्य में से अनेक उदाहरण मिल जायेंगे, जिससे स्त्रियों की सत्ता की महत्ता का बोध होता है। महाभारत में अर्जुन का एक नाम कौन्तेय भी है। कौन्तेय का अर्थ हुआ कुन्ती का पुत्र। यह इस बात का सबूत है कि पुरुष अपने पिता के पुत्र के रूप में ही नहीं जाने जाते थे, बल्कि अपनी माँ के पुत्र के रूप में भी जाने जाते थे। सबूत और भी खोजे जा सकते हैं। जैसे-जैसे पुरुष परिवार का मुखिया और प्रधान बनता गया, समाज में उसकी सत्ता मजबूत होती गयी और सत्ता शक्ति का पर्याय बनने लगी, वैसे-वैसे स्त्री कमजोर और पराधीन होती गयी। इसलिए हमारे यहाँ स्त्री का एक नाम अबला भी है। महादेवी वर्मा ने शृंखला की कड़ियाँ नाम की अपनी किताब में यह लिखा है कि मानव समाज की दो आधार शिलाएँ हैं, एक तो आर्थिक व्यवस्था और दूसरी आधारशीला स्त्री-पुरुष का सम्बन्ध। अर्थव्यवस्था की दृष्टि से मानव समाज का इतिहास लिखा गया है। लेकिन स्त्री-पुरुष के सम्बन्ध की दृष्टि से मानव समाज का इतिहास लिखना अब भी बाकी है। जब ऐसा इतिहास लिखा जायेगा, तब समाज की मातृसत्तात्मक व्यवस्था से पितृसत्तात्मक व्यवस्था में परिवर्तन का स्वरूप सामने आयेगा।

आरक्षण लोकतान्त्रिक निकायों में महिलाओं के प्रतिनिधित्व ही नहीं, प्रभावशाली होने की स्थिति है। व्यापक रूप से सामाजिक स्तर पर स्त्रियों में जो पराधीनता का बोध और अपनी हीनता का एहसास है, वह कम होगा, और स्त्री समुदाय की ताकत का भी विषय होगा। सारी समस्या यह है कि स्वतन्त्रता लड़कर अर्जित की जाने वाली चीज है, वह अनुदान या भीख के रूप में माँगकर प्राप्त की जाने वाली चीज नहीं है। अपने देश में स्त्रियों का जागरण अभी कम है। केवल मध्यवर्ग और उच्च वर्ग तक सीमित है, इसलिए स्त्री शक्ति का भी पर्याप्त विकास नहीं हुआ है। अभी स्त्रियों के लिए लोकसभा और राज्य की विधानसभाओं में 33 प्रतिशत आरक्षण का संविधान संशोधन विधेयक पारित होने की प्रक्रिया में है। इस विधेयक का विरोध करने वाले पुरुष जितने और जैसे सक्रिय हैं, उतनी और वैसी सक्रियता स्त्री सांसदों में भी दिखाई नहीं देती। यद्यपि यह भी सच है कि अब भी संसद में भी पुरुषों की ही तानाशाही मौजूद है, जिसका कुछ परिणाम और प्रभाव राज्यसभा में विधेयक के पेश होने के दौरान दिखाई पड़ा। इसलिए लोकतान्त्रिक संस्थाओं में महिलाओं की उपस्थिति को बढ़ाने और सुनिश्चित करने के लिए लम्बे संघर्ष की जरूरत होगी।

स्त्रियों के शासन में अन्तर तो रहे हैं, लेकिन बेहतरी के बदले बदतरी के लक्षण

और प्रमाण ज्यादा है। इन्दिरा गाँधी के शासनकाल में कांग्रेस पार्टी में और देश में जवाहर लाल नेहरू के शासनकाल की तुलना में लोकतन्त्र कम था और कमजोर हुआ। सत्ता की लोलुपता बढ़ी और सत्ता का मद भी। इस सबके परिणाम-स्वरूप देश में आपातकाल लागू हुआ, जिसकी कल्पना जवाहर लाल नेहरू के समय में नहीं की जा सकती थी। असल में राजनीतिक सत्ता आर्थिक सत्ता के साधन और माध्यम के रूप में काम करता है, इसलिए किसी के प्रधानमन्त्री या मुख्यमन्त्री होने से न सत्ता का स्वभाव बदलता है, न स्वरूप बदलता है।

राष्ट्रपति के रूप में पहली बार महिला के आने का स्वागत करता हूँ, यद्यपि राष्ट्रपति पुरुष हो या महिला सरकार की गतिविधियों के सम्बन्ध में उसकी भूमिका कम सक्रिय और कम निर्णायक होती है। राष्ट्रपति की भूमिका प्रतीकात्मक ही अधिक होती है। कोई पुरुष हो या स्त्री इससे न सत्ता का चरित्र बदलता और न कोई बेहतरी की उम्मीद होती है। अगर कहीं कभी पार्टी, सत्ता, प्रधानमन्त्री और उसके मन्त्रिमण्डल पर कोई फर्क पड़ता है तो वह इस पर निर्भर है कि जो व्यक्ति राष्ट्रपति है, वह कितना स्वतन्त्र है, कितना संवेदनशील और कितना प्रभावशाली है।

इतिहास में जो महिलाएँ महत्त्वपूर्ण भूमिका के रूप में रही हैं उनका आज तक उचित और व्यवस्थित मूल्यांकन नहीं हुआ है। स्वयं रजिया सुल्तान के शासन को तरह-तरह की साजिशों के रूप में समझने की कोशिश हुई, जबकि षड्यन्त्र करने वाले सब के सब पुरुष थे। झाँसी की रानी लक्ष्मीबाई के संघर्ष और बलिदान को जितना महत्त्व लोक जीवन में मिला और लोक साहित्य में मिला है, वैसा और उतना महत्व इतिहास में किसी को नहीं मिला है।

लक्ष्मी बाई के संघर्ष और बलिदान का विवेचन और मूल्यांकन करने के बजाय हम उसे लेकर इस बात पर बहस करते रहे हैं कि वह स्वेच्छा से लड़ी या मजबूरी के बस। इसलिए मैं कह सकता हूँ कि भारत के इतिहास में स्त्रियों के महत्त्व को ठीक समझना और स्वीकार करना अब भी बाकी है। 1857 के महासंग्राम में झाँसी की रानी के अलावा अवध की बेगम हजरत महल का भी उचित मूल्यांकन नहीं हुआ था।

(अर्चना कश्यप और प्रभात झा से बातचीत पर आधारित)

ग्लोबल गाँव की हकीकत

पिछले कुछ समय से साहित्य में आये बदलावों पर बात करने से पहले यह तय करना जरूरी है कि कुछ समय का मतलब क्या है। मैं इसे दो दशक मानकर बातें करूँगा। लगभग दो दशक से ही भारत की आर्थिक, राजनीतिक, सांस्कृतिक स्थितियों, सुविधाओं, दुविधाओं और संकटों में कई तरह के बदलाव आये हैं जिनका असर हिन्दी साहित्य पर भी पड़ा है। इस बीच एक तो हिन्दी में विमर्श के रूप में उत्तर-आधुनिकता की चर्चा हुई है। दूसरे, आर्थिक नीतियों के तहत पूँजीवाद के भूमण्डलीकरण की जो आँधी हिन्दुस्तान में आयी है, उसके परिणामस्वरूप भारतीय समाज और जीवन पर पड़ने वाले प्रभावों का सन्दर्भ हिन्दी की रचनाओं में दिखता है। बाजार की तानाशाही का अनेक कवियों ने किसी न किसी रूप में विरोध किया है। इस बीच नयी आर्थिक नीतियों के कारण भारत में दो लाख किसानों ने आत्महत्या की है, जो अब तक के इतिहास की अभूतपूर्व घटना है। पर इस भयावह दुर्घटना की जितनी चिन्ता और चर्चा साहित्य में होनी चाहिए थी, उतनी नहीं हुई है।

तीसरी बात यह कि देशी-विदेशी पूँजीपतियों के जनजीवन पर आक्रमण के परिणामस्वरूप भारत के आदिवासियों का बड़े पैमाने पर विस्थापन और तबाही हुई है। इसे भी लेखकों ने जगह दी है। इस प्रसंग में झारखण्ड के लेखक रणेन्द्र के उपन्यास 'ग्लोबल गाँव के देवता' की याद आ रही है। चन्द्रकान्त देवताले की भी इस पर प्रभावी कविता 'जनसत्ता' में छपी थी। कुछ अन्य कवियों ने भी आदिवासियों और दलितों की यातना पर लिखा है।

इसके अलावा विमर्श के रूप में इस बीच दलित और स्त्री विमर्श का व्यापक विकास और प्रभाव दिखाई देता है। मोबाइल और रसोई गैस ने शहरी लोगों की दुनिया को जरूर बदला है, लेकिन सौभाग्य या दुर्भाग्य से इस देश की बहुसंख्यक जनता गाँव में रहती है जहाँ दोनों की पहुँच कम है। प्रकृति से अब भी जुड़ा भारतीय जन-जीवन उसकी कृपा और प्रकोप का लगातार शिकार होता दिखाई दे रहा है। वर्तमान शासकों की कोशिश से विश्व स्तर का शहर बनायी जा रही दिल्ली हाल की

बाढ़ में जिस दुर्गति का शिकार हुई और यमुना के आसपास के निवासी जिन संकटों से गुजरे, उसे देखते हुए इस चमकते अनोखे भारत का नारा झूठ के अलावा कुछ नहीं लगता। असल में हमारा शासक वर्ग शहरी सम्पन्न लोगों की चिन्ता करता है, उनके लोभ-लालच, झूठ-लूट की प्रवृत्तियों को बढ़ावा देता है। इसलिए उसके लिए यह सीमित दुनिया ही पूरे देश की दुनिया बन गयी है।

जो लोग दुनिया का मतलब इस देश के जन-जीवन की दुनिया भी समझते हैं, उनके लिए अभी यह दुनिया बहुत कम बदली है। आज का अस्सी फीसदी हिन्दी साहित्य मध्यवर्ग को ही सम्बोधित है वह संस्कृत साहित्य की तरह होता जा रहा है। केवल अभिजनों के लिखने-पढ़ने की वस्तु बनता जा रहा है। जाहिर है कि जब साहित्य शहरी मध्यवर्ग तक सीमित रहेगा तो वह सर्वहारा के संघर्ष से अलग ही नहीं रहेगा, परहेज भी करेगा। पर मैं नहीं मानता कि पूरा हिन्दी साहित्य सर्वहारा से कटा है। मेरे अनुसार इस देश के पराधीन, दमित, सताये हुए बेजुबान जो भी लोग हैं, वे सर्वहारा हैं—आदिवासी, दलित, किसान, स्त्रियाँ और गरीबी के मारे बच्चे। इन सबके बारे में हिन्दी में लिखा जा रहा है। दिल्ली से दूर गाँवों, छोटे शहरों के वाशिन्दे कवि-लेखक लिख रहे हैं जिनके लेखन पर दिल्ली का बौद्धिक समुदाय ध्यान नहीं देता है, क्योंकि अपने इष्ट-मित्रों से ही उसे फुर्सत नहीं है।

जिन्दगी की नयी पहचान

एक दशक के हिन्दी साहित्य में आये बदलाव, नयी प्रवृत्तियों और नयी रचनाओं के बारे में बात करते समय मुझे यह जरूरी लगता है कि मैं उन्हीं रचनाकारों और रचनाओं के बारे में बात करूँ जिनमें पिछले दस वर्षों के भारतीय समाज, उसकी वास्तविकताओं, उसकी समस्याओं और उसमें जो जनता की जिन्दगी है, उसकी पहचान और अभिव्यक्ति हो और वह अभिव्यक्ति ऐसी हो, जो पाठकों के पल्ले पड़े। मैं साहित्य में कला का अर्थ रचना की प्रभावशीलता समझता हूँ इसलिए पिछले दशक की जो कविताएँ, कहानियाँ और उपन्यास ऐसे हैं, जिनमें अथाह गहराई और अबूझ जटिलता का निर्माण कला के नाम पर हुआ है, उनके बारे में मैं बात नहीं करूँगा। अपनी इस बात को ध्यान में रखते हुए मैं यह भी जोड़ना चाहूँगा कि भारतीय समाज का पिछले एक दशक का समय पूँजीवाद के भूमण्डलीकरण का समय है जिसके परिणामस्वरूप एक ओर तो इस देश के आदिवासियों का जीवन तबाह हुआ है, दूसरी ओर दो लाख किसान आत्महत्या करने को मजबूर हुए हैं। बड़ी सामाजिक चिन्ता वाले बुद्धिजीवी यह भी मानते हैं कि भारतीय समाज में विषमता बहुत अधिक बढ़ी है।

इस प्रसंग में एक तो मैं रणेन्द्र के उपन्यास 'ग्लोबल गाँव के देवता' में व्यक्त आदिवासी जीवन की ओर बर्बादी की मार्मिक अभिव्यक्ति को महत्त्वपूर्ण समझता हूँ, दूसरे हिन्दी में प्रकाशित निर्मला पुतुल के कविता संग्रह 'नगाड़े की तरह बजते शब्द' की ओार पाठकों का ध्यान आकर्षित करना चहता हूँ। इस काव्य संग्रह में आदिवासी जीवन की प्रामाणिक समझ और संवेदना प्रभावशाली भाषा और संरचना में व्यक्त हुई है। इस बीच एक और आदिवासी कवि अनुज लुगुन की हिन्दी कविताएँ कुछ पत्रिकाओं में छपी हैं और वे आदिवासी जीवन के संकटों की ओर हिन्दी के पाठकों का ध्यान आकृष्ट करती हैं। भारत के आदिवासियों की जिन्दगी की समस्याओं और उनके प्रति सरकार की लापरवाही के बारे में अच्छी कविता चन्द्रकान्त देवताले ने लिखी है, कविता का शीर्षक है—'यह काँटी गाँव है।'

पिछले एक दशक के भीतर इस देश के लगभग दो लाख किसानों ने

आत्महत्या की है। मैं इसे राष्ट्रीय शोक या शर्म की बात समझता हूँ, इस प्रसंग पर हिन्दी में जितनी कविताएँ और कहानियाँ लिखी जानी चाहिए, उतनी लिखी नहीं गयी हैं फिर भी जो हैं उनका उल्लेख करना जरूरी है। भारत के किसानों की आत्महत्या पर राजेश जोशी ने दो अत्यन्त मार्मिक कविताएँ लिखी हैं।

इस बीच नयी पीढ़ी के कुछ ऐसे कवि हमारे सामने आये हैं जिनकी कविताओं में अपने समय और समाज की दारुण खबरें मौजूद हैं और वे खबरें जनतान्त्रिक भाषा और शिल्प में रची गयी हैं। इस प्रसंग में मैं कवि शैलेय के दो संग्रहों का उल्लेख जरूरी समझता हूँ। वे संग्रह हैं 'या' और 'तो'। शैलेय के साथ ही कविता के नये विकसित होते जनतन्त्र के प्रसंग में दो-तीन और कवियों के काव्य संग्रह का उल्लेख जरूरी समझता हूँ। एक तो अष्टभुजा शुक्ल का काव्यसंग्रह 'इसी हवा में अपनी भी दो चार साँसें हैं' दूसरा संग्रह बद्रीनारायण का है 'खुदाई में हिंसा'। तीसरा संग्रह लीलाधर मंडलोई का है 'काल बाँका तिरछा'। यहीं यह भी उल्लेखनीय है कि लीलाधर मंडलोई ने 'कविता समय' नाम से एक ऐसा काव्य संग्रह 2010 में प्रस्तुत किया है जिसमें दिल्ली से दूर देश के विभिन्न क्षेत्रों में रहने वाले कुछ अनजाने और अनपहचाने कवियों की अच्छी कविताएँ संगृहीत हैं।

भूमण्डलीकरण भारत की वास्तविकताओं और समस्याओं की प्रभावशाली अभिव्यक्ति के लिए युवा कवि हरिओम का कविता संग्रह 'कपास के अगले मौसम में' हमारा ध्यान आकर्षित करता है। इसके साथ ही हिन्दी के एक वरिष्ठ कवि नरेन्द्र जैन के काव्य संग्रह 'काला सफेद में प्रविष्ट होता है' का भी उल्लेख उनकी सहज भाषा, सार्थक सोच, मार्मिक संवेदना और गम्भीर विचारशीलता के लिए करना चाहता हूँ। इस बीच कात्यायनी की ऐसी कविताएँ संग्रहों के रूप में सामने आयी हैं जिनमें भारतीय जनता की जिन्दगी की भयानक खबरें हैं। मेरे सामने भारत के भूमण्डलीकरण के दौर में जनजीवन की तबाही और बर्बादी को व्यक्त करने वाला एक कहानी संग्रह सुभाष शर्मा का भी है : 'भूख और अन्य कहानियाँ'।

पिछले दशक में हिन्दी के दलित लेखन में दो ऐसी आत्मकथाएँ प्रकाशित हुई हैं जो अपनी संवेदना, सोच और अभिव्यक्ति की विशिष्टता के कारण लोकप्रिय हुई हैं और आगे अधिक लोकप्रिय होंगी। वे आत्मकथाएँ हैं, डॉ. तुलसीराम की 'मुर्दहिया' और सुशीला टाकभौरे की 'शिकंजे का दर्द'। इस बीच हिन्दी आलोचना की एक उपलब्धि है सुरेन्द्र चौधरी की तीन आलोचना पुस्तकों का एक साथ प्रकाशन। ये किताबें हैं : 'इतिहासः संयोग और सार्थकता', 'हिन्दी कहानी : रचना और परिस्थिति', 'साधारण की प्रतिज्ञाः अँधेरे से साक्षात्कार।' इन किताबों के छपने से एक तो हिन्दी के एक लगभग विस्मृत लेकिन महत्त्वपूर्ण आलोचक का लेखन सामने

आया है औ दूसरे भविष्योन्मुखी आलोचना का स्वरूप भी स्पष्ट हुआ है। इस बीच हिन्दी आलोचना की दिलचस्पी स्वाधीनता आन्दोलन के दौरान प्रतिबन्धित साहित्य में भी बढ़ी है। इस प्रसंग में सबसे महत्त्वपूर्ण और उल्लेखनीय काम है सत्येन्द्र कुमार तनेजा का। उन्होंने स्वाधीनता आन्दोलन के दौरान हिन्दी के सात प्रतिबन्धित नाटकों की खोज और प्रस्तुति के साथ-साथ हिन्दीतर जब्तशुदा नाटकों का उल्लेख भी किया है। उन्होंने इस पुस्तक की भूमिका के रूप में हिन्दी में प्रकाशित और प्रतिबंधित साहित्य का इतिहास भी लिखा है।

आज की कविता पर प्रश्नोत्तर

कुछ सवाल हैं जो हिन्दी साहित्य में लगातार छूटते चले जा रहे हैं। समय रहते इन पर बात शुरू कर देना जरूरी है, अन्यथा ऐसे लोगों की कमी नहीं जो यह कहते नहीं चूकते कि फैसला हो गया। दरअसल यह कविता का मलाईदार परत है जो नहीं चाहता कि बार-बार उस समय या उस प्रवृत्ति को लेकर सवाल किये जायें। लेकिन यह जरूरी है ताकि कविता के जरिये समय के सच और समय के जरिये कविता के सच की सही पहचान की जा सके। कुछ सवाल यहाँ नीचे हैं, जिन्हें प्रख्यात आलोचक मैनेजर पाण्डेय, वरिष्ठ कवि मंगलेश डबराल और चर्चित कवि मदन कश्यप, और विमल कुमार से पूछे गये, जिनके दिये गये जवाब आपके सामने हैं।

– आठवें दशक के बाद की कविताओं की मुख्य प्रवृत्तियाँ क्या हैं? क्या ये आज के समय के सच के करीब हैं?

– अपनी पीढ़ी के कवियों पर आठवें दशक के प्रभाव को आप किस रूप में देखते हैं? क्या बाद की कविताएँ अपने समय की चुनौतियों का सामना करती हैं?

– दुनिया भर में आज दो तरह के आन्दोलन चल रहे हैं। वामपन्थियों के आन्दोलनों के साथ दक्षिणपन्थियों के भी आन्दोलन हैं लेकिन मीडिया या सरकार में वामपन्थी आन्दोलनों को नकारने या कुचलने की कोशिश दिखाई देती है जबकि दक्षिणपन्थी आन्दोलन को जरूरत से ज्यादा महत्त्व दिया जा रहा है। क्या यही रवैया वामपन्थी रुझान वाली कविताओं को लेकर हिन्दी साहित्य में नहीं है?

– अमेरिका से होते हुए पूरी दुनिया में 2008-09 के बाद एक बार फिर मन्दी के बादल मँडरा रहे हैं उसकी कई वजहों में एक वजह शास्त्रीय पूँजीवाद की ओर लौटना माना जा रहा है यानी कि समय वहाँ जाकर खड़ा हो गया है जो मार्क्स के ठीक पहले की थी। क्या आपको लगता है कि विचार के रूप में कविता में या अर्थतन्त्र में मार्क्सवाद की वापसी सम्भव है? अगर नहीं तो इसके क्या परिणाम होंगे और अगर हाँ तो कैसे?

– हिन्दी में क्यों एक भी एक्टीविस्ट कवि नहीं है जैसा कि दूसरी भाषाओं में है?

क्या है इसकी वजह और क्या आपको नहीं लगता कि यह स्थिति समाप्त होनी चाहिए? अगर हाँ तो किस तरह की कार्यवाही में रचनाकारों को उतरने की जरूरत है?

मैनेजर पाण्डेय : कुल मिलाकर समकालीन हिन्दी कविता की जो दुनिया है उसे देखते हुए लगता है कि आज जो पत्रिकाएँ निकलती हैं उन्हें देखकर मेरे मन में जो प्रभाव है उसे देखकर लगता है कि समकालीन भारतीय समाज में जो राजनीतिक स्थितियाँ हैं, सामाजिक चिन्ताएँ, दुविधाएँ और समस्याएँ है और सांस्कृतिक परिवर्तन है, उनकी गहरी चिन्ता और प्रभावशाली अभिव्यक्ति बहुत कम दिखाई देती है इसलिए जो समकालीन कविता है वह उतनी आकर्षित नहीं करती, सोचने को विवश नहीं करती और कुल मिलाकर अपने समय और समाज से पाठकों को जोड़ने की कोशिश नहीं करती। देखिए समकालीन हिन्दी कविता में तीन-चार भीषण समस्याएँ हैं, वास्तविकताएँ हैं।

सबसे बड़ी समस्या है आदिवासियों के अस्तित्व के लिए संघर्ष की समस्या। भारत के आदिवासी पूँजीवाद के वर्तमान दौर के हमले से बचेंगे कि नहीं बचेंगे, यह कहना बहुत मुश्किल है, क्योंकि बड़े पैमाने पर राष्ट्रीय और बहुराष्ट्रीय कम्पनियों द्वारा जो खनन उद्योग का विस्तार हो रहा है उसके शिकार सबसे अधिक आदिवासी ही हैं, क्योंकि देश की भौगोलिक स्थिति पर ध्यान दीजिए तो अधिकांश पहाड़ों, जंगलों में आदिवासी रहते हैं और उन्हीं पहाड़ों और जंगलों के नीचे खनिज पदार्थ पाये जाते हैं। तो खनिज उद्योग के विकास के लिए उनकी जमीन, उनके जीवन के आधार जंगल और नदियों के जल पर पूँजीपतियों का कब्जा हो रहा है इसके परिणामस्वरूप बड़े पैमाने पर देश में आदिवासियों का विस्थापन हो रहा है और विस्थापित आदिवासियों के पुनर्वास की कहीं व्यवस्थित व्यवस्था नहीं है। पुनर्वास की बात सिर्फ नाटक और नारा है। बड़े-बड़े बाँधों के निर्माण को भी देखिए। सिर्फ नर्मदा पर बाँध बनाने के लिए जो गाँव डूब गये और जो आदिवासी विस्थापित हुए हैं उनका संघर्ष भी सालों से चल रहा है लेकिन आज भी पुनर्वास नहीं हो पा रहा है। पुनर्वास में तीन स्थितियाँ पैदा हो रही हैं। पहली यह कि वे बँधुआ मजदूर बनें, दूसरा शहरों में जाकर घरेलू नौकर बनें, तीसरी स्थिति यह है कि उनकी स्त्रियाँ वेश्यावृत्ति का काम करें या भीख माँगें। अगली स्थिति यह है कि वे संगठित होकर इस आक्रमण के खिलाफ संघर्ष करें और फिर सरकार उन्हें माओवादी कहकर तरह-तरह से उनका दमन करे इसलिए जो ऑपरेशन ग्रीन हंट है उसे मैं ऑपरेशन ट्राइबल हंट कहा करता हूँ।

यह इतनी बड़ी समस्या है लेकिन साहित्य में मेरे देखने में तीन तरह की कविताएँ आयी हैं। एक तो चन्द्रकान्त देवताले की 'यह काँटी गाँव है' कविता है

(जनसत्ता 10 जनवरी, 2010) कविता शुरू होती है–'इधर भूलकर भी मत आना भैया यह काँटी गाँव है'। आगे एक पंक्ति है 'भूख के वास्तविक अँधेरे से पटा है काँटी गाँव' इस कविता का अन्त बेहद मार्मिक है 'अलबत्ता आ जायें दीदी महाश्वेता/बैठ जायें जीमने/और तोड़ टुकड़ा घास की रोटी का/पूछ ले काये से खाऊँ इसे और कह दे अकस्मात् बुढ़िया कोई/आँसू टपकाकर भूख मिलाकर खा ले माई।' यह सच्चाई है आदिवासी समाज और उसके जीवन की। दूसरी हैं निर्मला पुतुल, जहाँ आदिवासी समाज मिलता है। उसकी कविताओं में सच्ची, प्रामाणिक और मार्मिक आदिवासी आवाज सुनाई पड़ती है। उसकी कविताओं का जो संग्रह है उसका नाम ही है–'नगाड़ों की तरह बजते हैं शब्द'। यह शीर्षक आदिवासी जीवन, संस्कृति और समाज को व्यक्त करने के लिए काफी है। तीसरे हैं अनुज लुगुन, उनके पास भी कुछ प्रभावशाली और मार्मिक कविताएँ हैं।

एक दूसरी भीषण समस्या है। समस्या यह है कि जबसे इस देश में पूँजीवाद के भूमण्डीकरण की आँधी आयी है तब से अब तक ढाई लाख से अधिक किसानों ने आत्महत्या की है और यह घटना भारत के इतिहास में और मेरा खयाल है कि दुनिया के इतिहास की भी अभूतपूर्व घटना है। मेरी समझ में यह आ रहा है कि मीडिया इस पर ध्यान न दे, इसको सामने लाने की कोशिश न करे, इलेक्ट्रानिक मीडिया इस पर चर्चा नहीं करता लेकिन चिन्ता यह है कि प्रगतिशील, जनवादी और क्रान्तिकारी लेखक और कवि रचनात्मक प्रतिक्रिया क्यों नहीं कर रहे हैं? कविताएँ, कहानियाँ और उपन्यास क्यों नहीं लिखे जा रहे हैं। एक भी ऐसी कविता नहीं दिखाई देती जो मन को बेचैन कर दे किसानों की आत्महत्या पर। मेरी जानकारी में दो महत्त्वपूर्ण कविताएँ राजेश जोशी ने लिखी हैं। एक कविता का शीर्षक है 'विकल्प' और दूसरी है 'इस आत्महत्या को अब कहाँ जोड़ूँ' पहली कविता की शुरू की पंक्तियाँ इस प्रकार हैं–

संकट बढ़ रहा है
छोटे-छोटे खेत अब नहीं दिखेंगे इस धरती पर
कॉरपोरेट आ रहे हैं
कॉरपोरेट आ रहे हैं
सौंप दो उन्हें अपनी छोटी-छोटी जमीनें
मर्जी से नहीं तो जबर्दस्ती छीन लेंगे वे
कॉरपोरेट आ रहे हैं
जमीन सौंप देने के अलावा
कोई और विकल्प नहीं है तुम्हारे पास
दूसरी कविता का आरम्भ इस तरह होता है :

देश के बारे में लिखे गये हजारों निबन्धों में लिखा गया
पहला अमर वाक्य एक बार फिर लिखता हूँ
भारत एक कृषि प्रधान देश है
दुबारा उसे पढ़ने को जैसे ही आँखें झुकाता हूँ
तो लिखा हुआ पाता हूँ कि पिछले कुछ वर्षों में डेढ़ लाख से अधिक किसानों
ने आमहत्या की है इस देश में।

इन दोनों कविताओं के बारे में एक बात मैं पहले कह देना चाहता हूँ कि सम्भव है कि किसी को राजेश की इन दोनों कविताओं में शहरी निराशा दिखाई दे। लेकिन मैं यह समझता हूँ कि सच्ची निराशा झूठी आशा से कविता के लिए हमेशा बेहतर होती है। चूँकि इस देश में अब वैसे किसान आन्दोलन नहीं हैं जो पूँजीवादी के वर्तमान हमलों का सामना करें और जवाब दें, इसलिए किसान लड़ने की बजाय हताशा में आत्महत्या कर रहे हैं । दूसरी बात यह है कि यद्यपि पिछले बीस वर्षो से केन्द्र की सरकारें अब भारत को कृषि प्रधान देश नहीं मानतीं, और उसे आद्यौगिक देश बनाना चाहती हैं, फिर भी अब भी सच्चाई यह है कि देश भर के भरण-पोषण के लिए भारत किसानों के उपजाये अन्न पर ही निर्भर है। इसलिए अब भी भारत एक कृषि प्रधान देश है। यही नहीं, अब भी भारत की राष्ट्रीय आय का बहुत बड़ा हिस्सा कृषि और उससे उत्पन्न खाद्यान्नों और उससे जुड़े उद्योगों से आता है, इसलिए भी अभी भारत कृषि प्रधान देश ही है।

मुझे जो लगता है कि पूँजीवाद के वर्तमान दौर के एक पुराने मुहावरे का उपयोग करते हुए मैं कह रहा हूँ— यह सम्मोहन और चित्त विजय का दौर है। शब्दावली सखाराम गणेश देउस्कर ने 1904 में बांग्ला में गढ़ी थी। आज लगभग वही दौर है जिसकी खासियत यह है कि व्यापक सामाजिक संवेदनशीलता मर रही है। उसके परिणामस्वरूप कवियों को यह चिन्ता परेशान ही नहीं करती कि इस देश में किसानों, आदिवासियों और मजदूरों के साथ क्या हो रहा है। दूसरी स्थिति यह है कि पूँजीवाद के वर्तमान दौर में व्यक्ति या खासतौर से नयी पीढ़ी के लोग सार्थक जीवन के बदले सफल जीवन का चुनाव कर चुके हैं। सार्थकता हमेशा सामाजिक होती है और सफलता व्यक्तिगत होती है। इसलिए इन दोनों मानसिक विशेषताओं का असर यह है कि नये कवि और कहानीकार कुछ अपवादों को छोड़कर प्रायः या तो पूँजीवादी विकास की चमक-दमक से प्रभावित दिखाई देते हैं या अपने व्यक्तिगत सुख और दुःख की कविताएँ या कहानियाँ लिखते दिखाई देते हैं।

दौर जितना भयावह है उसको समझने और उसका सामना करने लायक साहित्य नहीं रचा जा रहा है। मैं अधिकांश ऐसे कवियों और लेखकों को जानता हूँ जो

व्यक्तिगत बातचीत में इस दौर को भयानक कहने को तैयार रहते हैं लेकिन जब कविता या कहानी लिखते हैं तो सामाजिक होने की जगह व्यक्तिगत होना चाहते हैं। और व्यक्तिगत भी ऐसा जिसका व्यापक सामाजिक सन्दर्भ से प्रायः कोई सम्बन्ध नहीं होता।

समकालीन रचनाकार बार-बार यह शिकायत करते हैं कि उनकी रचनाओं पर हिन्दी समाज ध्यान नहीं दे रहा है। सवाल यह है कि जिन रचनाओं पर हिन्दी समाज ध्यान नहीं दे रहा है उन रचनाओं में हिन्दी समाज की या भारतीय समाज की भयावह सच्चाइयाँ, वास्तविकताएँ, समस्याएँ और संकट कितना है। जब रचना में समाज नहीं होगा तब समाज में रचना की चिन्ता भी नहीं होगी। आत्मबद्ध और आत्मतुष्ट रचनाकारों की रचनाएँ इष्ट मित्रों के बाहर के समाज में न पहले स्वीकार की जाती थी न आज स्वीकार की जा रही हैं और न आगे कभी स्वीकार की जायेंगी। हाल के वर्षों में हिन्दी साहित्य में उत्सवधर्मिता बहुत रही है। समाज की दशा शोक के लायक है पर साहित्य की दुनिया में उस शोक की अभिव्यक्ति के बदले उत्सव का माहौल दिखाई देता है। कविता संग्रहों, कहानी संग्रहों और उपन्यासों के लोकार्पण हो रहे हैं और पुरोहित की तरह आलोचक उन समारोहों में जजमानों का जय-जयकार कर रहे हैं। यही कारण है कि समकालीन रचनाशीलता की दुनिया आत्मग्रस्त सीमित और संकुचित होती जा रही है। जब तक रचनाशीलता समकालीन समाज उसके जीवन और उस जीवन के संकटों की अभिव्यक्ति नहीं करती तब तक समाज में उसकी जगह और हैसियत क्रमशः सीमित और संकुचित होगी।

एक व्यक्तिगत प्रसंग का उल्लेख करते हुए मैं अपनी बात रखना चाहूँगा। एक बार मेरे सामने नागार्जुन से एक व्यक्ति ने पूछा कि बाबा आपकी रचनाओं को समझने में कौन शास्त्र मदद करेगा, काव्यशास्त्र, सौन्दर्यशास्त्र या समाजशास्त्र? नागार्जुन ने जवाब में कहा, उनमें से किसी भी शास्त्र पर भरोसा करने के बदले भारतीय समाज, उसके जीवन और भारतीय जनता की जिन्दगी को ध्यान से देखो, पढ़ो और समझो तो मेरी कविताएँ भी समझ में आयेंगी। मुझे लगता है कि हिन्दी के समकालीन रचनाकार आज के भारतीय समाज और उसकी समस्याओं और संकटों को गहराई से समझते हुए उन सबको अपनी रचनाओं में अपनी व्यक्तिगत समझ और क्षमता के अनुसार व्यक्त करने की जब कोशिश करेंगे तभी हिन्दी की समकालीन रचनाशीलता सामयिक होगी, सामाजिक भी होगी और सार्थक भी बनेगी। वर्तमान रचनात्मक दुविधा से बाहर निकलने का और कोई रास्ता नहीं है।

आदिवासी समाज और साहित्य

प्रश्न : आप आदिवासी साहित्य किसे मानते हैं? वह जो आदिवासी साहित्यकारों द्वारा रचित है या वह भी जो गैर आदिवासी रचनाकारों द्वारा आदिवासी समस्याओं-संघर्षों पर लिखा गया है?

उत्तर : इस सवाल पर दलित साहित्य के आन्दोलन में चलने वाली उस बहस की छाया है जिसके अनुसार दलितों द्वारा लिखा गया साहित्य ही दलित साहित्य है न कि गैर दलितों द्वारा गैर-दलितों के बारे में लिखा गया साहित्य। साहित्य के प्रसंग में दलित लेखकों से आदिवासियों की भिन्नता को समझना आवश्यक है। विभिन्न भारतीय राज्यों के दलित लेखक उसी भाषा में लिखते हैं जिसमें गैर दलित लेखक भी लिखते हैं। इसके ठीक विपरीत विभिन्न क्षेत्रों के आदिवासियों की अपनी-अपनी भाषाएँ हैं। वे भाषाएँ तीन स्थितियों में हैं। उनमें से कुछ भाषाएँ केवल बोलचाल की भाषाएँ हैं जिनके पास लिपि नहीं है। ऐसी भाषाओं में केवल मौखिक साहित्य की रचना होती है जो अपने समुदाय के बीच में कही-सुनी जाती है। इस स्थिति से भिन्न आदिवासी समुदायों में कुछ ऐसी भाषाएँ भी हैं, जो बोलचाल के साथ-साथ लिखी भी जाती हैं, क्योंकि उनकी लिपियाँ हैं। ऐसी भाषाओं में जो साहित्य रचना होती है वह लिखित रूप में होती है। तीसरी स्थिति में वे भाषाएँ हैं, जो बोली जाती हैं, लिखी जाती हैं और मुद्रित भी होती हैं। आदिवासी समाजों में साक्षरता से अधिक निरक्षरता है इसलिए मौखिक साहित्य सबसे व्यापक है उसके बाद लिखित साहित्य और अन्त में मुद्रित साहित्य। जिसे आदिवासी साहित्य कहा जा सकता है उसके लेखक दो प्रकार के हैं। एक तो गैर-आदिवासी और दूसरे आदिवासी। भारत की लगभग सभी प्रमुख भाषाओं के गैर आदिवासी लेखकों और लेखिकाओं ने आदिवासी जीवन की कठिनाइयों, यातनाओं, संघर्षों, समस्याओं और वास्तविकताओं के बारे में उपन्यास, कहानी और कविताएँ लिखी हैं। मैं बाकी भारतीय भाषाओं को छोड़कर केवल हिन्दी की बात करूँ तो उसमें आदिवासी जीवन की वास्तविकताओं और समस्याओं से सम्बन्धित साहित्य पर्याप्त लिखा गया है।

मैं व्यक्तिगत रूप से उस साहित्य को आदिवासी साहित्य समझता हूँ जिसमें

आदिवासी जीवन की वास्तविकताओं और आकांक्षाओं की अभिव्यक्ति हो, वह चाहे आदिवासियों द्वारा लिखा गया हो या गैर आदिवासियों द्वारा लिखा गया हो।

प्रश्न : आदिवासी समाज द्वारा लिखित या आदिवासी समाज से सम्बन्धित साहित्य अभी भी मुख्यधारा से पृथक 'आदिवासी साहित्य' नामक पृथक कोष्ठक में रखा जाता है। इसे मुख्य धारा में क्यों नहीं शामिल किया जाता?

उत्तर : यह कहना सही नहीं है कि आदिवासी समाज द्वारा लिखित या आदिवासी समाज से सम्बन्धित साहित्य मुख्यधारा से पृथक आदिवासी नामक कोष्ठक में रखा जाता है। हिन्दी में लिखा जाने वाला सभी प्रकार का साहित्य चाहे वह दलितों के बारे में हो, आदिवासियों के बारे में हो, हिन्दी साहित्य का अविभाज्य अंग है। यह सम्भव है कि साहित्य के विषय के अनुसार विभाजन के प्रसंग में दलित साहित्य या आदिवासी साहित्य को अलग देखा-दिखाया जाए। वैसे हिन्दी में दलित लेखक बड़ी संख्या में हैं और वे हिन्दी साहित्य से अपने स्वतन्त्र नाम और रूप के लिए संघर्ष करते हैं, इसलिए उनके साहित्य को दलित साहित्य कहना गलत नहीं है, लेकिन हिन्दी में आदिवासी जीवन से सम्बन्धित साहित्य लिखने वाले अधिकांश लेखक और लेखिकाएँ हिन्दी के हैं। जब उनके साहित्य पर विचार किया जाता है तो उनके यथार्थबोध, संवेदना और साहित्य दृष्टि की व्यापकता के प्रसंग में आदिवासी जीवन से सम्बन्धित रचनाओं की भी चर्चा होती है। नागार्जुन ने आदिवासी जीवन की वास्तविकताओं, समस्याओं और आकांक्षाओं पर अनेक कविताएँ लिखी हैं। उन पर विचार करते समय नागार्जुन की काव्य संवेदना की व्यापकता की बात होती है। उसे किसी अलग खाने या कोष्ठक में नहीं रखा जाता है। उसी तरह आदिवासी जीवन से सम्बन्धित कुछ अच्छी कविताएँ चन्द्रकान्त देवताले और लीलाधर मंडलोई ने लिखी हैं। उनकी कविताओं की भी चर्चाओं के दौरान किसी कोष्ठक का प्रयोग नहीं होता। हाल के वर्षों में सन्थाली की अत्यन्त महत्वपूर्ण कवयित्री निर्मला पुतुल की कविताएँ हिन्दी में आयी हैं, जिनमें निर्मला पुतुल की काव्य संवेदना, सोच, भाषा, कविताओं के रचाव और प्रभाव ने हिन्दी पाठक का ध्यान आकर्षित किया है। इसी तरह हरिराम मीणा की रचनाओं में आदिवासी जीवन की वास्तविकताओं और समस्याओं की प्रभावशाली अभिव्यक्ति हुई है। मेरी जानकारी में हिन्दी में सीधे कविता लिखने वाला एक युवा कवि सामने आया है जिसका नाम है–अनुज लुगुन, जिसकी कुछ कविताएँ विभिन्न पत्र-पत्रिकाओं में छपीं। मैं यह समझता हूँ कि आदिवासियों की प्रामाणिक अनुभूति की स्वाभाविक अभिव्यक्ति तभी होगी जब आदिवासी समाज के लेखक अपनी भाषा में या किसी भी भारतीय भाषा में साहित्य लिखेंगे।

प्रश्न : क्या आपको लगता है कि साहित्य में दलित आन्दोलन की भाँति

'आदिवासी आन्दोलन' की आवश्यकता है?

उत्तर : हिन्दी में या किसी भी भारतीय भाषा के साहित्य में आदिवासी जीवन उनकी भावनाओं और विचारों की अभिव्यक्ति और उस अभिव्यक्ति के महत्त्व के स्वीकार के लिए आदिवासी साहित्य में आन्दोलन की जरूरत तो है पर यह भी ध्यान में रखना होगा कि आदिवासी समुदायों की भाषाओं में जो साहित्य लिखा गया है या लिखा जा रहा है उसे हिन्दी में लाने का प्रयत्न सबसे पहले होना चाहिए, ताकि उससे व्यापक समाज परिचित हो सके। अभी तो भारत के आदिवासी और उनका अपना क्षेत्र मुख्यधारा से अलग हाशिये पर और लगभग उपनिवेश की स्थिति में है। भारत सरकार ने पूँजीवादी विकास के तहत आदिवासी क्षेत्रों पर कब्जे की जो नीति चला रखी है उससे आदिवासियों के जंगल, जमीन, जल और जीवन के सामने अस्तित्व का संकट है। ऐसे में आदिवासियों की पहचान के साथ उनके अस्तित्व की रक्षा का सवाल पहले है और उनके साहित्य या उनसे सम्बन्धित साहित्य के आन्दोलन का सवाल बाद में। आदिवासी अगर बचेंगे तभी वे रचेंगे भी।

प्रश्न : आदिवासियों ने धर्म परिवर्तन कर उच्च शिक्षा और सामाजिक समानाधिकारों के लिए प्रयास किये पर वहाँ भी उन्हें अपेक्षित सफलता नहीं मिली, क्यों?

उत्तर : आदिवासी की सुरक्षा, शिक्षा और अधिकारों की रक्षा का सवाल धर्म परिवर्तन से हल होने वाला न पहले था न अब है। अभी भी बहुत बड़ी संख्या में आदिवासी स्वतन्त्र और लोकतान्त्रिक भारत के वैसे नागरिक नहीं हैं जैसे मुख्यधारा के लोग नागरिक हैं। जरूरत इस बात की है कि उनके अस्तित्व, उनकी सांस्कृतिक पहचान, उनके भावात्मक और नैतिक स्वभाव को जाना और पहचाना जाये ताकि विकास के नाम पर उनकी अपनी पहचान और संस्कृति का नाश न हो।

प्रश्न : क्या आप कभी आदिवासी समाज तक पहुँचे हैं? उनके साथ समय बिताया है? अपने अनुभव साझा करें।

उत्तर : मैं झारखण्ड के आदिवासी समाजों तक थोड़ा पहुँचा हूँ और वहाँ के कुछ साहित्यकारों, बुद्धिजीवियों और संस्कृतिकर्मियों से परिचित भी हूँ। लेकिन न मैं भारत के आदिवासी जीवन से अपने परिचय से सन्तुष्ट हूँ और न उसके बारे में प्राप्त जानकारी से। मेरी यह कोशिश है कि मैं आदिवासी जीवन को और अधिक जानूँ और उनसे और अधिक जुड़ूँ।

प्रश्न : समकालीन आदिवासी साहित्य की कुछ रचनाएँ जो आपने पढ़ी हों या जिन्हें आप महत्त्वपूर्ण मानते हों, उस पर आपकी राय...।

प्रश्न : ऐसी अन्य रचनाएँ जो आदिवासी समाज के जीवन और संघर्षों का जीवन्त दस्तावेज हों...।

उत्तर : मैं आदिवासी साहित्य की जिन रचनाओं से परिचित हूँ उनमें सबसे पहले निर्मला पुतुल की कविताओं का उल्लेख करूँगा। उनकी कविताओं का हिन्दी में एक संग्रह है—'नगाड़े की तरह बजते हैं शब्द'। इस संग्रह की कविताओं में शब्द सचमुच आदिवासी जीवन के लोकप्रिय वाद्य नगाड़े की तरह बजते हैं और सुनने वाले को जितना आकर्षित करते हैं उतना ही प्रभावित भी करते हैं। मैंने अनुज लुगुन की हिन्दी में लिखी कुछ कविता पढ़ी हैं और मैं यह कह सकता हूँ कि उसमें आदिवासी स्वर अपनी सम्पूर्ण ताकत के साथ मौजूद हैं। कुछ साल पहले झारखण्ड के रणेन्द्र ने 'ग्लोबल गाँव के देवता' नामक उपन्यास लिखा था जिसमें भूमण्डलीकरण के दौर में आदिवासियों की तबाही, बरबादी, लूट, बेदखली आदि का प्रामाणिक चित्रण है। मैंने जिन रचनाओं की चर्चा की है उन्हीं को मैं आदिवासी समाज के जीवन और संघर्षों का जीवन्त दस्तावेज समझता हूँ।

जनभाषा में जन-लेखा

सभी बड़े प्रगतिशील साहित्यकार साहित्य का असल सौन्दर्य उसकी प्रभावशीलता में मनाते थे। दूसरी भाषा में इसे लोकप्रियता भी कह सकते हैं। इस तरह प्रगतिशील साहित्य के सौन्दर्य की कसौटी अभिजन विशिष्टता न होकर जन लोकप्रियता थी। इस कसैटी पर खरा उतरने के लिए प्रगतिशील साहित्यकारों ने तीन बातों पर विशेष ध्यान दिया। एक तो उन्होंने साहित्य को जनजीवन से जोड़ा। दूसरा, उन्होंने साहित्य में जनजीवन को रचने और उसे व्यक्त करने की प्रक्रिया को सहज एवं सुबोध बनाया। तीसरी बात, भाषा के स्तर पर उन्होंने लोकजीवन की भाषा का सर्जनात्मक उपयोग खूब किया। उदाहरण के लिए गद्य में प्रेमचन्द और कविता में नागार्जुन को देखा जा सकता है। नागार्जुन ने मुक्त छन्द में ही कविताएँ नहीं लिखीं बल्कि छन्दों में बहुत कविताएँ लिखी हैं। वे आम जनता के 'कॉमनसेंस' में बैठी इस धारणा से भलीभाँति परिचित थे कि कविता छन्दों में ही बेहतर होती है।

अपनी बोली में प्रगति : प्रगतिशील कवियों ने हिन्दी के साथ अपनी मातृभाषाओं में भी कविताएँ लिखीं। नागार्जुन ने मैथिली में, त्रिलोचन ने अवधी में और केदारनाथ अग्रवाल ने बुन्देलखंडी में कविताएँ लिखीं और हिन्दी में लिखते हुए इन बोलियों-भाषाओं का खूब प्रयोग किया। इन तमाम प्रयोगों का उद्देश्य साहित्य की लोकप्रियता बढ़ाना और उसे जनता के करीब लाना था। प्रेमचन्द ने प्रगतिशील लेखक संघ के अपने अध्यक्षीय भाषण में कहा था कि सुन्दरता की कसौटी बदलनी होगी। प्रगतिशील रचनाकार इन प्रयोगों से सुन्दरता की वह अभिजन कसौटी ही बदल रहे थे। प्रगतिशील आन्दोलन ने पहली बार साहित्य में सामन्ती और बुर्जुआ मूल्यों को विस्थापित कर जनोन्मुखी मूल्यों की स्थापना का मार्ग प्रशस्त किया।

सौन्दर्य की बदली कसौटी : प्रगतिशील रचनाकारों ने जब सुन्दरता की सामन्ती और बुर्जुआ कसौटी को बदलना शुरू किया तो कहा गया कि इनकी रचनाओं में सपाटबयानी, नारेबाजी और राजनीति अधिक है। ये सारे आरोप दुर्भावना से प्रेरित थे। आज प्रगतिशील कवियों की रचनाएँ हमारे सामने हैं। क्या कोई कह

सकता है कि नागार्जुन, त्रिलोचन, केदारनाथ अग्रवाल, शमशेर, मुक्तिबोध आदि की कविताएँ रचनात्मक रूप से कमतर हैं? दरअसल, प्रगतिशील कवि अपनी रचनाओं को जनता से जोड़ना चाहते थे, इसलिए वे सहजता में सौन्दर्य देखते थे जबकि जनता से दूरी बनाये रखने वाले प्रयोगवादी जटिलता में सौन्दर्य देखते थे।

इस पर बहस होती है कि प्रभावशीलता साहित्य की कसौटी है या नहीं? मेरा मानना यह है कि यह कसौटी है। कबीर, सूर, मीरा आदि भक्त कवियों ने रस, छन्द, अलंकार की कोई चिन्ता नहीं की। उनकी प्राथमिक चिन्ता जनता तक पहुँचने की थी। अगर प्रभावशीलता कसौटी नहीं है तो तुलसीदास, सूरदास या कबीर बड़े कवि क्यों हैं? यह अजीब विरोधाभास है कि पहले के कवियों के लिए प्रभावशीलता एक निर्णायक कसौटी है लेकिन आज के कवि के लिए वह प्रचार मान लिया जाता है।

अँधेरे में सौन्दर्यबोध : जिसे हम सौन्दर्यबोध चुनाव कहते हैं वह विचारधारा के बिना नहीं होता। मुक्तिबोध की कविता 'अँधेरे में' में 'अब तक क्या किया, जीवन क्या जिया' वाली जो पंक्ति है, वैसी पंक्तियाँ शायद ही हिन्दी कविता में दूसरी हों, जो मध्यवर्ग की इतनी तीखी आलोचना करती हों। लेकिन इस कविता के सन्दर्भ में इसकी चर्चा हिन्दी आलोचना में प्रायः नहीं हुई है, क्योंकि मध्यवर्गीय आलोचकों को यह बहुत उपयुक्त नहीं लग सकती। वैसे ही जिनका ब्रिटेन से तरह-तरह का सम्बन्ध हो उन्हें 'आओ रानी हम ढोएँगे पालकी' कैसे पसन्द आयेगी और उन्हें इन कविताओं में सौन्दर्य कैसे दिखेगा?

सम्पन्न लेखकों की रचनात्मक विपन्नता : दुःखद है कि प्रगतिशील साहित्यकारों ने सामन्ती और बुर्जुआ सौन्दर्य मूल्यों से लड़ते हुए सौन्दर्य का जो जनोन्मुखी मानदण्ड विकसित किया और उन पर साहित्य सृजन का जो मानदण्ड विकसित किया, कुछ अपवादों को छोड़कर अब विकसित नहीं हो रहा है। भारतीय समाज की भीषण समस्याओं पर अब प्रगतिशील रचनाकार नहीं लिख रहे हैं। लाखों किसानों की आत्महत्या के बावजूद उन पर लिखने वाला कोई नहीं है। फिर हम कैसे मान लें कि आज के रचनाकार प्रेमचन्द की चिन्ता से आगे बढ़े हुए हैं। बल्कि मैं तो कहूँगा कि ये बहुत पीछे हैं। इसी तरह आदिवासियों को जिस तरह लूटा और बर्बाद किया जा रहा है, उस पर जैसी चेतना के साथ लिखा जाना चाहिए, वैसा बिल्कुल नहीं लिखा जा रहा है। इसका एक बड़ा कारण यह है कि हमारा लेखक वर्ग पहले से अधिक मध्यवर्गीय और सम्पन्न हो गया है।

जनन्दोलनों का अभाव : अभी प्रगतिशील लेखन में एक गतिरोध की स्थिति है। प्रगतिशील लेखक संघ की स्थापना और प्रगतिशील लेखन का आरम्भिक दौर

जनान्दोलनों से प्रेरित था। उस समय भारत में जनान्दोलन दो स्तरों पर सक्रिय था। एक तो व्यापक स्वतन्त्रता आन्दोलन था, दूसरे स्तर पर किसानों-मजदूरों का आन्दोलन था। प्रगतिशील साहित्य इन्हीं आन्दोलनों के गर्भ से पैदा हुआ था। इसलिए मुझे लगता है कि जब तक देश में जनान्दोलन खड़े नहीं होंगे तब तक प्रगतिशील साहित्य को गति मिलना मुश्किल है।

(दिनेश कुमार से बातचीत पर आधारित)

•

हृदयेश की कहानियाँ

प्रश्न : प्रेमचन्द के बाद हिन्दी कहानी अनेक आन्दोलनों और उतार चढ़ावों से गुजरते हुए निरन्तर आगे बढ़ रही है। कहानी की इस विकास यात्रा को आप किस रूप में देखते हैं? क्या विभिन्न कथा-आन्दोलन हिन्दी कहानी की विकास यात्रा में मददगार साबित हुए हैं?

उत्तर : किसी साहित्यिक विधा के विकास के आरम्भिक दौर में प्रेमचन्द जैसे रचनाकार का होना उस विधा के परवर्ती रचनाकारों के लिए सुविधाजनक होता है और असुविधाजनक भी। सुविधा यह कि परवर्ती रचनाकारों को एक बना बनाया रास्ता मिल जाता है, जिस पर चलना आसान होता है। लेकिन यह आसानी नयी रचनाशीलता के लिए परेशानी भी बन जाती है। असुविधा यह है कि प्रेमचन्द जैसा लेखक जिस विधा में रचना करता है उस विधा की सर्जनात्मक सम्भावनाओं को वह इतना निचोड़ लेता है कि बाद के लेखकों को नयी सम्भावनाओं की तलाश में बहुत कठिनाई होती है। प्रेमचन्द के बाद की पीढ़ी के जैनेन्द्र, यशपाल और अज्ञेय आदि ने प्रेमचन्द की कहानी की जमीन से हटकर रचना की नयी जमीन और नये रास्तों की खोज की और इस खोज-यात्रा की कुछ महत्त्वपूर्ण रचनात्मक उपलब्धियाँ भी हैं।

प्रेमचन्द के बाद की हिन्दी कहानी के विकास में नयी कहानी का आन्दोलन एक महत्त्वपूर्ण मोड़ है। नयी कहानी के साथ कहानी की कर्मभूमि बदली और उसका कायाकल्प भी हुआ। प्रेमचन्द के यहाँ कहानी की कर्मभूमि गाँव है, लेकिन नयी कहानी मुख्यतः शहरी जीवन की कहानी है। अपवाद दोनों ओर मिल जाएँगे, प्रेमचन्द के यहाँ शहरी जीवन की भी कहानियाँ हैं तो नयी कहानी में ग्रामीण जीवन के भी कथाकार हैं। नयी कहानी की दो धाराएँ हैं। एक ओर रेणु, अमरकान्त, भैरव प्रसाद, मार्कण्डेय, शेखर जोशी, भीष्म साहनी, आदि हैं त दूसरी और निर्मल वर्मा, मोहन राकेश, धर्मवीर भारती इत्यादि। इन दोनों धारणाओं मे अनेक भिन्नताएँ हैं लेकिन कुछ समानताएँ भी हैं जिनके कारण सब नयी कहानी के कहानीकार हैं। प्रेमचन्द की कथादृष्टि यथार्थबोध से भाषा तक प्रातिनिधिकता पर रहती थी जबकि नयी कहानी में हर स्तर पर विशिष्टता का आग्रह है। प्रेमचन्द के यहाँ सो‍द्देश्यता है, उसमें मध्यमवर्गीय जीवन के यथार्थ और

भ्रमों की छानबीन की कोशिश है और कहीं-कहीं मध्यमवर्गीय सपनों और आकांक्षाओं के टूटने की पीड़ा भी। नयी कहानी में शिल्प की प्रयोगशीलता और भाषा का अभिजातपन मध्यमवर्गीय आकांक्षाओं के अनुरूप ही है।

साहित्य का वही आन्दोलन महत्त्वपूर्ण रचना को प्रेरणा देता है जो व्यापक सामाजिक, राजनीतिक विकास प्रक्रिया को वाणी देता है। पूर्ववर्ती आन्दोलन की केवल प्रतिक्रिया में पैदा होने वाला नया आन्दोलन चमत्कार की खोज में खो जाता है। नयी कहानी के बाद कहानी के कई आन्दोलन आये और गये, उनमें से कुछ प्रतिक्रिया में उठे थे और कुछ खड़े किये गये थे। परिणाम यह हुआ कि अकहानी से सामान्तर कहानी तक चौंकाने वाले नारों, घोषणाओं और दावों की भरमार के बावजूद रचना की चुनौती का मैदान लगभग खाली ही रहा। इस काल में महत्त्वपूर्ण कहानियाँ लिखने वाले वही हैं जो अपने समय और समाज की वास्तविकता को पहचानते हैं, वे चाहे नयी कहानी से आये अमरकान्त, शेखर जोशी और भीष्म साहनी हों या बाद के जगदम्बा प्रसाद दीक्षित, ज्ञानरंजन, काशीनाथ सिंह, इसराइल आदि। हिन्दी कहानी में दूसरा महत्वपूर्ण मोड़ सन् सत्तर के आसपास आया। कहानी व्यापक सामाजिक, राजनीतिक हलचलों से जुड़ी। वह मध्यवर्ग के दायरे से निकलकर व्यापक जन-जीवन की वास्तविकताओं और आकांक्षाओं की ओर बढ़ी। एक बार फिर कथा दृष्टि किसानों-मजदूरों के जीवन संघर्ष और मुक्ति संघर्ष की ओर मुड़ी। हिन्दी कहानी में परिवर्तन केवल साहित्यिक आन्दोलन का परिणाम नहीं है, इसके पीछे सामाजिक, राजनीतिक परिवर्तन की जनाकांक्षा और जन आन्दोलनों की प्रेरणा है।

प्रश्न : हिन्दी कहानी के वर्तमान स्वरूप से आप कहाँ तक सन्तुष्ट हैं। क्या आज के कथा लेखन के माध्यम से मौजूदा समय की चुनौतियों को पूरी तरह स्वीकार किया जा रहा है। यदि हाँ, तो कौन-से कथाकार हैं?

उत्तर : आजकल हिन्दी कहानी में एक साथ तीन पीढ़ियों के कहानीकार मुख्य रूप से सक्रिय हैं। एक पीढ़ी नयी कहानी से जुड़ी है, दूसरी सत्तर के दशक से और तीसरी आठवें दशक में विकसित हुई है। एक में भीष्म साहनी जैसे कहानीकार हैं, दूसरी में जगदम्बा प्रसाद दीक्षित, काशीनाथ सिंह और तीसरी में विजयकान्त, संजीव, सुरेश कॉटक आदि। आज की कहानी में पर्याप्त विविधता है। विषयवस्तु, संवेदना, यथार्थबोध, विचारधारा और शिल्प की विविधता से कहानी का दायरा व्यापक हुआ है। पत्र-पत्रिकाओं के विस्तार के साथ कहानी लेखन का भी विस्तार हुआ। मनोरंजन से लेकर विचारात्मक प्रतिबद्धता तक कहानी लेखन का लक्ष्य फैला हुआ है। लेकिन कहानी का यह विस्तार हर स्तर पर विकास का प्रमाण नहीं है। कई कहानीकारों में विकास की सम्भावना के संकेत दिखाई देते हैं। विकास की सम्भावना के संकेत उन्हीं कहानीकारों में हैं, जो भारतीय समाज की वर्तमान स्थितियों के प्रति सजग हैं,

समाज की जटिल वास्तविकता को पहचानते हैं और अपनी रचना-दृष्टि को जन आकांक्षा से जोड़कर विकसित करने के लिए तैयार हैं। जगदम्बा प्रसाद दीक्षित, काशीनाथ सिंह, संजीव, स्वयं प्रकाश, पंकज बिष्ट, रमेश उपाध्याय, विजयकान्त, विजेन्द्र अनिल आदि की कहानियों में यथार्थबोध और शिल्प के स्तर पर विकास के प्रमाण मिलते हैं।

आजकल कुछ कहानीकार विचारधारा और राजनीति से मुक्त शुद्ध अनुभव की कहानियाँ लिख रहे हैं तो कुछ दूसरे जीवनानुभव के अभाव को विचारधारा और राजनीति से पाटकर कहानी बना रहे हैं। इधर कुछ कहानीकार नयी कहानी के दौर से प्रेरणा लेकर शिल्प और भाषा के चमत्कार पूर्ण प्रयोग से कहानी गढ़ने में लगे हुए हैं। नयी कहानी के काल की एक और प्रवृत्ति आजकल फिर सर उठा रही है, कुछ कहानीकार व्यापक सामाजिक जीवन की समस्याओं को छोड़कर व्यक्तिगत विद्वेष और बदले की ऐसी कहानियाँ लिख रहे हैं, जैसी नयी कहानी और अकहानी की पतनशील धारा में दिखाई पड़ती थी। कहानी लेखन में व्यंग्य का अभाव आजकल बढ़ रहा है। इसका एक कारण कहानी को सामाजिकता के छद्म में नितान्त व्यक्तिगत बना देना भी है। आज हमारा समाज, इसकी राजनीति और इसमें जीते-मरते मनुष्य का जीवन विडम्बनाओं से भरा हुआ है। ऐसी स्थिति में व्यंग्य के विकास की अपार सम्भावना है। व्यंग्य के लिए यथार्थ में निहित विसंगति का बोध जरूरी है। केवल विशिष्ट शैली या भाषा नहीं। शिल्प और भाषा का विशिष्ट रूप तो विसंगति बोध की सर्जनात्मक परिणति है। यह सन्तोष की बात है कि भाषिक चमत्कार से बचते हुए हृदयेश यथार्थ बोध के स्तर पर व्यंग्य पैदा करने की कोशिश करते हैं।

प्रश्न : रचनाकार जिस परिवेश से परिचित होगा, अपनी रचनाओं में वह उसी का चित्रण करेगा। जब मानवीय भावनाएँ, उद्‌गार, संवेदनाएँ हर देश काल में एक-से होते हैं, फिर हृदयेश को एक छोटे-से शहर या कस्बे का लेखक कहे जाने के पीछे मंशा क्या है?

उत्तर : छोटे शहर का लेखक होना कोई अपराध नहीं और बड़े शहर का लेखक होना रचना की श्रेष्ठता की कोई गारंटी नहीं। छोटे शहर में बड़े लेखक हो सकते हैं, हुए भी हैं और बड़े शहरों में नितान्त छोटे लेखक बड़े होने के भ्रम में पड़े पाये जाते हैं। किसी लेखक का महत्त्व इस बात से तय नहीं होता कि वह छोटे शहर का है या बड़े शहर का, शहर का है या देहात का। मैं तो यह कहूँगा किसी लेखक का महत्त्व इस बात पर भी निर्भर नहीं होता कि वह किस विषय पर लिखता है। जिस विषय पर एक लेखक महत्त्वपूर्ण रचना करता है, उसी पर कोई दूसरा एकदम घटिया लेखन करता दिखाई दे सकता है। महत्त्व की बात यह है कि रचना कैसी है, उसमें

जीवन और यथार्थ की समझ कैसी है और उसका कलात्मक स्तर कैसा है। यथार्थ की समझ और उसकी कलात्मक अभिव्यक्ति की दृष्टि से हृदयेश महत्त्वपूर्ण कहानीकार हैं। अगर हृदयेश को छोटे शहर या कस्बे का लेखक कहने के पीछे मंशा यह हो कि हृदयेश छोटे लेखक या संकुचित यथार्थ बोध के लेखक हैं तो यह गलत है। मेरे सामने इस समय हृदयेश के दो कहानी संग्रह हैं : 'छोटे शहर के लोग' और 'अमरकथा'। इन संग्रहों की कहानियाँ इस अर्द्धसत्य का खण्डन करती हैं कि हृदयेश केवल छोटे शहर के लेखक हैं।

'छोटे शहर के लोग' कहानी इस बात का प्रमाण है कि हृदयेश केवल छोटे शहर का लेखक नहीं है। इस काहनी में छोटे शहर और बड़े शहर में रहने वाले एक ही परिवार को आमने-सामने लाकर दोनों की मानसिकता का अन्तर उभारा गया है। 'छोटे शहर के लोग' नाम संग्रह की अनेक कहानियों में छोटे शहर के बड़े लोगों और छोटे लोगों की जिन्दगी और समस्याओं का चित्रण है। ध्यान देने की बात है कि इस संग्रह की प्रत्येक कहानी में कहानीकार की दृष्टि परिवेश से अधिक उसमें जीने वाले मनुष्य पर टिकती है। 'अमरकथा' में कुल सात कहानियाँ हैं। इनमें से केवल दो कहानियाँ 'तोते' और 'ताला' छोटे शहर की कहानियाँ हैं। 'अस्वस्थ लोग' और 'मृगया' के पात्र छोटे शहर में ही नहीं होते, बड़े शहरों में भी खूब मिलते हैं। बाकी तीन कहानियाँ 'जीवन राग', 'अमरकथा' और 'उसकी कहानी' हिन्दी कहानी की दुनिया की दुर्लभ कहानियाँ हैं, विषयवस्तु और शिल्प दोनों स्तर पर। इनमें कथा पशु और पक्षियों की हैं, लेकिन मनुष्य की ओर संकेत करती हुई। मृत्यु पर जीवन की, भय पर संघर्ष की, गुलामी पर स्वतन्त्रता की विजय की आस्था जगाती हैं ये कहानियाँ। वैसे तो ये कहानियाँ अपने मूल रूप और अर्थ में ही अत्यन्त आकर्षक हैं, लेकिन इनकी संरचना की सांकेतिकता से इनका महत्त्व और अधिक बढ़ जाता है।

प्रश्न : रचना में आदर्श और यथार्थ के बीच किस हद तक सामंजस्य होना चाहिए। इस सन्दर्भ में आप हृदयेश की रचनाओं को किस रूप में देखते हैं?

उत्तर : रचना में आदर्श का अर्थ उसका उद्देश्य ही है। प्रेमचन्द उद्देश्य के अर्थ में ही आदर्श को महत्त्व देते थे, इसलिए उनके आदर्शोन्मुख यथार्थवाद का अर्थ था सोद्देश्य यथार्थवाद। प्रेमचन्द यथातथ्यवादी यथार्थवाद के बदले सोद्देश्य यथार्थवाद का समर्थन करते थे। रचना एक सोद्देश्य सामाजिक कर्म है। इसलिए सोद्देश्यता रचना के मूल में होती है और उसकी परिणति में भी। रचनात्मक उद्देश्य विषय-वस्तु के चुनाव से लेकर शिल्प और भाषा के रूप तक सक्रिय होता है। रचना का उद्देश्य यथार्थबोध और जीवनानुभव के भीतर से प्रकट होना चाहिए, बारह से आरोपित नहीं। रचना का उद्देश्य उसके अर्थ के अतिरिक्त और क्या है? आजकल कई कहानीकार राजनीति और विचारधारा की अपनी सारी समझ कहानी में उड़ेल देते हैं। इससे

राजनीति और विचारधारा का कुछ बनता नहीं, लेकिन कहानी का बहुत कुछ बिगड़ जाता है। बहुत पहले शमशेर ने कहा था, 'बात बोलेगी हम नहीं'। जहाँ कहानी में कहानीकार बोलने लगता है वहाँ बात अविश्वसनीय हो जाती है। हृदयेश के दो संग्रहों की कहानियों को पढ़कर लगता है कि वे कहानी के माध्यम से जीवन-यथार्थ को खुद बोलने देते हैं, यथार्थ की जगह स्वयं खड़ा होकर बहुत कम बोलते हैं। वे जहाँ रचना का अर्थ बतलाने लगते हैं, जैसे कि 'गुल दुपहरिया के पौधे' के अन्त में, वहाँ कहानी कमजोर हो जाती है। हृदयेश की कहानियों में उनकी सहानुभूति छिपी नहीं रहती, वह यथार्थ बोध को दिशा देती है, लेकिन यथार्थ को पीछे ढकेलकर उसकी जगह नहीं आ जाती। हृदयेश के यथार्थवादी कलात्मक संयम का निखरा हुआ रूप 'जीवन राग' ओर 'मृगया' जैसी कहानियों में दिखाई देता है। 'मृगया' को पढ़कर लूशुन की यथार्थवादी दृष्टि की याद आती है। हृदयेश की कहानियों में उद्देश्य या आदर्श की ओर संकेत है, उस पर व्याख्यान नहीं, इसलिए सतही तौर पर देखने से उनमें किसी आदर्श या उद्देश्य का अभाव लग सकता है। इन कहानियों में सामाजिक, राजनीतिक परिवर्तन के स्पष्ट उल्लेख या आग्रह के अभाव के कारण कुछ लोग इन्हें यथातथ्यवादी भी समझ सकते हैं। लेकिन इन कहानियों के माध्यम से ठोस जिन्दगी की जो दुनिया हमारे सामने आती है वह पाठक से कहती है कि अगर इस समाज में मनुष्य और मनुष्यता की रक्षा करना चाहते हो तो इसे बदलो। यथार्थबोध के बाद ही उसे बदला जा सकता है, केवल बदलने की आकांक्षा से नहीं। हृदयेश की कहानियों में हमारे समाज के हाशिये पर स्थित और प्रायः विचारधारा के विशेष आग्रही मानसिकता से उपेक्षित निम्न मध्यवर्ग के जीवन यथार्थ की जटिल स्थितियों का प्रामाणिक बोध व्यक्त हुआ है।

प्रश्न : हिन्दी कथा-साहित्य में जो कुछ लिखा जा रहा है, उसमें हृदयेश के लेखन की संगति कहाँ तक बैठती है?

उत्तर : आज की हिन्दी कहानी का एक बड़ा हिस्सा मध्यवर्ग पर केन्द्रित है। अनेक कहानीकार मध्यवर्ग की जिन्दगी की बौद्धिक एवं भावात्मक समस्याओं पर कहानियाँ लिख रहे हैं। कुछ इस वर्ग के जीवन में टूटते-बनते मानवीय सम्बन्धों और जीवन-मूल्यों की कहानियाँ लिख रहे हैं। कुछ दूसरे कहानीकार सामाजिक और राजनीतिक व्यवस्था में मध्यवर्ग की तरह-तरह की भूमिकाएँ उजागर करने वाली कहानियाँ लिख रहे हैं। पिछले 15 वर्षों में बहुत बड़ी संख्या में ऐसे कहानीकार भी सामने आये हैं जो सामाजिक,राजनीतिक परिवर्तन की प्रक्रिया के विभिन्न पक्षों को कहानी में व्यक्त कर रहे हैं। हाल के वर्षों में देश के विभिन्न हिस्सों में चलने वाले किसानों, मजदूरों, आदिवासियों, हरिजनों आदि के आन्दोलनों से प्रेरित नये कहानीकार सामने आये हैं। ऐसे कहानीकारों की कला चेतना हमेशा अपनी तेज

यथार्थ दृष्टि के साथ नहीं चल पाती। ऐसे में कुछ आलोचक इन कहानियों में कला के अभाव की बातें करते हुए कहानीकारों की यथार्थदृष्टि और सर्जनात्मक ऊर्जा को नजरअन्दाज कर देते हैं।

हृदयेश के कथा-संसार में मुख्य रूप से निम्न मध्यवर्ग का जीवन है। इस कथा-संसार में गरीबी के बोझ से दबे असमय वृद्ध हुए बच्चे हैं, मजदूरी में आशा आकांक्षा को मारकर यन्त्रवत जीवन जीती स्त्रियाँ हैं, नौकरी की खोज में भटकते नौजवान हैं, जिन्दगी को ठेला गाड़ी की तरह ठेलते दफ्तर के बाबू हैं, परिस्थितियों के दबाव में अमानवीय होते मानवीय सम्बन्ध हैं, अपनी ओर आने वाले हर व्यक्ति को शिकारी नजर से देखने वाले कचहरी के कर्मचारी, पुलिस के सिपाही, दफ्तर के क्लर्क हैं, अमीरों का पाखण्ड पूर्ण जीवन है, जकड़े हुए ताले की तरह अतीत से चिपके लोग हैं और अमानवीय परिवेश में बीमारी, पागलपन और मौत के मुँह में समा जाने वाले ईमानदार लोग हैं। निम्न मध्यवर्ग की इस ठहरी हुई, धीरे-धीरे सरकती हुई जिन्दगी की वास्तविकताओं को बहुत धैर्य के साथ हृदयेश ने चित्रित किया है। इस जिन्दगी के यथार्थ के चित्रण में अधीर यथार्थवादी कामयाब नहीं हो सकते। आश्चर्य की बात यह है कि इस नीरस, उबाऊ और अनाकर्षक जीवन यथार्थ के चित्रण के बीच-बीच में भी हृदयेश कभी-कभी प्रकृति की ओर मुड़कर सौन्दर्य संवेदना के लिए भी अवसर निकाल लेते हैं।

आजकल कुछ कहानीकार राजनीतिक-सामाजिक यथार्थ को भी रहस्यमय और रोमांचकारी बनाकर चमत्कारी शिल्प में पेश कर रहे हैं। ऐसी कहानियों के आरम्भ में ही उनका अन्त होता है। ये कहानियाँ केवल कुतूहल और उत्तेजना पैदा कर पाती हैं। इसके ठीक विपरीत जीवन के यथार्थ और अनुभव को देखने और रचने में हृदयेश की कथा-दृष्टि की आत्मीयता और धीरता बार-बार अपनी ओर पाठकों का ध्यान खींचती है। हृदयेश की कहानियों में कथादृष्टि की आत्मीयता और धीरता के अनुकूल ही शिल्प की सहजता भी है। उनके यहाँ चौंकाने वाला शिल्प नहीं है। शायद इसीलिए चमत्कार प्रेमी आलोचकों ने उन पर कम ध्यान दिया है।

प्रश्न : वह कौन-सा बिन्दु (वर्णन-कुशलता, सहजता, शिल्प या कोई और) है, जहाँ हृदयेश की रचनाएँ आपको प्रभावित करती हैं या अपनी अलग पहचान बनाती हैं। उनकी लम्बी साहित्यिक यात्रा को आप किस रूप में लेते हैं?

उत्तर : जो काम अखबार करता है वही अगर कविता या कहानी भी करे तो कविता और कहानी की जरूरत क्या है। आजकल कुछ लोग कविता और कहानी से अखबार का काम ले रहे हैं। जीवन के अनुभव का जो विशिष्ट बोध कहानी से सम्भव होता है वह किसी और विधा से अगर सम्भव होता तो विधाओं का फर्क मिट जाता। साहित्य की जरूरत और अपनी रचना विधा की विशिष्टता की रक्षा वही

लेखक कर सकता है जो जीवन के यथार्थ और अनुभव को व्यक्त करने में अपनी विधा की रचनात्मक सम्भावनाओं और सीमाओं को जानता है। हृदयेश ऐसे कहानीकार हैं जो कहानी को न कविता बनाते हैं न अखबार। वे चरित्र की विशिष्टताओं, अनुभव की सूक्ष्मताओं और स्थितियों की जटिलताओं को मूर्त और सजीव रूप में, उनके अन्तर्विरोधों और अन्तःसम्बन्धों को पहचानते हुए प्रस्तुत करते हैं। उनकी कहानियों में पात्रों की मनोदशा परिस्थितियों से टकराकर प्रकट होती है, लेखक के बयान के रूप में बहुत कम। वे प्रायः परस्पर विरोधी स्थितियों को आमने-सामने रखकर अनुभव को मूर्त और तीखा बनाते हैं। 'दुकानदार बच्चे' और 'खेल' जैसी कहानियों में इस पद्धति का प्रयोग हुआ है। कई बार हृदयेश की कहानियों में एक छोटा-सा संकेत या चित्र कहानी के अर्थ को व्यापक बना देता है। 'दुकानदार बच्चे' कहानी में विश्व बालदिवस के एक पोस्टर का दो बार उल्लेख दुकान चलाने वाले बच्चों की स्थिति को और अधिक उभारकर सामने लाता है। हृदयेश की कहानियाँ पाठकों की कल्पना को क्रियाशील, भावना को सजग और सोच को सक्रिय करती हैं। वे अपनी अधिकांश कहानियों में बहुत कुछ पाठकों की कल्पना और सोच के लिए भी छोड़ देते हैं, सब कुछ स्वयं नहीं कह देते। व्यक्तियों एवं स्थितियों की विशेषताएँ पहचानने और बताने की उनकी कला में प्रेमचन्द की झलक है। 'मृगया' कहानी का कोई भी पाठक इसका अनुभव कर सकता है। ऐसे मौकों पर उनकी भाषा में प्रेमचन्द जैसी गति और सहजता होती है।

कहानी समाज से दो रूपों में जुड़ती है—एक तो प्रातिनिधिक पद्धति से और दूसरे प्रतीकात्मक ढंग से। जहाँ कहानी में जीवन-यथार्थ का सीधा प्रामाणिक चित्रण होता है, वहाँ पहली पद्धति काम करती है, लेकिन जहाँ मिथक, फैंटेसी या प्रतीक के सहारे निर्मित कहानी का अर्थ समाज या जीवन के किसी सत्य की ओर संकेत करता है, वहाँ दूसरी पद्धति काम करती है। प्रेमचन्द की कहानियों में पहली पद्धति की कला का उत्कर्ष दिखाई देता है और मुक्तिबोध की कहानियों में दूसरी पद्धति का प्रयोग। कई बार महत्त्वपूर्ण कहानियों में इन दोनों पद्धतियों की एकता भी मिलती है, जैसे चेखव की कहानी 'वार्ड नं. सिक्स' या प्रेमचन्द की कहानी 'कफन' या मुक्तिबोध की 'क्लाडइथरली'। हृदयेश की अधिकांश कहानियाँ प्रातिनिधिक पद्धति से समाज से जुड़ती हैं, लेकिन 'अमरकथा' में दूसरी पद्धति की रचनाशीलता है। 'जीवनराग' में प्रतीकात्मक पद्धति की कला का निखरा हुआ रूप है।

हृदयेश प्रायः कहानी कहते नहीं, रचते हैं। उनकी अधिकांश कहानियों में कोई घटना कहानी के रूप में फैली हुई नहीं होती। वे स्थितियों के संयोजन, मनःस्थितियों के वर्णन और व्यक्तियों या वस्तुओं के चित्र बनाते हुए कहानी निर्मित करते हैं। 'जीवनराग' कहानी में कल्पना गतिशील कैमरे की तरह काम करती दिखाई देती है।

कहानी रचने की इस प्रक्रिया में कल्पना की क्रियाशीलता विशेष महत्त्वपूर्ण हो जाती है। इसी प्रक्रिया में भाषा की सर्जनात्मकता का विकास भी होता है। उनकी भाषा की सर्जनात्मकता सबसे अधिक वस्तुओं, व्यक्तियों और मनोदशाओं के चित्रण से खुलती है। हृदयेश की भाषा की सर्जनात्मकता का एक स्रोत यथार्थ की भाषा से सम्बन्ध की पहचान भी है। उनकी कहानियों में कचहरी, दफ्तर, बाजार और पुलिस थाने की भाषा के रूप और 'संकेत' अलग-अलग हैं, लेकिन कहीं भी भाषा सहजता नहीं छोड़ती। यह सहजता पाठक को आकर्षित करती है। फिर एक बार कहानी में प्रवेश करने के बाद सहज शिल्प और सर्जनात्मक भाषा में रची-बसी कथ्य की सघनता देर तक पाठक का पीछा करती है।

इस समय मुझे मानव सभ्यता के सामने आये एक नये संकट की चिन्ता अधिक है। ऐसा लगता है कि सारी दुनिया में उत्तर आधुनिकता की घोषणा के बावजूद मध्ययुगीनता लौट रही है। उम्बर्तो एको इसे मध्ययुग की वापसी कहते हैं। सारी दुनिया में मध्ययुगीन धार्मिक कट्टरवाद का बोलबाला है और धर्मयुद्ध की भाषा में आज की लड़ाइयाँ लड़ी जा रही हैं। अमेरिका के विश्व व्यापार केन्द्र पर हमले के बाद अमेरिका के राष्ट्रपति जार्ज बुश ने आतंकवाद के विरुद्ध जिस युद्ध की घोषणा की उसे धर्मयुद्ध ही कहा था। उसके एक सप्ताह बाद ओसामा बिन लादेन ने जार्ज बुश की युद्ध सम्बन्धी घोषणा का जवाब देते हुए कहा था कि यह युद्ध अलकायदा और अमेरिका के बीच नहीं है, बल्कि मुसलमानों और विश्व के क्रूसेडर्स के बीच है। तब से लेकर अब तक यह युद्ध धर्मयुद्ध के रूप में ही चल रहा है। इसीलिए तारिक अली ने इसे बर्बरताओं के बीच युद्ध कहा था। दुनिया की राजनीति की भाषा ही नहीं, ज्ञान-विज्ञान के क्षेत्र में भी मध्ययुग की वापसी होती दिखाई दे रही है। 19वीं सदी में धर्म के आतंक से मनुष्य को स्वतन्त्र करने के लिए तीन विचारकों ने महान् प्रयत्न किये थे। वे थे—डार्विन, कार्ल मार्क्स और फ्रायड। डार्विन ने प्रकृति से, कार्ल मार्क्स ने समाज से और फ्रायड ने मनुष्य की चेतना से ईश्वर को निकाल बाहर किया। हाल के वर्षों में इन तीनों के बौद्धिक अवदानों को अस्वीकार करने के प्रयास हो रहे हैं। डार्विन ने प्राकृतिक जगत् की विकास प्रक्रिया की जो व्याख्या की थी, उसका खण्डन करते हुए एक बार फिर बाइबिल में वर्णित सृष्टिवाद की स्थापना की कोशिश हो रही है। ऐसी कोशिश अमेरिका में इंटेलीजेंट डिजाइन नाम की योजना के अन्तर्गत हो रही है और इंग्लैण्ड में विज्ञान के छात्रों को बाइबिल समर्थित सृष्टिवाद पढ़ाने की कोशिश हो रही है। ज्ञान के अनेक अन्य क्षेत्रों में भी मध्ययुगीनता की वापसी दिखाई दे रही है जो स्वतन्त्र रूप से विचार का विषय है।

□□